JN261088

右派の／正しい教育 |第2版|

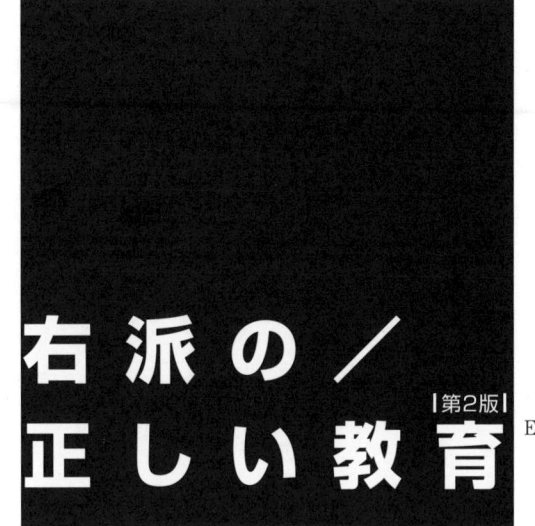

Educating the "Right" Way

市場，水準，神，そして不平等

MARKETS, STANDARDS, GOD, AND INEQUALITY

マイケル・アップル MICHAEL W. APPLE 著

大田直子 ŌTA NAOKO 訳

世織書房

Educating the "Right" Way
Markets, Standards, God, and Inequality
by Michael W. Apple

Copyright © 2006 by Taylor & Francis Group, LLC
All Rights Reserved. Authorized translation from English language edition
published by Routledge, part of Taylor & Francis Group, LLC.
Japanese translation rights arranged with Taylor & Francis Group LLC, New York
through Tuttle-Mori Agency, Inc. Tokyo.

日本語版への序文

　社会において不平等な権力が再生産され，競われる方法について分析する者は，いかなる者であれ教育の問題を取り扱うべきである．教育制度はそれを通じて権力が維持され，挑戦される主要なメカニズムの一つである．この制度とそれが組織され統制されるやり方は，ある特定の人々が経済的文化的資源と権力へのアクセスを獲得するその方法と一体的に関連づけられている．しかし，教育はたいてい公共空間の一部であり，国家によって規制されているので，それはまた闘争の場（site）でもある．なぜならば，多くの国で，市民の大多数にとって利益をもたらすような方法で国家が組織されているかどうかということが深刻な問題となっているからである．明らかに，新自由主義と新保守主義諸力による「公的なもの」とされるあらゆるものに対する最近の一見際限のない攻撃は，合衆国やその他の多くの国でいかにこれらが政治化されてきたかということを証明している．

　もちろん他にも，指摘することができる同様に重要な問題が幾つかある．教育はまた，教えられる知識と教えられるべき知識という知識の種類についての，また誰の知識が「公式な」ものであるのか，また何が教えられるべきであり，いかに教授と学習が評価されるべきであるのかといった問題をめぐる闘争の場でもある．従って，本書を通じて私が示したように，真に批判的な教育学研究が，いかに私達は効率的にかつ効果的に教えることができるのかといった，教育学者が問うあまりにもしばしば支配的でときには唯一の問題とされてしまうような，単に技術的問題を取り扱うためにのみ必要なわけではないのだ．経済的，政治的，そして文化的権力と教育との関係について批判的に考えなければならない．それがなされたときにだけ私達は民営化，

市場化，分権化，アカウンタビリティ，水準の上昇，国民文化の「復活」，その他似たようなことを内容とする幾つもの国で提案されている最近の教育改革が，それらが約束していることを実現することができるのかどうか判断することができる．

　30年以上，私は教育における知識，教授，そして権力の間の複雑な関係を発見することを追求してきた．私は，一方において，社会における経済的，政治的，そして文化的権力を把握している人々と，他方において，教育について考えられ，組織化され，評価される方法との間には，まさにリアルな一つの組み合わせがあると論じてきた．『右派の／正しい教育』においても，この努力は続けられている．本書は，「第二のアップル三部作」と呼ばれているうちの最後の本である．すなわち，「保守的現代化 (conservative modernization)」訳註1) に関して緻密な分析を行っている『公式の知識』Official Knowledge と『文化の政治と教育』Cultural Politics and Education に続くものである1)．とりわけ，これは市場の価値と手続きを強調する新自由主義と，地位の高い知識，より高い水準そして厳しい統制への回帰を強調する新保守主義の組み合わせなのである．『右派の／正しい教育』は，これら諸力のより詳しい実質的な分析である．日本語訳が出される第二版は，2001年に刊行された初版本と比べて，さらに議論を展開し，さらに証拠を集めている．私はこの本が大田直子さんによって翻訳されるという幸運に恵まれた．私は彼女に対して政治的にも知的にも敬意を払っている．ここで私が提示した問題点について，またイギリス，アメリカ合衆国，そして日本の教育制度について彼女と交わした議論はとても実り多いものであった．この翻訳をするにあたって彼女が発揮した独創性や努力も高く評価している．

　私の他の著作と同様に，教育研究の分野がもっと活性化するためには新しく，もっと社会的に批判的な見通しが必要だという多くの教育学者にみられる信念に対して，この本もまた応えようとするものである．教育研究として現に〈見なされているもの〉は一つの構築物であるということを想起することが重要である．学問的境界はそれ自体，文化的に作られてきたものであり，しばしばそれを強制する権力をもっている人々からなされた複雑な「取り締まり (policing)」行為の結果である．この「取り締まり」行為は，何が「正統な」研究の対象であるのかないのか，あるいは何がそれを理解するための「正統な」アプローチであるのかないのかを宣言する権力を含む．依然とし

て，フランスの社会学者ピエール・ブルデューが私達に思い出させているように，「妨害する」能力こそ，私達の理解において主要に獲得してきたものを先導するかもしれないのである[2]．

　ある一つの分野における継続的発展は，とくに教育のように多様なものとなっている場合には，それに先立つ伝統が，新しい問題が起これば，破壊され，取り代えられ，再び集められたりするような経験的かつ概念的「中断(break)」にしばしば依存する．こういった中断が，問われるべき問題を変え，それらが応えられるやり方を変える傾向をもつ．第二期「三部作」の著作において具体化された「中断」は，〈社会運動〉がその焦点となっている．

　三部作それぞれにおいて，そしてとくに本書では，私は，教育変革を継続するエンジンを与えるものは社会運動に他ならないと論じてきた．私はまた，そのような運動が教育に与える結果は，多様な，しばしば異なるイデオロギー的傾向の間でみられる妥協であると論じてきた．私達が所与のものとして受け入れている教育政策とそれらを実践に移すメカニズムの多くが，教育内部および外部に存在する緊張関係にある闘争と連帯の結果なのである．たとえば，アメリカ合衆国においては，州での教科書採択政策といったようなことは，社会運動，階級関係，宗教的闘争，そして自覚的あるいは無自覚的な人種的脅威の複雑な蓄積の結果なのである．そしてそれはアメリカ合衆国やその他の地域における教育改革の現実を理解するうえで大変重要なものである．私が第二版でさらに詳しく展開して取り上げるアメリカ合衆国のもう一つ別の，そしてもっと最近の事例は，保守派福音主義運動によって提供されているものである．これはカリキュラムを変えようとする組織化されたほとんどの圧力の背後に存在しているもので，それゆえ，ある特別な聖書的世界観を反映している．

　教育やより広い社会に対して衝撃を与えているのは右派の社会運動だけではないということを認識することが重要である．社会運動の集団的行為はまた，社会における無産者と周辺化された人々がもつ主要な武器の一つである[3]．たとえば，ブラジルにおける最近最も強力な集団的行為の一つは，「土地をもたない運動」である．ブラジル——世界で最も不平等な国の一つ——における土地所有と分配にみられる過度の不平等を前提として，何千もの人々が大衆的抗議活動，空き地の占拠，そして占拠した土地に学校や保健サービスセンターなどを建てることなどを含む戦略を考え出したので，その

パフォーマンスはより保証されたようなものである．このことは社会におけるその他の多くの集団からの支援を引き出し，階級を越えた同盟を形成した．重要なことに，この土地をもたない運動によって発展させられてきた戦術と戦略は，たとえば，人種差別と戦っていた他の抑圧された集団によっても応用され，利用されるようになった．幾つかの社会運動は他の社会運動から学んでいるということがキイポイントであり，保守的現代化に含まれるイデオロギー的傾向と戦術についての私の議論においても指摘しておいた事柄である．なぜならば，多くの保守派は現に，進歩的の運動の戦術を「盗んだ」のであり，進歩主義的諸力によって獲得された財産を攻撃するのにそれらを使っているからである．

新自由主義と新保守主義の運動とそれらの教育に対する影響についての分析が本書の核心となっている一方，私はまた，その他の保守的傾向の力がますます成長していることも詳らかにしている．とくに保守的文化的そして宗教的運動が，教育に含まれる〈すべての事柄〉であるようにみえるものについて証拠を常に提供することを強調する「新しい経営主義（new manegerialism）」として特定化されるような傾向と同様に，ますます強力になっている．実際，この第二版では，国内および国際的に強調されているこの新しい経営主義が有する権力に対してかなり踏み込んで分析している．そして私達はこの専門的，経営主義的な新しいミドルクラスの権力と，また国家内部で彼らが占める位置についてもっと焦点をあてる必要があるということを示唆している．『教育と権力』*Education and Power* で展開した技術的行政知識をめぐる社会的，イデオロギー的ダイナミクスについての私のこれまでの議論をよく知っている読者にとっては，ここにそれとの明確な類似点をみるだろう．そしてそれのより特定的な適応，さらに一般的な論議の組み合わせがみられるだろう[4]．

『右派の／正しい教育』への日本語版序文を準備するため，私は本書をもう一度改めて読んでみた．拙著を再読することは，私にとってかつて私が教師だった時のこと，そして政治的／教育的活動家であった時のことを思い出させた．都市部あるいは地方の学校で教えたり働いたりしたことがあるものとして，この本はいまの私を形成することに役立った現実を思い出させた．そのうちの多くは，そういった地域社会での日常において教師，生徒，親そして活動家が直面するものであった．これらの記憶は否応ないものであり，

ときには痛みを伴うものである．私は私が育ったとても貧しい労働者階級の都市の近くの衰退しつつある市街にある学校から，教師としての経験をスタートさせた．それらの学校は私が通った学校ともよく似ていた．自分自身の本をもう一度読み直して，私はそこでの生徒としての，そして教師としての経験を追体験したのであるが，これはとても奇妙な経験であった．

『右派の／正しい教育』において，私はこれらの経験の一つの物語を語った．すなわち私の生徒の一人，神経質でときには問題を起こすジョーセフという名の少年についての物語である．彼は最終的に学校を辞めたのだが，これは学校制度が失敗したのだという方が正しいだろう．過度の官僚化，標準化されたテストの過度の強調，彼の人生と文化に現実的な形でつながるカリキュラムを作り上げる能力の欠如，尊敬に値する有給の仕事を何一つ供給することのない経済状態において，彼の両親や彼にとって人生がどのようなものとなるかを理解する能力の欠如，これらすべてが彼がうまくやっていくであろう可能性を破壊するように組み合わされたのである．ジョーセフの教師としての私の経験は，ずっと前のものだ．しかしいま提案され，制度化されつつある「改革」の多くが，ジョーセフと彼に似たような何千もの生徒に対して否定的な効果をもたらす政策と実践に回帰する以上のことを何ら具体化してはいないのだ．もしこの歴史を忘れたら，私達はジョーセフの身の上に起こったことが，もっと多くの生徒に対しても起こることを運命づけてしまう．そしてこのことは，ますます多様化してきたような多くの国々にもあてはまる．日本が出生率の低下や外国からの労働力にますます依存するようになりつつあるときに，私は日本の研究者や教育者に聞きたい．日本の人口にみられるであろうこのような変化を前提としたら，この物語が日本の教育政策や実践にどのような意味をもつことになると考えるか，と．

本書の第1章で語ったジョーセフの物語は何年も前に起こったことを象徴するのではあるが，これは実際には，現在の歴史と呼ぶことができるかもしれない．ここでかなりの紙面を割いて明らかにしたように，またポーリン・リップマン（Pauline Lipman）の『大ばくちの教育』*High Stakes Education*と，リンダ・マックニール（Linda McNeil）の『学校改革の矛盾』*The Contradictions of School Reform* [5]が明示しているように，テストとアカウンタビリティの数字還元的モデル，標準化に対する一つの断固とした要求がある．おそらく「誰も見捨てない（No Child Left Behind）」法[訳註2]の中にみら

れるジョージ・W・ブッシュの政策に，それらは最もよく表れているだろう．そして，教授とカリキュラムに対する厳密な統制は，いまや国中を通じて学校の日常の秩序となっている．とくに都市部の学校では，これらの政策は対案の一つではなく，〈唯一の〉対案としてみなされている．多くの方法で，このタイプの改革はこの国すべての学校が直面している問題の深刻さを正直に取り扱う政治的イニシアチブの真剣な，そしてよく考えられた組み合わせというよりも，「政治的見せ物」を提供しているようだ[6]．事実，私がここで示したように，またほかの研究者が各々の研究において強く提示しているように，私達はいまやそのような政策の否定的な，そして真に破滅的とさえいえるような幾つもの効果について，ますます注意を払っている[7]．ジョーセフの物語はいまや資金不足の学校に囚われた何千もの子供達の人生において再び語られているのだ．市場，有給および無給の労働，住宅，保健サービス，コミュニティの地球規模での再編．これらすべてが人種，階級とジェンダーに対して，異なる効果をもたらしている．そしてこれらすべてが学校の財政と管理に対して，そして「公式の知識」と「良い」教授としてみなされるものに対して，また究極的には私達の都市や町の学校の講堂を歩き回る何人ものジョーセフに対して多大な影響を与えてきているのだ[8]．

　ここでの私の論点は，リップマンの『大ばくちの教育』で実証されている．この本は都市部の政治経済と社会的ネットワークが解体され，再構築された結果が，私達の学校，とくに貧しい子供達に奉仕する学校に対してどのようなものであったのかについて，詳しい検証を提供している．広く真似されている学校改革のあまり語られていない事柄や隠れた効果，これはメディアに登場する肯定的な多くの報告書の影に埋もれていることであるが，こういったことをよく理解することは，産業化社会における教育にとっては絶対的に必要なことだ．リップマンやマックニール，アンジェラ・バレンズエラ（Angela Valenzuela）のような人々は，ある政策が厳密なアカウンタビリティ，大量のテストなどを制度化することを含む場合，教師と生徒に実際には何が起こるのかということを示している．結果は衝撃的で，この政策によって私達の学校が抱える問題に対する〈唯一の〉回答を発見したと信じている人々の心に幾つもの深刻な疑問をもたらすものであった．結果は，明らかに，豊かな民主主義と社会正義の原理につながる，より社会的に批判的で民主的な教育と呼べるようなものではないだろう．むしろ，そのような政策は，本書

において批判されている事柄をそのまま反映するような条件を作り出すものとなるだろう．これに教育における市場化と競争の否定的効果を付け加えるならば，本書で詳しく示したように，さらにもっと絶望するような絵を描き出す．

　私達は「革命は時代を逆行させるかもしれない」ということを忘れがちだ．そしていま私達が，幾つかの国の教育やその他の経済的，政治的，そして文化的制度において目撃していることは，まさにこのことなのだ．私達の社会をラディカルに転換したいという政治．そのため，かつて存在していた想定のもとにエデンの園を写し出している．しかし「エデンの園」は，ときには何人かの智恵ある政治評論家が「悪魔のような工場（Satanic mills）」と呼ぶものであり，ときには文化統制の政策である．そこでは特定化できる人々の生活や夢や経験が周辺化される．これこそ危険な時代であり，私達はこの危険に直接向き合う必要がある．もし私達が本書で明らかにしたような歴史，イデオロギー的傾向，そして条件を再生産しないのならば．

　しかしながら，幾つかの〈選択肢がある〉．私達はブラジルのポルト・アレグレをその可能性をもつものとしてみることができる．ポルト・アレグレでは，参加型予算編成と市民学校（Citizen School）をめぐる改革が，教育における制度全般を変革する可能性があることを示している．そして，学校はまさに現実的な方法で社会正義のための闘争の一部となるのである[9]．合衆国では，右派の傾向に対抗して何ができるのか，そして私達に対して，最悪な形ではなく，最善な形で応答的な教育を作り上げるために何ができるのかということについての顕著な事例が存在する．『学校再考』*Rethinking Schools* のような人気のある雑誌は，現実の学校，現実のコミュニティにおいて何ができて，何がなされつつあるのかということについて報告している．ジェームズ・ビーンと私が出版し，広く読まれている本，『デモクラティックスクール』*Democratic Schools* は，批判的教育学者，コミュニティの住民，そしてその他の人々が——ともに働くことによって——，時の試練に耐える対抗的ヘゲモニーの可能性をいかに打ち立てたかということの正直かつ詳細な事例をその内容としている[10]．そしてまた他の事例もある[11]．しかし，私達は正直であろう．そのような可能性が存在しているという事実，教育は支配の再生産を重要なやり方で越えることができるという事実は，まさに，可能性にすぎない．もし私達がこれらを打ち立て続けようとしなければ，再

び支配の側にいる人々が彼ら自身の権力を守る条件を再生産することができるようになる．

これこそ，この序文において，そして本書を通じて，私が学校に対して衝撃をもつこの複雑な諸力に対して正直であろうと試みてきた理由なのである．ダチョウのように砂に頭を突っ込むことではこれらの諸力をやりすごすことはできない．新自由主義と新保守主義の運動は，攻撃的に，私達の仕事と学校を変えてきている．彼らの影響はますます危険になってきている．依然として，ポルト・アレグレの事例や，『デモクラティックスクール』で描かれた学校，そして『学校再考』での努力が示しているように，悲観しているだけの時代ではない．もっとより批判的なデモクラティックスクールを構築し，擁護する可能性は存在しているのだ．教師，組合，コミュニティ，生徒，そして社会の活動家達は，世界中でこのような可能性を打ち立てるために共に手を携えている．日本や私の住んでいる合衆国を含む世界の他の場所でも同じことが真実となるよう希望しよう．

『右派の／正しい教育』第一版では，私はまた教育世界の内外でいかに対抗的ヘゲモニー的運動を打ち立てるかということについても議論した．この点は本書でかなり展開されている．内と外を組み合わせることは，絶対的に決定的であり，これをするための戦術を学ぶことは，右派の諸力が何年も前に学んだことについてもっと学ぶことを意味している．事実，このことは本書の主要なメッセージの一つである．もし右派の活動を妨害したいと望むならば，彼ら自身が行ったことを学べ．以前は無視できた周辺化された立場としてしかみなされなかったものが，いまは公共的決定や論争の中心へとますます登場してきていることを可能とするような条件をいかに彼らは作り上げたのか．部分的な対抗的ヘゲモニー的立場であったのが，いかにヘゲモニーを握るようになったのか．したがって，ここでの鍵的メッセージの一つは，「右派を勉強せよ」ということであり，そうすれば私達はいかに社会的そしてイデオロギー的変革に従事するかということを（再び）学ぶことができるということだ．これらの議論の幾つかは，事例研究の著作でも詳しく取り上げている．これは本書と共に読まれるとよいと思う．その本とは，『サバルタンは語る』 The Subaltern Speak というものだ．これは私が本書では保守的現代化とよぶものに対する闘争の具体例を検討することで，ヘゲモニー的，そして対抗的ヘゲモニー的運動と傾向について「新規まき直し」的な分

析を行っているものである[12]．

　もちろん，ここでの私の議論は，ある特定の国々に対する理解に基づいていることを述べておく必要がある．それゆえ，本書で提供された論議がかなり多くの国々で反体制の人々や批判的教育者の経験と共鳴しあっているということがますます明らかになってきているにも拘わらず，それらは日本のような異なる歴史をもつ国に直截に持ち込むことはできない．これらは引き続き私の師となるだろうし，私はここでこれらに対する私の感謝の念を明らかにしたい．私は，さらに再び，日本における社会的に批判的な教育者と活動家が，私達が社会的に公正な教育のための闘争を続けることにおいて何が可能であるのかということを示すという意味で，私の師となってくれることを望む．

マイケル・アップル
2007年9月

第二版への序文

「アメリカ合衆国に反対する嫌な奴」

　　キューバで開催された国際会議での報告から帰国してすぐに『右派の／正しい教育』の第二版について考え始めていた．キューバでの経験は，再び，右派が幅をきかせているこの時代に，あまりにも多くの人々に対して起こっている事柄について批判的に検討することが決定的に重要であるということを考えさせるものであった．

　皆さんも知っているように，合衆国市民がキューバに行くことはそれほど簡単ではない．特別な許可書が必要とされる．許可は，「正統な」旅行の目的がある人にのみ与えられるのだ．そして会議に参加する研究者の場合，許可は，その会議がキューバ政府によって支援されていない場合にのみ与えられる．

　会議開催中，私はハバナにいた．この間，合衆国は，キューバ系アメリカ人がキューバにいる親類に送金することや，会いに行くことをことに制限するよう規則を厳しくした．これは過去40年以上にわたる経済的，文化的，政治的障壁の上にさらに積み重ねられたのである．

　私はますます，政治的立場を越えて，私や他の人々にとってこういった政策は亀裂を深くするものであるように思えるため，決して賛成してはいない．しかし，私のここでの関心はこのような政策にあるのではなく，私が会議で報告した内容についてである．私は自分の報告を，そこにいあわせた聴衆──ほとんどが教育者──と彼らが代表している多くの国々の政治的かつ教育的結束についての声明から始めた．私は合衆国によって提唱されている一

連の国際的経済政策および教育政策からは距離をおいてきた．そして私は本書での分析において多くの部分を占めている国際的に教育の分野で強調されている二つの主要な問題点についてきわめて批判的に論議した．すなわち（1）ヴァウチャー制度や利潤追求型学校といった市場化と民営化を促進する圧力といったような新自由主義的教育改革と，（2）ますます助長しつつある全国的基準，全国的カリキュラム，そして（ますます掛け金の高い大ばくちになりつつある）全国テストへの圧力を含む新保守主義的政策である．報告の最後に，私は，こういった政策は危険な傾向を示しているばかりか，それらは極端に単純化されていると述べた．私が「保守的現代化」と呼んできたこれらの政策と実践に対する対案が存在する．私は，『デモクラティックスクール』 *Democratic Schools* [1] や，進歩的教育雑誌『学校再考』 *Rethinking Schools* に集う教育者や，ブラジルのポルト・アレグレの市民学校（Citizen School）と参加型予算運動 [2] といった活動を指摘した．他の報告者と同様に，私の報告が大勢の聴衆によって称讃されたという事実によって私は勇気づけられた．私は参加者によってその後の会議で真剣な議論が行われるのを期待していた．果たして熱心な議論が闘わされたが，同時に意想外のことも起こったのである．

　私の報告直後に，私のところに一人の参加者がやってきた．彼は明らかに興奮しており，面と向かって文字通り大声でわめいたのだ．「アップル博士，あんたは嫌なやつだ．あんたはアメリカ合衆国の恥さらしだ」．彼はフロリダの教育行政に携わる役人だった．私の論議と批判を愛国的ではないと思ったのだ．おそらく彼はまた，フロリダ州のヴァウチャー制度の広がりといった動きや，カリキュラムにおける「共通文化」の保守的な定義が強力になりつつあるという動き，そしてテストにおける数字還元的な形式の過度の強調の増大，そして神のみが彼らに語りかけることができると信じている人々の間で組織されつつある学校教育への極右的宗教的運動のますます増大しつつある影響力などに対する私の懸念によって，個人的に恐怖を感じたのだ．しかし，彼の動機が何であれ，彼の私への攻撃は，一部の「アメリカ人」が，愛国者としての本質的な批判を欠落しているものとみなし，批判的感覚一般を正統化された表現の境界線をはずれているものと定義するその方法について述べているのだ [3]．

　国家とその政府，および主要な制度が，教育あるいは他の領域で公的に表

明している価値と約束を実現しないようなとき，それらが国際的な倫理観の基準を曲解し，逆転させるようなことを見逃すようなときには，本質的な批判こそが愛国の究極的な行動なのだ．その本質的な批判とは次のようなことである．「私達は見逃すことはできない．これらのことは，私達自身のような何百万人もの人々による労働によって作られてきた私達の国で起こっていることであり，私達の諸制度にも起こっていることなのだ．私達は私達が積み重ねてきた記録の価値を深刻に受け止め，君達もそうすべきであると要求する」．

　もちろん，私がしてきた議論はまったく政治的なものである．しかしこれこそが要点なのだ．過去30年以上にわたり，私は教育は政治的行為であるとみるべきであると言い続けてきた．そうするために私達は〈関係論的に〉考える必要があると論じてきた．すなわち，教育を理解することはより大きな社会における権力の不平等な関係と，支配と従属の関係において教育を考えるということを私達に要求する．それゆえ，生徒がある特定の教科について習得したかどうかとか，いまではあまりにも共通となっているテストにおいて成績が良かったかどうかなどということを単純に聞くことよりも，私達は異なる質問群を聞くべきである．これは誰の知識なのか？　これはいかに「公式な」知識となったのか？　この知識とこの社会で文化的資本，社会関係的資本，経済的資本をもっている人々との関係はどのようなものか？　正統化された知識のこれらの定義からどんな人々が利益をえているのか，あるいはえられていないのか？　私達は批判的教育者として，批判的活動家として，いまある教育的そして社会的不平等を変えていくことに対して，またより社会的に公正なカリキュラムと教授を創造するために何ができるのか？

　これらは複雑な問題であり，それらはしばしば複雑な答えを要求する．しかしながらいま教育が行われている方法に対して，これらの批判的挑戦といった類いについての質疑応答の長い伝統が今日では築き上げられている．この伝統は，『イデオロギーとカリキュラム』 *Ideology and Curriculum* で私がこういった問題を初めて提案したとき以来，かなり積み重ねられてきた[4]．本書の第二版はこの伝統の上に乗っており，教育その他の分野で，経済合理主義者や保守派のイデオローグ達によっていま提案されているものよりも，より豊かな民主主義の様式の方向へと向かうこの批判的伝統の流れを維持しようとするものである．

私達のような「嫌な奴」に対する攻撃が常に存在するために，民主主義の進歩的理解に向かうこの流れを維持することはますます困難になりつつある．メディアはこれらの攻撃を公にすることを喜んでいるようにみえる．と同時に，その一方で右派の集中砲火の後ろ楯をしているイデオロギーと政策によって人々を懐疑的にさせるようなことについてはほとんど報道しないのに．そして右派は自らの主張を公表することにおいて本当に長けている．一例をあげよう．それは最近インターネット上で公表され，多くの関心を惹きつけたものだ．

危険な本

　　　ここまでのところ，私は教育を関係論的にみることの重要性を論じてきた．ここで私があげる例は，私達が右派の主張の内部関連についてもっと注意を払うべきであるならば，なぜそのような関係論的理解が決定的であるのかをよく示している．保守派の立場の幾つか（このような区分は，ときおり馬鹿げているが）は，彼らの公の嘆きや攻撃の背景にある多くの恐怖の関係を露わにするのだ．たとえば，顕著な保守派雑誌『事件』Human Events は最近，19世紀と20世紀の「最も有害な本10冊」リストの作成を「専門家パネル」に依頼した[5]．第一位はとび抜けて，マルクスとエンゲルスの『共産党宣言』The Communist Manifesto であった．二位と三位もともに通常の意味において政治もので，アドルフ・ヒットラーの『我が闘争』Mein Kampf と毛沢東の著作を集めた『毛沢東語録』Quotations from Chairman Mao であった．

　残りの方が，このリストはもっとおもしろい．四位と五位は，アルフレッド・キンゼイの『キンゼイ・レポート』The Kinsey Report，そして私達教育関係者には注記する価値がより高い，ジョン・デューイの『民主主義と教育』Democracy and Education であった．リストにはさらにカール・マルクスの『資本論』Das Kapital，ベティ・フリーダンの『新しい女性の創造』The Feminine Mystique，オーギュスト・コントの『実証哲学講義』The Course of positive Philosophy，フリードリッヒ・ニーチェの『善悪の彼岸』Beyond Good and Evil，そして最後にジョン・メイナード・ケインズの『雇用，利子および貨幣の一般理論』General Theory of Employment,

Interest, and Money があげられていた.

　このリストは，本当におもしろいしろものだ．これは大量虐殺と殺人の歴史についてのもっともな恐怖を，階級と経済的不平等を特定化できるような構造，民は良く官は悪いといった信念，科学のある特別な様式（これもまた，部分的には科学の過度に実証的解釈は危険であるというもっともな前提），相対主義の脅威，そして女性運動は悪いことだというまさに現実的な関心といったものと組み合わされている．

　このことすべてが，私達がパネルの名誉あるこのリストに登場した本を全部みたとき明らかになる．このリストは長い．しかしみていて私は思いついた．あることが鮮明に浮かび上がってくる．リストは以下の通り．ポール・エーリック『人口が爆発する！』*The Population Bomb*, V・I・レーニン『何がなされるべきか』*What Is To Be Done*, セオドア・アドルノ『権威主義的パーソナリティ』*The Authoritarian Personality*, ジョン・スチュアート・ミル『自由論』*On Liberty*, B・F・スキナー『自由と尊厳を越えて』*Beyond Freedom and Dignity*, ジュルジュ・ソレル『暴力論』*Reflections on Violence*, ハーバート・クロリー『アメリカン・ライフの約束』*The Promise of American Life*, チャールズ・ダーウィン『種の起源』*Origin of Species*, ミッシェル・フーコー『狂気と文明』*Madness and Civilization*, シドニー＆ベアトリス・ウェッブ『ソヴェト・コンミュニズム：新しき文明』*Soviet Communism: A New Civilization*, マーガレット・ミード『サモアの思春期』*Coming of Age in Samoa*, ラルフ・ネーダー『どんな速度でも危険』*Unsafe at Any Speed*, シモーヌ・ボーボワール『第二の性』*Second Sex*, アントニオ・グラムシ『監獄ノート』*Prison Notebooks*, レイチェル・カルソン『沈黙の春』*Silent Spring*, フランツ・ファノン『地に呪われたる者』*Wretched of the Earth*, ジークムント・フロイド『精神分析入門』*Introduction to Psychoanalysis*, チャールズ・ライク『緑色革命』*The Greening of America*, ローマ・クラブ『成長の限界』*The Limits to Growth*, そして，最後の，しかし明らかに重要なチャールズ・ダーウィン『人間の由来』*Descent of Man*.

　このリストは息継ぐ暇を与えない．そして，さらに，いったいどんな基準で本が選ばれたり，選ばれなかったりしたのか，思い悩む．階級，ジェンダーそして人種的抑圧に関しての批判的分析や行為は「悪いもの」である．そ

れが被抑圧者の立場からみた世界の見方であるから．文化は世俗的人道主義が勝ち続ける戦場なのだ．聖書の伝統は進化的科学よりもよりよい説明なのだ．科学それ自体が信用ならないものなのだ．心理分析の内省的方法は避けられるべきだ．環境と消費運動は危険なものだ．そしてここでもまた，政治の領域での左派から（右派からではない）生じる社会批判は単に正統なものではないのだ．

　さらに，再び私はこれらすべての背景にある論理とは何であるか考えてみる．たとえば，『事件』の「専門家」がやろうとしたように，何万もの人々の命を奪った殺人行為の歴史について，もしも私達が真剣に考えようとするならば，聖書（少なくとも，その利用の幾つかは確かに）もまた検討に値したのではなかったのか．多くの国々で，聖書は，大量の人々の駆逐，強制的改宗，そしてユダヤ人の虐殺を正統化するために使われてこなかったのか？アフリカとアメリカ大陸を結ぶ大西洋の航路だけでなく，世界中で人々を征服し，征服した土地でアパルトヘイト的制度を作り上げ，帝国を作り上げようとした「植民地」や，残虐な殺人行為をもたらした奴隷制や，その他多くの似たような事柄を正統化するために使われたことはなかったのか？

　私を誤解しないでほしい．私達が聖書としてみなしているそのような神聖なテキストを悪としてみているのだと私は論じているのではない．事実，私が指摘した恐ろしい実践のすべてが，また同様に聖書に書かれてあることによって糾弾されもしてきたのだ．また，いずれにせよ，私は，そのようなテキストの神聖さの中に理由をもつこういった事柄を蔑みたいわけでもない．むしろ，私は『事件』リストの背景にあるイデオロギー上の立場を指摘したいのだ．すなわち，極端な保守的，権威主義的，そして反民主主義的傾倒である．そして歴史的に特権的な立場からいかに発言をしているのかということである．これらすべてを理解するためのここでの鍵は，単純にこのリストそれ自身というわけではないということだ．むしろ重要なことは，これらの問題における〈内的関係性〉ということだ．これらの内的関係性こそ私がこの本で焦点をあてたものである．これらの問題と権力との内的関係性は複雑であろうし，ときにはコントの実証主義の批判やスキナーの行動主義において，私達が合意する諸要素を事実含むかも知れない．しかし，もし世界が複雑なら，私達の理解もまたそれを反映させなければならないのだ．

　もちろん，すべての右派の立場が同じ事柄に具体化されているわけではな

い．自分達を保守派と呼ぶ人々が，この『事件』のリストにあげられた本の幾つかを否定するかもしれないし，少なくともおもしろいと感じる場合もあるだろう．しかしながら自覚のレベルで，ある特別な緊張が存在する．それは「感情の構造」と呼ばれてもいいのかもしれない．それは右派の感情を通底するものであり，それが彼らをすべて繋げ合う関係を生み出すものである．これらの感情の構造や緊張とは何か，そして教育の地勢においてそれらがいかに働くか，そしてそれらに対して私達は何をするのかといった事柄が，『右派の／正しい教育』の焦点となる．

何が新しいのか

　第一版の内容をさらに展開し，幾つかの論議をさらに洗練し，改訂という作業を行うのには幾つかの理由がある．一番適う理由は簡単なものだ．すなわち，時代が変わり，教育が動いている地勢を根源的に変えてしまうような事件が起こったのだ．2001年9月11日の恐ろしい殺戮事件（引き続いてマドリードやロンドン，その他でも同様の惨劇が起こった），愛国者法（the Patriot Act），イラク戦争，国防の充実，テロリズムへの恐怖，これらすべてのことが公的な教育制度の内外で大きな効果をもたらした[6]．さらに，通称「誰も見捨てない（No Child Left Behind：NCLB）」法という法律の成立は，教育政策と実践に対してかなりの影響を，たいてい否定的な方法で，与えた．ジョージ・W・ブッシュ大統領の再選，一般的な意味での保守主義の権力，とくに宗教的右派の権力の増大，こういったことが教育がこれまでおかれていた地勢を根本的に変えることをもたらしたのだ．より進歩的教育政策の限界と可能性についての分析，カリキュラム，教授，そしてそれから生じる評価の実践についての分析はどのようなものでも，こういった動きと変容すべてを把握しなければならない．

　しかし外的条件と政策だけが変わったわけではない．書き手達もまた変わっている．ワシントンにいる現政権の根本的な本質，その国内的かつ国際的傲慢さ，金持ちと大企業がもっともちたいと望み，貧者はほとんど何ももてないそんな「階級闘争」として熟慮されている政策の制度化，こういったことすべてが，私にとって，そして他の人々にとって，今日何が起こりつつあるのかということの「否定的側面の証人となる」ことをこれまで以上に重要

であると思わせるようにしたのである．もちろん，そのような「証人となること」は絶対的に決定的に正しいことであるが，それだけでは十分ではない．私達に何ができるのか考えたことを公表することもしなければならない．そして私は第一版をさらに展開した本書でもそうしようと思う．

　これらの変化を所与のものとしたとき，私は「本は，書き手が何年もの間持ち続けてきた無知から進歩した状態の報告書なのだ」[7]という知恵者の言葉を思い出す．初版本で私が批判的に分析した保守的傾向はさらに悪化している．権力におけるシフトはさらに進んでいる．「公的なもの」が実際に価値あるものであるというような思考に対する攻撃はさらに激しさを増している．書き手と読者が「無知」であるのではない．しかしときには，すべての点を十全に結び付けることは困難なのである．それゆえ，第二版では，これらの点を以前にもまして繋げ合わそうと試みている．

　第二版では幾つかの重要な変更がある．2001年の初版本で扱われていた資料を最新のものに変更する以外に，新しい章が二つ追加された．一つめの章は，「誰も見捨てない：NCLB」法という連邦レベルの法律についてである．同法は，より大きな文脈において，アメリカ合衆国の教育に関する権力バランスを根本的に変えるものである．その章は，私が「監査文化」と呼ぶものの成長と，それが，民営化，市場化，そして統制の中央集権化というアジェンダにいかに常にリンクしているのかといったこと，そしてNCLB法の技術的かつ政治的支えを提供する傾向について検討するものである．この新しい章はまた，NCLB法が与えた衝撃に基づいた政策が実行されたときにテキサスで起こったことについても述べている．結果はよいものではなかったし，いまでもそうだ．そこでは，教育における新しいミドルクラス，その影響力については初版本ではふれはしたものの十分に展開していなかった新しいミドルクラスの権力について詳細な分析を行っている．私はまた，商品化と監査文化の組み合わせの受容と拒否に含まれる人種的ダイナミクスの複雑さと矛盾についても批判的に探求する．

　新しい章の二つめは，初版でかなり深刻に取り扱ったホームスクーリングの問題についてさらに検討するものである．これは，アメリカ合衆国において最も急速に進んでいる教育「改革」の一つである．そしてますます多くの国でみられるようになったものだ．私は初版で取り扱ったホームスクーリングの問題をかなり書き加えた．そして社会運動としてそれがどのように機能

しているか，どこからその資源を獲得しているか，ホームスクーリングを実際に担っている人々のジェンダーの役割について，そして，このことすべてがもつ教育的かつ政治的含意など，ホームスクーリングが行われる環境の内的問題についても新たに考慮に入れた．

　最後に，本書の大部分が，保守的宗教的言説のますます増大する力，アイデンティティ，そして教育の内外の運動に関しての批判的内省を提供しているので，結論的章において，私は宗教的運動と立場の多くが，ある種の右派の政策の成長を阻止する可能性があるということを明らかにするために新しい資料を付け加えている．これは重要である．なぜならば，私は進歩的な社会的文化的運動で宗教上の信条が果たす役割について，誤った方向に導きたくはないからだ．それらの背景にあるこういった確信と運動は，何でも売買することが可能で，私達の何人かが有する倫理的，政治的信念は「固形のものはすべて宙に溶け始め，聖なるものはすべて冒涜される」ように，破壊されつつある．

　キリスト教，ユダヤ教，イスラム教，そしてその他インドにおけるバラティヤ・ジャナタ党（Bharatiya Janata Party：BJP）の激しいヒンドゥ教的ナショナリズムにおいてみられるような，きわめて保守的でありときにはまったく危険な傾向の成長はいくら控えめに言ったとしても，その重要性を過小評価できるようなものではないのだ．実際，保守的宗教的衝撃は，歴史的にアメリカ合衆国や南アフリカのような場所ではアパルトヘイトを正統化するために歴史的に使われてきた．そしてそれらは，明らかにアメリカ合衆国におけるカリキュラムと教授の本質に対して深遠なる衝撃をもっている．名の通った科学者は誰も支持しない「インテリジェント・デザイン」理論の外観の下で，ダーウィン主義的アプローチの「神を恐れない影響」を学校から追放しようとする試みを止めようとしない人々によって，理科教育は根本的な挑戦を受けている[8]．同様の傾向が，発声学に基づかない読み方の教授を行ういかなるアプローチにもなされる攻撃において，また数学の教授をめぐる長きにわたる論争の中にみられる[9]．さらに，保守的経済的集団は常に根本的に文化的かつ宗教的緊張と葛藤を彼らの経済政策への支援を生み出すために使うのである．経済政策，これはたいてい選挙戦での勝利を確保するために皮肉にも巧みな操作の対象となる文化的経済的問題を抱える人々を傷つけることに終わるのである[10]．

これらすべてが語られなければならない．しかし，変えることのできない保守であるとして，あるいは貧困，グローバリゼーション，環境，子供達を教育して育てること，そしてその他の諸々の事柄に関する論争においてまったく話し合う余地がないこととして，これらすべての宗教的感情を周辺化する口実にこういったことを使ってはならない．ラテンアメリカでみられる地域に根ざした運動や，アジアや中東における反軍備，民主主義支援，そして民主的社会的活動家達と共に活動してきたことで，そして彼らもまたキリスト教徒であり，イスラム教徒でありあるいはユダヤ教徒でもあるわけだが，彼らが自分達の政治的闘争の基礎としている土台に私も敬意を払うことを学んできた．

皆さんも後にみることになるのだが，私は学校で〈宗教のために〉教えることに反対しているのだ．しかし，多くの進歩的な人々もそうであろうと信じているが，多くの人々の行為を根拠づける精神的宗教的理由を機械的に拒否することとはまったく異なる．即座に拒否することは現在，この社会のあまりに多くの人々の生活を改革している右派に反対するための代替的協力関係を作り上げるための条件をいま以上に厳しくするのだ．それだけではない．私がどこかで述べたことだが，保守派の言説があまりにも社会全般に広がっているので，多くの人々の核心的原理原則の幾つかをそのように否定することは，信仰ある人々で，そうでなければ右派の「感情の構造」を魅力あるものとは思わなかったであろう人々を，私達と最も大きな不一致を抱えているまさにその集団との連帯へと導いてしまうのだ[11]．

レイモンド・ウィリアムズ．当時最も聡明な文化批評家の一人であった彼は，「論議する力を最終的に獲得しなければ，我々の社会における文化あるいはコミュニケーションについて論議することは不可能である」[12]と述べている．権力に焦点をあてることは，希望や対案を作ることに常に焦点をあてることを止めてしまうわけではないのだ．確かに，ウィリアムズが続けて述べているように，もちろん私は希望と可能性について語らなければならない．しかし，同時に私達は「危険の本質を隠しては」[13]ならない．この新版はウィリアムズの言葉を真剣に受け止め，危険と希望との間の細い綱の上を渡っていく．希望は本当に決定的に重要な資源である．しかし，私達の目の前でまさに共通善についての集団的理解が弱まりつつあるような教育制度と社会に私達が向かいつつあるときに，いま何が起こりつつあるのか，誰が勝者で

誰が敗者になるのかといったことについて，まったくロマンティックではない現実的な評価に基づいていなければならない．

『右派の／正しい教育』だけが独りでこの細い綱の上を渡るのではない．実際，独りであってはならないと思う．最近ある文献群が登場しつつある．まとめていえば，それらは右派を妨害するための確固とした土台を提供するものであり，左派に対してもっと独創的に考えることを奨励し，行動に向け実践的アイデアを与えるものである．とりわけ，ジーン・アニヨン（Jean Anyon）の教育内外の進歩的社会運動のもつ変容力についての詳細な研究，いかに生徒が日常の経験における不平等を理解し，挑戦するために，批判的数学的識字を利用することができるのかということについてのエリック・ガットシュタイン（Eric Gutstein）の著作，同様の事例を科学的識字で明らかにしたウォルフ＝マイケル・ロスとアンジェラ・バートン（Wolff-Michael Roth and Angela Barton）の研究，そして私の最近の二冊──一冊はピーター・アーセン（Petter Aasen）その他との共著で国家の政策に対抗して成功したものについて，もう一冊は貶められているものがいかにして支配者が強い地勢においてもその集団に急進的に挑戦ができるのか，あるいはするのかという方法についてのクリスティン・バラス（Kristen Buras）との共著である[14]．ここで紹介したいもっとたくさんの本がある．しかしここでの要点は，支配者を妨害し代替案を作り上げることは，集団的課題であって，個人の課題ではないという事実を強調することである．どの著者もこの点を正しく理解していない．そして私達は，本質的に，それぞれの生活において，全員が著者なのだ．これから皆さんが読もうとしているこの本は，このような書き手という認識を反映させようとする私の一番最近の試みなのだ．「私達それぞれがこの過程にどのような貢献ができるのか」と尋ねるのに，「嫌な奴」であることや「アメリカ合衆国の恥さらし」である必要はまったくないのだ．

第二版への謝辞

　第一版で謝辞を述べた方々に加えてもう数人の方々に謝辞を述べたい．第一に私の息子達，ポールとピーターである．彼らはちょうど学校教育を受けていて，現在進行しつつある経済的そして教育的優先順位の見直しが有する階級的かつ人種差別的影響というものを実際に経験しているのだ．ポールはより大きな経済における，そして高等教育における経済危機の効果を目の当たりにしており，「もの言うことができないもの達を言うことができるようにし」，そしてそれによって再び人種差別を「正統化する」ようにみえる右派の力に苛まれてきている．経済的には非常に不景気となった地方の小さな学校の数学教師として，ピーターは，「誰も見捨てない（No Child Left Behind）」法のような政策が現実に実施される方法が，生徒の生活に真に違いをもたらすように闘っている学校に真に有害な衝撃を与えていることについて説明してくれた．彼らは二人とも，学校と社会における社会正義をめぐる私達の闘争において最も重要なことを常に思い出させてくれた．

　奇妙にみえるかもしれないが，私の感謝の言葉は，ダイアン・ラヴィッチ（Diane Ravitch），E・D・ハーシュ・Jr. に対しても捧げられる．彼らと私はブルッキングス・インスティテュート（Brookings Institute）で活発な論争を行い，どこに相違点があるのかがはっきりしたのだ．共通カリキュラム，良い教育とその評価としているもの，今日絶対的に必要とされる研究の種類，そしてその他類似の事柄などについての彼らの提案に対し，私ははっきりと反対する．また，私達の間には，真に公正な社会というものの原理や実践について，また，その社会におけるすべての機関の統治への完全な参加という本質について，かなり見解の相違がある．しかしながら，それぞれの反対意

見を真剣に扱うことによって，議論はかなり有意義なものであった．私が自分の反対意見を公に表明したことがある人達とは異なり，彼らは論争の機会を与えてくれたのだ．少なくとも彼らは，フォーダム財団 (Fordham Foundation) のもとの書き手達や，私を尊大さと無知との興味深い組み合わせでもって批判した『ウォールストリートジャーナル』*Wall Street Journal* の編集者よりも，もっとオープンであった．

　私のほかの本すべてと同様に，ウィスコンシン大学の金曜セミナーのメンバーにも感謝したい．彼らは一冊余す所なくもう一度検討し直し，論議をよりよいものにするための多くの助言をしてくれた．

　第二版の作業のほとんどは，私がロンドンの教育学大学院 (Institute of Education：IoE) に客員教授として英国に滞在していたときになされた．そこでの仲間達にはとてもよい環境を与えてもらった．とくに真剣な議論，政治的意見交換，そしてIoEが第二の故郷であるかのような思いをさせてくれ，常に変わらない友情があった．この点については，とくに，ジェフ・ウィッティ (Geoff Whitty)，デヴィッド・ギルボン (David Gillborn)，デボラ・ユーデル (Deborha Youdell) そしてスティーブン・ボール (Stephen Ball) に感謝したい．

　この第二版についてもいろいろとコメントや批評，アドバイスをくれた方々がいる．デヴィッド・アップル (David Apple)，マドレーヌ・アーノット (Madeleine Arnot)，ハリー・ブリッグハウス (Harry Brighouse)，パトリシア・バーチ (Patricia Burch)，ロジャー・デール (Roger Dale)，ルイス・アーマンド・ガンディン (Luis Armando Gandin)，フェルナンド・マーウエンダ (Fernando Marhuenda)，マリー・メッツ (Mary Metz)，マイケル・オルネック (Michael Olneck)，マーク・オルセン (Mark Olssen)，トム・ペデローニ (Tom Pedroni)，スーザン・ロバートソン (Susan Robertson)，フランシス・シュラグ (Francis Schrag)，カート・スクワイア (Kurt Squire)，エイミー・スタンバック (Amy Stamback)，ジェフリー・ウォルフォード (Geoffrey Walford)，ロイス・ウェイズ (Lois Weis) である．

　ラウトリッジ社では，優秀な編集者達と仕事ができて幸いだった．中でもキャサリン・バーナード (Catherine Bernard) は秀でていた．彼女は執筆者ならそうであって欲しいと願う編集者そのものであった．

　この本で新たに付け加えられた二つの章は，ブリストル大学，メルボルン

大学，ロンドン教育学大学院，ウィスコンシン大学などで行われた幾つものフォーラムで鍛えられたものだ．参加してくれた学生や研究者のコメントにも感謝したい．

　最後に，これがなかったら私は何も書けなかったであろうというものについて言及したい．この初版が刊行されて以来，かなり多くの国々で共に働くことができた教育的そして文化的活動家達によって私は常に教えられてきたのだということを，私はそのことを十分自覚していることを，ここで明言する必要がある．国のリストはかなり長い．私は皆さんの努力がこのリストよりも長く続くものであって欲しいと願う．

第一版への謝辞

　ここ10年以上，私は教育に打撃を与える方法で改革を続けている保守派の運動について幾つもの本を著してきた．『公式な知識』と『文化の政治と教育』において，私は，歴史的，実証的研究と概念的研究を組み合わせてきた．そして，そのような「改革」に伴う主要な危険性の幾つかを明示しようと心掛けた．そのような立場が，いまや社会全般にとって，そしてとりわけ教育政策と実践において保持しているものは減じていない．どちらかといえば，保守的改革は深化し，合衆国やその他の社会のコモンセンスの一部分にますますなりつつある．このような状況が，それ自身，より深く，より広い批判的分析を要求している．だから，本書，『右派の／正しい教育』は，これまで書いてきた本の蓄積の上に書かれたものであるが，しかしそれは願わくば，より強く人々を方向づけたいというものについての批判的分析にまで拡張されている．

　私はまさにこの出発点において正直である必要がある．本書の論点は以下にあげる幾つかの事柄から導かれているものだ．第一，教育における最近の政策の諸効果とは実際何であるのかということについてのかなりの量の国内と国際的な証拠．第二，多くの国々で展開されている教育のラディカルな保守的改革に対抗している運動への私の参加．これは，もし私達がこういった政策に対する反対闘争を継続しなければ失われてしまうであろう生活と希望についての最も強制的な本質を示す根拠を与える経験となっている．最後に，だからといって軽視しているわけではないが，自らの尊大さが現実の世界において生み出しているダメージをみることができない市場原理を真に信奉する人々の尊大さに対する，私自身の怒りである．

それゆえ，私のここでの関心は，学問的論争の世界だけでなく，かなりの数にのぼる国内外での私の個人的経験にも基礎をおくものだ．近著『権力，意味とアンデンティティ』*Power, Meaning and Identitiy* の中で長々と論じているように，都市部と農村部の学校で教師としての経験によって，効率性，アカウンタビリティ，卓越性，そして水準といった格調高い用語すべてが，現実の教師と現実の生徒で満たされている現実の学校，現実の教室での実情というものとあまりにもしばしば懸け離れていること，そして親や地域の経済的社会的状況については絶望するほど楽観的であることを，私はよく知っている．私がみてきた事実は，いまのような保守的政策と実践が，そして教育サービスにとって必要となる予算の削減が，私の身近な家族に対して実際に与えた事柄もまたもう一つの動機となった．

他の本と同様に，本書も集団的な達成の成果となっている．私が気づかなかったことについて気づかせてくれ，知恵を授けてくれた様々な世界の友人達がいる．しかしながら，本書の特質からすれば，これまで以上に幅広い，そして感謝する人々が世界中に存在する．その人々の名前リストは長く，そして恩恵は大きい．この本での幾つかの論点を検討する際には，ピーター・オーセン（Peter Aasen），ジル・アドラー（Jill Adler），ピーター・アップル（Peter Apple），シゲル・アサヌマ（Shigeru Asanuma），ベルナデット・ベーカー（Bernadette Baker），スティーブン・ボール（Stephen Ball），レン・バートン（Len Barton），バジル・バーンシュタイン（Basil Bernstein），ジョー・ボーラー（Jo Boaler），バーバラ・ブラッドハーゲン（Barbara Brodhagen），クリステン・バラス（Krisiten Buras），デニス・カールソン（Dennis Carlson），ウイルフレッド・カー（Wilfred Carr），ロジャー・デール（Roger Dale），アン・デバーニー（Ann De Vaney），デビィー・エプスタイン（Debbie Epstein），マヌエル・ファブレガ（Manuel Febrega），スティーブン・ファイン（Stephen Fain），ニルトン・フィッシャー（Nilton Fisher），レジーナ・レイテ・ガルシア（Regina Leite Garcia），デビッド・ギルボン（David Gillborn），カール・グラント（Carl Grant），ベス・グロー（Beth Graue），マキシム・グリーン（Maxine Green），リチャード・ハッチャー（Richard Hatcher），ダイアナ・ヘス（Diana Hess），アレン・ハンター（Allen Hunter），マイケル・ジェームス（Michael James），ジョナサン・ジャンセン（Jonathan Jansen），ヌド・ジェンセン（Knud Jensen），ダニエル・カーロス（Daniel Kallos），キ・ソク・キム

第一版への謝辞　xxix

(Ki Seok Kim)，ハーバート・クリーバード（Herbert Kliebard），ジャ・ホ・コ (Jae-Ho Ko)，ジュリア・コザ（Julia Koza），グロリア・ラドソン－ビリングス（Gloria Ladson-Billings），セオドア・ルイス（Theodore Lewis），リズベス・リンダール（Lisbeth Lindahl），アラン・ロックウッド（Allan Lockwood），アラン・ルーク（Allan Luke），エリック・モーゴニス（Eric Margonis），フェルナンド・マーフェンダ（Fernando Marhuenda），ジェームス・マーシャル（James Marshall），キャメロン・マッカーシー（Cameron McCarthy），ロバート・マックチェズニー（Robert McChesney），メアリー・メッツ（Mary Metz），アレックス・モルナー（Alex Molner），アントニオ・フラボォ・モレイラ（Antonio Flavio Moreira），アキオ・ナガオ（Akio Nagao），アントニオ・ノボア（Antonio Novoa），マイケル・オルネック（Michael Olneck），ホセ・パチェコ（Jose Pacheco），ステファン・パロマ（Stefan Palma），ジョアオ・パラスクーバ（Joao Paraskeva），ブークォン・パーク（Bu-Kwon Park），ダニエル・ペカルスキー（Daniel Pekarsky），マイケル・ピータース（Michael Peters），ゲリー・プライス（Gary Price），スーザン・ロバートソン（Susan Robertson），ジュディス・サックス（Judyth Sachs），フラン・シュラーグ（Fran Schrag），シモーニュ・シュウェーバー（Simone Schweber），ミ・オック・シム（Mi Ock Shim），トーマツ・タドゥ・デ・シルバ（Tomaz Tadeu da Silva），パーロ・シン（Parlo singh），グレアム・ヒンガンガロア・スミス（Graham Hingangaroa Smith），リンダ・チュヒワイ・スミス（Lind Tuhiwai Simth），リチャード・スミス（Richard Smith），アミー・スタンバック（Amy Stambach），ギタ・スタイナー‐カムシ（Gita Steiner-Kamsi），ウィリアム・テート（William Tate），カルロス・アルベルト・トレス（Carlos A;bertp Torres），ジュルジョ・サントメ・トレス（Jurjo Santome Torre），レヌカ・バイタル（Renuka Vital），アミー・スチュアート・ウエルズ（Amy Stuart Wells），デュラン・ウィリアム（Dylan William），アナ・ザンテォッティス（Anna Zantiotis），そしてケネス・ザイクナー（Kenneth Zeichner）．

　私はとくにスティーブン・セルデン（Steven Selden），ジェフ・ウィッティ（Geoff Whitty）とジェームズ・ビーン（James Beane）の貢献について感謝したい．長きにわたる彼らの友情と彼らとの内容の濃い討論は本書にとって重要な意味をもつものであった．

　私はまたラウトレッジその他多くの出版社の編集者と仕事をしてきた．ヘ

イディ・フロインド (Heidi Freund) 以上に仕事ができる編集者にあったことはない．彼女の友情とアドバイスは本当にすばらしいものだ．そして彼女の後任となったカリタ・ドス・サントス (Karita Dos Santos) にも感謝しなければならない．

いつものことながら，私が本を書いたときにはいつも金曜セミナーに感謝をしている．この30年間というもの，私は毎金曜日の午後，大学院生や私の所にみえた研究者達とともにセミナーをもっている．このセミナーは真に国際的で，しばしば中身のあるものであった．それは，政治的な批判と文化的批判を加えたものであったし，互いの論文を読み，地域的，全国的そして国際的に重要な政治的また教育的問題を様々取り上げた．そして教師が参加しているときには彼らの学校や教室で活動もした．これら金曜の会合はとても重要であったが，それと同じくらい真剣さとユーモアが程よく混ざりあっていた．こういうことは往々にして，批判精神の持ち主達が組織するような会合ではしばしば欠落しているものである．本書に書かれてあることのほとんどが，この金曜セミナーのこれまでの参加者達の助けを借りて書かれ，そして書き直されたりしてきたのだ．だから参加者すべてに感謝したい．

本書の研究アシスタントとしてベキシズ・ンデマン (Bekisizwe Ndimande) が働いてくれた．彼の努力のみならず，南アフリカにおける教育闘争での彼の経験が，ここで私が取り上げている問題がなぜ決定的なのであるかということを常に私に思い出させてくれた．

本書における論議は，多くの大学，政治的会合，ワーキング・グループなどによって世界中で取り上げられてきた．しかし，ここに明記すべき場所はわずかである．第一に，マジソンのウィスコンシン大学は，真摯な知的，政治的そして教育的論争のホームであり続けた．ここは，社会的文化的に批判的な立場を，周辺ではなく中心に位置づけた特別な場所を提供している．三つの他の機関が銘記されるべきだ．本書の大部分は，ノルウェーのトロンドハイムにあるノールジ・テクニスクーナトゥルビテンスカペリジ大学，ロンドン大学教育学大学院そしてオークランド大学の「マオリと先住民教育に関する国際調査研究所」にいたときに書かれたものだ．これらはそれぞれ刺激ある討論と友情が調和した稀にみる機関として特徴がある．

最後に，この本は，リマ・D・アップル (Rima D. Apple) に捧げられる．私達は長い間ともに生き，ともに働いてきた．彼女自身の世の中をよくする

ことへの貢献や，卓越した教授活動と研究，そういったものが私自身の生き方に決定的に影響を与えているのだ．

目　次

日本語版への序文　i

第二版への序文　xi

第二版への謝辞　xxiii

第一版への謝辞　xxvii

1　市場，水準，神，そして不平等　3

はじめに　3
ジョーセフの物語　5
保守派アジェンダ　10
右派の配置図　12
競われた自由　14
世界を市場化する　19
文化的秩序を復活すること　23
教会と国家　25
経済と宗教　27
経営主義　32
保守的現代化を分析する　34

2　誰の市場，誰の知識　39

はじめに　39
新自由主義——学校教育，選択，そして民主主義　42
新保守主義——「リアルな」知識を教えること　51

権威主義的大衆主義——神が望んだものとしての学校教育　57
　　　　専門的かつ経営主義的新ミドルクラス
　　　　　　　——より多くのテストをもっと頻繁に　61
　　　結論　63

3　不平等を生産する——政策と実践にみる保守的現代化　67
　　　　リアリズムに徹した物質性　67
　　　　右旋回　68
　　　　新しい市場，古い伝統　70
　　　　市場と業績　73
　　　　全国的標準，ナショナルカリキュラム，そしてナショナルテスト
　　　　　87
　　　　教育的優先順位をつけること　94
　　　　戦略的に考える　99

4　「誰も見捨てない」法が見捨てた人々
　　　　——監査文化における階級と人種の実態　107
　　　　はじめに　107
　　　　アカウンタビリティと不平等　112
　　　　常識を変えることと監査文化の成長　118
　　　　階級という意味における新経営主義　128
　　　　収奪された者達と監査文化と市場への支持　132
　　　　可能性について　141
　　　　実効性ある代案　144
　　　　教育改革について正直であること　145

5　危機に晒されたキリスト教　153
　　　　ダーウィン，神，そして悪魔　153
　　　　世俗の危険性　164
　　　　内部者から外部者へ　169
　　　　南十字星　175

6　神，道徳，そして市場　183
　　　　神を世界に持ち込む　183

　　　　政治と牧師　　187
　　　　エレクトロニック牧師　　189
　　　　キリスト教国と言論の自由　　192
　　　　神なき学校　　197
　　　　私達は何ら変わったことはしていない　　202
　　　　権威主義的大衆主義の感情の構造　　206
　　　　嫌悪することがそれほど魅力的にみえるのはなぜだろうか　　216
　　　　わらを金に変えること　　221

7　すべての教師を追い払え
　　　　──ホームスクーリング文化の政治　　227
　　　　ホームスクーリングの位置づけ　　227
　　　　サタンの脅威と要塞としての家庭　　229
　　　　国家を攻撃すること　　234
　　　　公と私　　242
　　　　結論　　246

8　ホームスクーリングの仕事をすること
　　　　──ジェンダー，テクノロジー，そしてカリキュラム　　249
　　　　はじめに　　249
　　　　資源と社会運動の成長　　250
　　　　テクノロジーとホームスクーリングの成長　　251
　　　　社会運動を理解する　　255
　　　　テクノロジーとホームスクーリング実践　　256
　　　　ジェンダー化された労働としてのホームスクール　　258
　　　　矛盾を解消する　　261
　　　　神を販売する　　264
　　　　カリキュラムと教授の情緒的労働と日常生活　　268
　　　　結論──子供達と「正しい/右派の」人生を送ること　　271

9　間違いをただし，右派を妨害すること　　277
　　　　文化は重要である　　277
　　　　矛盾する改革　　281
　　　　教育改革に向けての「競走」　　287

挑戦を公けにせよ　297
        他の国から学ぶこと　304
        異端のように考える　306
        聖と俗の分断を越えて同盟を打ち立てることは可能か　312
        批判教育学的実践を実践的にすること　321
        資源としての希望　323

[解題] マイケル・アップルの教育批判と批判教育学
　　　　───黒崎　勲　387
訳者解説　───大田直子　397

        註　325
        参考文献　365
        索引　401

凡　例

1　原書でイタリック体の強調は〈　〉を付し，""を付されたカ所は「　」にしている．
2　文中合衆国とはアメリカ合衆国をさすが，アメリカと表記される場合もある．「アメリカ」という言葉がアメリカ合衆国のみをさすようになっていることに対してアップル氏が批判的なため，なるべく氏の意志を尊重するために，このような分け方をしている．
3　氏名のカタカナ表記は，基本的にアップル氏の発音に準拠している．

右派の／正しい教育

1. 市場，水準，神，そして不平等

はじめに

　教育に関してオープンに論じあう時代が続いている．メディア，公務員志望，保守派専門家，大企業のリーダー達，ほとんどすべての人が，学校のどこに問題があるのか一家言もっているようにみえる．私はこういった状況を複雑な気持ちでみている．一方では，教育とは何をなし，何をなすべきかという問題を正面にあるいは中心に据えるということが誤っているとはいえないだろう．学校について考え，学校に働きかけるということに深く関わってきたものとして，教授，カリキュラム，評価，財政などといったことに関する会話が行われていること，そしてそれは気象についての会話と論理的には同じだというようには思われなくなってきたことはむしろ喜ばしいことなのだ．これらの論議がしばしば熱を帯びたものとなるという事実は，むしろ歓迎されるべきものだ．結局，私達の子供達は何を知るべきか，そして具体化されるべき価値とは何かということは非常に真面目なビジネスなのだ．
　他方，こういった事柄への注目のすべてが不安をかき立てる．前段落の最後の文章の一つの言葉がその理由の一つを語っている．ビジネス．なぜならあまりに多くの専門家，政治家，大企業のリーダーそして他の人々にとって教育はビジネスであり，それゆえ他のビジネスと同様に扱われなければならないのだ．この立場がいまやますます増大してきているという事実が，私が懸念する傾向の存在の証拠である．教育について多くの声が存在するが，唯一強力な傾向を主張する声のみが取り上げられるのだ．いまのところこういった政治的，経済的そして文化的な力をもっている人々を組織するような一

つの統一された立場というものはないが，そういった人々の中で中心的にみられる傾向は，より保守的なものとなる嫌いがある．

　ではこういった主張は何をいっているのか．ここ数十年以上，とくに保守派集団は，私立で宗教団体立の学校のための公的資金を要求し続けてきた．バウチャープランはこの運動の中心であった．バウチャー提唱者の目には，学校を競争的市場に追い込むことによってのみ，何らかの改善がみられると映った．このような圧力は他の類いの攻撃によって補完された．すなわち，以下のような具合である．カリキュラムにおいては「事実」が見失われている．私達の学校が，合衆国をこれほどまでに偉大な国家としてきた知識を軽視する流行りの（そして過度に多文化的な）教科を教えるようになるにつれて，伝統的な内容と教授方法は放棄されてきた．水準を向上させよ．「リアルな」知識に基づいたテストをもっとやれ．テストに失敗する生徒と教師の賭け金をあげろ．こういったことが私達の学校を由緒ある内容とより伝統的な教授方法に戻すことを保証するだろう．もしテストで十分でなければ，州レベルで伝統的教授方法と教育内容を命令し，立法化せよ．

　バウチャーは広まっている．そして法廷闘争にもなっている．いちかばちかという大ばくちの試験もまた，広まっている．そしてニュースは，このようなテストが幾つかの都市であまりにも短期間に導入されたために生じた官僚的かつ技術的問題は回避できるという根拠について報道している．また，伝統的な教育内容と教授方法を復活させよという圧力の存在を示すほかの証拠も事欠かない．幾つかの州において，識字教育において発音練習をするよう命令するという論議を沸騰させた法案が提案されているし，このうちの幾つかは法律として成立している．事実，連邦政府は，識字教育のそのような「科学的」方法に対して遅ればせながら，いまや許可——及び資金——を与えている．そしてその他のアプローチについては基本的に，注目する価値もないと決めつけている．「言語全体（whole-language）」法と呼ばれるもの——これは，生徒が現に使用する言語と識字の生きた経験に根ざす方法である——が，完全に音声学に置き換えられるというステレオタイプが広がっていった．ほとんどの教師が，満足すべきニーズのあり方によって様々なアプローチをとる「ブリコラージ（bricolage）」を使っているようなので，実際にはほとんどこうした問題事例は明らかになっていない[1]．しかしながら，このことが教育における保守派の復古政策に深く関わっている人々のアジェンダ

を邪魔するものとはなっていない．この種の法律による強制化を支援している同様の集団はまた，表立ってではないが，学校で進化論を教えることと神の導きの言葉が学校から失われたということに対する攻撃を，しばしば支援している．

これらすべての運動は，いろいろなところで一斉に渦巻いている．誰かが圧力の組み合わせを理解し始めると，いつでも，別の人が別の所からそれに参入する．もし私達が彼らの本当の信者となり，彼らについていくならば，彼らは各々「唯一の」答えをもっている．これらの圧力のそれぞれはすべて大きなダイナミクスの中に位置づいている．このような圧力が，私達が生きているような社会において，より大きなイデオロギー的経済的諸力との関係で，そして教育において，いかなる意味があるのか理解するために，私は少しの間この渦巻きを止めたい．なぜなら，これらの圧力と諸力は複雑だから．この意味を考えるプロセスを直截的な方法で始めよう．すなわち，ある地域における一人の子供，一人の教師，そして一つの学校についての物語という形で．

ジョーセフの物語

ジョーセフは私の机のところにやってきて泣きじゃくっていた．彼は難しい子供で，大変なケースだし，教師をしばしば困らせていた．彼は9歳で，皆の前で私にしがみつき，泣きじゃくっているのだ．彼は私のクラスの4学年生で，教室は崩れかかった校舎にあった．学校はこの国で最も貧困な地域の一つであるイーストコースト市にあった．しばしば私は真剣にこのまま一年過ごすことができるのか自らに問いただしていた．教室には何人ものジョーセフがいたし，私に課せられた要求や，官僚的な規則，子供達の鎧の前に跳ね返されてしまう毎日の授業などによっていつも消耗し切っていた．しかしそれでもその年は，教えなければならない細かく規定されたカリキュラムと教科書はしばしば的外れだったけれども，まだ満足できていたし，自分をなだめていたし，重要だった．教科書は子供達にとっても私にとっても退屈なものだった．

私は，最初の数日間に行う授業について示唆している市の『始めましょう』 *Getting Started* を開いたときに，それがどのようなものであるのか，初日

に気づくべきだった．それは『新任の教師として』(as a new teacher) 私は机間巡視をし，互いに自己紹介をし，自分について何か話すべきだという示唆から始まっていた．そうしなかったのは私のせいではない．教室には壊れていない机が（あるいは椅子さえも）すべての子供達の為には十分ではなかったからだ．何人かの子供達には座る所さえなかった．これが，このカリキュラムとこのカリキュラムを考え出した人々が非現実的な世界，つまり，都市部の学校に通う子供達や私の人生と〈根本的に〉切り離された世界に生きているということを私が理解した最初の，しかし，明らかに最後ではない，授業だった．

　しかし，ここにジョーセフがいる．彼はまだ泣き続けている．私はずっと彼に一生懸命接してきた．私達は一緒に昼食を食べ，物語を読み，互いによく理解するようになった．たまに彼は私を落ち込ませることもあるが，ときには私は彼が私のクラスの中で一番傷付きやすいとわかることもある．私はこの子を見放せない．彼はちょうど彼がもう一度4年生を繰り返すことになったという報告書を受け取ったところだった．この学校は，二教科（報告書の「行動」欄を含め）不合格となったらば，留年させるという方針をもっていた．ジョーセフは「体育」と算数で不合格だった．彼は成績が上がったのだけれど，算数の授業時間中，眠らないようにするのが大変だったし，彼は強制的な全市共通テストで良い成績がとれなかったのだ．そして「体育」を嫌っていた．彼の両親のうち母親は深夜遅くまで働いていて，ジョーセフはしばしば母親と少しでも一緒に居たくて夜遅くまで起きていたのである．そしてまた体育でやれといわれることは，ジョーセフにとっては「かっこわるい」ものだった．

　実際には，彼はその年本当に成績が上がったのだ．しかし私は彼を留年させるように指示されていた．私には来年は事態がもっと悪くなるということがわかっていた．皆に行きわたる十分な机はまだないだろう．この地域の貧困は，依然としてすさまじいものだろう．そして健康管理と職業訓練やその他のサービスに対する十分な資金は減額されるだろう．私はかつては工場の町だったこの地域で残っている職は，ひどい賃金しか支払われておらず，ジョーセフの両親がともに職についていたとしても，家族の収入は，本当に不十分だということを知っていた．さらに私は，毎日教室で授業を行い，毎晩自宅で次の日の授業の準備をしていることを考えれば，これまでジョーセフ

にしてきたこと以上に何かするということはほとんど不可能に近いということもわかっていた．そして私のクラスには他にも5人，留年させなければならない子供達がいたのだ．

だからジョーセフは泣いているのだ．私も彼もこれが何を意味しているか理解していた．来年，私は何の助けもえられないだろうし，ジョーセフのような子供にとってもだ．約束は単にレトリックのままだろう．何らかの言葉がこの問題に対しては投げかけられるだろう．教師，親，そして子供達が非難されるだろう．しかし学校制度は，依然として，高度な水準を信じ，かつ達成をしいられるだろう．この地域とこの州の経済力かつ政治的権力の構造は，「通常のビジネス」のように継続するだろう．

次の年，ジョーセフは基本的に頑張るのを止めてしまった．最後に私が彼について聞いたのは，彼が監獄にいるということだった．

この話しは作り話ではない．この出来事が起こったのは少し前のことだったが，その地域と学校の状況は，いまの方がさらにもっと悪くなっている．そして教師，教育行政官，そして地域社会が晒されている強い圧力もまた，さらに強まっている．この話は，なぜ私が，抽象的には聞こえはいいが，実際それが教室レベルに到達したときにはまさに正反対の作用をしばしばもたらすような水準，テストの増加，市場化とバウチャー，そしてその他の教育「改革」を信頼していないのかということを思い出させるものだ．改革の提案と，現場の教育の現実と複雑さとの間の矛盾に対する感覚がまさにこの本を書かせた動機となっている．

次章では私が〈保守的現代化〉と呼ぶものに直面する．これは教育の場で蠢いている強力で，しかし奇妙な，様々な力の組み合わせである．私達の国，学校，教師，そして子供達の活動力に対する実質的な脅威を課すことができると，多くの教育者，地域の活動家，批判的研究者，そしてその他の人々が信じている組み合わせである．私が注記したように，学校を競争的市場におくことによって学校を「自由」にし，「私達の」伝統的な共通文化を復活させ，規律と人格（character）に強調点をおき，学校の内外のすべての行動を導くものとして神を教室の中に再び持ち込み，もっと熱心な確固たる水準とテストを通じた中央統制を強めるということがいわれている．これらすべては同時に行われるべきだと思われている．それはまた，すべての人に利益となる教育を保証していると思われている．そうだろうか．多分そうではない

だろう．

　教育はあまりにもしばしば，生徒に中立的知識を単に配布するだけだというように考えられている．この言説においては，学校教育の根本的役割は今日のような変化の激しい世界で勝ち抜くために必要な知識を生徒に与えることになる．しばしばそれに加えて，コストの効率性を考え，できる限り効率的にそれをしなさいと注意される．そして，私達が成功したかどうかということについての究極的判定者は，到達度テストにおける生徒の成績である．中立なカリキュラムはアカウンタビリティの中立なシステムと連結している．このアカウンタビリティの中立なシステムはまた，学校財務のシステムと連結している．もしそれが上手く機能するならば，このような連関は業績に応じた報酬を保証するだろう．「良い」生徒は「良い」知識を獲得し「良い」仕事にありつけるだろう．

　良い学校，良い運営そして良い結果という構成は，非常に多くの問題を抱えている．先ずそれがそもそも主張している中立な知識というものが間違っている．多くの国々のカリキュラムの歴史を通じて，「公式である」と宣言されるのは，どの，そして誰の知識であるべきかということをめぐる激しいそして継続している闘争から，私達が何かを学んだとしたら，それは一つの教訓である．そこには知識と権力の関係の複雑な一つの組み合わせがあるということだ[2]．誰の知識か，誰が選ぶのか，いかにそれが正当化されるのかという問題は，〈構成的な〉問題であって，あとから考え直して「付け加えられる」ような問題ではない．この良い教育の構成は知識の政治を周辺化するだけでなく，生徒，教師そして地域のメンバーにとってエージェンシーとなるものを何も与えない．それは，ある意味で，ボールが「死者のカリキュラム」と命名したものを表している[3]．

　さらに，不幸なことに，既存の教育モデルの多くが，現実社会を根本から特徴づけている不平等の多くについて認めてしまうか，あるいは少なくとも積極的に阻止できないということが事実としてある．ほとんどが学校教育と経済との関係，そしてより広い社会におけるジェンダー，階級と人種の分断，大衆文化の複雑な政治，教育財政と教育への支援（あるいは支援しない）の方法に関係がある[4]．私達が賃労働の市場というものを実際よく検討するならば，学校教育と良い職業との関連はさらに弱められる．株式市場や富の生産に関する華やかな統計は，現実に存在している経済においては，低い水準

のスキルと低学歴のみを必要とする職が溢れかえっているという事実を曖昧にしてしまう．学校教育が与える約束と，繁栄が予想されている自由市場経済における雇用の創出の間には，あるはっきりとしたミスマッチが存在する．このミスマッチはこの社会の人種，ジェンダー，そして階級の分断の悪化に明らかに関係しているミスマッチである[5]．

　もちろん市場と教育との関係で，もっと肯定的なまったく異なる見方をする人々もいる．彼らにとっては，市場は子供に対して，あるいは市場化された学校教育に投資するような企業家にとってはさらに多くの希望を与えるものかもしれない．彼らは合衆国の７千億ドルの教育部門は，十分古くなっているので変わる時期がきたと思っているのだ．「ヘルスケアに続くもの」としてみなされている．すなわち，多大な利益が見込まれる領域なのだ．ゴールは，公的に統制されている非営利の教育制度の大部分を「教育のすべてのレベルを対象とする，統合され，専門家によって運営され，利潤を上げるビジネス」[6] へと変えていくことだ．いまは比較的わずかな利益しか上げていないにも拘わらず利潤追求の企業がロースクール（法科大学院）を設置し，小学校，ミドルスクール，中等教育学校を設置したり経営したり，工場や会社での教育に関わったりしている．企業，投資資金，はたまたあなたの年金資金（幸運にもそれをもっていたらの話だが）から何十億ドルものお金がこの利潤追求の教育ベンチャー企業に注ぎ込まれている．本質的には，コロンビア大学ティーチャーズ・カレッジの学長であるアーサー・レビン（Arthur Levin）の言葉を借りれば，「お前達は問題を抱えているから，かわりに私達がお前の昼飯を食ってやろう」[7] と資本がいっているのだ．参入してきた民間企業の動機というのは明らかだ．いつも公教育から生じているとうわさされる浪費を際立たせると同時に，彼らは教育を「税金の代わりに投資家の資金を使って，効率的な運営と利潤を生み出す機械にかえる」[8] だろう．工場の所有者と投資家が工場を閉鎖し，生活に必要な賃金や，衰退しつつある学校，ヘルスケアあるいは年金のために支払いをしなくてすむような，組合もない地域へ工場を移転させたために，経済的基盤を破壊された町からやってきたジョーセフが，やがて利潤を生み出す対象とされた監獄に座らされたときに何というだろうかと，私は考えてみた．

保守派アジェンダ

　　私のこれまでのコメントから，あなたはこの本が政治的／教育的スペクトラムの中で，ある特定の場所に位置していると思うかもしれない．いま世界的に生じている政治的に複雑な状況を整理するとき，「左派」と「右派」という伝統的範疇はときには問題となるかもしれないが，私は自覚的にかつ弁解することなく左派の立場にある．私が思うに，合衆国は大規模な実験であり続けており，それは，右派も左派もこの実験の〈なかで〉何を行うのかということをめぐって論争している，そんな実験なのだ．これをめぐる論争は活発で，疑いもなく継続していくだろう．事実，それはこの国の政治的生活の一部なのだ．しかしながら，リチャード・ローティ（Richard Rorty）のように，私はそれを続けようとしているのは左派であると信じている．

　　　なぜなら，右派はこの世の中に何か変化が必要なものがあるとは決して思わないからだ．すなわち右派は基本的にこの国は健全である，過去の方がもっと良かったかもしれないと考えている．右派は左派の社会正義のための闘争を，理想主義のばかばかしさであるとして，単に問題を起こしているだけだとみなしている．（そして）左派は，定義において，希望の御一行様なのだ．左派は私達の社会は依然として社会正義を達成していないと主張している[9]．

　　ローティは，この国を動かし続けるために進歩的批判が果たしている役割について洞察に富んでいる．結局，私達の多くが「当然のもの」としてみなしている，たとえば社会保険といった社会的プログラムの多くが基本的人権の否定に対抗する進歩的運動によってもたらされたのである．しかしながら，ローティが「右派はこの世の中に何か変化が必要なものがあるとは決して思わない」と主張するときの根拠としては弱い．なぜなら，右派の多くの部分がラディカルな改革に積極的に関わっているからだ．ここ20年から30年以上，右派は私達が当然なものとみなしてきたものに対して集中砲火をあびせてきた．公共圏すべてが問題とされた．公的制度に対する攻撃は教育に限定されたものではなかったが，教育制度は対右派批判の中心に位置していた．それ

は様々な理由による．私は本書を右派の教育に対する信念，提案，そして計画，また現実世界にそれらが与える影響の分析に費やしたいと思う．

　そうする理由は，ある特定の政治的主張にある．右派の社会運動が現在かつてないほど強力であるということだけでなく，いかにそれらを阻止するかということを学ぶ最も重要な要素は，彼らはこれまで何をしてきたか，そして現在しているのかということを理解することだからである．右派の運動は大規模な社会的かつイデオロギー的プロジェクトに取りかかっている．いかにそれが機能しているのか，そしてなぜ成功しているのかということを検討することは，それに反対しようという私達にとって，どうすれば一番効果的に闘えるのかということを教えてくれるだろう．思うに，もし右派を阻止したければ，右派がしてきたことを研究することは絶対に決定的なことだ．これこそ本書がやろうとすることだ．

　私達はここでの要素の析出について注意深くなければならない．右派とは統一された運動ではない．多くの異なる主張をもつ諸力の連合なのだ．幾つかの主張は重なりあい，幾つかの主張は相対立している．それゆえ，本書の目標の一つは，それらの矛盾の緊張関係がいかに独創的な方法で解決され，そしてこの社会を実際にある特定の方向に向けて〈変える〉のかということを示しながら，この運動内部の様々な矛盾について検討することである．この方向性のどれもが，しかしながら，長期的にみればジョーセフのような子供にとっては何ら救いとはならないだろう．さらに，教育に対する右派の提案について私は根本的に反対しているが，いまある学校を無自覚に支援するということはおろかなことだということを認識することも，重要なことである．右派の批判に何人もの人々が注意深く耳を傾ける一つの理由は，学校制度に問題が〈存在している〉からだ．事実，これこそ幾つかのより批判的なかつ民主的な学校改革に劣らず（右派の改革に：訳者）人気がある理由なのだ[10]．しかしながら，これらの問題を認識することは右派の「解決法」が正しいということを意味しない．

　右派のアジェンダの重要な目的の一つは，私達が社会や教育の世界，そしてその中における私達の位置を理解するために使用する最も基本的な範疇，またはキイワードといったものの意味を変容させることによって，私達のコモンセンス（常識）を変えていくことなのだ．多くの点で，これらアジェンダの中核的側面はアイデンティティ・ポリティクスと呼ばれてきたものであ

る．その課題は，私達は何であるかということについて私達が考えているものをラディカルに変え，この変えられたアイデンティティに対応するように，いかに私達の主要な諸制度を変えるかということだ．この点についてもう少し述べよう．とくに私達が何ものであり，そして諸制度について私達がどのように考えているかということは，私達のアイデンティティを理解する新しい方法を生産し流布する力を誰がもっているのかということと密接に関係しているからだ．教育の政治とコモンセンス（常識）構築の政治が，ともにここでは主要な役割を果たしている．

右派の配置図

　　私達が自分達が生きている世界を理解しようとし，働きかけるために使う概念は，それ自身では私達が見出すであろう答を決定しない．答は言葉ではなく，これらの概念の独自の解釈を押し付ける権力関係によって決定されるからだ[11]．それでも教育をめぐる論争において継続的に表れるキイワードがある．これらキイワードは複雑な歴史をもっている．それらのキイワードを生み出し，そして今日それらをめぐって闘われている社会運動に関連した歴史である[12]．これらのキイワードはそれら自身の歴史をもっているが，それらはますます相互に関係しあっている．諸概念は簡単にリストにすることができる．事実，本書の副題となっているものだ．すなわち，市場，水準，神，そして不平等である．これらトピックの背後には情緒的に惹き付けるものをもち，日常生活において異なる権力が作用する方法に対する支援を提供するようなその他のキイワードの寄せ集めが存在している．これらの概念には，民主主義，自由，選択，道徳，家族，文化，そしてその他の幾つかの鍵的概念が含まれる．そしてこれら各々がそれぞれを相互に参照しあっている．各々のそしてすべての概念が「適切な」制度，価値，社会関係そして政策についての仮説の完全な組み合わせに関係している．

　この状況を行程表に譬えて考えてみよう．一つのキイワード――〈市場〉――を使って，一つの方向へ向かう高速道路に乗ろう．この高速道路はある特定の幾つかの出口をもっている．もし，市場と名付けられた高速道路にいるとすると，あなたが向かう方向は一般的に〈経済〉というものだ．あなたは〈消費者の選択〉と名付けられたほかの道に進むことができる〈個人主義

という名の出口に到達する．〈組合〉，〈集団的自由〉，〈共通善〉，〈政治〉そして似たような目的地は，もし地図上に存在したとしても絶対避けなければならない．時間を浪費するだけの討論を避け，最も早く最も安い方法でそこに行きたいと願う場合には，この第一の道は一つのゴールしかない一本道だから単純である．しかし第二の道もある．そしてこの道は，私達はどこに行きたいのかということをめぐって皆で十分時間を割いて考えるということを含んでいる．それはゴールだけでなく，ルートそれ自体もまた常に考慮の対象となるだろう．この道の出口は，第一の道が避けたものである．

この行程表とこれらの道路を作り上げてきた強力な利害がある．ある人々は市場と銘打たれた道路だけを欲しがっている．なぜならそれは個々人の選択に導くと思われているからだ．その他の人々は，「リアルな文化」と「リアルな知識」の長い歴史をもつ出口がある場合にのみ，その道を進むかもしれない．また他の人々は，神がこれは「彼の」道だといったという理由から市場の道路をとるかもしれない．そして最後になって，もう一つの集団がこの旅に参加するかもしれない．なぜなら彼らは地図づくりと，いま私達は自分達のゴールからどれぐらい離れているのかを決定できるスキルをもっているからである．ここには討論と妥協がある．そして多分，最終的にはどの出口から出るのかについて，多様な集団間では，少しは手間取る緊張もある．しかし彼らは，総じてこの方向に向かう．

この物語の実践は，重要な方法で現実に移すことができる．次章でさらに詳しく検討するが，第一集団は，〈新自由主義者〉と私が呼ぶものである．彼らは「個人の選択」としての市場と自由にどっぷりつかっている．第二の集団は，〈新保守主義者〉で，エデンの園のようなロマンによって美化された過去のビジョンをもち，規律と伝統的知識に回帰することを望んでいる．第三の集団，合衆国やその他の地域でますます強力になりつつある集団であるが，これは私が〈権威主義的大衆主義者（authoritarian populists）〉訳註3）と呼ぶもので，宗教的原理主義者と保守的福音主義者で，彼らは（彼らの）神にすべての制度が帰属することを望んでいる．そして最後に，私達がどこまで到達したのかに精通している地図の作り手と専門家は，管理職と専門職といった〈新しいミドルクラス〉のある特定の集団のメンバーである．

右派のこういった複雑な利害の結合を分析する際に，私はエリック・ホブズボウムが歴史家と社会批評家の義務として描いたものと同じように活動し

たいと思う．ホブズボウムにとって（そして私にとって），その課題とは，「（私達の）仲間の市民が忘れたいと望むことについて，専門的に思い出させる」13)ということだ．すなわち，私は不在のものを詳しく描き出したいのだ．「ここにはないもの」，すなわち，教育における右派の政策のほとんどに欠けているもの．彼らの言語は，他の事柄を周辺化する一方で，いかにある事柄を「リアルな」問題として取り上げるように機能するのだろうか．彼らが推進している政策の効果とは何であろうか．たとえば，バウチャー制度を通じた教育の市場化，西洋の伝統と共通文化と想定されるものへの「回帰」への圧力，合衆国の学校と教室へ神を再び持ち込む努力，全国そして州のカリキュラムと全国および州の（しばしば「大ばくち」となる）テストの増大といった，いまやそれぞれ生命を吹き込まれた右派の多様な断片から生まれでた一見矛盾しあう政策は，実際，いかに独創的な方法で一緒になり，これら右派のアジェンダの多くを前進させるのだろうか．こういったことが本書を導く疑問である．

競われた自由

　私達が何者であるのか，いかに制度が私達に対して対応すべきなのかということをめぐる論議の中での重要な鍵的概念の一つは，自由という理念である．教育という闘争の場に最近参加し始めたイデオロギー的立場の多くは，このキイワードについて異なる仮定を想定している．この用語の支配的な使用の歴史の幾つかは，ここで役立つかもしれない．なぜならそれら多様な使用は表面的には教育をめぐる近年の論争においても継続しているからである．

　自由の意味に関する私達の一番最初の洞察の幾つかは宗教的なものだ．たとえば，キリスト教は自由の理念をもっていた．しかしながら，概してそれは現実的なものではなく精神的なものであった．「堕落の罪」以来，「人は性欲と情動に負けやすくなった」14)．自由はここでは特別の意味をもっている．この罪の生活を改め，行動のすべてにおいてキリストの教えを受け入れることを含んでいる．この自由の定義は，本質においては自由と隷属が共存するので矛盾しているようにみることができる．さらに互いに強制しているようにみえる．キリストの教えを受け入れるものは，まさに「罪からの自由」で

あると同時に「神の下僕」でもあるのだ[15]．この自由についての精神的定義はマサチューセッツのピューリタンの移民によって合衆国の初期の歴史に植え付けられた．このことは，マサチューセッツ植民地のピューリタンの知事であったジョン・ウィズロップ（John Withrop）による1645年になされた「自然的自由」と「道徳的自由」の区分に明確に表れている．後者が「良きことだけをなす自由」であるのに対して，前者は「悪をなす自由」である．この区分それ自身はその効果に関する興味深い歴史をもっている．

　　自己否定と道徳的選択から生まれる自由の定義は，言論，宗教，運動，個人的行動の自由に対する厳格な制限と完璧に置き換えることができる．個人的要求はコミュニティのニーズに道をゆずるべきなのだ．「キリスト教徒の自由」は神の意志だけでなく，世俗の権威，よく理解された一揃いの義務と責任の相互関連に対しても従属することを意味した．従属は自発的であることによって完全となる．植民地ニューイングランドの裁判所においてもっとも多くみられる市民の犯罪は，「権威に対する侮辱罪」である[16]．

　自由に関する宗教的定義は部分的には挑戦されてきたし，ときには「共和主義的」解釈と呼ばれるものによってとって代わられた．ここでは，市民は利己的利害よりも共通善を追求することにおいて，彼（そしてこれはジェンダーによって規定されている）の至高の自己達成に到達するのである．このこともまた矛盾的要素を抱え込んでいる．これはコミュニティ全体の共通の権利を設定することによって可能となる「豊かな」民主主義の形態として具体化されることができる．そしてそのような共和主義が現実世界に適用されるときには，明確に階級に基づくものとして具体化されることになる．このことは財産をもっている者達のみが「徳として知られている資質を所有している」[17]という仮定において明確になる．普通の男性は明らかに有徳の士ではなかった．

　自由の宗教的かつ共和主義的定義はそれだけに留まるものではない．神とともに生きる自由と，共通意志を通じて統治者の承認をえた状態で暮らす自由は，自由のある特定の理論によって享受された．それは本質的に私的であり，個人的なことであり，18世紀の自由主義の中で奉られたものであった．

古典的リベラル派にとって，私的生活と個人的関心（家族，宗教，そして究極的には経済的活動）の王国を国家介入から守ることによってのみ自由が保証されることになるのだ．「公共善は政府によって自覚的に追求されるよりは，個人が無数の私的野望を自由に追求した結果であるほうがより理想的なのだ」[18]．

　幾つかの肯定的契機がここにはある．このような古典的リベラリズムが個人的昇進をかなり困難とする序列的な特権と制度の完全な整列に対する疑問を生じさせたということを認識する必要がある．それは貴族とは無関係の勅許状をえた会社を有する権利と宗教的寛容の権利を成立させた．それ以上に，政府による侵犯を正統化できない「人間の」生まれながらの権利という信念が誕生したことが，参政権を与えられない女性，賃金労働者，奴隷達に，彼らが常に直面してきた社会的教育的バリアに挑戦させるようになったということは疑いもないことだ．しかしながら，この点と同時に，共和主義と古典的リベラリズムにはまた既存の自由の権利を実際に享受できるのは〈ある特定の〉人々だけであるという信念も依然としてあった．「依存している人々は彼ら自身の意志をもたず，それゆえ，公的な活動に参加することができない」．自己規定，自律性というものをこの自由の考え方の中心に据えるということになるならば，彼ら自身の生活を統制できないものには，統治に関する発言権を与えるべきではない．こうして，経済的に自立していることが政治的自由の決定的な要素となった．自由と財産は互いに結びあい，経済的自立性が価値あるものを特定化するサインとなったのだ[19]．

　このことが階級，ジェンダー，そして人種のダイナミクスといかに結び付いているのかということを理解することはさほど難しくない．経済的自立性に基づくいかなる自由の定義も，まさにその本質において，それ（経済的自立性）を所有する階級とそうでない階級との間に一線を画すのである．この定義はまたジェンダー関係にも根ざしている．この自律性の理念が歴史的には男性的特性として定義されてきたからである．そこでは女性は依存するものとしてみなされていた[20]．それ以上に，奴隷と有色人種一般は，たいてい動物的か子供じみているとみなされてきた．自由は，まさに本質において，依存している人々には拡大されるべきものではなかった．それは，とくに「彼らは人間ではなく財産である」がゆえに．

　自由の意味を以上のように理解するこういった方法について反対するため

に，進歩的運動は，個人の自由に関する古典的リベラリズム的理解のある一部の要素を取り出し，それらを急進化させ，それらの周辺に論陣をはった．言論の自由，労働権，経済的安定，女性の権利，産児制限，自分の身体を管理する権利，社会的な自覚をもつ全国的あるいは地域的国家^{訳註4)}，人種的正義，真に平等の教育への権利，そしてその他多くの社会正義を求める闘争などに関連する問題を組織することによって，より積極的な拡大する自由の定義は，教育の内外において闘われてきた．この犠牲の歴史は広範囲なリスト以上に，環境，ゲイとレズビアン，そして障害者の権利のために集団によって行われた闘争を含むものであり，そのため，このより拡大した自由の定義の主要な要素は，国家と市民社会両方において制度化されてきた．私達の様々な自由の定義は深化され変容されてきた．そして本節の最初の方で私が論じた，より限定された立場を越えた領域へと進んでいった[21]．しかしながら，自由のこのより拡大した理念と，これに伴い獲得されてきたものの一つひとつすべてが，いまや脅威に晒されている．

たとえば，消費者文化が成長するに連れ，自由の成功を測る手段は，たとえば，有給と無給の労働に関する社会的関係を含むような諸問題から離れ，市場の欲望の充足の問題へと移行しつつある[22]．このことは古典的リベラリズムの定義に伴っていた個人的自由という考えに根をもつものであるが，自由は，数人のコメンテーターが思い出させてくれるのだが，人間の市場における欲望を満足させる以上のものであり，喜ぶことをなすということ以上のものを意味している．それは「可能な選択を形成する」ための真の機会を要求する．それは私達仲間の市民の多くが効果的に拒否されているものだ[23]．教育に関する問題は，後でみるように，強力な方法でここに登場する．

市場としての自由に戻るということは，多くの点において，教育問題のまさにその解決法としてバウチャープランを歓迎する新古典派経済学者ミルトン・フリードマン（Milton Friedman）の知的な師であるフリードリッヒ・フォン・ハイエク（Friedrich von Hayek）の影響力のある著作の中に書かれてあることである．ハイエクにとって，自由の問題は，私達の制度が何をすべきかということについての論議において，保守派がこれまで，左派にその概念の定義と運用を委ねてきたとみなされるという事実に関連している．資本主義のための弁解をする代わりに，リバタリアン保守主義はハイエクその他に影響を受け，「真の」自由は，分権化された政治的権力，極端に限定された

政府，そして規制されない市場，この組み合わせからのみ生じるのだというところまでその主張を進めた．この方法でのみ保守派は自由の理念について取り戻すことができ，世論の賛同を獲得することができるのだ．この種の自由を獲得するために，このことは，真にラディカルな政策とは何かという信念を徐々に浸透させていくことを意味している．世論は新自由主義者の規制されない市場が，個人の自由の真の表現であるばかりでなく，市場が生活のあらゆる場に拡大されるべきだということを説得されなければならなかった．市場での競争を通じてのみ，「人々は自ら欲するものを獲得する」[24] ことができる．なぜ市場化された社会が学校をそのような市場から隔離しておくべきなのだろうか．学校もまた「自由に」されなければならない．

　市場としての自由という理念は，依然として，一部の保守派にとってはあまりにもリバタリアン的である．それは個人の選択を自由の裁定者という立場においている．これは「卓越した」価値や，絶対的な真理というものの必要性を無視している．「伝統」に根づいた自由の定義を主張し，キリスト教徒の道徳的価値観に立ち返るということを最も優先させることによってのみ，「西洋」の価値と伝統が「徳」を復活させるのだ．なぜなら，徳がなければ自由は存在しないからである．彼らにとって，ハイエクとフリードマンの自由のビジョンは，共通する遺産を分かちもつ道徳共同体のための土台を与えないのだ．むき出しの利己心は，マルクスのこれにぴったりの言い方だが，「時を超越する」価値を守るための出発点としてはまったく適していないのだ．新自由主義者の個人主義の肝心要の部分は，学校における徳，人格そして「リアルな」知識の喪失を著述したウイリアム・ベネット（William Bennett）のような新保守主義者によって描き出される伝統の強力な道徳的権威によって統合される有機的な社会と葛藤を生じる[25]．これは今日の保守派の運動における緊張関係を決定づけるものの一つである．そしてこの緊張は，もし保守派の運動が，自分達が熱望している方向に社会を動かそうとするならば解決しなければならないような緊張である[26]．この緊張が教育の実践においてどのように解決されるのかという点が，本書の焦点となっている．

　保守派の方向に社会を動かすという問題の一部は，エリート主義を伴う新保守主義の議論にある．真理と徳についての抽象的理念に関与するようにみえる地位を人が獲得することはいかにして可能であろうか．これは部分的には，法と秩序の尊重，福祉の弊害，道徳と家族の崩壊，財産の神聖さなどを

強調する反政府的大衆主義（antigovernment populism）の発展を通じて達成された．徳は失われつつあった．なぜならば政府が市場のみならず，人々の家庭や学校にまで介入したからである．政府が，とくにリベラルな政府が介入したときに道徳は失われたのである．トーマス・フランク（Thomas Frank）が示したように，右派の集団は新自由主義的経済政策への支援を勝ち取るために，しばしばそのような文化問題を皮肉にも小細工するのだ．しかし，皮肉かどうかに拘わらず，それらは大変効果的な戦略であったし，あり続けている[27]．

このディレンマの一部はまた，保守的福音主義運動の成長と，そのより大きな保守派の運動への統合を通じても解決された．「宗教を些細なものへと転化し，不道徳を賞賛するようにみえる」文化から遠ざかり，保守的キリスト教徒は，自由市場のみでなく，強力な道徳的権威の必要もまた奉じる．ここでは自由は，資本主義と，神によって定められたものとしての道徳的生活と，彼らによってみなされるものとの組み合わせである[28]．権威主義的大衆主義者であり，宗教的には保守的な人々は，保守派の傘の下に住処を見出したのだ．

あとで検討するが，この運動のほとんどの部分が人種的なダイナミクスにおいて自覚的あるいは無自覚的に組織されてきたし，いまでも組織されている[29]．それは根本的なところで，ジェンダー関係をめぐる特定の歴史とダイナミクスももっている．それはまた，合衆国の内部では上位に対して，また「第三世界」から「第一世界」へと富がほとんど反道徳的なレベルにまで移転したときとまったく同じ時期に生じた．そしてそれはある部分成功した．なぜならいまや支配的になった自由の概念，そして欲望を刺激し個人に選択を与える近代化された経済を求めてきたこの自由の概念が，それ自体，伝統的だと思われている西洋の価値とそれを生み出した神に私達をより近づける後ろ向きのビジョンの一揃いの組み合わせと結び付けられたからである．これらのビジョン各々についてもう少し詳しく述べることで，本書で取り上げられる私の論点の多くを概観することにしよう．

世界を市場化する

もし私達が，私達が生きている時代の政治的経済的パラダイムにつ

いて定義をしようとするならば，それは新自由主義ということになろう．この用語は合衆国ではあまり目につかないかもしれない．しかし合衆国以外の地域ではかなりよく知られているだろう．合衆国に住んでいる私達にはこの用語はあまり慣れ親しんだものではないにせよ，その傾向と効果はお馴染みである．

　ロバート・マックチェズニー（Robert McChesney）はそのことを以下のように定義づけている．

　　新自由主義のイニシアチブは自由市場ということで特徴づけられる．これは民間企業と消費者の選択を奨励し，個人的責任と企業家的イニシアチブに対してはこれに報い，不適切で官僚的で寄生的な政府の過去の圧迫を掘り崩すものである．それは，良い意図をもっていたとしても——そういうことはほとんどないのだが——良いことをなすことには決してならない[30]．

　そのような政策はほとんど正当化を必要としていない．それらは国際的なコンセンサスを生じつつあるという意味でコモンセンスとなってしまった．事実，シアトルやワシントンDC，プラハ，ジェノアその他の地域で行われた世界貿易機構（World Trade Organization：WTO）の横暴な政策に対して行われた強力でかつ人々が継続を望んだ抵抗運動があったにせよ，とくに私達は考慮に値する代替案が〈何もない〉と繰り返し説かれているがゆえに，新自由主義的政策は依然として何かありがたいオーラといったものをもっている．それは確かに不完全かもしれない．しかし世界市場と激しい競争によって支配されている世界においては，むしろ実行可能な唯一の制度である．私達は常に他の可能性はないと言われ続けているが，新自由主義はその本質において「非情な資本主義」[31]であることを理解することが重要である．

　すでに論じたように，そして以下の章で提示してみせるように，新自由主義は民主主義について私達がまさに理解してきたことを，政治的な概念ではなく単に経済的概念にすることによって変容させるものである[32]．効果の一つは，所有的個人主義という「貧しい」民主主義の理解に置き換えることで，最もよく「豊かな民主主義」とみなされてきたものを破壊することである．ここでもまた，マックチェズニーがこのことを彼のいつもの噛み付くような

方法で，よく言い表している．

> 効果的であるために，民主主義は，人々が仲間の市民と結び付いているということを感じることを要求するし，この結び付きそれ自身を多様な非市場的組織と制度を通じて明らかにするということを要求する．活気に満ちた政治文化は，地域社会の集団，図書館，公立学校，近隣組織，協同組合，公共の会議場，自発的な団体，そして労働組合といったものに対して，市民が互いに出会い，話し合いをし，互いに市民同士で双方向に活動するための手段を提供する必要がある．新自由主義的民主主義は，市場を〈すべてのものに先立つもの〉とする観点から，この分野の活力を奪うことを目的とする．地域社会の代わりに，新自由主義的民主主義はショッピングモールを作り出す．それがもたらす掛け値なしの結果とは，志気をくじかれ，社会的には無力だと感じる，つながりをもたない個人から構成される細分化された社会である[33]．

このような効果があるとしても，企業モデルが私達の社会では支配的であるとする効率性の根拠それ自体を論じる可能性は依然として残されている．結局，それらは選択を考慮する．民主主義についてのこの理解を正しいものとして安定させるためには一つの単純かつ決定的な点を無視することである．ほとんどの主要企業はまったく民主主義的な存在ではない．多くの点において，それらは一般にみられている以上に全体主義的である．それゆえ容赦なく解雇される．労働生活を企業に捧げてきた被雇用者の生活，希望そして福祉よりも利潤の方がよっぽど大切なのだ．

　一般に，利潤のレベルが職の安定をもたらすことはない．利潤は，家族と被雇用者にとっての負担がいかなるものであろうと，常に増大し続けなければならない．私達の公共的な制度や私達の子供達にとっての〈まさに唯一の〉モデルとして，私達は，これが導入すべき倫理なのかどうかを問わなければならない．

　市場化主義者と民営化主義者が彼らの政策を正当化するために気ままにアダム・スミスに耳を傾けるが，それらはわずかなつまみ食いということ以上のものではない．確かに，スミスは社会的分業を讃える歌を歌った．しかし，彼はまたその非人間的な効果の多くについてかなり非難もしているのだ．政

府の活動は「見えざる手」の破壊的効果を克服するために常に積極的に行われるべきである．スミスにとって，政府の「労働者のための規則は常に公正で平等である」べきであるが，「主人のためのもの」ではない．事実，彼の論議のほとんどが結果の平等を主張するものであったのであり，彼の市場を求める論議の核心もここにあった[34]．一人の金持ちがいるときには500人もの貧しいものがいるということを認識していたのはカール・マルクスではなくアダム・スミスであったということが，簡単に忘れ去られている[35]．

　もちろん，このことを理解する方法は多数ある．教育とメディアにおいていま利用可能とされる，あるいはいま簡単には利用〈可能ではない〉解釈の支配的な様式によって，私達すべてにとって，これが意味することを理解することは日常生活の中ではより困難だ．すでに述べたが，私達の生活を構成する社会的関係を理解するために私達が使う概念そのものがこれらの関係を反映しているだけでなく，それらを生み出している．たとえば，私達の経済的生産と交換の制度は，様々に異なる表象の制度において使われている様々に異なるイデオロギー的枠組みの中で理解されることが可能である．「市場」の言説は，たとえば，生産の言説とはかなり異なる展望を前面にかつ中心に持ち出す．「消費者」という言葉は労働者，資本家，所有者あるいは生産者という言葉とは異なるリアリティを創り出す．各々の用語は，先に述べた行程表にあったものだ．各々の用語は経済過程と社会過程における，ある特定の関係の中で社会的に行動する行為者として私達を位置づける．各々の用語は言説それ自身に表現されたものとしての過程の説明との関連で私達を位置づけるアイデンティティを附随する．このことはスチュアート・ホールの言葉では，以下のように言い表されている．

> 資本主義的過程において自己の存在条件が「消費者」と規定されている労働者は，「熟練労働者」として制度の中に位置づけられている人々，あるいは「主婦」としてまったく制度には存在していないとされている人々とは異なる実践を行うという方法でこの過程に参加している．これらすべての命名が現実的な効果を有している．私達がある状況においていかに行動するかということは，その状況とはこういった状況であるとする私達の定義に依存するために，それらは物質的な差異をもたらす[36]．

まさにこういった理由から，私はこの本で，私達が良いものとみなしている「消費者」と「市場」といった概念の通常の理解を見直すのだ．私はそういった概念を，異なるもっと社会的に批判的な枠組みの中においてみる．それは，教育の現実世界においてそれらが本当に果たしている機能について問いただす枠組みである．これがなされなければ，市場のカテゴリーと概念を使うことは，過程全体を見渡すことを不可能にする[37]．市場交換のメカニズムの一部として教育をみることは，批判が始められる以前にそれを妨げることによって，文字どおり，決定的な局面をみえなくする[38]．そのような批判に向かう出口は例の行程表にはないのだ．

文化的秩序を復活すること

次章以降で示すように，可変的蓄積，経済的不安定，そして社会生活の市場化に経済的な焦点をあてることは，それだけで存在するわけではない．「選択」に基づく市場の自由と平等のイデオロギーは，そういった経済政策，社会政策そして教育政策から生じてくる矛盾や条件を扱うのには不十分である．貧困化，雇用の安定と諸利得の喪失，「強固な資本主義（fast capitalism）」[訳註5]が人々を底辺へ徐々に追いやる方法での人種的そしてジェンダーによる差別など，これらすべてのものもまた，新自由主義がおそらく好むであろう弱い国家を補足するもっと強い国家を要求する．この小さいが強力な国家は，しかしながら，しばしば抑圧的だ．それは経済によって底辺に追いやられた人々を監督することに熱中する．だから，そういった国家においてはどこでも，莫大な金額のお金が監獄の建築や維持に費やされる．多くの国において，高等教育に対する支出よりももっと支出されている．私が『文化の政治と教育』において論じたように，合衆国では貧困の影響を扱う方法が発見された．すなわち，私達は貧しい人々を監獄に入れるのだ．それも有色の貧民を[39]．

しかしながら，私が以前ヒントを出しておいたように，こういったことはまた，新自由主義的経済政策とそれに伴う小さいが強力な国家に還元できないとしても，それらと関連するその他諸々のイデオロギー的運動を伴う．不安定で分裂の時代において，社会的文化的安定を求める要求が生じ，基本的な制度の権威をますます強調するようになるということが起こっても不思議

ではない．道徳的腐敗と社会的文化的分裂への脅威に対抗して，「回帰」の必要性といった感情がある．このような状況のもと，ロマンティックな過去というものがしばしば作り出される．それは（特定の見解による）家族と伝統，愛国主義，ビクトリア時代の価値，勤勉，そして文化的秩序の維持といった栄えある過去である[40]．野蛮人は門のところまで来ている．そして私達が「私達の」知識，価値，そして伝統をそれらがかつては占めていた中心に再び戻さない限り，文明は失われてしまうだろう．ここでもまた，学校とカリキュラム，教授とテストが，そこでされようとされまいと，攻撃の主要な領域となることは驚くことではない．さらに2001年9月11日の大殺戮によってアメリカ合衆国は甚大なる被害を被ったという事実が，このイデオロギー的プロジェクトに対し，さらなる追い風となったし，あたかも本当に「文明」が攻撃に晒されているかのように思わせた．一部の人々の恐怖を下支えしているかもしれないイスラム理解が，非歴史的で正しくないということがわかったときでさえ[41]．

ここにおいても，教育の内外で，こういった関心によって，急ぎチェックされた歴史というものについても驚くべきではないだろう．一つ例をあげよう．

19世紀後半に産業成金のアブラム・ヒューイット（Abram Hewitt）は，このことを上手く言い表している．彼は，社会科学と教育の任務は「現代社会では不可避的な分配における不平等を内容とする自由において平等な人間」を作り出す方法を探ることだと主張した[42]．金持ちだけでなく，ミドルクラス一般もまた，社会で上昇していかれないのは単に「徳性が」欠如しているという証だと信じていた．上昇することに失敗することは道徳的な問題，すなわち自信や忍耐といった社会移動を保証する徳性の欠如を証明しているのだ．組合は解答ではないし，政府の援助もまたそうだ．社会上昇移動をする唯一の方法は，自分自身で行うという徳性をもっていることを示すことだけであった．すなわち「倹約をし，借金もなく，子供達に市場社会の原理を教えること」[43] であった．

それゆえ，市場のニーズと規範そして適切な徳性についての保守的な見方を縫い合わせるには長い歴史がある．経済的衰退，「上品な」文化の喪失，共通言語と共通文化の消失といったものへの怖れが，市場の危機や移民の殺到という時代においてはしばしば表面化するのだ．雑種文化は本質的に悪い

文化である．それらは文化的衰退と経済的不安定という私達の怖れを募らせる．こういったことの本質は，（強制的な）共通の儀式の考案において示されている．フォナー（Eric Foner）が以下のように書いている．

> アメリカ社会の経済的人種的統合が分断の危機にあるという怖れによって破壊されそうになったとき，1890年代には政府と民間組織は，統合された強制的な愛国心を推進した．この時代は忠誠の誓いや「星条旗よ永遠に」の演奏に際しては起立することといった儀式が行われ出した時代でもあった．アメリカ人は長い間星条旗を誇りに思っていた．しかし公式な国旗の日を含む「国旗に対する信仰」が始まったのは1890年代のことだ[44]．

昨今の「徳性に関する教育」，愛国心，そして「私達の」文化の復活の強調は，この歴史との関連において理解されなければならない．この時期にこのことが起こったのは偶然ではない．こういった教育的，そして社会的解答を推進した人々が，この歴史および彼らが嘆き悲しむイデオロギー的条件を生み出しているかもしれない支配的な経済のダイナミクスの方法に批判的でないということは，単なる偶然ではないのだ．私達は9月11日の本当に悲劇的な出来事もまた人々の間に目立った愛国心の感情をもたらしたことを思い出すべきであろうが[45]．不幸にもあまりに多くの人々を殺害した出来事に対して，国際的に広がった合衆国への同情は現行の政権によって棒引きされてしまったという事実は，しばしば忘れ去られている．

教会と国家

　教育における市場と徳性および「リアルな」知識の復活は，今日それだけで独立して存在しているのではない．急激に増加しつつある保守派にとって，私達すべてに対する神のメッセージは，資本主義と伝統に戻れというものだ．それゆえ，緊迫したしかし依然として補完的な方法で，「復古」へのこの強調の多くがキリスト教右派の主要な人々によって，いまのところ支持されているのである．彼らは，全生活を〈彼らの〉特定の宗教的信念に基づいて作り替えることだけがこの社会と学校が救われる道なのだと信じて

いる．このような理由から，私は本書でこういった人々にきわめて大きな関心を払う必要があるのだ．

一見奇妙だが，私の政治的そして教育的心情を前提としても，キリスト教右派は教会と国家が完全に分離していない植民地時代の合衆国ならば十分正しいものであると述べよう．キリスト教国としての合衆国の地位を主張してきたがゆえに彼らはこのことを肯定的にみるであろうが，現実はしばしばそれほど肯定的ではない．ペンシルベニア州では，「全能の神」を認める人々すべてに「キリスト教徒の自由」を提供する一方，公務員はすべてイエス・キリストを信じていることを示す宣誓をしなければならなかった．カソリック教会，ユダヤ教，そして異端のプロテスタントに対する差別は一般的だ[46]．事実，独立戦争までは，組合教会派（Congregational）の聖職者達を維持するための税金の支払いを拒否したバプチストは，マサチューセッツ州では監獄に送られたのだった[47]．

教会と国家を分離するために，理神論者トマス・ジェファソン（Thomas Jefferson）なら「分離の壁」を打ち立てよといったであろう動きは，神学の支配から政治と「理性（reason）」を自由にしようとしたジェファソンその他の人々や，「賄賂で腐敗している政府の支配」から宗教を守ることを希望する一連の福音主義運動による試みに基づいていた．そのような寛容によってのみ，人々は「真にキリスト教徒の生活」を送ることが可能となるだろう．その過程において，多くの有力な教会が公的資金からの援助と彼らの特別な特権を失った．それでも，多くの州で，教会と国家は依然として密接な関係をもっていた．非キリスト教徒は，公務につくことはできず，安息日を冒涜したり，実行しなかったりすることは厳しく告発された[48]．合衆国がキリスト教国であり，かつ過去においてそうであったということをいまでも覚えている人々は，キリスト教国というものが意味することはこういうことだということも思い出す必要がある．

こういったからといって，そして本書を通じて私の議論を追求するからといって，私は，宗教は学校の中にその居場所はないのだということをいいたいのではない．私はワラン・ノード（Warran Nord）が，「もし生徒達が，よく教育を受けた，理性的で，責任のある個人となるべきであるならば，すべての生徒が，宗教を含む，世界を認識する様々な方法を真剣に取り上げるリベラルな教育を受けるべきだ」[49]と世俗性とリベラルの基礎について述べる

ことには，一定の共感をもつことができる．ノードにとっては，合衆国の公立学校は，宗教を真剣に十分に取り上げることを拒否しているために，リベラルではないのだ．エリート的で学術的な教育的生活という世界においては，宗教的情感は，ほとんど，あるいはまったく果たすべき役割をもたない．この過程において，教育機関は「アメリカ人の大部分から公民権を奪ってきた」[50]．ノードはおそらくここで少しばかり自分の主張を誇張しているかもしれない．しかし明らかに宗教はかなりの数の人々の生活にとって中心的役割を果たしている．そして人々は学校における宗教の不在によって公民権を奪われたと感じるのである．もちろん，多くの人々にとって，宗教を学ぶことが彼らが推進したいと望む前述の複数の見通しのうちの一つなのではない．むしろそれは，人々を導く宗教的真実，人生のあらゆる場における聖書の権威のある特定の見方を学ぶことなのである[51]．そして，そこには一つの差異の世界がある．

経済と宗教

　　　　資本主義的市場，ロマンティックな文化をもつ過去，そして神といったこれらの要素を一緒にしようとする運動は目新しいものではない．例としてキリスト教精神と資本主義との歴史的関係を取り上げよう．

　偉大なる経済学者ジョン・メイナード・ケインズは，『出来事』に掲載された危険文献リストの中に彼の著書があげられているが，かつて，現代資本主義は「絶対的に非宗教的である」と書いた．貨幣への愛，そして資本の蓄積は，宗教に対して継続的な侵食をもたらした．宗教はその道徳的重要性を失った．なぜならば，それはほとんど無関係な仕方を除いて，経済的な事柄に関連しなかったからだ．資本主義の「創造的破壊性」と私達の生活の全局面における市場化は，家族，地域社会，伝統，有給と無給の労働，日常生活の「自然のリズム」，つまり実際私達の生活のすべてを崩壊させた[52]．創造的破壊の過程についてのおそらく最も有名な引用の一つにおいて，マルクスとエンゲルスはすべての「古代の，そして神々しい偏見と意見は一掃される．すべて新しく作られるものはそれらが確固としたものになる前に時代遅れのものとなる．固形のものはすべて宙に溶け始め，聖なるものはすべて冒涜される」[53]と述べている．

さらに，資本主義の下では聖なるものが冒涜されることを認めつつ，資本主義と，たとえば，プロテスタンティズムのある特定の様式が，互いに互いを形成し，形を与えることで，象徴的な関係をもっていると論じる強力な社会科学的かつ歴史的伝統がある．たとえばカルバン派の勤勉，貯蓄，禁欲に対する強調は，誕生しつつある資本主義的経済のニーズとぴったり平行しているものであった54)．

この緊張ある組み合わせ，すなわち一方では資本主義は伝統的宗教を破壊し，いかなる意味における伝統も根こそぎにするが，他方では，資本主義とある特定の宗教は互いに助け合う対句をなすというものであるが，保守的福音主義運動においてはこれが独創的な方法で解決されるのだ．資本主義は「神の経済」なのだ．教育とより広い社会における「経済的自由」と市場経済は聖書にその根拠をもつ．私達がみるように，このことは，「再生」するという個人の選択は，個人の富の蓄積と選択を許す市場において鏡のように映し出されるという，学校と社会においてこれまではまったくなかった方法で行われる訳註6)．

依然として選択はその限界を有する．保守的福音主義者にとって，人は何が正しいのかという確固とした基本的な知識なしには選択することはできない．そしてこれを知る方法，場所は一つしかない．それは聖書である．そして聖書は，それが意味すること，そして何をいっているのかということを語る．この過ちのない立場は，聖書の無謬に関するシカゴ表明（the Chicago Statement on Biblical Inerrancy）において最もよく表現され，成文化されている．「聖なる聖書，神自らの言葉は，神の意志によって準備され，監督された人々によって書かれたものであるが，それが関わるすべてのことについて神の権威の絶対的真理について述べられている．すべて言葉として神が与え給うたものとして，聖書はその教えにおいて一点の曇りもない」55)．聖書はしたがって，「人の真理」ではなく神の真理なのだ．その真理は不変である．なぜならそれは聖書時代に〈十全に〉与えられたからである56)．

そのような「真理」は教育にとって，いかなる意味においても，新しいものではない．このような聖書を重んじる形式が，合衆国における初期の学校教育にとって強い影響力をもっていたことを示すのは簡単なことだ．ニューイングランド植民地において，いかに子供達が読み書きを習ってきたかみてみよう．17世紀後半，最もよく使われた教科書は『ニューイングランド入門

書』 New England Primer であるが，それによると子供達はアルファベットを次のような方法で習っていた．

> A wise son makes a glad Father, but a foolish son is the heaviness of his mother.
> （一人の賢い息子は神を喜ばせるが，おろかな息子は母の重荷である．）
> Better is little with the fear of Lord, than great treasure and trouble therewith.
> （多くの富や悩み煩うことにまどわされず，主を敬いなさい．）
> Come unto Christ all ye that labour and are heavy laden, and He will give you rest.
> （働くことそしてそれは重荷であると思うものたちよ，キリストの下に集まりなさい．彼はあなた方に安らぎを与えるでしょう．）57)

『入門書』はそこで終わってはいない．「従順な子供達のお約束」という節が続く．そこでは「私は神を畏怖し，王（KING＝イエスのこと：訳者）を誇りに思います」と誓うのであった．それはまた，神の祈り手，使徒信条（Apostle's Creed），聖書に関する本のリストが含まれていた．数は学ばれるべきものであったがそれは「聖書の中の章，賛美歌，祈祷書の節をすぐ見つけるため」であった．入門書はウエストミンスター教会の礼拝のための簡略教義問答書で締めくくってある．それには「人間の主要な目的とは何か」といったような問いを含んでいた．その答えは「人間の主要な目的は神を賛美し，神を永遠に喜ばせること」である．もう一つ別の問いは「神をいかに讃え，喜ばせるかについて神が私達に直接与え給もうたルールとは何か」というものである．そしてその答えは，「新約および旧約聖書の言葉に盛り込まれた神の御言葉」58)によって，である．こうして，合衆国の学校教育の現場において，宗教が中心であったことは明白である．

後世の教科書においても宗教の影響が続いていたことがわかる．『マックグーフィー・リーダーズ』The McGuffey Readers，これは1億2千万部以上売れたもので，19世紀と20世紀初頭に使われたものであるが，神学でも使われたし読み書きでも使われた．そこでは神はどこにでも登場しているし，公正であるが容赦ない．聖書の真実は問われることもなく，日常生活にとっ

て適切かどうかさえ問題とされなかった．人生は「神を感じ，神を中心に」送るべきものであった．生徒は「救世のために生きる」べきであった．自然界のすべての要素は，「神の秩序の表現」としてのみ理解されうる．事実，ノードが私達に思い出させるように，『注釈マックグーフィー』 Annotated McGuffey では，その他のどの主語以上に，神への言及がみられる．興味深いことに，死という主題も二番目に多い59)．

　これらのみが，もちろん，宗教と，より大きな社会と宗教との関係を理解するのを可能とするものではない．私達が社会的に宗教を考える方法は多様であった．何人かのコメンテーターにとって，宗教はある一つの社会の「感知された全体」をシンボル化するものであり，社会的アイデンティティのシンボルを発展させることを含むものである．それゆえ，宗教的意味と制度は社会を一体化させ，調和を促進する統合的様式を提供する．その他の，たとえばエミール・デュルケムのような人々にとっては，俗と聖を分離するという宗教の作用そのものが社会性を誉め讃える積極的な対応なのだ．それは「いかなる特定の様式をもつ社会でも，その必要条件として，人間の結束の事実と様式を神聖化する」60) のである．また他の人々，たとえばマルクスとエンゲルス理論の様々な解釈者にとっては，宗教は肯定的なシンボル的物質的役割を果たしてはいない．超自然的なものを信じること，神の力を信じることは，社会関係と不平等を隠蔽する方法を表象するものであった．それらの社会的機能は，権力と富の支配的な分配のあり方とそれを支える社会関係を曖昧にするか，歪曲するものだ61)．ウェーバーとジンメルのような人々にとって，宗教は意味が生産され，伝達され，競われることを可能とする莫大なシンボル的資源である．それは，究極的な重要性の主張に保証を与え，しかし，社会のある特定の部分の利害にのみ合致するために受容されうるという事実において他のシンボル的資源から分離される62)．それゆえ，ウェーバーにとって，プロテスタンティズムのある特定の宗派と，近代社会の合理化の間には密接な関係があったのだ．

　現代になると，ピーター・バーガー（Peter Berger）のような観察者が，宗教は「現代」社会ではもう一つの決定的な役割を果たしていると論じている．それは実存主義的悪夢を追い払い続けている．彼にとって，現代の文化は，人々のアイデンティティと同様に，安定していない．宗教的信念は，官僚的合理性の腐食した効果と，人を単に経済的存在としてしか定義しない〈経済

人 (*homo economicus*)〉の発展によりよく抵抗することを可能とするのだ[63].
最後に,ミッシェル・フーコーは,主要なキリスト教会によって育て上げられた「牧祭権力」が社会全体に広がっていく方法を跡づけている.それは国家の中に吸収され,「家族,医療,精神医学,教育,そして雇用者の権力といった一連の権力を特徴づける個別化された戦術」[64] として利用された.宗教に関するこれらの見方のそれぞれにおける差異にも拘わらず,これらの宗教を基本的に〈社会的に〉みている.つまり,他の世界の王国といったような社会から幾分分離したものとしてではなく,社会に統合されたものとして,である.それは権力をもつ.個人的にそして集団的に,肯定的に,そして否定的に.私が教育における権威主義的大衆主義的宗教的保守主義の増大しつつある影響について論じるときに,このこともまさに本書で明らかにしたいことである.

　しかしながら,私はこれをある特別な方法でやってみたい.アントニオ・グラムシの導きに従い,私は宗教の社会的意味は,ある特定の時代と場所における人々の現実生活の経験という見地から解き明かされるべきなのだと信じている.彼は,教会が公式なものとみなされるようになったその制度および儀式と,「その人々」の間にギャップを作ることを妨げる方法を検討することを勧めている.すなわち,いかにある特定の時代と場所において,宗教が大衆文化と日常生活の意味につなげられているのかということだ.グラムシの関心は労働者階級と貧民,そして社会正義のための進歩的運動の間に有機的な関係を作り上げることであった[65].私自身の関心は,似たような政治への関心に基づいている.しかし私の関心は,人々の日常生活と〈保守派〉宗教運動との間にいかなる有機的関係がいま出来上がりつつあるのかということにある.それらがいますます支配的になりつつあるものであり,学校教育に関する私達の信念を両極化することに近年ますます強力になりつつあるように思えるからである.それと同時に,私は,そのような宗教的傾向と,市場とエデンの園的過去への回帰のみが,学校,私達の子供,そして私達の国それ自身が「救われる」唯一の方法だという増大しつつある信念との関係を明らかにしたい.そうすることにおいて,私は,宗教的意味と制度が,まさにその本質において,必然的に保守的なのだという立場を取っているのではないということをはっきりと明確にしておきたい.大衆の宗教的意味,運動,そしてその制度は,アプリオリにラディカルであるとか保守的である

いうものではない．それらはその時代のそれらが利用される方法や，社会的かつイデオロギー的諸力のバランスに大いに依存する[66]．（現に，合衆国以外でも働いている私自身の経験からすれば，多くの国で，主要な一つのダイナミクスとしての宗教的仲裁なしには，より大規模な解放運動を展開することは不可能であったということを信じるようになった．私は，経験上の理由，つまりこれらの国々における宗教の力という理由からだけでなく，ユートピア的希望がよりよい未来を心に描くために必要だと信じているから，この立場を取る．そして，宗教的希求はしばしばそのような夢を体現するのだ．）

経営主義（manegerialism）

　　教育その他の制度をラディカルに改革しようとする先のこれまで述べてきた三つの要素，すなわち新自由主義，新保守主義と権威主義的大衆主義は，この改革の領域の保守派サイドの動きにみられる昨今のすべての傾向を言い表しているのではない．最後に取り上げるものは政府の役割の変革をもたらす衝撃と，相対的に自律性をもつ管理部門と専門職ミドルクラスが，現実的にこの特定の集団により多くの権力と新しいアイデンティティを与えるような方向で社会政策および教育政策を導く中で，ますます権力を握りつつある方法に関わるものだ．私はすでに，国家の役割が，公と私の境界をラディカルに再定義するその線にそって，変更されてきたことについて指摘した．私達は，このことを以下の三つの戦略的変化を含むものとして考えることができる．第一，多くの公的資産が民営化された．公益事業は，最高額の入札者に売り飛ばされた．学校の運営は企業に委ねられた．第二，個々の機関の間の激しい競争が支援され，その結果，公的機関は常により効率的だと想定されている民間企業と比較されることになった．それゆえ，学校やその他の機関が依然として公的資金を受け取っているとしても，それらの内部手続きはますます民間企業のそれをまねするようになってきている．第三，政府はもはやそのようなサービスに対する支出をすることができないという論議の下で，公的な責任が公的ではない部門へシフトしつつある．実践的には，このことは保育，高齢者や病人に対するケアその他のほとんどが，地域社会と家族に「押し付けられる」ということを意味している．これこそが，新しい経営主義と国家へのビジネスモデルの導入を背景に，皮相的には，仮説と

効果の特別の家父長的組み合わせが存在しているということを理解することが決定的に重要だという理由の一つである．なぜなら，それは，以前は国家が有していた責任を覆い隠すために，家族と地域社会における女性の不払い労働が大いに搾取されることになるからだ67)．それと同時に，国家統制の幾つかの局面が実際に地域社会に押し付けられる一方，その他の国家統制の局面は増大し，強められさえしている．とくに学校における知識と価値に対する統制や，文化的再生産という観点から機関が成功したとか失敗したという評価をするメカニズムに対する統制については，まさにそうだ．このプロセスについての合衆国における最も強力な事例の一つは，通称「誰も見捨てない (No Child Left Behind)」法と呼ばれている法律である．既存の学校制度ではあまりよく処遇されていない子供達（そしてこのことは明白に〈否定できない〉）を助けるというレトリックの背景には，統制のかなりの中央集権化，地方の自律性の喪失，何を良い教育として，あるいは悪い教育としてみなすかという意味の再定義，すなわち単純に成績を問題の多い到達度テストの点数に還元してしまうような再定義などがこの法律の特徴として存在している．私達が後にみるように，このことそれ自体が実際以前よりも不平等を生み出しているのである．

　しかしながら，経営主義とは，国家がすることそしてそれがどの程度権力をもっているかを変更することだけではない．それはまた国家の内部で位置を占める個人や集団のための新しい強力な役割を提供しているのだ．テニクカルタームを使えば，経営主義の言説は，それを通じて，人々が自分自身や自分達の制度を異なる方法で想像することができるようになる「主体的な立場 (subject positions)」を与えるといってもいいかもしれない．それゆえ，経営主義の言説の主要な特徴の一つは，それがマネージャー（管理者）に与える立場にある．彼らは受動的ではなく，能動的なエージェントである．つまり変化をもたらす人々，ダイナミックな企業家，自分自身の運命を形づける人々68)．彼らが働く制度はもはやとぼとぼ進む官僚制でも，時代遅れの国家主義に従属するものでもない．そのかわりに，制度とそれを運営する人々はダイナミックで，効率的で，生産的で，「痩せて下品である」69)．

　ビジネスモデルとアカウンタビリティのより厳しいシステムを教育やその他の公共サービスに導入することにより，経営主義は，国家のマネージャーに対して，自分達の生活や組織についての新しい考え方を単に提供したわけ

ではなかった．新しいミドルクラスに含まれるマネージャーの生活に対して新しい意味を与えることとは別に，それは，新しい経営主義の用語では，透明性を約束する．それと同時に，個々の消費者に権限を与えるはずである．それは，権限付与，合理的選択，効率的な組織，そしてマネージャーに対する新しい役割といった用語，これらすべてを同時に生み出す一つのイデオロギー的プロジェクトである．効率性の「スパルタ式言語」がある特定のビジネス集団を惹き付ける魅力を有している一方，それはまた，その他の多くの人々にとっては限定的な魅力でしかない．反家父長主義の言説を再評価することによってそれはまた，多くの人々に新しくて，より責任をもった未来における自分達の居場所をみせるというメタファーも提供する．学校や政府機関一般を近代化することができるし，効率的なビジネスモデルのマネージャーになることもできるし，同時に「品質」を保障することによって人々を助けることもできる[70]．それのどこが悪いのか．後で明らかにするように，これは国家権力の後退でもないし，私達の社会の最も虐げられている人々に対して現実に「権限付与」することでもない．さらに，消費者へのサービスにおいて，効率的で再活性化された専門主義にそって組織されたマネージャーのこの見方は，一部フィクションである．行動的な専門家は，彼らの企業家的衝動に従うことは自由であるが，それは彼らが「正しいことをやっている」限りにおいてである[71]．私達がみるように，フーコーのパノプティコンはどこにでも存在しているのだ．

保守的現代化を分析する

これから続く章において，私は，市場，失われた伝統と価値への回帰，神のいる教育，厳密さを増した基準と「品質」を保証する経営主義という奇妙な組み合わせが，いかに一つにまとめられたのかという図式を提供しよう．その過程において私は，どの集団が，この布陣の「改革」が進むにつれて勝ったり負けたりするか，論証したい．これを追求する際，私は，合衆国の人々にここで何が起こっているのかという研究や論議だけではなく，他の国々でもみられるようになった同様の改革についての証拠についても注意を喚起しなければならない．国際的な観点からこれらの問題に接近するには幾つか理由がある．合衆国における教育をめぐる多くの論議すべてがまた，

ある特定の様式のうぬぼれによって特徴づけられる．「私達」は他の国から学ぶものは何もない．しかしそうではなく，そのような論議は，私達がここで従事している事柄の多くがどこか合衆国以外の他の場所に由来しているということに，そして，私達が同様の政策を実施する際に他国の結果について私達は注意深くあらねばならないという類いの由来であるということに，気がついていない．最後に，私達の動機は純粋であり，私達の伝統は民主的であるといった仮定がある．だから，他国の教育改革で何が起ころうと（たとえば，ある特別な改革が行われたことによって社会的不平等が拡大するといったこと），合衆国では単純にいって，起こるわけがない，と．しかしそれは起こりうるし，現に起こっているのだ．

第2章は，今日の教育において，皮相的な保守的現代化の諸力を支える仮説についてより詳細に扱う．そして保守派の運動の内部における緊張と矛盾について明確にする．第3章では，学校制度における競争的市場，全国的および州単位のカリキュラム，終始上昇しつつある基準，強制的テストの増加といったものを確立するという幾つかの国における「改革」がもつ学校に対する現実的効果を扱う．その焦点は，教育政策と実践に深遠な効果をもつと主張する新自由主義と新保守主義の提案である．同章ではまた，これらの提案に対して対案と思われるものを批判的に検討する．すなわち，「批判教育学」についての文献を中心とするものであり，決定的な意味において弱く，そしてそれゆえ右派の変革に割って入るのが大変困難な時代を迎えているものだ．第4章は新たに付け加えられたもので，とくに「誰も見捨てない（No Child Left Behind）」法のような改革と，私が「監査文化」と呼ぶものの論理にそって教育を作り直す試みについて，そのプロセスと効果について焦点をあてる．このプロセスにおいては，「監査文化」の論理とそれに対する様々な集団の反応において，階級と人種のダイナミクスが果たす複雑な役割を浮かび上がらせる．

第5章と第6章では，学校教育の目的と手段に関する論争において，保守派宗教的集団の成長しつつある力を直接扱う．第5章では，それらの最近の効果を論じ，そのような運動に関する歴史を跡づける．その一方で第6章は批判的に彼らのカリキュラムと教育学に関する信念が，経済，政府，家族，ジェンダー関係，階級と人種に関する政治における彼らのより大きな立場というものにしっかりと結び付けられる方法を描き出す．第7章では，ホーム

スクーリング運動がこういったこれまで強調されてきたものを統合するメカニズムを提供している方法を検討する．第8章はさらにホームスクーリング運動について検討し，それが有する社会運動としての地位と，それが運営されているその方法について論じる．その他の章と同様に，ここでも明らかなことは，ジェンダーの政治が機能する方法を理解することが，もし私達がホームスクーリングにおける教授学習の実践を理解したいと思うならば，決定的に重要であるということである．第9章においては，右傾化に向けた運動を妨害する可能性を検討し，それを行うための幾つかの戦略を提案する．

　後にみるように，本書の後半部分ではその多くを学校教育に対する保守的宗教的立場からの批判に割いている．そうするのは幾つか理由があるからである．第一，市場，水準，そしてテストへの批判に対して注目することは，そして私はそうするのだが，決定的であるにも拘わらず，あまりにもしばしば新自由主義の指導権のもとに様々な集団が集められつつあるその独自の方法についてはほとんど無視されてきた．第二，そのような宗教団体は，しばしば教育者に，二度（あるいは三度とか四度）自分達が何を教えるか教えないか，どう教えるかあるいは教えないかということを苦慮させることによって，合衆国中で，州や市町村の学校に，きわめて強力な圧力をかけるようになってきた．これらの集団はまた，急激に影響力も持ち出している．そのために，近年みられないほどにもっと多くの人々がいまでは保守的福音主義者であると自らをみなし，喜んでこのアイデンティティのもとで教育における公的な立場を獲得しようとしている．第三，おそらく左派の他の多くの人々とは異なり，私は，ステレオタイプ化され，無視されてきた大衆主義的宗教的批判の立場の中にはみるべきものがあると信じている．もし私達がこの右派による教育の方向転換と真剣に闘うことを望むならば，知的な意味で疑義があるというだけでなく，戦略的にも危険性を有していると思われるからだ．

　そういう理由から，私はそれらが意味するものについて深く関心を払う一方，保守的宗教的衝撃に関する各章を通じて，私はまた，それらが表明している関心に対して公正でありたいと思う．それらの多くは簡単に片づけられるものではない．それゆえ，私は公的な教育の幾つかの局面に対する彼らの批判には「センスの悪いもの（bad sense）」と同様に「センスの良いもの（good sense）」があるので，その部分についても指摘する努力をしてみよう．

　以上が，私がこの『右派の／正しい教育』で焦点をあててきた複雑な諸潮

流である．私はもっと単純にならなかったかと残念に思う．確かに私が語るべき必要のある物語をもっと簡単にすることはできたかもしれない．しかし，現実それ自身が複雑で相矛盾するものであるとき，私達の批判的分析もまたそうなるべきであろう．この本を通じて私は理論的なことと経験的なことを組み合わせた．私達は理論的なカードをもて遊び，抽象的なことばかりやっていたため，経験的空間を立ち退いてしまった．そして，私達がいなくなったその空間を新自由主義者や新保守主義者が占拠するのを放置してきてしまった，そして実際，彼らはそうしたのだ，ということを深く後悔しているということを私は認めなければならない．それでもときどき，私達には，困難な問題を考えるためには，理論が私達に与えるそのような距離が積極的に〈必要〉なのだ．

　だから，私は私がここですることには緊張があるということを深く認識している．私は昨今の教育改革の多くを支える理論を批判する．それをあるときは理論的に，あるときは経験的に批判する．しかしながら，そうしながら私は「意味ある理論は唯一それによって闘うことができるものであって，雄弁に述べるものではない」[72] という立場を取りたい．もちろんこれは少し大袈裟かもしれない．私達は利用しようと提案するいかなる理論についても「雄弁」であることが必要だからだ．しかし，ある人の理論的成功は，それがまさに「適切」かどうかということだけで測られるべきではないということを指摘しているのだ．むしろ，私達の理論の効能は，理論によって私達が生産的に活動できるための私達の能力によって測られる必要がある．理論はほとんどの場合，どこか不十分であるが，私達を「この道をもっと進む」よう後押しし，それまでは隠されていたものを明らかにするものだ[73]．私が進むべきだと思う道は，支配的な集団によって私達に与えられている教育，文化，政府，そして経済についてのそれぞれの行程表ではみえていない出口を有している．それではこれらの行程表をもっと詳しくみてみよう．

2. 誰の市場, 誰の知識

はじめに

　第1章では, 私はこの社会が進みつつある一般的な方向性について述べた. 私は, そのような方向づけを支えるイデオロギー的ダイナミクスを分析するために, たとえば自由といった鍵的概念を使った. 本章と次の二つの章では, 私達の注意はもっと教育に対して, とくに注がれる. すなわち, 私が特定化した集団内部での諸要素の各々が教育に占める位置, そしてあちこちで学校に対して与えているそれらの否定的な影響についてである.

　注記したように, 私達は教育における反動の時代に突入した. 私達の教育制度は完全に失敗したものとみなされている. 高率のドロップアウト, 「機能的識字」の低下, 水準と規律の欠如, 「リアルな知識」と経済的に有用なスキルを教えることに失敗していること, 標準化されたテストでの成績不振など, こういったことすべてが学校の責任とされている. そしてそういったことすべてが, 経済的生産性の低下, 失業, 貧困, 国際的競争力の喪失などをもたらしているのだと伝えられる. 「共通文化」へ回帰せよ, 学校をもっと効率的にせよ, 学校を民間部門に対してもっと応答的にせよ, こういったことをせよ, そうすれば私達の問題は解決される.

　こういった非難すべての背後には, 平等主義の規範と価値に対する攻撃が存在している. 批判のレトリックの華々しさの陰に隠されてはいるものの, 本質において文化的にも政治的にも「過剰な民主主義」が「私達の」経済と文化の衰退の主要な原因の一つとしてみられている. 同様な傾向は他の国々でも顕著である. 反動の程度は, サッチャー政権での前イギリス教育科学相

ケネス・ベーカー（Kenneth Baker）の言葉によって捉えられている．彼は「平等主義の時代は終わった」[1]ということによって，右派の教育における努力のほぼ10年間を評価している．彼はこれを否定的にではなく，完全に肯定的に語っているのだ．

これらの攻撃が表している平等主義的理想への脅威は，いつもはこれほどまで明確にはなされてはいない．なぜならそれらは多くの場合，全面的に危機にあるとみなされている教育制度における競争力，職，水準，応答性そして品質を「改善する」言説の中にほのめかされているからだ．この言説は今日，イギリスの「新労働党」の中にも，合衆国の似たような政策の中にも明確に現れている．あまりにも多く両国の教育政策は，かつての保守派政権（そしてときには「リベラル」と思われていた政権）のもとで作り上げられた傾向を持ち続けている．

しかしながら，起こっていることを，支配的な経済エリートが彼らの意志を教育に対して押しつけようとする努力の結果としてしかみないのは単純すぎるだろう．これらの攻撃の多くは，教育を経済のアジェンダに再び統合しようとする試みを表している．しかし，それらはその試みに完全に還元できるものではないし，単に経済に還元させることもできない．文化的闘争と人種，ジェンダーとセクシュアリティをめぐる闘争は，階級の同盟と階級の権力と一致する．

教育は闘争と妥協の場（site）である．それは私達の制度が何をすべきか，誰に奉仕すべきか，誰がこれらの決定を下すべきかということをめぐる，より大きな戦争のための代理戦争としても奉仕する．そしてまた，それ自身，教育における政策，財政，カリキュラム，教授法そして評価を特定化する資源，権力，イデオロギーが機能する主要な闘技場の一つなのだ．それゆえ教育は，原因であり結果でもあるし，決定するものであり，決定されるものでもある．この理由から，この複雑さを完全に描き切った絵を提出することができるという期待を与えるような章は本書にはないのだ．私がしたいと思うことは，完全な絵ではなく，幾つかの保守的方向に動きつつある合衆国の教育をめぐる主要な緊張関係の幾つかの概略を述べることである．ここでのキイワードは幾つかの方向性である．私がすでに示してきたように，この右旋回内部で複数のそして同時に矛盾しあう傾向が存在しているから，方向性が複数で語られることが私の論議では大変重要なのだ．

本章での私の焦点はほとんどが国内に向けられたものであるが，合衆国の最近の教育政策を国際的な文脈から切り離して理解することは不可能である．それゆえ，より高度な水準，もっと精密なテスト，雇用のための教育，そして教育と経済の間のより密接な関係一般などという強調の陰に，国際競争力の低下と職の喪失，日本やメキシコへの，そして増大する中国やその他といった「アジアのトラ達」経済への資金の流出という怖れがある（現在アジアで経験されている経済の激変によってこういったことは緩和されつつあるが）2)．同様に，共通文化の一つの（選びとられた）見解を再び導入すること，「西洋の伝統」，宗教，英語をさらに強調せよという，同じくらい明白な圧力が合衆国にはあるし，似たような強調は，ラテンアメリカ，アフリカ，アジアからの文化的脅威に深く関わっている．この文脈が，私の論議にとっての背景をなす．

　右傾化への展開は，幅広い連合を作り上げる右派の闘争が成功した結果なのである．この新しい連合は過度に成功している．それはある部分，常識をめぐる闘争に彼らが勝つことができたからである3)．すなわち，それは社会の異なる傾向と関与（コミットメント）をみごとにうまく縫い合わせ，本章で論じられる教育と同様に，社会福祉，文化，経済といった問題を取り扱う連合自身の一般的なリーダーシップのもとに組織してきたのである．教育政策と社会政策におけるその目的は，私が「保守的現代化」と呼ぶもの4)である．

　導入部分にあたる章で述べたように，この連合には四つの主要な要素がある．それぞれは自らの相対的に自律した歴史とダイナミクスをもつ．しかし互いに，より一般的な保守的運動の中に縫い合わされてきた．これらの要素とは新自由主義，新保守主義，権威主義的大衆主義，そして社会上昇志向をもつ専門家と管理者からなる新ミドルクラスのある特定の部分である．ここではとくに第一と第二の集団に注目しよう．なぜならば，それらは，とくに新自由主義は，最近この連合における教育「改革」でリーダーシップをとっているからである．しかしながら，それは私が残りの二者の力を無視したいからではない．それらについては後でもどることにしよう．

新自由主義——学校教育，選択，そして民主主義

　第1章で指摘したように，新自由主義は保守的現代化を支援する連合内部で一番強力な要素である．彼らは，弱い国家というビジョンによって導かれている．それゆえ，民間は何であれ善であるべきものであり，公的なものは何であれ悪であるべきものである．学校のような公的な（すなわち，公的な資金をえる）制度は，金が注ぎ込まれ，そして消えてしまうようにみえる，しかも十分な結果を何一つもたらさない「ブラックホール」である．新自由主義にとっては，合理性の一つの形式があり，それは他の何よりも強力なものである．すなわち経済的合理性である．効率性そして費用便益分析の「倫理」が支配的な規範である．すべての人は自分達の個人的利益を最大限にする方法で活動する．事実，この立場には，〈すべての〉合理的行為者はそのように行為するという経験的主張が隠されている．さらに，社会的な動機の世界を中立的に描くというよりはむしろ，ある一つの効率的に獲得する階級類型の価値ある特徴を中心に世界を構築しているのだ[5]．

　この立場を補強するものは，人的資本として生徒をみることである．世界は経済的にきわめて競争的である．そして生徒には将来の労働者として，必要とされるスキルと，効率的に効果的に競争する気質が与えられるべきなのだ[6]．それ以上に，学校に対して支出される資金はいかなるものでもこれら経済的ゴールに直接関係がないものは疑わしいものとされる．実際，「ブラックホール」として，現在のように組織され統制されている学校とその他の公的サービスは，民間に流れるべき経済的資源を浪費している．それゆえ，新自由主義にとって，公立学校は私達の子供を未来の労働者とすることに失敗しているばかりでなく，ほとんどすべての公的制度と同じように，この社会の財政的生命力を吸い取っているのだ．それは部分的に「生産者によって囚われている」結果である．学校は教師と国家官僚のために作られているのであって，「消費者」のためにではない．専門家とその他の利己的な公務員の要求には応えるが，それに依存する消費者の要求には応えない．教員組合と専門家団体に対する右派からのますます激しさを増す攻撃は，氷山の一角にすぎない．

　「消費者」というアイデアはここでは決定的に重要だ．新自由主義にとって，世界は本質的に巨大なスーパーマーケットである．「消費者の選択」は，

民主主義を保証するものだ．結果的に教育は，パン，自動車，そしてテレビのような生産物と同じように単純にみられている[7]．バウチャーと選択プランを通じて教育を市場にかえすことによって，教育は大幅に自己規制的となるだろう．こうして，民主主義は消費実践へと変わる．これらのプランにおいては，市民の理想像は購入者のそれである．このイデオロギー的効果は多大なものだ．〈政治的〉概念である民主主義を，完全に〈経済的〉概念へと変容させる．そのような政策のメッセージは，せいぜいよくいって「算術的個別主義」とでも呼べようか．そこではばらばらの個人が，消費者として，脱人種化，脱階級化，脱ジェンダー化されている[8]．

消費者とスーパーマーケットのメタファーは実際，ここでは本当に適切なものである．現実の世界においてまさにそうであるように，実際にスーパーマーケットに行って類似した，あるいは多様な生産物がたくさん並んでいる陳列台から選ぶことができる個人が存在している．そして，せいぜい「ポストモダン」的消費と呼ぶことしかできない人々もいる．彼らはスーパーマーケットの外にいて，イメージを消費することができるだけである．

新自由主義のプロジェクト全体は，非難の鉾先を支配的な集団の決定から国家と貧しい人々に向けさせるような，非難の輸出とでもいうべきより大きなプロセスとつながっている．結局労働組合のない，あるいは弱小の，そして環境規制がほとんどない，抑圧的な政府をもつ国に対して，資本の流出を決定し，工場を移転させているのは政府ではなかったのだ．そして希望の喪失と学校と地域社会を危機に陥れるという結果を伴った，仕事と工場を失うことを選択したのは労働者階級でも（ジョーゼフや彼の両親が住んでいたような）貧しい地域社会でもなかった．そしてさらに，企業の合併や企業買収によって，幾百万もの労働者（多くの者が学校での成績はむしろ良かった）をペイオフにしたのは国家や貧しい人々のどちらでもなかった．

生産者よりもむしろ消費者を強調する点で，新自由主義の政策はまた，公務員に対するより拡大された攻撃の一部であるとみなされる必要がある．とくに教育において，あまりにも強力であまりにも経費のかかるものとしてみなされている教員組合に対する攻撃を形成した．おそらく女性に対する自覚的な攻撃としてなされてきたわけではなかったろうが，これは女性の労働に対するより長い歴史的攻撃の一部として解釈される必要がある．なぜなら，合衆国の教師の大多数は，他の国でも同様であるが，女性であるからであ

る[9]．

　この新しいヘゲモニー的連合の新自由主義的部分から生じた多様な政策的イニシアチブがある．ほとんどのものが，教育と経済の間の関連性を高めること，あるいは学校そのものを市場の中におくこと，このどちらかを中心においていた．前者は「学校から仕事へ」プログラムと「雇用のための教育」プログラムの広く流布した提案と，「肥大化した国家」に対する活発な経費削減攻撃によって代表される．後者のイニシアチブはさほど流布していないが徐々に力を増している．これはバウチャーと選択プログラムのための全国的な提案と，そして州ごとの提案に代表される[10]．これらは，私立学校と宗教系学校に対する公費援助を含んでいる（これらは非常に論争的な提案であるにも拘わらず）．この背景には，学校を市場の競争的規律に従属させようという計画が隠されている[11]．そのような「準市場解決策」は，国民全体にとって，最も意見の分かれる白熱した論議をもたらす政策の一つであり，これに伴って私立学校あるいはまた宗教系学校に対するバウチャー制度を通じての公費支出に関する重要な判例が決定され，あるいは注視されている[12]．

　「選択」の提案者の一部は，親の「発言権」と選択の強化だけがマイノリティの親と子供の「教育的救済」のための機会を供給するだろうと論じている[13]．たとえばモー（Terry Moe）は，貧しい人々にとって「悪い学校を辞めて良い学校をさがす」権利を獲得する最善の方法は，「オーソドックスではない同盟」[14]を結ぶことであると主張している．貧しい人々は，共和党支持者とビジネス界――制度を変えることを欲していると思われる最も強力な集団――と結び付くことによってのみ，成功することができる，と．これは私があとで取り上げ，批判的に分析する議論である．

　第3章でかなり詳細に論じるように，教育における「準市場」の発展が，しばしば，階級と人種に関わる既存の社会的分断を悪化させることへと導いているという経験的な証拠が国際的にますます集まってきている[15]．バウチャーと選択プランの予定された目標は公立学校から退出する権利を貧しい人に与えるものである一方，その究極的な長期的効果は，公立学校から私立学校および宗教系学校への「ホワイト・フライト（白人の逃避）」の増大と，国家の財政危機の悪化という影響によってますます窮地に立たされている公立学校を維持するための税金の支払いを裕福な白人の親達が拒否するような状況を作り出すかもしれないという論議は，ますます説得的になっている．

結果としては，教育的アパルトヘイトが進み，減少はしないだろう[16]．

　合衆国の経験からの証拠を検討した著書の中でウィッティ（Geoff Whitty）は，選択の提唱者は社会的に不利益を被っている子供達にいまは与えられていない機会を与えると同時に，競争は学校の効率と応答性を促進するだろうと仮定しているが，これは誤った希望であるかもしれないと論じている．これらの希望は，いまも実現されていないが，「より深刻な社会的かつ文化的不平等に挑戦することなどまったく行わないより広い政策の文脈の中で」，将来においても実現されることはないだろう．さらに続けて，「高度に階層化された社会では，アトム化された政策立案はすべての人に平等の機会を与えているようにみえるかもしれないが，政策立案のための責任を公的領域から私的領域に移すことは，実際に，すべてのものにとっての教育の質を改善するための集団的行動の展望を低くすることになりかねない」と述べている[17]．

　この立場は，ヘーニック（Henig）によって実証されている．彼は「最近の教育改革運動の悲しい皮肉は，学校選択の提案とだけ過度に結び付くことによって，社会の問題を扱うようなラディカルな改革を考慮する健全な推進力が，集団的討議と集団的対応のための潜在的可能性をさらに侵食するようなイニシアチブへとつなげられてしまうかもしれないということである」と述べている[18]．こういった結果が，そのような新自由主義的政策が実際に伝統的な階級，人種，ジェンダーの序列を再生産するかもしれないという事実を伴う場合，私達はこのような提案に対して真剣に心を配らなければならない[19]．

　新自由主義には第二の流派がある．それは，学校が資本によって表明されたニーズに応えるならば，そしてそうであるときにのみ，学校に対してもっと公費と，あるいは私費を投資することを〈歓迎する〉．それゆえ資源は，教育制度を私達の経済をもっと競争力のあるものとするプロジェクトに関連させる「改革」と政策のために，利用可能となる．この立場を簡単に把握するのに格好な二つの例がある．幾つかの州において，学校と大学に対して，教育とビジネス界との関係を強めるよう方向づける法律が幾つか成立してきた．ウィスコンシン州の場合，たとえば，すべての教員養成プログラムは，未来の教師全員に対する「雇用のための教育」とみなされる経験をすることを含まなければならなくなった．そして州の公立小学校，ミドルスクール，中等教育学校のすべての教授においては，正規のカリキュラムの中で雇用の

ための教育の要素を含まなければならなくなった[20]．

　第二の例は少しく重要性がないようにみえるが，しかし現実には，教育政策と実践を新自由主義のイデオロギー的アジェンダに再統合するという強力な表明である．私はここでは第一チャンネルについて言及しよう．これは民間のテレビのネットワークで，全国のミドルスクールと中等教育学校の全生徒の4割以上が通っている学校で放送されている（これらの学校の多くは財政危機によって経済的に困窮している）．この「改革」において，学校には民間のメディア企業から「無料の」サテライト受信機一台，ビデオカセットレコーダー二台，そしてテレビモニターが各教室に提供されている．学校にはまた，生徒達に対する無料のニュース放送が提供されている．設備とニュースに対する見返りとして，すべての参加校は生徒達が毎日第一チャンネルを見ることを保証する3～5年間の契約にサインしなければならない．

　この協定は相対的に穏やかにみえる．しかしながら，「配線」のテクノロジーによって第一チャンネル〈のみ〉が受信できることになっているばかりでなく，放送はニュースとともに，主要なファスト・フード，スポーツウエア，そしてその他の企業のための〈強制的な広告〉を流している．だから生徒は，契約によって，それらもまた見なければならない．生徒は，本質的には，企業にとって囚われた視聴者として売られているのだ．法律によってこれらの生徒は学校にいなければならないので，こういった保証された（囚われた）視聴者をえるために第一チャンネルに高い広告料を喜んで支払う企業に対して，若者が商品として売られることを意識的に許す最初の国の一つが合衆国なのである[21]．それゆえ，新自由主義の幾つかの変型は，学校を市場の商品に変容させるだけでなく，いまや私達の子供達もまた商品に変容させられるのである[22]．

　すでに注記したように，教育における保守派の政策がもつ魅力は，大部分，民主主義とは何であるか，私達が私達自身を所有的個人（「消費者」）としてみているかどうか，そして最終的にいかに私達が市場が機能しているとみるのかといった事柄についての私達の常識におけるシフト転換に依存している．教育と社会政策一般における新自由主義的政策が強調していることは，市場がもつ本質的な公正さと正義への信仰である．市場は究極的に努力に応じて資源を効率的かつ公正に分配するだろう．市場は究極的に望むものすべてに職を作りだすだろう．市場はすべての市民（消費者）にとってよりよい未来

を保証する最善のメカニズムである．

　それゆえ私達は，もちろん新自由主義の立場において最高とみなされる王国の経済が現実にはどのようなものであるのかということを問わねばならない．私達が私達の学校と子供を市場に解放することだけをしさえすれば，技術的に先進的な仕事が，単調で嫌な骨折り仕事や，多くの人がいま経験しているような失業と置き換わるだろうとする新自由主義によって肯定的に描かれているようなものには遙かに及ばず，ここでも現実はもっと別のものとなるだろう．残念なことに，市場は人々の生活において生産的であると同時に，強力な破壊者でもあるのだ[23]．

　新自由主義が教育制度と密接に関連させたいと願っている賃労働市場での一つの事例をとってみよう．ハイテク関連の職が比率の上では増大しているにせよ，合衆国国民の大部分にとって現実にある職，将来もありそうな職は高度なスキル，技術的に高い地位を必要とはしないだろう．これとはまったく正反対のことになるだろう．賃労働市場では，小売り，商業，サービス業における低賃金の単純作業の仕事がますます支配的になるだろう．これは一つの事実によって際立って明らかになる．2005年までに，コンピュータ研究者，システム分析者，理学療法士，操作分析者，そして放射線技術者を〈あわせた〉職の数よりも，レジ係のような職の方がもっと数多く創出されるだろう．事実，サービス部門では95％もの新しい雇用の創出がみられるだろうという予測がある．この部門は，介護，家庭での医療支援，ソーシャル・ワーカー（彼らのうちの多くが社会福祉関連の予算削減によって職をすでに失っているか，いまや失いつつある），ホテル等宿泊施設の従業員，レストラン従業員，輸送関連労働者，ビジネスおよび事務関係を幅広く含んでいる．さらに，個人の職業の上位10位のうち8つが，次の10年間に最も増大するだろうといわれている．それらとは，小売りセールス担当，レジ係，事務職，トラック運転手，ウエイトレス／ウエイター，看護助手／看護士，調理関係，そしてビルなどの管理人である．これらの仕事のほとんどが，高いレベルの教育を必要としていないことは明白だ．これらの大多数が低賃金で，組合もなく，単発的で，パートタイムで，諸手当がついているとしてもわずかである．そしてこういった仕事の多くが既存の人種，ジェンダーそして階級に基づく社会的分業と劇的に結び付いているし，しばしばそれらを悪化させるのである[24]．これこそ私達が直面するこれから登場する経済なのだ．私達が直

面するものは，市場を信頼せよと唱える新自由主義によって描かれた過度にロマンティックな絵ではない．

　新自由主義は，市場を社会的価値についての究極的な調停者にすることによって，私達の教育的決定と社会的決定から政治とそれに伴う非合理性を排除することになるだろうと論じる．効率性および費用便益分析が社会と教育の変容のエンジンとなるだろう．しかし，そのような「経済化」戦略と「脱政治化」戦略の究極的な効果の一つは，現実には，あまりにもこの社会を特徴づけている資源と権力の増大する不平等を阻止することをいま以上に困難にさせることだろう．ナンシー・フレイザー（Nancy Fraser）は，このプロセスを以下のように描き出している．

　　男性支配の資本主義社会では，「政治的なこと」は通常，「経済的なこと」および「家庭的なこと」，あるいは「個人的なこと」とは対照的に定義される．ここで，それゆえ，私達は社会的言説を脱政治化する二つの主要な制度の二組みの組み合わせを特定化することができる．それらは，第一に，家族制度であり，とくにその規範的形態，すなわち，近代の限定的な男性中心の核家族であり，第二に，公的な資本主義的経済制度で，とくに，賃労働，市場，信用メカニズム，そして「民間」企業である．家族制度は，ある特定の事柄を個人問題化したり，家庭問題化することによって，脱政治化する．家族制度は，私的‐家庭的，あるいは個人的‐家族的問題を，公的，政治的事柄と対照区別的にみなす．公的資本主義的経済制度は，他方，ある特定の事柄を経済問題化することによってそれらを脱政治化する．問われるべき問題は，非人格的な市場の命令として，あるいは「私的」所有制の特権として，あるいは管理者と計画者の技術上の問題として，これらが政治的事柄に対して対照区別的なものとされているのかどうかということである．どちらの場合においても，結果は人々のニーズを解釈するための目的関係の連鎖を短縮することになる．すなわち，解釈可能な連鎖は切りつめられ，政治的なことから「家庭的なこと」「経済的なこと」を分離する境界を越えて流出することを阻止される[25]．

　この脱政治化のプロセスこそが，経済的にも政治的にも文化的にも権力を

もたない人々のニーズを，正しく聞き取り，問題の根源的レベルでの取り扱いを可能とするような行動をとることを非常に困難にするのだ．フレーザーにとって，そういった結果は，「ニーズ言説」が市場談義と「私的に」方向づけられた政策において再び解釈され直すときに引き起こされるものだからだ．

ここでの私達の目的のために，私達はニーズ言説の二つの主要な種類，すなわち，対抗的言説と再私事化言説について語ることができる．ニーズ談義の〈対抗的〉形式は，ニーズが下から政治問題化されてきたとき，そして従属している社会集団の部分に新なる対抗的アインデンティティが結晶化する一部分となる場合に登場する．かつてはほとんど「私的な」事柄とみなされていたものが，いまやより大きな政治的闘技場の中におかれる．セクシュアル・ハラスメント，賃労働における人種的そして性的分離，そして教育と経済の場面におけるアファーマティブ・アクション政策[訳註7]などは，いまや溢れ出て，もはや「家庭的」領域に閉じ込められない「私的」問題の事例を提供している[26]．

〈再私事化〉言説は，新しく登場してきた対抗的様式への対応として登場し，また，これらの様式を再び「私的」な，あるいは「家庭的」な闘技場に戻そうとするものだ．それはしばしば，社会福祉サービスを解体したり削減したり，「民間」企業の規制を緩和したり，「ニーズの暴走」としてみられるものを停止させたりしようとする．それゆえ，再私事化の提唱者は，たとえば，家庭内暴力といった問題を政治的言説の中に入れないようにさせたり，それは純粋に家族の問題であると定義しようとする．あるいは，工場閉鎖は政治的問題ではなく，「私有制の非難できない特権である，あるいは，非人格的な市場メカニズムの議論の余地のない命令なのだ」[27]と論じるだろう．それぞれの事例で，ニーズの暴走による包囲網の突破の可能性と，問題を脱政治化することと闘うことが課題となっている．

合衆国の教育政策において，これらのプロセスの明らかな事例が幾つかある．カリフォルニア州はよく知られた事例を提供している．アファーマティブ・アクション政策を，州政府，大学の入学政策などに対して適用することを禁止する住民投票が，そのような政策は「統制不可能」で，「個人の業績」に関連する決定への政府の介入は不適切であるというレッテルを貼った広告キャンペーンに多大な金を「再私事化提唱者」が費やすことによって，圧倒

的多数で成立したのである．カリフォルニアの住民投票は，幾つかの州で，類似のそして論争的なイニシアチブをもたらした．教育におけるバウチャープランでは，誰の知識が教えられるべきか，誰が学校の政策と実践を統制すべきか，そしていかに学校は財政運営されるべきかといった係争的な問題は，市場の決定に委ねられることになるが（この問題についてはのちにさらに詳しく検討する），これも，教育のニーズを「脱政治化」しようという試みのもう一つの格好の例を提供している．最後に，重要な「職業上のスキル」の定義をするという主要な責任を民間企業に与えることは，仕事が現実に構築され，統制され，支払われるという方法を批判する可能性を取り除いてしまう行動であるが，それは，仕事を「私的な」事柄であり，批判されずにすむための純粋に技術的な選択として，定義することを可能にする．これらすべての事例は，再私事化の言説が力をもちつつあることを示している．

これらの事例で何が起こっているのかを理解するうえで，ここで有用な区別は「価値」の正統性と「センス（感覚）」の正統性の区別である[28]．それぞれは強力な集団あるいは国家が自らの権威を正統化する異なる戦略を象徴している．第一の（価値）戦略において，正統性はそれが約束していたものを人々に現実に与えることによって達成される．それゆえ社会民主主義的国家は，人々に社会サービスを提供し，その代わりに継続的な支持をえる．国家がこのような行動をとるのは，しばしば社会的闘技場で対立的言説がより力をえて，そして公私の境界を再定義する力をより多くえた結果である．

第二の（感覚）戦略においては，人々が表明してきたニーズに合致するような政策を打ち出すのではなく，国家および／あるいはまた，支配的集団はまったく異なるようなものへと社会的ニーズの感覚の〈意味そのものを変えようとする〉．それゆえ権力をもたない人々が「もっと民主主義を」と要求するとき，そしてもっと応答的な国家を要求するとき，課題はこういった需要に対して合致する「価値」を与えることではない．とくにそれがニーズの暴走を招来しそうなときには．むしろ課題は，現に民主主義と〈みなされているもの〉を変えることとなる．新自由主義的政策の場合，民主主義はいまや自由市場における選択を保証することとして再定義されている．本質的には，国家は退場する．ニーズとニーズ言説のこのような変容を受け入れる度合いが，ここでも再私事化提唱者達が公私の境界線の再定義することにどの程度成功したかということを示し，いかに人々の常識を経済的そしてイデオ

ロギー的危機の時代に保守化の方向へシフトすることができたのかということを証明している．

新保守主義──「リアルな」知識を教えること

　　　　　新自由主義が保守派連合において指導力を大いに発揮している一方，私は，この新しい連合の第二の主要な要素は新保守主義だと述べた．弱小な国家を強調する新自由主義と異なり，新保守主義は，通常は，強力な国家という見方によって導かれている．このことは知識，価値，そして身体といった問題に関してはとくにそうだ．新自由主義がレイモンド・ウィリアムズ（Raymond Williams）であれば「新興」イデオロギー的集合と呼ぶであろうものに土台があるようにみえる一方で，新保守主義は「残余」形態の中にその土台がある[29]．それは，すべてではないにしてもほとんど，過去に対するロマンティックな評価に依拠している．その場合の過去とは，「リアルな知識」と道徳が至上のものとして君臨し，人々は「自分の立場をわきまえており」，自然の秩序によって導かれた安定した共同体が社会の荒廃から私達を守ってくれた，そのような過去であった[30]．

　このイデオロギー的立場から提案されている政策の中には，強制的な全国および州レベルのカリキュラム，全国および州レベルのテスト，より高い水準への「回帰」，「西洋の伝統」の復活，愛国心，そして保守的に変形された徳性形成の教育がある．依然として，教育と社会政策一般における新保守主義からの後押しの幾つかは，「回帰」への要求だけではない．その後ろにはまた，そしてこれこそ本質的なことであるが，「他者」への怖れが存在している．これは標準化されたナショナルカリキュラムへの支持，バイリンガリズムと多文化主義への攻撃，そして水準を上げることを要求することへの固執といった中に表現されている[31]．

　新保守主義の伝統的価値や「道徳」への回帰の強調が，それに呼応する和音を作り出したということは，過去10年の合衆国でのベストセラーの中にウィリアム・ベネット（William Bennet）の『有徳の書』*The Book of Virtues*[32] が入っていたという事実に見て取ることができよう．ベネットは，保守派共和党政権時代に教育大臣を務めた人物であるが，あまりにも長い間，「私達は正しいことをすることを止められてきた．（そして）知的水準と道徳的水準

の冒涜を許してしまったのだ」と論じた．これに対抗するためには，私達には「卓越性，徳性，そして基本への関与の復活」[33]が必要だ．ベネットの本は子供達に愛国心，正直さ，道徳的性格，そして起業家精神といった「伝統的価値」への関与を「復活」させるための「寓話」を与えることを目的としている．そのような立場は，本当に影響力ある方法で社会の常識に入り込んでいるだけでなく，チャータースクールを求める運動の背後にある推進力の一部も提供している．これらの学校は個々のチャーター（勅許状）をもっているが，それは国家が要求することのほとんどから免れることを許し，自分達の顧客の要望に基づくカリキュラムを展開することを許容されている．理論的にはこういった政策は大いに推奨されるが，私が後で示すように，あまりに多くのチャータースクールが保守的宗教関係の活動家その他の人々にとって，それ以外の方法であれば禁止されている学校に対する公的資金を獲得するための抜け道となっている[34]．そしてホームスクーリングも．

　多くの新保守主義的立場の背景には，明白な喪失の感覚がある．すなわち，信仰の喪失，想像の共同体の喪失，規範と価値を共有する同類の人々によるほとんど牧祭的ビジョンの喪失，そこでは「西洋の伝統」が至高のものとして君臨していたのだ．それはメアリー・ダグラス（Mary Douglas）の純潔と危険に関する論争と多少似通っている．そこでは聖なるものが存在していると想像されており，「汚染」が何ものにもまして怖れられている[35]．私達と彼らという二項対立的立場がこの言説を支配し，「他者」の文化は怖れられるべきものなのだ．

　この文化的汚染という感覚は，多文化主義（これ自身非常に広いカテゴリーであり，複数の政治的文化的立場を組み合わせている）[36]に対してや，「不法」移民の子供達，幾つかの事例では，合法的な移民の子供達の場合もあるが，そういった子供達への学校教育やその他の社会的諸便益などを提供することに対するますます悪意に満ちた攻撃の中に見て取ることができる．そしてそれはまた，保守派の英語限定運動やカリキュラムと教科書を西洋の伝統のある特定の組み立てに従って再構成しようとする，同じような保守的な企ての中に見て取ることができる．

　この点については，新保守主義は，代表的といわれてきた伝統的カリキュラム，歴史，文学，そして価値の「衰退」を嘆き悲しむ[37]．この不安の背後には，「伝統」について，正統な知識としてみなされるべきものをめぐる社

会的合意の存在について,そして文化的優越性についてある歴史的前提がある[38]. しかし,新保守主義的批評家達によってその衰退が深く嘆かれている「伝統的」カリキュラムというものが,「アフリカ,ヨーロッパ,アジア,中央アメリカと南米から来た,あるいは貧困の北米の人々という,アメリカ人を構成するほとんどの集団の人々を無視してきた」[39] ことを思い起こすことが決定的に重要である.その主要な,そしてしばしば排他的な焦点は,典型的に,北部そして西部ヨーロッパの数カ国から来た人々にのみ限られ,あてられただけであった.アメリカ合衆国を代表する文化と歴史は「人々および社会のもっと大きな,そしてもっと多様な複合体から造り出された」という事実にも拘わらず.この狭い範囲の習慣と文化がすべての人にとっての「伝統」の典型とみなされてきた.それらは単純に教えられたのではない.そうではなくて,その他すべての習慣と文化を卓越したものとして教えられたのだ[40].

ローレンス・レビィン (Lawrence Levine) が想起させるように,選別的なそして不完全な歴史感覚は,新保守主義のノスタルジアに満ちた熱望をたきつける.カノンとカリキュラムは決して静的なものではない.それらは常に見直される過程にある.「そこには,依然としてそうしているように,変化はそれとともに急激な衰退をもたらすだろうと主張する憤った擁護者が常にいる」[41].実際,合衆国の学校カリキュラムにシェークスピア作品のような「古典」を含むことでさえ,長きにわたった激しい闘いの後でようやく決まったのだ.今日,誰の知識が教えられるべきかということに関する社会を分断するような論争についても同様のことがいえる.それゆえレビィンは,新保守主義的文化批評家達が「共通文化」と「伝統」へ「回帰」することを要求するときには,彼らは,曲解といえるまでに事柄を単純化しているのであると記している.学校と大学における公式な知識の拡大と変更ということに関して現在起きていることは,「決して異常なことではない.(教育の)歴史にこれまでみられたパターンとラディカルに決別したということはまったくない.すなわち,恒常的なしばしば論争的なカリキュラムとカノンの拡大と変更,そしてこの拡大と変更の本質に関わる間断のない闘争」[42] なのである.

もちろん,そのような保守的立場は,教育政策と実践を「改革する」ための運動としての彼らの文化的そしてイデオロギー的指導力の維持のために,

ある種の妥協に追い込まれてきた．その主要な例は，歴史のカリキュラムに関して生まれた言説である．とくに「移民の国」[43]としてのアメリカ合衆国の建設についてであった．このヘゲモニックな言説において，この国の歴史におけるすべての人々は移民であった．おそらくベーリング海を越え，最終的に北部，中央部そして南部アメリカに住みついた最初のネイティブ・アメリカンから，アフリカ，メキシコ，アイルランド，ドイツ，スカンジナビア，イタリー，ロシア，ポーランドその他から来た人々の波まで，そして最後には最近のアジア，ラテンアメリカ，アフリカその他の地域からの人々まで移民だった．合衆国が世界中からの人々によって構成されていることは事実である．この事実は合衆国をこれほど文化的に豊かにし，活力あるものにしたものの一つだが，しかし，こういった見方が歴史的記憶の削除を構成する．なぜなら幾つかの集団は〈鎖に繋がれて〉ここにきて，国家が認めた奴隷制の対象となり，何百年も隔離されてきたからである．その他の人々は身体的なことや言語，そして文化的破滅としか呼べないものによって苦しめられてきた[44]．

　しかしながら，このことはまさに以下のことをいっているのだ．つまり，新保守主義的ナショナルカリキュラムとナショナルテストの到達目標が声高に求められてはいるが，それらはまた妥協の必要性によってかなり中和されるという事実を示しているのだ，と．そのため，新保守主義教育プログラムと政策の最も強力な支援者でさえ，「他者の貢献」[45]を少なくとも部分的には認めるカリキュラムの創造もまた支援しなければならなかったのだ．このことは，公然とした強力な連邦レベルの教育担当官庁の欠如と学校教育に対する州と地方の統制の伝統という事実に部分的には負うものだ．その「解決策」は全国的水準が，教科ごとに「自発的に」発展してきたことであった[46]．事実，私が先に述べた歴史科の例は，そのような自発的な水準の結果の一つである．

　教科ごとに存在する全国的な専門家の組織のみが，たとえば数学教師全国協議会（National Council of Teachers of Mathematics：NCTM）のように，そのような全国的水準を発展させたのであって，この水準それ自体は妥協の産物であり，それゆえ新保守主義によって望まれたもの以上に，しばしばもっと柔軟なものである．まさにこのプロセスが知識に対する新保守主義の政策をチェックすることを可能とするのだ．しかしながら，このことが教育政策に

おいて生まれつつある全体的な傾向をロマンティックに描き出すことを許すべきではない．学校「改革」における指導権はますます「水準」，「卓越性」，「アカウンタビリティ」などといったことをめぐる保守派の言説によって支配されているのだ．水準のもっと柔軟な部分が，現実に実施するにはあまりにも費用がかかり過ぎることを明らかにし，保守派の相当の巻き返しを引き起こしたため47)，水準談義は最終的に，「公式な知識」に対する中央統制を増し，達成の「バーを上げる」ために，新保守主義の運動に対してレトリック上の重きを与えるように作用したのだ．このことが，学校の成績（結果）をさらに差異化させるという観点からは，このことのもつ社会的含意をますます厄介なものとする48)．

しかし，新保守主義の衝撃がみられるのは，正統な知識を統制するといった事柄だけにおいてだけではない．強力な国家というアイデアはまた，教師に関心を払うにつれて，規制国家の成長というものにおいても目に見えるようになってきた．教師の仕事がさらに高度に標準化され，合理化され，「監視される」49)につれ，「認可された自律性」から「規制された自律性」への変化が着々と進められている．認可された自律性という条件のもとでは，教師はひとたび適切な専門的資格を与えられれば，彼らは，ある制限のもとではあるが，自分の判断に従い，教室では基本的に自由に行動することができる．これは「専門家の自主裁量」への信頼に基づく体制である．規制された自律性という拡大しつつある条件のもとでは，教師の行動は過程と結果という観点からより多く精査の対象となりつつある50)．実際，合衆国の幾つかの州では，教師が教える内容を特定するだけではなく，適切な教授法までも規制しているのである．これら「適切な」教授方法に従わない場合には，教師は行政処分の対象となる．これは信頼に基づかず，教師の動機や能力に対する深い懐疑に基づく体制である．新保守主義者にとっては，これは，新自由主義者の中に強く浸透している「生産者によって囚われている」という観念と同等のものだ．新保守主義者にとって，しかしながら，すべての問題を解決するのは市場ではなく，「正統化された」内容と方法を教えることだけが解決法だとみる強力な介入主義の国家なのである．そしてこれは州の，そして連邦の学生と教師に対する試験によって監視されるだろう．この類いの関与は，「誰も見捨てない（No Child Left Behind）」といったような政策において，完全に目に見える形で表れている．これについては第4章でさらに詳し

く検討する．

　私は以前どこかでそのような政策は教師の「脱スキル化」，教師の仕事の「強化」，そして自律性と尊敬の喪失をもたらすと主張した．これは驚くことではない．この保守主義的衝撃の背後には多くの教師に対する明らかな不信と，教師による自らの能力の主張に対する攻撃と，とくに教員組合に対する攻撃があるからである[51]．

　教師に対する不信，文化的統制が失われたのではないかという想定に対する関心，そして危険な「汚染」という感覚などが新保守主義的政策を駆り立てている文化的社会的脅威の大部分である．しかしながら前に述べたように，これらの立場を支えているものとしては，同じく人種中心主義的，人種差別的でさえある世界観がある．おそらく最もよくこのことを表しているのは，ハーンシュタインとマリ（Herrnstein and Murray）の『ベル・カーブ』*The Bell Curve*[52]である．何十万部と売れたこの本の中で，著者達は人種（そしてある程度ジェンダー）に基づく遺伝子決定論を論じている．彼らにとって，教育政策と社会政策が最終的により平等をもたらすことができると仮定することは，ロマンティックなのだ．なぜなら，知能と業績における差異は基本的には遺伝によって決まっているからだ．政策立案者ができる最善のこととは，このことを受け入れ，これら生物学的差異を認識したプランを作ることであり，貧民や，知能の劣るもの，そのほとんどが黒人であるが，彼らに「偽りの希望」を与えることではない．明らかにこの本は，合衆国の教育政策と社会政策において長期にわたってかなりの部分，影響を与えてきた人種差別的ステレオタイプを強化するものだ[53]．

　人種をありのままに——つまり，異なる集団によって異なる時代に異なる方法で動員され利用されてきたという完全に〈社会的〉カテゴリー[54]として——理解しないハーンシュタインとマリによって論じられたような立場は，以前から繰り返し知的に葬られてきた政策の言説のための一見科学的な見せ掛けの正統性を提供する．著者達は新保守主義系財団からこの本の執筆と宣伝のための資金提供を受けていたことが報道されているが，彼らは明らかに，新保守主義的アジェンダの重要な部分を人種差別的に補強するためのみではなく，自分達の主張を公衆の面前で展開したいという新保守主義の権力のために語っているのだ（そして第4章でみるように，このような人種差別化する言説を支援したまさに同じ財団が，その場合はバウチャープランという諸

刃の剣となる問題でもって，アフリカ系アメリカ人，ラテン系アメリカ人やその集団を保守派の主導権のもとに集めようとする試みの背景に存在しているのだ）．

　そのような立場がもたらす結果は，教育政策においてだけに見受けられたのではなく，教育政策とより大きな社会的経済的政策とが交差するところにおいても見受けられた．そこではこれらの結果が非常に大きな影響力をもっている．ここでもまた私達は，貧しいものにおける欠如は金銭の欠如ではなく，「適切な」生物学的遺伝と規律，勤勉と道徳に関する価値の決定的な欠如だという主張55）をみることができる．これについての主要な例はいかに身を落とすことになっても，子供の保育サービスや医療サービスが国家によって供給されていない場合でさえ，もし自分の子供がかなりの日数にわたって学校を欠席した場合には親の福祉手当の一部を支給しないとか，低賃金の仕事を受け入れなかった場合にはまったく福祉手当を受け取ることができないといった「学習賃（Learnfare）」と「仕事賃（Workfare）」といったようなプログラムを含んでいる．このような政策は合衆国，イギリスそしてその他の国でかなり人気のあった，そしてそれは大変傷つけるものであったが，かつての「ワークハウス」訳註8）政策の復活である56）．

　私は，合衆国における教育政策と社会政策において，成長しつつある新保守主義の権力を描き出すことにこの節の大部分を割いてきた．新保守主義は新自由主義とのこれまではなかった連合を生み出した．この連合は，他の集団とも協調し，政策が論議される状況を効果的に一変させた．しかし，新自由主義と新保守主義の政策の成長しつつある影響を前提としても，それらがもし保守派連合の傘下のもとに権威主義的大衆主義の宗教的原理主義者と保守的福音主義者を集められなかったとしたら，その影響力はいまよりはかなり弱かっただろう．それではその集団に話を移そう．

権威主義的大衆主義——神が望んだものとしての学校教育

　おそらく，その他の主要な工業化国家において，「キリスト教右派」に多くの関心を払わずに教育政策を完全に理解することが不可能な国は合衆国以外にはないだろう．「キリスト教右派」は，その信者数を越えて，メディア，教育，そして社会福祉における公共政策やセクシュアリティと身体，

そして宗教等の政治に関する論争において，例外的なほど強力で，大きな影響力を有している．その影響力は莫大な財政基盤に支えられ，大衆主義を誇張した立場，そして自分達のアジェンダを遂行することについての積極さ，そして彼らの活動家達による計りしれない関与から生じている．第1章で示したように，「ニューライト」権威主義的大衆主義者は教育と社会政策において自分達の立場を確保しており，一般的に聖書の権威，「キリスト教徒の道徳」，ジェンダー上の役割，そして家族に関してある特別な見方をもっている．ニューライトは，たとえばジェンダーと家族を「男のエゴイズムと女の無私」を解決する有機的な，かつ神の単位とみなす．

ハンター（Hunter）は以下のように述べている．

> ジェンダーは神が決めたことであり自然であるので，そこには政治的葛藤を正統化する余地はない．男性らしさ，女性らしさを直接脅威に陥れるばかりか，子供や青少年に影響を与えることによって，近代主義，自由主義，フェミニズム，そして人道主義が妨害しない場合には，家庭内では女と男——安定とダイナミズム——が調和的に融合される．「リアルな女」，すなわち，それは自分自身が〈妻と母〉であることを知っている女のことだが，彼女は自己のために闘うことによって家庭の神聖さを脅かすなどということはしない．男や女が自分のジェンダー上の役割を変えようとするとき，彼らは神と自然を破壊するのだ．自由主義者，フェミニストそして世俗的人道主義者がこれらの役割を果たすのを妨害するとき，社会が依存している神と自然からの支援を彼等は掘り崩すのである[57]．

そのような集団の頭の中では，公立学校はそれゆえ，〈それ自身〉，計りしれない危機の場なのである．この点については，第5章，第6章，第7章，第8章でさらに詳しく検討する．保守派活動家であるティム・ラヘイ（Tim RaHaye）の言葉に，「近代的公教育は子供の生活で最も危険な力である．宗教的に，性的に，経済的に，愛国心的に，そして肉体的に」[58]という一文がある．これは学校と家族をめぐってニューライトが感じる喪失感とつながっている．

最近まで，ニューライトがみているように，学校は家庭と伝統的な道徳の拡張された部分であった．親は公立学校に自分達の子供をゆだねることができた．なぜならそれらは地域単位で管理されており，聖書と親の価値観を反映していたからである．しかしながら，エイリアン，エリート主義的力に乗っ取られて，学校はいまや親と子供の間を邪魔するものとなった．日常生活，子供そして合衆国に対する統制力を失うにつれ，多くの人が家族，教会と学校というまとまりがばらばらになっていくのを経験している．事実，（ニューライトは）教育に対する親の統制力は聖書に書いてあると論じる．なぜならそれは神のプランだからであり，若者を教育する主要な責任は家庭，直接には父親にあるのだ59)．

まさにこういった「エイリアンとエリートの統制」，聖書に基づく関係と「神が与え給もうた」家族と道徳構造の喪失の感覚こそが，権威主義的大衆主義のアジェンダを推進している．それは単に修飾的にだけではなく，資金においても，また学校は何を為すべきか，いかに学校は予算運営されるべきか，そして誰が統制すべきかということをめぐる闘争においてもますます強力になってきているアジェンダなのだ．このアジェンダには，ジェンダー，セクシュアリティ，家族という問題が含まれているが，さらにそれ以上のものが含まれている．それは学校における「正統な」知識としてみなされるものについてのもっと大きな疑問にまで拡大されている．そして学校の知識の中身全体についての関心というこのより大きな闘技場で，保守派活動家は教科書会社に対して教科書の内容を変更させるために圧力をかけることや，教授，カリキュラムそして評価に関する州の教育政策の重要な側面を変えることに多大なる成功をおさめている．これは決定的に重要だ．公式のナショナルカリキュラムがないところでは，商業的に生産された〈教科書〉——これは各州が購入し権威を与えるということによって規制されている——が，合衆国におけるカリキュラムを定義する支配的なものとなっている60)．この点については第5章で再び論じる．

これらの集団の力は，たとえば，出版社が行う「自己規制」に表れている．たとえば，保守派の圧力のもと，幾つかの高校用文学作品選集を出版しているある出版社は，マーチン・ルーサー・キング・ジュニア牧師の「私には夢がある（I Have a Dream）」演説を入れることを選択した．しかし，それは合

衆国の人種差別主義に関する激しい言及のすべてが削除されたあとに〈残ったもの〉であった[61]．州のカリキュラム政策のレベルでは，これは教科書に関連する法律において顕著であった．たとえばテキサス州では，愛国心，権威への服従，そして「逸脱」を抑制することを強調する教科書を強制している[62]．ほとんどの教科書会社が，本質的に，〈州単位で〉教科書を承認し購入する少数の人口の多い州によって承認されるような内容と構成を念頭においているので，これがテキサス州（そしてカリフォルニア州）といった州に，州全体を通じて何を「公式な知識」とみなすかを決定する計りしれない権力を与えるのだ[63]．

それゆえ，保守派の連合内部の新保守主義的要素と協調して，権威主義的大衆主義的宗教的活動家は，カリキュラム政策と実践に実質的な影響をもっているのだ．彼らにとって，権威，道徳，家族，教会そして「礼儀」の問題を再び中心にすることによってのみ学校は，私達の周囲すべてで明らかになっている「道徳的腐敗」を克服することができるのだ[64]．聖書の教えを誤りなく理解することにもどること，そのような教授を再び強調するような学校の雰囲気を養うこと（あるいは命令すること）によってのみ，私達の文化は救われることができるのだ[65]．

私が『文化の政治と教育』Cultural Politics and Education で示したように，幾つかの州とその教育制度が，このような圧力の幾つかを避けるメカニズムを創出することができたにも拘わらず，多くの教育制度と，州一般の官僚的本質が，実際，ニューライトにはイデオロギー的には同意しなかったかもしれない親や地域住民を，学校教育の内容と構成に対するニューライトの攻撃に参加するよう説得してしまうような条件を作り出してしまったのである[66]．

教科書とカリキュラムをめぐる権威主義的大衆主義の闘争が急速に拡大する一方で，公立学校への不信もまたかなり激しくなってきているし，バウチャーと選択プランといった新自由主義的政策もまた勢いづいている．主要には大衆主義者の連合体としてのニューライトは，資本の動機と経済計画に対しては真に現実的な不信感を抱いている．結局，そのような右派の大衆主義者は彼ら自身，規模縮小，一時解雇，そして経済改革の効果を経験してきているのだ．しかしながら，地球規模の競争と経済改革の差異的な効果についての彼らの部分的な洞察を前提としても，彼らは教育の市場化と民営化とい

う提案の中に，自分達自身の目的のために，「改革」には利用できるものがあるとみているのだ．学校税を減税することによって，教育減税によって，あるいは公金を私立の宗教系学校に配当することによって，彼らは彼らがすでに失われたと信じる，より道徳的な「想像の共同体」に組織される一揃いの学校群を創造することができるのだ[67]．これについてはのちにさらに詳しく述べる．

　想像の共同体の再構成の追求は，教育政策をめぐる政治のレベルでの再私事化（reprivatization）談義の効果の一つを指し示している．反対派の主張の正統性を拒否するプロセスにおいて，再私事化の言説は，本当にいままで以上に，これらの問題を政治化する傾向にあるかもしれない．これらの問題はいままで以上に公的な，「家庭内のこと」ではない論争となる．このパラドックス――再私事化の話が実際には分離へのニーズのさらなる公的な論争をもたらす――が，しかしながら，フェミニスト，人種差別の対象となっている人々と，あるいはその他の権限を奪われている人々のように対極に存在している人々による勝利へと〈常に導くわけではない〉．むしろ，そのような政治化は，新しい社会運動と新しい社会的アイデンティティの成長をもたらすことができる．事実，それらの基本的な目的は，分離へのニーズを経済，家庭，そして私的空間に押し戻すというものだ．新しい，そしてまったく保守的な連合が作られうるのだ．

　このことが合衆国でまさに起こっていることなのだ．そこでは「権威主義的大衆主義の口調での」一揃いの再私事化の言説が，広い範囲の不満を抱えている選挙民の希望，そしてとくにこれまでにはなかった怖れとのつながりを形成し，彼らを再私事化の背後にある立場との緊張した，しかし効果的な連合へと統合しているのだ[68]．そして，キリスト教右派が保守派連合のより大きな傘下のもとに安住の地をみつけることができたように，もし右派の集団が民主主義の鍵的概念の真の意味を変えることに成功しなかったとしたら，このことは不可能であったろう．

専門的かつ経営主義的新ミドルクラス
――より多くのテストをもっと頻繁に

　この集団については，彼らの相対的に限定された――しかし急速に

成長しつつある——力のゆえに，ここではもっと簡略に述べるが，第1章で論じたようにそして第4章でさらに詳しく論じるように，保守的現代化の政策をある程度支援するこの最後の集団が存在する．これは専門的新ミドルクラスの一部で，専門的技術者の利用を基礎とする経済内部と国家内部で自分達の社会上昇移動を獲得する人々である．彼らは教育におけるより厳しい中央統制の新保守主義的政策と，市場化という新自由主義的政策の提唱者によって必要とされているアカウンタビリティ，測定，「生産管理」そして評価に対する技術的「専門的」支援を与える管理経験と効率化のテクニックをもつ人々である．

この上昇移動する専門的経営主義的新ミドルクラスの一派の構成員は，保守派連合のイデオロギー的な立場を信じる必要はない．事実，彼らの生活の他の場面では，彼らはかなり穏健であり，政治的には「リベラル」でさえあるだろう．しかし，効率性，管理，検査，アカウンタビリティの専門家として，彼らは保守的現代化の政策に対して自分達の技術的専門性を提供する．彼ら自身の社会移動は，そのような専門性と統制，測定，そしてそれに伴う効率性の専門的イデオロギーの拡大に〈依存する〉．それゆえ彼らは，たとえこれらの政策が，この階級が関与しようとしている中立的なものと想定されている目的以外の目的に利用されるかもしれないときでさえ，そのような政策を「中立的道具（neutral instrumentalities）」として支援する[69]．

このような状態ゆえに，掛け金の高い大ばくちとなるテスト（high-stakes testing），アカウンタビリティのさらに厳しい様式，より厳しい統制といった学校に対する最近の強い要求の大部分は，すべて新自由主義と新保守主義のニーズに還元されるものではないということを認識することが重要である．むしろ，これらの政策への圧力の一部は教育の管理者層，官僚からのものだ．彼らはそのような統制が正当であり，「良いもの」だと完全に信じている．統制のこれらの様式は教育においてかなり長い歴史をもっているばかりでなく，より厳しい統制，難易度の高いテスト，そしてアカウンタビリティの方法は，こういった管理者によりダイナミックな役割を与えるのである．この点についてはすでに指摘してある．これらの政策は，こういった行為者達に道徳的十字軍に従事させ，自分達自身の専門性の地位を高めることを可能とする．

さらに，資格と文化資本への競争が厳しいときには，強制的な標準化の高

いレベルへの回帰といった再階層化のメカニズムがますます力を増してくるが，このこともまた，専門的経営主義的新ミドルクラスの子供が，他の子供よりも，〈競争で有利になる〉というチャンスを拡大させるメカニズムを提供する．それゆえ，人々を再階層化させる工夫の導入は，この新ミドルクラスがすでに所有している文化資本の蓄積を前提として，さらに蓄積することになる資格の価値を高めるのだ[70]．私はこのことが，必ずしも意図的なものであると主張しているのではない．しかし，このような工夫を考案することは，経済的資本のみならず文化資本にその上昇移動の可能性を依存するミドルクラスの子供の社会移動のチャンスを増大させるものとして〈機能する〉と主張する．

　そのような状況では，私はこの集団が右派へのイデオロギー的シフトを免れているとは思えない．新自由主義と新保守主義双方による国家と公共空間に対する攻撃によって引き起こされた脅威を前提として，この階級のこの部分は，この不確実な経済において自分達の子供の将来にかなり不安を抱えている．それゆえ，彼らは保守派連合の立場の一部，とくに，伝統的な「難易度の高い」内容やテストへの注目，階層化メカニズムとしての学校教育をより強く強調するといったことを前面に打ち出す新保守主義的部分に，明らかに惹き付けられるかもしれない．この階級の親は，伝統的な教科での学業成績と伝統的な教育実践を強調するチャータースクールを支援しているような幾つかの州で見受けられる．そこではこの集団の大多数のものが，将来，政策論議において提携する可能性は依然としてある．彼らの矛盾するイデオロギー的傾向を前提とすれば，彼らの仕事と子供達の将来に対する恐怖という状況のもとで，右派が彼らを動員させることは可能だ[71]．これについても第4章で詳しく論じよう．

結　論

　　　合衆国における教育の政治が複雑なので，私はこの章のほとんどを，教育や，より広い社会の闘技場における政策と実践に関する論争に強力な衝撃を与えつつある保守派の社会運動の分析に費やした．私は教育における保守的現代化が，その幾つかの目的が部分的には他の集団の目的と矛盾するといったような諸力の緊張ある連合によって導かれていることを，示唆してき

た．

　この連合の本質そのものが決定的に重要である．保守的現代化を支えるこの連合がその内部に抱える矛盾を克服できるか，そして教育政策と実践をラディカルに変えることに成功するか．これらのことは，少なからず可能性のあることだ．それゆえ，新自由主義が弱い国家を要求し，新保守主義が強い国家を要求する一方，これら明らかに矛盾した衝撃そのものは，独創的な方法で統一することができる．中央集権化された基準，内容そして厳しくなった統制に焦点をあてることは，パラドックスではあるが，バウチャーと選択プランを通じての市場化への道の最初の，そして決定的に重要な一歩となりうる．

　ひとたび州単位で，あるいは連邦レベルでナショナルカリキュラムとテストが導入されれば，学校と学校を比較するデータが利用可能となり，イングランドで発表されている学校の成績に関する「リーグテーブル」と同様の方法で発表されるだろう．標準化された内容と評価がある場合にのみ，市場は自由に設置される．なぜなら「消費者」は，どの学校が「成功して」おり，どの学校がそうではないかということに関する「客観的な」データをみることができるからだ．市場の合理性，それは「消費者の選択」に基づくものであるが，良い学校と思われているものが生徒を獲得し，悪い学校は消えていくだろうということを保証するのだ．こういった要素は，たとえば，「誰も見捨てない（No Child Left Behind）」改革に隠された衝撃の多くに具体化されている．

　次の二つの章では，私はこの種の政策が現実の学校に与える効果に焦点をあてよう．しかしここでは，以下のことを述べておきたい．都市部あるいは地方の貧民が，都市部の交通機関の縮小と費用，わずかな情報，時間不足，そして彼らの経済状況の悪化，これらは現実のほんの一部を示しているにすぎないが，こういったことを前提として，自分達の子供を資金不足の崩壊しつつある学校に送ることを「選択する」とき，〈彼らは〉（貧民は）個人的に非難され，集団的には悪い「消費者の選択」をしたことになるというのがこれらの効果の一つである．再私事化の言説と算術的個別主義（arithmetical particularism）は，ここで（再）生産されるであろう構造的不平等を正統化するだろう．こういう方法で，奇妙にみえるかもしれないが，新自由主義と新保守主義の政策は，権威主義的大衆主義者によって，そしてさらには専門

的ミドルクラスの多くの人々によって，最終的に支持されるのだ．そしてそれは，一見矛盾しているようにみえるが，これは，長期的にみれば互いに補強しあうのだ[72]．この点については次章で再び取り上げる．

　依然として，私は，一方で教育政策における全体的な主導権はこの連合によって発揮されていると論じるが，他方では，この連合のヘゲモニー的傘下にあるこれら四つの要素が競合していないとか，常に勝利しているといった印象を与えることは望まない．まったくそうではないからだ．少数の人々が明らかにしたように，対抗的ヘゲモニーをもつプログラムと可能性が地方レベルでは存在していることが，合衆国中でみられるからだ．大学，学校といった多くの教育機関が，そしてときには学区全体で，この協調したイデオロギー的攻撃と保守的復古主義集団からの圧力に直面して，かなりそれらを跳ね返してきている．そして，多くの教師，研究者，地域の活動家，そしてその他の人々が，教育学的にも政治的にも，解放をめざす教育プログラムを開発し守っている[73]．

　事実，私達は，予期しない方法でこの連合の力に亀裂を見始めている．たとえば，多くの州で導入された強制的テストを受けることを現に拒否する小学校，ミドルスクールそして中等教育学校の生徒が増加しつつある．この行動は，教師，教育行政官，親そして活動家らの集団によって支援されている[74]．明らかに，水面下ではこういった事柄が起こっている．この効果は，いくら控えめにいっても「興味深い」ものとなるであろう．

　こういってはいるが，しかしながら，進歩的政策を守り，作り上げるためのより大規模の運動のための条件を作り出すのに障害となっているものについて注記しておくことは重要だ．私達は，合衆国には教育についての強力な中央省庁がないということを思い出す必要がある．教員組合は相対的に全国レベルでは弱い（教員組合がいつも進歩的であるという保証もない）．ここでは教育政策において，一つの「適切な」進歩的アジェンダというものについての合意は何もできていない．なぜなら，人種，エスニシティ，ジェンダー，セクシュアリティ，階級，宗教，「能力」などを含む注目すべき（そして残念なことに，ときには互いに競合する）アジェンダの大幅な多様性が存在しているだけであるから．それゆえ，より進歩的な政策と実践のための長期的な全国的運動を支えることが構造的に難しいのである．

　そのため，ほとんどの対抗的ヘゲモニーをもつ仕事は，地方で，あるいは

地域で組織されるのだ．しかしながら，最近，「脱中心化された統一体 (decentered unity)」と呼ぶのが相応しいような全国的連合を作ろうとする試みが進められている．「全国教育活動家連盟 (National Coalition of Education Activists)」といったような組織と『学校再考』Rethinking Schools を中心に集まってきた組織等は，全国的に目立つものになってきた[75]．これらの運動のどれもが，新自由主義，新保守主義そして権威主義的大衆主義集団の背後に存在するような財政的そして組織的支援を受けてはいない．これらの運動のどれもが保守的集団が成功しているような方法でメディアを使ったり，財団を使ったりして，「公衆」の面前に自分達の運動を明らかにするという能力をもってはいない．そして，これらの運動のどれもが，保守派連合の構成員が可能とする方法で，ある特定の政策を推進したり，それに挑戦したりするために，全国レベルでの会員の大動員を短期間にするための能力も資源ももっていない．

しかしながら，これら構造的，財政的，そして政治的ディレンマすべてに直面して，これら多くの人々が保守派連合のヘゲモニーの傘下に統合されることもなく，まさに違う可能性を示す地方での例を積み上げているという事実は，教育政策と実践は，たった一つの方向にだけ進むのではないということを最も雄弁に生き生きとした方法で私達にみせている．さらに重要なことに，これら多数の例は，保守派の政策の成功は決して保証されたものではないということを示している．教育がその名に相応しくあるために必要なものとは何であるかということを簡単に見失ってしまうような時代には，このことは決定的に重要だ．

「幻想をもたない楽観主義」と呼ばれるかもしれない立場を取ることがなぜ重要であるのかということについては，次の章でもっと明らかになるだろう．そこでは私は学校についての政策と実践に対する保守的現代化の諸力の効果についてのみならず，想定されている代案――「批判教育学」――がそれらを取り扱う多くの方法の弱点についても深く掘り下げて論じる．

3 不平等を生産する
──政策と実践にみる保守的現代化

リアリズムに徹した物質性

　　過去20年以上，私がこれまで述べてきたこの新しいヘゲモニックブロックが権力をほしいままにする以前でさえ，教育における一つの文献群が成長してきた．それは，カリキュラム，教授，評価に関して政治的に考えることを手助けすることを目的とするものであった．私自身もこのような批判的な見方を作り上げることに参加してきた．「批判教育学」に関する多くの文献は政治的にも理論的にも重要であった．そして私達は多くのことを学んだ．しかしながら，私がこれまでの二つの章で述べてきたことを前提とすれば，こういった書物は，いま私達の周りで起こっていることに真剣に挑戦することにおいてはその効果というものに限界をもつという特徴ももっている．それはあまりにもしばしば，保守的現代化に向けた最近の運動が常識を変え，学校教育に関連した物質的かつイデオロギー的条件を変更させるその方法に十分対応していなかった．それゆえそれは，ときにはよくて「ロマンティックな可能性追求主義者の」レトリックとでも呼ばれるような形態をとった．そこにおいては，可能性という言葉が，現実的な諸力のバランスがどうであるのか，それを変えるには何が必要かといった首尾一貫した戦略的分析と置き換わっている[1]．

　本章では，私は教育政策と言説の社会的かつ文化的地勢が，いわば「土台から」変更されたその方法についてさらに詳しく検討する．私達は，一方における私達の理論的かつ批判的言説と，他方における基本的には右派の方向に向かっている教育政策と実践のシフトという現実に起こっている変化とを

密接に関連づける必要があると私は論じる．それゆえ，私の論議はある部分概念的なものである．しかし，ある部分は第2章よりも実証的だ．それは私にとって，教育における右派へのシフトが意味する本当の，そして物質的効果というものとして知られているものを統合するためにそうすることが必要だからである．

　これらの効果の「リアリズムに徹した物質性（gritty materialities）」に焦点がおかれることは，理論的媒介の重要性を無視することを意味してはいない．また，支配的な言説が，常に様々なネオマルクス主義，フェミニズム，ポストモダン，ポスト構造派，ポストコロニアル，クィアー，そしてその他の理論から生まれてきた創造的な獲得物によって妨害されてこなかったということを意味するのでもない．事実，批判教育学は，常識に対する根本的な異議申し立てを〈要求する〉．しかしながら，新しい理論とユートピア的見解の構築は重要であるものの，このような理論と見解を，いま存在している実質的かつ言説的地勢の現実的な（unromantic）評価のうえに基礎づけるということも同じく決定的に重要である．常識はすでにラディカルに変更されている．しかも，それは左派に位置する私達誰もが望ましいと思う方向においてではない．私達が望まないような変更をもたらした変容と諸力のバランスについてや緊張ある異なる力関係，そこにおける矛盾といったものを分析していないために，私達には，このますます洗練されていく新しい理論的記述，しかしそれらが機能している社会権力の領域についてはあまり洗練されているとはいえない記述のみが，残されているのだ[2]．

右旋回

　影響力のあるカリキュラム論争史の中で，ハーバート・クリーバード（Herbert Kliebard）は，教育問題は，「正統な」知識，何を「良い」教授と学習とみなすか，そして何が「公正な」社会かということに関する常に競合する見解をめぐって，集団間での主要な葛藤と妥協を含むものであったということを報告している[3]．そのような葛藤は，教育やより広い社会における人種的，階級，ジェンダーをめぐる正義について葛藤する見解に深く根ざしていることが，さらにもっと批判的な最近の研究の中でも承認されている[4]．これら競合する見解は，教育者や一般市民の想像において同じ比重を占めて

いることは一度としてなかったし，彼らの見解に効果を与えることにおいても等しい力をもってはいなかった．そのため，教育についての分析はどれでも，そのまさに中心部分において，いま進行中の闘争についての感受性をもたなければ完全に真剣なものとはならない．そしてこの進行中の闘争は常に教育が作用する地勢を形作るのである．

　現在も過去とまったく変わらない．第2章で論じたように，「新しい」一揃いの妥協，新しい連合，新しい権力ブロックが形成されてきている．そしてそれは教育や社会的なことすべてに対してますます影響をもち始めている．この権力ブロックは教育問題に対して新自由主義的市場化による解決を推進している人々と，より高度な水準と「共通文化」への「回帰」を希望する新保守主義的知識人，世俗化を深刻に憂慮し，自分達の伝統を保持することを強く願う権威主義的大衆主義的宗教の原理主義者，そしてアカウンタビリィティ，測定，「管理・経営」のイデオロギーとテクニックに関与する専門性志向の新ミドルクラスのある特定の集団といった，資本の複数の部分を結合させる．この連合の内部には明確な緊張と葛藤が存在しているが，一般に，その全体的な目的は，国際競争力，利潤，規律を高めることと，私達を「理想的な」家庭，家族そして学校という美化された過去へ連れ戻すことの両方に必要であると考えられている教育的条件を提供することである[5]．

　本質的に，この新しい連合は教育をより広いイデオロギー的関与に統合してきた．教育における目標は，経済的そして社会福祉的目標を導くものと同じものである．それらには，自由市場というこの雄弁なフィクションのダイナミックな拡大，社会的ニーズに対する政府の責任のドラスティックな縮小，学校の内外における社会移動への過度に競争的な構造の再導入，経済的安定性についての人々の期待をひき下げること，文化と身体を「規律化」すること，そして最近の『ベル・カーブ』*The Bell Curve* の人気が，悲しいことにあまりにも明白に示しているように，明らかに社会ダーウィニズム的思考様式であるものを人々に流布することが含まれている[6]．

　競争，市場そして選択が一方にあり，アカウンタビリィティ，達成目標 (performance objectives)，基準，ナショナルテスト，ナショナルカリキュラムが他方にあるというこの一見矛盾した言説は，他のことが聞き取れないほどの騒音を作り出している．これらは異なる傾向を体現しているようにみえるのだが，現実には互いに奇妙にも補強しあい，保守派の教育的立場を私達

の日常生活に固く結び付けるのを助けている[7]．

　嘆かわしいことではあるが，しかし，実際生じつつあるこういった変化は真剣な批判的反省にとって予想外の機会を提供するのである．ラディカルな教育的社会的変化のときには保守的復古のプロセスと多様な，そしてときには矛盾する要素の効果について，さらにはそれらが媒介し，妥協し，受け入れ，異なる集団のそれぞれの目的によって異なる方法で利用され，そしてあるいは，人々の日常の教育的生活における政策と実践をめぐって闘争するその方法について，正確に検証することが決定的に重要である[8]．市場化とナショナルカリキュラムとナショナルテストといった最近の「改革」においてこういったことがいかに起きたのかについて，本章でもっと詳しく述べよう．批判的教育政策と実践に関心のあるものにとって，これをしないということは，権力の社会的領域を構成し，再構成する権力の関係がシフトしつつあることを理解することなしに行動するということを意味する．グラムシが「知性の悲観主義，意志の楽観主義」と述べていることは，それに対する強力な共鳴であり，人々を動かすことにとっても，希望を失わないためにも有益ではあるが，私達が成功するために疑いもなく要求されるより完全な分析のかわりに，飾り立てたスローガンで代替させてしまうのは愚かなことだろう．

新しい市場，古い伝統

　　　歴史的に，ニューライトが生み出しつつある言説的組み合わせの大部分の背景には，「白人（キリスト教徒）の伝統と価値の（脅かされている）安息所として国民の文化主義的構築」を強調する立場が存在していた[9]．これには想像された国民的過去の構築も含まれている．これは少なくとも部分的には神話化されており，現在を酷評するために使われている．ゲリー・マカロック（Gary McCulloch）は，学校教育の歴史的イメージの本質が変わりつつあると論じている．「安全，家庭的そして進歩的」であるといった教育についての支配的イメージ（すなわち，進歩と社会および人格の改善へと導くもの）は，「脅し，疎遠な，退行的な」ものに変わっている[10]．過去はもはや安定の源ではなく，失敗，失望そして喪失の印である．このことは多くの国の教室で君臨していると想定されている「進歩的正統性」に対する攻撃

に最も鮮やかにみられる[11]．

　たとえば，イングランドにおいては，合衆国やオーストラリアその他の国でもよく似た話が聞かれるけれど，『サンデータイムス』The Sunday Times 紙の政治担当編集者マイケル・ジョーンズ（Michael Jones）が，彼の小学校時代を思い出して以下のように述べている．

> 小学校は楽しかった．私達はだいたい40人で，インク壺のついた固定された木の机に座り，仕方なく許可されたときにだけそこから離れることができた．教師は私達の正面のより高い机に座っていて，黒板に行くときだけ動いた．彼女は香水の香りがし，畏敬の念を抱かせた[12]．

　規律，香り（直感的でほとんど「自然な」），そして畏怖を連想させるメタファーの混在は魅力ある言い方だ．しかし，彼は続ける．過去30年の「改革」が小学校を変えてしまったことを悲しく思いながら．彼の子供の経験について述べながら，ジョーンズは以下のようにいう．

> 私の子供達は，小学校時代を，好きなようにうろつき，自分達の真の個性を発展させ，読み書き計算を学ばないことが許されているある有名な小学校で過ごした．最終的には上手く行く．これが私達に保証されたことだった．しかしそうはならなかった[13]．

　ジョーンズにとって，進歩主義的教育の「教条的正統性」は，「教育的そして社会的衰退を直接もたらした」．1980年代と1990年代に制度化された右派の改革だけがこれを止めることができたし，この衰退を逆転させることができた[14]．そうしてやっと想像された過去が戻ってくることができたのである．
　大西洋のこちら側でも似たようなことが数多くいわれている．これらの感傷はウイリアム・ベネット（Wiliam Bennett），ハーシュ（E. D. Hirsch Jr.），ダイアン・ラヴィッチ（Diane Ravitch）などといった人々による公的な発言に繰り返し表れている．彼らすべて，進歩主義はいまや教育政策と実践において支配的立場を占めていること，そして価値ある過去を破壊したと信じているようにみえる．過去においてはそうであったと彼らが確信しているよう

に，カリキュラムと教授（そして生徒ももちろんのこと）に対する統制を強め，「私達の」失われた伝統を復活させ，教育をもっと規律の厳しいものとし，競争的にすることによってのみ，私達は効果的な学校を手にすることができる．これらの特徴は，同様な批判をもちつつも，異なる未来のための異なる過去に戻りたいと望む人々によっても共有されている．彼らの過去には，香りと畏怖と権威はないが，市場の「自由」がある．彼らにとって，「良い」学校が生き残ることを保証するためには，学校に市場を導入しない限り，たとえ畏怖と権威を復活させても，何もできないのだ．

私達はこれらの政策がラディカルな変更であることを理解すべきである．もし彼らが政治的スペクトラムの反対の側からやってきたのなら，私達のイデオロギーに関する国民的傾向を前提とすれば，彼らは多くの場合奇妙な存在となったろう．さらに，これらの政策は美化された牧祭的な過去に基礎をおいているだけではなかった．これらの改革は何らかの研究成果に根拠づけられてもいなかった．事実，研究が利用されるときは，それはしばしば市場の想定された効率性とか，厳密なアカウンタビリティの体制とかといったすでに予想されていた信念を正統化するレトリックとして奉仕するか，あるいはまったく欠陥だらけの調査——たとえば市場化について非常に喧伝されたチャブとモー（John Chubb and Terry Moe）の研究の場合のように——に基づくものであった[15]．

これら提案された「改革」の幾つかがいかにラディカルであり，そして彼らを支える経験的地歩がいかに弱いものであったとしても，彼らはいまや教育的なことすべてについての論争の地勢を再定義してしまっている．保守派の攻撃と動員が数年続いた結果，「かつては非現実的で機能しないとみなされた，あるいはまさに単に極端だとみなされたであろうアイデア」がいまではますます常識とみなされつつある[16]．

戦術的にこの間なされた常識の再構築は，極端な効果をもつものであったことが証明されている．たとえば，「平易な話し方」と「すべての人がわかる」言葉で話すことによって特徴づけられるような明瞭な言説という戦略がここでは採られている．（私はこれについてすべて否定的であろうとは思わない．これらの重要性は，批判教育学についていろいろ述べてきた人々を含む多くの「進歩的」教育者が，また理解すべきことであるからである[17]．）これらの戦略はまた，自分自身の立場を「常識」として提示することだけではな

く，真実を否定するのは敵の陰謀であるとか，ただの「流行である」[18] ことをたいてい暗黙のうちに，意味させるということを含んでいる．ギルボン（David Gillborn）が以下のように記している．

これは強力なテクニックだ．第一，それは選択された立場に反対する何ら〈純粋な〉論議は存在しないということを想定する．反対する意見は何でも，それゆえ，偽り，不純あるいは自己利益のためのものと位置づけられる．第二，このテクニックは，話し手を（以前は）話すことができなかった人々に対して話しかける勇気が十分ある人，あるいは正直な人として登場させる．こうして，道徳的な優位性が想定され，反対者はさらに中傷される[19]．

ハーンシュタインとマリ（Richard Herrenstein and Charles Murray）の遺伝に関する信じがたい「真実」の喧伝や，進歩主義教育者による学校の「深刻な」破壊に関してのE・D・ハーシュの最近の「タフな」論議といった保守派の文献の幾つかにみられるこういった特徴を見逃すことはできないのだ[20]．

市場と業績

こういった論議すべてが作用している方法の一例として，保守的現代化の一つの要素を取り上げよう．それは，市場の見えざる手が必ず学校をより良いものにするだろうという新自由主義の主張である．ロジャー・デール（Roger Dale）が私達に想起させるように，「市場」は，行動の明示的なガイドというよりは一つのメタファーとして働く．それは表示的ではなく，暗示的である．それゆえ，その内部に存在し，その効果とともに生きていくであろう人々にとって，それはそれ自身「市場化され」なければならない[21]．市場は，脱政治化された戦略によって市場化され，正統化される．それらは中立で自然なものであるといわれ，努力と業績（merit）によって統治されるべきである．そして，これに反対するものはその定義において，それゆえ，努力と業績に対して反対していることになる．市場は，また，政治的介入と官僚的手続きという重荷の対象とはなりにくいものと想定されている．加えて，市場は個々の行為者の合理的選択に基づいている[22]．それゆえ，市場と

努力と業績への報酬の保証はともに,「中立的」な,しかし,これは依然として肯定的な結果を生み出すことになる.メカニズムは,それゆえ,企業的効率性と効果の証拠を与えるところで働かなければならない.業績の証拠を生み出すメカニズムと市場の組み合わせが,いままさに,起こっていることだ.それが機能しているかどうかということは疑わしい.事実,私がすぐに示すように,実践においては,市場による「解決」を含む新自由主義政策は階級と人種の伝統的なハイアラーキーを覆すのではなく,再生産することに現実には奉仕するのかもしれない.ことによると,このことが私達に反対すべき理由を与えているのではないだろうか[23].

それゆえ,新自由主義の主張を言い値通りに受け取るのではなく,私達は,その提唱者のレトリックやメタファーであまりにもしばしばみえないそれらの隠れた効果について尋ねるべきである.私は,そうすべきであるにも拘らずあまり注目されてこなかった,しかしいまはかなりの研究がなされるようになった幾つかの問題を選ぼう.

イングランドの経験は,ここではぴったりあてはまる.とくに,チャブとモーのような市場提唱者がそれにかなり依存しているし[24],私が分析する傾向が最も進んでいるところであるからだ.イングランドでは1993年教育法が国家の市場化への関与を明らかにしている.地方教育当局(LEA)管轄下の学校評議会(governing body)[訳註9]は,「国庫維持学校(Grant Maintained School)になること」(すなわち,地方の学校制度の統制から独立し,競争的市場に参加すること)を毎年公式に検討することを強制された[25].そこでは国家の重圧が新自由主義的改革への圧力の後ろに控えている[26].しかし,競争的市場は,カリキュラムの応答性と多様化をもたらすというよりも,今日の学校にあまりにも確固として確立されてしまっている伝統的なモデルとそれほど異なるものを作り上げてはいない[27].学校教育を特徴づける不平等な関係もラディカルには変化してはいない.

市場化改革の「土台における」効果に関する広範囲な分析において,ボール(Stephen Ball)と彼の同僚は,私達がここで注意深くなければならない理由の幾つかを指し示している.彼らが報告しているように,このような状況のもとでは,教育の原理と価値はしばしば妥協されるようになる.つまり,カリキュラムのデザインと資源配分において,商業的問題がより重要になってくるというわけだ[28].たとえば,イングランドの「試験に関するリーグ

テーブル」といった業績の指標への需要と公表を伴う市場は，学校が「能力のある」子供をもつ「動機づけされた」親を惹き付ける方法をますます探し求めるようになることを意味している．そうすることによって，学校は，地元の競争の中で相対的な地位を高めることができる．このことは，生徒のニーズから生徒の成績へ，つまり学校が生徒に対して何ができるのかということを強調することから生徒が学校に対して何ができるのかということを強調することへという微妙な，しかし，決定的なシフトを象徴している．この問題はもっとオープンに論議されてきて然るべきであった．これはまた，特別なニーズをもっているとか，学習困難を抱えているとラベルを貼られた生徒から資源が取り上げられ，こういったものに必要とされた資源のある部分がいまはマーケッティングや渉外のために振り向けられるといったことを，困ったことに，あまりにもしばしば伴っている．「特別ニーズ」をもつ生徒は費用がかかるうえ，最も重要なリーグテーブルの点数を引き下げるのだ．

　これは「世間の印象を管理する」ことを困難にするばかりか，「最善」で最も学術的に能力のある教師を獲得することもまた困難にする[29]．しかしながら，完全な企業なら，市場でのゲームで常に勝ち残ることを基礎とする新しい尺度と一揃いの新しい目標を確立する．これが意味することの重要性は，日常の学校生活に対する効果という面においても，良き社会，責任ある市民とみなされるものの変容のすべてにおいても，相当のものだ．このことをもう少し一般化していおう．

　私はすでにすべての教育に関する提案の背景には公正な社会と良い生徒についてのビジョンが存在していると論じた．私が論じてきた新自由主義的改革はこれをある特別な方法で構築している．新自由主義の特徴の定義は，伝統的自由主義，とくに古典的経済的自由主義の中心的教義に大部分基づいているが，古典的リベラリズムと新自由主義の間には決定的な差異というものも存在している．これらの差異は現在進行しつつある教育の政治と教育の変容を理解するうえで根本的に本質的なことだ．マーク・オルセン（Mark Olssen）はこれらの差異を以下の文章で明確に詳しく述べている．これはその全体を引用する価値があるだろう．

　　古典的リベラリズムは，個人を国家の干渉から解放されるべき対象とみなしているので，国家権力については否定的な考えを表しているが，新

自由主義は，市場を機能させるための必要な条件，法律，そして制度を提供することによって，適切な市場を創出することに国家の役割を積極的にみるという考えを表している．古典的なリベラリズムにおいては，個人は自由な人間性をもつものと特徴づけられ，自由を実行できる．新自由主義においては，国家は，起業的で競争的な企業家である個人を創出することがめざされる．古典的モデルにおいては，国家の理論的目的は，普遍的なエゴイズム（利己的個人）を含む諸仮定の上に，その役割を限定し最小化することである．見えざる手理論は，個々人の利害もまた，全体としては社会の利害であることを命じ，そして自由放任における政治的格言を命じるのである．古典的リベラリズムから新自由主義へのシフトにおいて，さらなる要素が付け加えられる．というのはそのようなシフトが，利己心に従って自然に行動し，国家から相対的に離れている「経済人」から，国家によって創出され，「永遠に応答的」であることが継続して奨励される「操作可能な」人間への，主体的地位における変化を含むからである．このことは，利己的な主体という概念が，「新自由主義」の新しい理想によってとって代わられたとか放棄されたということではなく，普遍的福祉時代においては，人々は怠惰に陥るであろうとの知覚された可能性が，警戒，監視，「業績評価」の新しい形式，そして一般的には統制の新しい形式に対する必要を創出するということである．このモデルにおいては，国家は私達を標準に達するようにさせるという役割を自らに課す．「統治なき統治」のプロセスにみえるような中で，国家は，私達が各々「私達自身を間断なく起業家」とすることを見届けるだろう[30]．

ボールと彼の同僚の調査結果は，継続的に比較可能な公的評価を通じた市場化された個人主義と統制の奇妙な組み合わせを増大させることによって，いかに国家が実際にこれを為すのかということを報告している．広く一般に公表されたリーグテーブルは，教育市場における各自の相対的価値を決定する．業績があがっていることを示す学校だけが価値があるのだ．そして「自分達を継続的な起業家」とすることができる生徒だけがそのような学校を「正しい」方向に進み続けることを可能とする．この問題についてはすぐ後で展開する．そして依然としてこれらの問題は重要であるが，それらは新自

由主義的改革によって作り出される〈差異化〉効果を通じた他のメカニズムの幾つかを完全に説明することには失敗している．ここで，ボール，ボウ，そしてゲバーツ（Stephen Ball, Richard Bowe and Sharon Gewirtz）が明らかにしたように，階級問題が際立つものとなる．

　ミドルクラスの親は明らかに，この種の文化的集合体において最も優位に立っている．そしてそれは，私達がみてきたように，学校が彼らを求めているからだけではない．ミドルクラスの親は，一般に教育における市場メカニズムを利用すること，そして彼らの社会関係資本，経済資本そして文化資本を身につけることにおいて，非常に熟達するようになっている[31]．「ミドルクラスの親は，選択と採用のますます複雑になり規制緩和されたシステムを解読し，巧みに処理する知識，スキルそして人のつながりをより多くもっているのだ．規制緩和されればされるほど，非公式な手続きの可能性が多くなってくる．ミドルクラスはまた全体として，自分達の子供をこのシステムの中で上手く動かしていくことに長けているのだ」[32]．のちにさらに詳しく論じるが，階級と人種が交差し，その交差は複雑であるという理由から，そしてまた教育における市場化されたシステムがしばしば〈明確に〉「他者」への怖れという点で，自覚的あるいは無自覚的な存在理由をもっており，そしてしばしば教育政策を人種化する隠された表現であるという理由から，差異的な結果は「自然に」決定的に人種差別的なものであると同時に階級的なものとなるだろう[33]．

　経済資本と社会関係資本は様々な方法で文化資本に転化されうる．市場化計画においては，より豊かな親は自由になる時間をしばしば多くもっていて，複数の学校を訪問することができる．彼らは自家用車をもち，しばしばそれは一台以上であるが，離れている「より良い」学校に子供を通わせるために車で〈送り迎えができる〉．彼らはまた，キャンプとか放課後の様々なプログラム（ダンス，音楽，コンピュータ学習など）といった隠れた文化的資源を与えることができるし，与えている．これは，自分達の子供に，「自然な」そして一揃いの文化的資源として機能する「便宜」と「スタイル」を与える．彼らのこれまでの社会関係的かつ文化的資本のストック，つまり誰を知っているか，教育担当の役人と会うときに彼らが感じる「心地よさ」などといったものであるが，これは目には見えないが，しかし資源の強力な倉庫なのである．それゆえ，より豊かな親は，自分達自身の利益のために市場化された

形式を解読し利用できるために，非公式な知識とスキル——ブルデューがハビタスと呼んだもの[34]——をより多くもっている人々なのだ．「自信」と呼ぶことができるかもしれないこの感覚，それはそれ自身過去の選択の結果であり，暗黙のうちに，しかし強力に，経済的選択を行う能力を現にもっていたことを示す経済的資源に依存するものであるが，この感覚は，非公式な文化的ルールの組み合わせを通じて「システムを使う」ことと市場化された形式と交渉する彼らの能力を支える目に見えない資本である[35]．

もちろん，労働者階級，貧民，そして，あるいは移民の親はこの点についてスキルをもっていないわけではないということをいっておかなければならない．決してそんなことはないのだ．（結局，搾取され，抑圧されつつある物質的条件の下で生き残るためには，スキル，勇気，そして社会的かつ文化的資源をかなりもっていることが要求されるのだ．それゆえ，集団的繋がり，非公式のネットワーク，接触，そして制度を利用する能力がまったく，微妙に異なる，知的なそしてしばしば印象的な方法でここでは発展させられるのだ[36]．）しかしながら，学校で，また行為者として，歴史的な土台をもち，期待されているハビタスがより豊かな親達のハビタスと合致するということは，より豊かな親達に利用可能な物質的資源と組み合わされることで，経済的かつ社会関係的資本を成功裏に文化資本に転化することを通常導くのだ[37]．そして，このことがまさにイングランドその他で起こっていることなのだ．

学校の内部で起こっていることについての，そしてより広い権力関係についてのこれらの主張は，市場化されたモデルの全体的な結果についてのさらに最近の総合的分析によって支持されている．新自由主義と新保守主義の政策の間の緊張の効果，しかし依然として効果的な組み合わせに関する研究は，たとえば，合衆国，イングランドとウェールズ，オーストラリア，ニュージーランドといった幾つかの国々で起こっていることを比較しながら，国際的傾向を検討している．そういった国々では，この組み合わせがますます強力になってきている．これらの結果は，私がここで主張してきたことを確認している．そのような研究の最も重要な憂慮すべき発見の幾つかをここで詳しく述べよう．

学校改革の「成功」を測る尺度として最もよく使われているのは，残念ながら，標準化された業績テストである．これは端的に述べれば，適切な尺度ではないだろう．私達は，改革が全体として学校に対して，教師，生徒，経

営者，地域住民，地域の活動家などを含む関係者に対して，何をもたらしたのかということを常に問い続ける必要がある．市場化された「自己管理」の学校が多くの国で増え続け，学校長の役割が根本的に変わったことに関わるある一つの例を取り上げよう．管理構造の内部では現実には，より多くの――より少なくではない――権力が強化された．多くの時間とエネルギーが「良い学校」の一般的なイメージを維持しあるいは高めるために費やされ，教授とかカリキュラムといった問題に対して費やされる時間やエネルギーは減少した．同時に，教師は，自律性と専門主義の増大ではなく，労働強化を経験しつつあるようにみえる[38]．そして，奇妙にも，すでに記したように，学校それ自体がより〈似通って〉きているし，標準的で伝統的な一斉授業と，標準的で伝統的な（そしてしばしば単一文化の）カリキュラムをよりいっそう実践するようになった[39]．私達の注意をテストの点数だけに向わせることは，多くの真の深遠なる変化の幾つかを，そのうちの多くについてわれわれが不安に思うであろうような変化を，見過ごさせる．

　このより広い効果がしばしば生み出されている理由の一つは，あまりに多くの国々で，準市場の新自由主義的バージョンはたいてい，ナショナルカリキュラム，全国的基準，そして評価の全国的制度といったようなものを通じ，その内容と行動を規制しようとする新保守主義の圧力を伴っているからだということだ．この組み合わせは歴史的には一時的なことだ．すなわち，これら二つの強調が組み合わされることは絶対的に必要なことではない．しかし新自由主義は，弱い国家と市場への信仰の強調と強い国家と知識，価値そして身体の規制への関与とを確実に結合させるという特徴をもっている．

　このことは，「評価国家 (evaluative state)」と，そこに住みつこうとしている専門的経営主義的ミドルクラスのメンバーの増大しつつある権力から部分的には説明できる．このことは主要には相矛盾する傾向というようにみえるものが何であるかを意味している．国家はそれ自身が市場においてますます競争的になっている個人や自律的機関に権限を委譲しつつあるようにみえるが，それと同時に，国家は重要な領域では依然として強力なままである[40]．すでに主張したように，古典的リベラリズムと市場における「起業家的個人 (enterprising individuals)」への信仰と，新自由主義の現在進行中の改革との違いは，後者による規制国家の主張である．新自由主義は実際に「自分自身を企業にする」ということを恒常的に示す証拠を作り出し続けることを要求

する[41]．それゆえ，このような条件のもとで教育は，価値，手続き，ビジネスのメタファーが支配的であるパンや自動車のように，市場で売ることのできる商品となるだけでなく，その結果もまた標準化された「業績指標」へと還元されうるものになるのだ[42]．このことは，知識，価値，行動を標準化し，公式に「正統なもの」として定義すべきものとして特定化しようとする新保守主義の企てのためのメカニズムを提供するという課題に理想的なほど適しているのだ．この点については次節で詳しく述べよう．

　本質的に，私達は，国家が減少させることを約束してきたアクセスと結果における明白な不平等についての非難の鉾先を，国家自身から個々の学校，親，生徒に転嫁するプロセスを目撃している．このことは，もちろん，支配的な経済集団が自分達の過った判断から生じた大規模で不平等な結果に対する非難の鉾先を自分達から国家に転嫁するという，より大きなプロセスの一部でもある．国家はそれゆえ，正統性において，非常に現実的な危機に直面しているのだ．このことを前提とすれば，私達は国家がこの危機を自分の外部に輸出しようとしていることにまったく驚くべきではないのだ[43]．

　もちろん，国家は階級差別化するばかりでなく，本質的に，〈性／ジェンダー差別化〉し，〈人種差別化も〉するのだ[44]．このことはウィッティ，パワーそしてハルピン（Geoff Whitty, Sally Power and David Halpin）の論議において明らかである．彼らは，「男性的（masculinist）」ビジネスモデルがますます支配的になっていることから，学校経営が考え出される方法に見出されるジェンダー化された本質について指摘している[45]．これらの主張は還元的かつ本質化した議論へと後退させる危険をもつものではあるが，そこには鋭い洞察がある．彼らの議論は教育の内外の研究者の研究と一致している．これらの研究者は，公私についての私達の定義がいかになされるのか，何が最も価値がある知識としてみなされるのか，どの制度がいかにみなされ，経営されているかということについて，この社会のジェンダー化された本質を十全に含意しているということを認識している[46]．こういった広範囲なイデオロギー的効果，たとえば，新自由主義と新保守主義の連合が形成されることを許し，新ミドルクラスの経営主義の言説と実践を拡大し，理論，政策そして経営に関連する話を男性化することはかなり重要性をもつものであり，常識をもっと批判的な方向に変えることをもっと困難にしている．

　その他の，もっと卑近な学校内部での効果もまた同様に顕著である．たと

えば，校長は，こういった地方分権化されたと想定される学校では権力をより獲得したようにみられているが，新保守主義的政策に固く結び付けられているために，校長は「自分達の統制力を減少させる内容をもつ中央によって細かく規定されたカリキュラムにそって達成度を示してみせなければならないという立場にますます追いやられている」[47]．私がすでに指摘した労働強化によって，校長も教師もかなり厳しい労働強化とますますエスカレートするアカウンタビリティへの要求，終わることのない会合スケジュール，そして多くの場合，情緒的および物的資源がますます不足するといったことを経験している[48]．

さらに，イングランドで行われたある調査によれば，調査対象となった地域のほとんどで，市場は，カリキュラム，教授法，組織，顧客，さらにはイメージにおいて多様化を奨励〈しなかった〉．それは，その代わりに恒常的に代案の価値を下げ，支配的モデルの力を増大させた．同様に重要なことは，それは恒常的にアクセスと結果において，人種，民族，そして階級に基づいた差異を増大させていることである[49]．

「伝統主義」への回帰も幾つかの問題を引き起こしている．それは教授と学習のより批判的なモデルを〈脱正統化した〉．この点は，学校における文化闘争や批判教育学の可能性を考えようとする試みを認識するうえで決定的に重要である．それは，学校内部での再階層化を再導入し，脱能力別学級編成（de-tracking）が起こる可能性を減少させた．「能力ある」そして「優秀（fast track）」クラスの子供により強調点がおかれた．その一方で，学業的には劣るとみられる子供達は，それゆえ「魅力的ではない」とみなされた．イングランドでは，学校から排除される生徒の驚くべき数字以上にそれを顕著に表しているものはないだろう．この多くが恒常的に高い成績を示さなければならないというかなりのプレッシャーから生じている．これはとくに「主要な推進力が〈教育的〉であるよりは〈商業的〉であるようにみえる」[50] 市場化された文脈では強力である．

こういった憂慮すべきことともっと隠された結果についての分析において，ウィッティ，パワーとハルピンそしてその他の者達は，準市場の危険な効果とは，学校が自分達の市場における地位を維持し，あるいは高めたいと望む場合には，ある特別な特質をもつある〈特別の〉種類の生徒を受け入れようとし，特別な種類の生徒を常に探すという「上澄み取り（cream-skimming）」

に明け暮れることだということを描き出している．幾つかの学校にとって，少女あるいは幾つかのアジア地域出身の生徒は価値が高いといったステレオタイプが再生産されている．この状況ではアフリカ系カリブ出身の子供達はしばしば損をすることになる[51]．

　イングランドにかなり焦点をあててきた．だが，私が導入部分で問題点を指摘してきたように，これらの動きは明らかに地球規模のものである．彼らのロジックは，私がここまでかなり論じてきたことを映し出す傾向をもつ結果を伴って，多くの国に急速に広がっている．ニュージーランドの事例がここでは役立つ．とくにニュージーランドの国民の多くが多民族であり，そしてこの国は人種間の緊張と不平等という歴史をもっているからだ．それ以上に，ニューライトの政策への方向転換がその他の地域以上に急速に進んでいるからである．本質的に，ニュージーランドは私が分析している政策の多くにとって実験室となっている．ピエール・ブルデューに影響を受けた概念的道具に大部分依拠した一つの素晴らしい研究において，ローダーとヒューズ (Hugh Lauder and David Hughes) は，教育市場は最終的には教育水準の低下を導くようにみえると報告している．逆説的にそれらは，生徒の大多数が労働者階級とマイノリティであるような学校の業績に対しては，否定的な，肯定的ではない効果をもたらす．本質的にそれらは，「より不利にいる子供達の機会をすでに特権的な子供達の機会と交換させてしまう」[52]．新自由主義の市場化政策と新保守主義の「より難易度の高い水準」の強調との組み合わせについては，次節でもっと展開するが，さらにもっと危険な条件を生み出す．ローダーとヒューズの分析は，ボール，ブラウン (Phillips Brown) その他の概念的かつ経験的議論を追認する．それは，教育における市場は，国家の領域と公的統制の領域双方を縮小する資本による応答だけではない．それらはまた，自分達の子供が直面する増大しつつある不安定さという事態の中で，教育における競争ルールを変更したいというミドルクラスによる試みの一部でもあるのだ．「学校の選抜過程を変えることによって，ミドルクラスの親達は，教育の機会均等をめぐる自分達の闘争において，ブルーカラーと旧植民地の人々を排除するためのより強力なメカニズムを作り出し，分け前を多くすることができる」[53]．

　ニュージーランドからえられた結果は，他のところでもみられるものを映し出しているだけではない．市場化の原則に具体化された行為の論理に従っ

て実践すればするほど，そうした悪化した状況に陥りやすくなるということを示しているのだ．市場は，〈組織的に〉社会経済的地位（socioeconomic status：SES）のより高い家庭を，彼らの知識と物的資源を通じて特権化する．これらは選択を最も行使するような家庭である．労働者階級，貧民，あるいは有色の大多数の生徒に対してそこを抜け出す能力を与えるよりも，それは多民族の生徒のいる学校や公立学校から退出する能力を高いSESをもつ家庭に対して与えるのだ．激しくなった競争という状況のもと，このことは翻って，貧しい生徒や有色の生徒が多く通う学校が，ここでもまた組織的に不利になり，高度のSESをもつ家庭と白人の生徒が多い学校は，市場の競争力の効果から免れることができるという衰退のスパイラルを作り出す[54]．「ホワイト・フライト（白人の逃避）」は，それゆえ，大部分は経済力によってすでに優位にある学校の相対的地位を引き上げる．「他者」のための学校教育は，さらに両極化され，下降線を辿り続けるのだ[55]．

　しかしながら，こういいながらも私達は，歴史的特殊性を無視しないよう注意を払うべきである．市民社会における社会的運動，現存するイデオロギー的形成，制度，そして国家は，対抗的論理に対して幾らかの支援を提供するかもしれない．幾つかの事例で，社会民主主義的政策と集団的積極的自由のより強い，そしてより長い歴史を有しているような国では，市場を強調する新自由主義的イニシアチブは相当，中和されてきている．それゆえ，ペーター・オーセン（Petter Aasen）が報告しているように，ノルウェーとスウェーデンでは，たとえば，合衆国，イングランド，ニュージーランドよりも，教育における私事化のイニシアチブは，より大きな集団的関与と協調しなければならなかったのだ[56]．しかしながら，こういった関与は階級関係に部分的には依存している．それは，人種のダイナミクスが加わったときに弱められた．それゆえ，たとえば，「人々は皆同じ」といった感覚とか，人々はすべて同じ集団的感覚にしたがうであろうといったような感覚は，アフリカ，アジアそして中東からの移民人口が増大したときに挑戦を受けた．市場化された様式へのより大きな共感は，たとえばかつてはノルウェー的とかスウェーデン的といったときに普通理解されていた仮説のようなものが，いまや市民権（national citizenship）を要求する有色の人々によって妨害されてきたときに一気に高まるのかもしれない．この理由から，市場主導ではない政策の支持を提供する集団的感覚は，国民的「想像の共同体」のイデオロギー的土

台を支えている無自覚の〈人種的契約〉に基づいているという事例なのかもしれない57)．このことは，それゆえ，「永続的な応答性」に関与する新自由主義という理由からではなく，むしろ，「私達はかつて皆一体だった」という想像された過去を再び作り上げる方法としての文化的復古の一形式として，新保守主義的政策に対する支持を生み出しているのかもしれない．こういった理由から，保守的現代化をめぐる昨今の諸力の働きについてのいかなる分析においても，そのような運動が常に動いていることだけではなく，ここでもまた，私達はそれらが階級だけでなく，人種とジェンダーを含む複数の交差し，かつ相矛盾するダイナミクスを内包しているということを思い出すことが必要だということだ58)．

　私が依拠するデータのほとんどが合衆国以外の学派からのものであるが，それらは，私達の進んでいる道を行き止まりにさせるべきものであり，私達が同様の政策を歩み続けたいかどうかについて，深刻に考えさせる幾つかの考察を提供している．合衆国では依然として，この主題に関する討論がほとんど中心となっている．たとえば，合衆国とイングランドにおけるチャータースクールとそれに類似した学校が，批判的精査の対象とされている．双方において，私達はそれらを誇張しないように注意深くなければならないが，これらの学校は相対的に特権的な地域で生活し，働いている親を惹き付ける傾向にある．ここでもまた，「チャブとモーによって『敗者』と特定化されている人々よりも，むしろすでに有利にいる人々によって，こういった新しい機会が植民地化されているということが明らかであろう」59)．

　この過程において，この批判的研究は，学校の有効性に関する調査の提唱者と，新自由主義的「改革」に関与している人々との間に隠れた類似性があることを示唆している．両者共に，貧困，政治的権力かつ経済力などといった学校に外在的な特徴が，「効果的学校」であることを保証するものとしてみなされている組織上の特色とか特徴といったものよりも，学校の業績のばらつきに常に影響を与えているという事実を無視しがちである60)．

　全体としての結論は明らかである．「現在の状況において，選択は，教育の機会を改善し，最終的には学校教育の質を改善するとされるのと同時に，学校の序列化もまた強制するのだ」61)．ウィッティ，パワー，そしてハルピンは，「選択」プログラムの登場の中に，ポストモダン的差異の称揚を目撃していると信じている人々に対抗する議論を展開している．

社会的に不利な立場におかれている人々に利益をもたらすのではなく，親の選択と学校の自律性の強調は，市場において競争するのに最も不利な人々をさらに不利にするということを示す経験的な証拠がますます集まってきている．もっとも不利な集団にとって，序列化された学校の中で底辺層の学校から逃げ出したわずかばかりの個人とは反対に，この新しい施策は，異なる学校のタイプとそこに通う人々の間に存在する伝統的な区別を再生産する，まさにより洗練された方法のようにみえる[62]．

　この批判的情報のすべてが，前章で引用したヘーニックによる洞察力に優れた議論をここで繰り返すことには理由があることを示している．すなわち，「現在進行している教育改革運動の悲しい皮肉は，市場に基礎をおくアイデアに根ざす学校選択の提案に過度に結び付くことによって，社会の問題を扱うようなラディカルな改革を考慮する健全な推進力が，集団的討議と集団的対応のための潜在的可能性をさらに侵食するようなイニシアチブへとつなげられてしまうかもしれないということである」[63]．
　このことは，学校改革の可能性あるいは必要性を否定することではない．しかしながら，私達は，次のような可能性を真剣に考える必要がある．すなわち，単に「成功した学校の」組織的特色だけをみるのではなく，外因性の社会経済的特色に焦点をあてることによってのみ，すべての学校が成功することができるということだ．より大きな所得上の平等を通じて貧困を除去すること，効果的でよりよい医療と住宅プログラムを作ること，多くの国（そこではある部分，市場化計画は，「他者」の肉体と文化を拒否する構造としてみられる必要がある）における日常生活を依然として明らかに特徴づけている人種差別による排除と（彼らを）低く貶めさせる隠れた，あるいはそれほど隠されてはいない政策を拒否すること，こういった問題すべてに一度に取り組むことによってのみ，実質的な前進が可能となる[64]．批判教育学の討論がそれ自身，こういった現実を認識することから始まらなければ，この理論もまた，学校が単独でこういったことを実現することができると仮定する罠にはまるかもしれない．
　こういった経験的発見は，今日の社会移動戦略の一部としての文化資本に与えられている相対的比重についてのピエール・ブルデューの分析において，

さらに理解可能となる65)．文化資本の重要性の増大は，階級的特権の〈直接的〉再生産（そこでは権力は，経済的財産を通じて，ほとんど家族間で伝達される）から，階級的特権の〈学校によって媒介された〉様式への移行という関連した動きが存在しているという意味で，すべての制度に浸透しつつある．ここでは，「特権の相続は，教育制度の斡旋によって，実施され，同時に変形される」66)．このことは，〈陰謀ではない〉．すなわちこれは，私達が通常使うこの言葉の概念としての「陰謀」ではない．むしろそれは，学校選択の世界を含めて，私達が世界をみる各自の見方を形成するとき，日常レベルで動いている差異的に蓄積されてきた経済的，社会関係的，文化的資本の間の相対的に自律化した関係の長くつながった鎖の結果なのである．

それゆえ，頑固な決定主義的立場をとることなしに，階級のハビタスはそれ自身の再生産の条件を「無意識に」再生産する傾向があると，ブルデューは論じているのだ．それは，自然で無自覚であると思われる相対的に首尾一貫した一揃いの体系的な〈特徴的な〉戦略を生産することによって行われる．それらは，本質的に，権力の社会的領域において自分の地位を守ったり，高めたりするために使うことができる，そして現に使われる文化資本の様式として機能する世界を理解し，世界に働きかける方法である．彼は階級を特徴づけるハビタスのこの類似性を，適切にも「手書き（hand-writing）」において比較している．

> まさに獲得された性質として，私達が「手書き」と呼ぶ文字を書く特定の方法は，文字が書かれた場所（紙に書かれたか，黒板に書かれたか），大きさや印刷物，色が異なっているにも拘わらず，そして，文字を書く道具（鉛筆，ペンあるいは白墨），すなわち書くのに必要な道具の差異に拘わらず，常に同じ「文字」，すなわち図形的な線を生産する．この「手書き」は，スタイルとか家族内での類似性の密接な関係を直ちに理解可能とするものである．単独のエージェントの実践は，あるいはもっと広くいえば同様のハビタスによって授けられたすべてのエージェントの実践は，それぞれを他者に対するメタファーとするスタイルの密接な関係を，同じ図式の知覚，思想，そして行動の異なる領域で適用した結果産み出されたものであるという事実に負うものである67)．

権力の様々な領域を越えてのハビタスのまさにこういったつながり——経済的，社会関係的，文化的資源を「市場」に持ち込むことがたやすくできること——が，ここではミドルクラスの行為者として特徴づけられる自己と市場との快適さを可能とするのだ．これは常に差異化の効果を〈生産する〉．これらの効果は，新自由主義の提唱者がどのように示唆しようと，中立ではない．むしろそれらはそれら自身ある特別な種類の道徳性の結果なのである．共通善の原則が政策と実践を調停する倫理的基礎であるような，「豊かな道徳性」と呼ばれるのが最適であるような条件とは違って，市場は集合的な原理に基づいている．それらは個人の善と選択の総和から構成される．「交換を通じた相互依存の問題を取り扱うことを市民に可能とさせる個人および財産に関する権利に基づき」，それらは競争的個人主義に基づく序列と分断をともに産み出すことによって「貧しい道徳性」の主要な事例を提供する[68]．そしてこの競争において，勝者と敗者の一般的な概観が経験的に〈特定化されつつある〉．

全国的標準，ナショナルカリキュラム，そしてナショナルテスト

前節で示したことは，新自由主義的改革において作用している，少なくとも二つのダイナミクス——すなわち「自由」市場と増加しつつある監視——の間には関係があるということである．このことは，多くの文脈で，市場化は「生産者」，教育内部で専門的に働いている人々に対する一揃いの特定の政策を伴っているという事実にみることができる．これらの政策は，強力な規制力をもち，常識を再構築することにおいてまったく道具的なものである．ナショナルテストとリーグテーブルとして公刊されるような業績指標との関連の場合にみられるように，それらは外部の監督，規制，業績の外部判断[69]の主要な関心にしたがって組織化されてきた．そして「適切な」経済的，社会関係的，そして文化的資本としてみなされているものを所有する親によってますます植民地化されてきている．外部の監督と規制の関心事となることは，「生産者」(すなわち教師)に対する強い不信と自分達自身で起業して行く (enterprise) ことを人々に保証する必要性と関連しているばかりではない．それはまた，失われた過去の高い水準，規律，畏怖，そして「リアルな」知識への「回帰」を必要とする新保守主義的感覚と，経営技術

と効率性への自らの関与のために国家内部で権威をもつ範囲を切り開くための専門的ミドルクラスの能力双方に明らかにつながっている．効率的な経営に焦点をあてることが，ここでは主要な役割を果たす．それは，多くの新自由主義者と新保守主義者が同様に役立つと思っているものだ．

　国家と「専門職」の間の関係において一つのシフトが生じている．本質的には，ますます市場のニーズによって導かれるこの小さな強力な国家への動きは，専門職の権力と地位の引き下げを必然的にもたらすようにみえる[70]．経営主義がここでは舞台中央を占めている．経営主義は「専門家を顧客のニーズと外部の判断にもっと応答的にするために専門職としてのアイデンティティを変える文化的変容をもたらす」ことを主として命じる．これは専門的実践において，根本的な変容を正当化し，人々にそれを内面化させることを目的としている．それはエネルギーを利用し，反対を思いとどまらせる[71]．

　市場化の一般的な組み合わせと利害と過程の規制緩和——バウチャーと選択プランのような——と，ますます規制化されたプロセスの組み合わせ——全国的あるいは州の標準，カリキュラム，テストといったような——との間に必然的な矛盾は存在しない[72]．規制の様式は国家に対して，市場メカニズム内部での教育の目的とプロセスに関する「舵取り」を維持することを許すものである[73]．そのような「離れたところからの舵取り」は，しばしば，全国的標準，ナショナルカリキュラム，そしてナショナルテストといった様なものを伴う．これらすべてのものが，合衆国では，全国的そして州レベルで最近推進されつつあり，かなり多くの論争の焦点となっている．それらのうちの幾つかは，イデオロギー的違いを越え，保守的現代化の傘下をなす異なる構成要素内部での緊張の存在を表している．

　ナショナルカリキュラムととくにナショナルテストプログラムは，逆説的に，増大化された市場化に向けた第一の，そして最も本質的な一歩であると論じられてきた．それらは実際に，「消費者」が市場を市場として機能させるために必要な比較用データのためのメカニズムを提供する[74]．これらのメカニズムなしには，「選択」のための情報の比較を可能とする基礎がない．さらに私達は，これらの規制が真空の中で作られたと論じてはならない．私が前節で論じた新自由主義的市場と同様に，それらもまたイングランドで制度化されたものだ．そして，再び，この道を進むことについて，私達を十分に注意深くさせてくれる，あるいはそうでなければならないと教えてくれる

重要な研究が存在する．

　全国的あるいは州レベルの標準，全国的あるいは州レベルのカリキュラム，全国的あるいは州レベルのテストという組み合わせが豊かな道徳性のための条件を与えるだろうと主張したい人がいるかもしれない．結局，そのような規制の改革は，関心ある共通問題が論議され，道徳的審問の対象とされる社会的空間もまた作り出す共有された価値と共通の感情に基づいていると想定される[75]．しかし，何が「共通」なものとみなされ，いかに，そして誰によって実際に決められるのかという点では，むしろ豊かなものであるというよりは貧しいものとなるだろう．

　いまやイングランドとウェールズで確固とした地位を確立したナショナルカリキュラムは明らかに法律によって命令されたものであるが，それが常にしばしばそうであるように作られたはずの拘束力をもつことを証明するものとはならない．何人かの研究者が報告しているように，政策と法的強制力を伴う命令は解釈され，適用されるということが可能であるばかりでなく，そうならざるをえないようにみえる．それゆえ，ナショナルカリキュラムは，学校において，「履行された」ものとしてというよりは「再生」されたものとして，「再生産された」ものとしてというよりは「生産された」ものとなる[76]．

　一般に，政策形成，分配，そして履行の単純な直線的モデルというものはないことは，ほとんど，自明の理である．複雑な仲裁が常に，過程のそれぞれのレベルで生じる．複雑な政策は，政策の形成において，個々の集団内部，あるいは集団と外部の諸力とのやり取りの中で進むし，実践のレベルでのその受容の中で進む[77]．それゆえ，国家はカリキュラム，評価，あるいは政策（これら自身も葛藤，妥協そして政治的マヌーバーによって生産される）における変化を正統化するであろうが，政策立案者とカリキュラム立案者はそれらのテキストの意味と解釈を統制することはできないであろう．すべてのテキストは「穴だらけの（leaky）」文書である．それらはプロセスのあらゆる段階で「再文脈化」の対象となっている[78]．

　しかしながら，この一般的原則は，少しロマンティックすぎるかもしれない．このうちのどれもそれが実際に機能する場では生じていない．市場計画と同様に，人が政策あるいは規制のプロセスに影響を与え，仲裁し，変容させる，あるいはそれを拒否する能力における現実的な差異が存在する．そう

だとしても,「国家統制モデル」——トップダウンの直線型という想定の下——というのはあまりにも単純すぎるということ,また人による代理人（エージェンシー）と影響力という可能性が常にそこにあるということを認識することは重要である．しかし,こういったからといって,それはこういった代理人と影響力が強力となるはずだということを含意すべきではない[79]．

　イングランドとウェールズのナショナルカリキュラムとナショナルテストの事例は,これら二つの間には緊張があることを明らかにしている．ナショナルカリキュラムが最初に法制化され,課せられたが,これをめぐっては実際闘争があった．最初のものはあまりにも細かく規定され,あまりにも特定化され,それゆえ,全国レベル,地域レベル,学校レベル,そして教室レベルで主に変容される対象となった．しかしながら,ナショナルカリキュラムが,葛藤,仲裁の対象であり,その内容と組織を幾らか変容させ,評価の形式が干渉的で非常に時間を消費させるものであったにも拘わらず,その完全な権力は,知識の選択,組織化,そして評価の過程そのものをラディカルに再結合した点に明確に現れている．これは教育の地勢の全領域をラディカルに変えた．その教科区分は「自由裁量の範囲よりももっと強い束縛を与える」ものであった．この法的に命令された「標準到達目標」は,これらの束縛を現実にするものであった．「ナショナルテストの強制は,いかに教師がそれを避けたり,再編したりする機会をみつけようが,教師の仕事を規定する支配的な枠組みとして,ナショナルカリキュラムをその場に釘づけにしたのだ」[80]．

　それゆえ,教育の世界が複雑で複数の影響をもっているということを述べるだけでは十分ではない．いかなる真剣な分析の目的もこのような全体として漠然とした結論以上のものとなるべきだ．むしろ,私達は「世界における影響の程度」を,そこに含まれる諸要素の相対的な効能を測るために,識別する必要がある．だから,いまやイングランドとウェールズに存在しているナショナルカリキュラムとナショナルテストが,諸力とその影響の複雑な相互作用の結果として行われつつあるということも明らかであるが,「国家統制が支配的である」ということもまた同様に明らかなのである[81]．

　ナショナルカリキュラムとナショナルテストは,問題となっているものをめぐって葛藤を〈生じさせた〉．それらは問われるべき道徳的問題について,社会からの発言の余地を部分的に作り出したのである．（もちろん,こうい

った道徳的問題は，無産の人々によってすべて問い質されてきたのである.）それゆえ，多くの人々にとって，記憶と脱文脈化された抽象物を強調する強制的なそして数字還元的なテストは，ナショナルカリキュラムを，ある特定の方向に引っ張って行くということは明らかであった．すなわち，豊富な資源をもつエリート校とエリート生徒が（わずかであっても）良く処遇されるであろうような選抜的教育市場を奨励するといった方向である[82]．多様な集団がこのような数字還元的な，詳細なそして単純化されたペーパーテストは「多大なるダメージを与える可能性がある」と論じている．そのような状況はさらに悪くなりそうだった．なぜなら，テストは時間と記録をつけるという意味において繁雑なものであったから．教師は集団として，公的な抗議行動としては注目すべき行動であったが，テストの施行をボイコットすると決定したとき，多くの支援を受けた．このことは，独断的で，柔軟性を欠き，そして全体的に規定化されたナショナルカリキュラムについての根本的な問いを導いた．カリキュラムが依然として昔から問題であり，評価制度が依然として多くの危険性とやっかいな要素を抱え込んでいる一方，それに反対する組織化された行動は，衝撃的であった[83]．

しかし，不幸なことに，この物語はここで終わらなかった．1990年代半ばまでに，政府は，一定の数字還元的テストのプログラムという規制された様式を部分的に改定したのではあるが，その年までに伝統的教授法と一層の厳格な選抜というアイデアにイデオロギー的に関与してきた人々によって，テストの開発と内容の特定化が「ハイジャック」されたことがより明確となった[84]．残った効果は実質的そしてイデオロギー的なものであった．それらは「多くの教師からみられなくなった熱意，この種のテストにおいてテスト可能なものによってのみ判断される進歩」，そして「公共サービスから専門家の統制を取り除き，いわゆる消費者の統制を市場構造を通じて確立させる政策のより大きな推進力の一部」としてみなされていた「教師のアカウンタビリティについての強い敵意をもった見解」[85]の発展を提供しようと試みる継続的な強調を含んでいる．

イングランドとウェールズで制度化された最近の評価プログラムについて，かなり詳しく検討したレビューを書いた人々は，何が起こっているのかについての要約を提供している．ギップスとマーフィー（Caroline Gipps and Patricia Murphy）は，ナショナルカリキュラムに付随する全国的評価プログ

ラムが，伝統的なテストモデルとその背景にある教授と学習についての仮定によって，ますます支配されつつあることがさらにはっきりとしてきたと，論じている．同時に，公正の問題がさらにみえにくくなってきている．規制国家において価値の入り組んだシステムの下で，効率性，スピード，経費管理が，社会的そして教育的正義といったより本質的な関心と置き換えられた．テストを急速に位置づけようとする圧力は，「テスト開発のスピードは非常に早く，カリキュラムと評価は規則的に変更されるので，テストがすべての人々にとって公正なものとして可能であることを保証するための詳細な分析や試行に割く時間がほとんどない」[86]ということを意味している．これらとまさに同じ効果が，合衆国の主要都市どこででもみられる．「貧しい道徳性」の条件——そこでは市場における競争的個人が支配的で，社会正義はいかにしてもそれ自身で面倒をみなければならなくなっている——が，ここでも再生産されている．新自由主義的市場と規制国家の組み合わせは，それゆえ，実際に「機能している」．しかしながらそれは，自由市場，メリット，そして努力のメタファーが，それが作り出す差異化される現実を隠す方法で機能しているのだ．一方において，このことは社会的にかつ文化的に批判教育学をいままで以上に根本的なものとするが，他方において，それを現実に達成させることをいままで以上に困難とする．

　知識と政策（「テキスト」）が一つの闘技場から次の闘技場へと動く一般的原則に関するバジル・バーンシュタイン（Basil Bernstein）の議論は，このことを理解するうえで役に立つ．バーンシュタインが指摘しているように，教育の変化について語るとき，私達は三つの領域に関心を払わなければならない．各領域はアクセス，規則，特権，そして特別利害に関してそれ独自のルールを有している．第一の領域は「生産」で，そこでは新しい知識が構築される．第二の領域は「再生産」で，そこでは教授法とカリキュラムが現に学校で実施される．そしてこれら二つの間に，第三の領域，「再文脈化」の領域があり，そこでは，生産の領域からの言説が適切なものであれば，教授法の言説と勧告へと変容させられる[87]．この教育過程のための知識の適切化と再文脈化はそれ自身二つの原則の組み合わせによって統治される．第一のもの，すなわち取り出し（delocation）は，生産の領域からの知識と言説については常に適切なものを〈選抜する〉ということを含意している．第二のもの，すなわち再配置（relocation）は，生産の領域から知識と言説が取り出され，

再文脈化の領域に持ち込まれたときに，多様な専門化された諸利害，およびあるいはまた，政治的諸利害が葛藤することで再文脈化の領域を構造化するがゆえに，イデオロギー的変容が起こるという事実をさしている[88]．

これについての格好の事例は，ギップスとマーフィーのナショナルカリキュラムとナショナルテストに関するここ数年間のダイナミクスについての彼らの分析の中で紹介されているものであるが，イングランドで，体育の法定ナショナルカリキュラムの内容と組織をめぐって争われ，最終的に決定されたそのプロセスの中に見出せる．この事例の場合，体育の専門家とそれ以外の専門家，公立と私立の校長，有名な運動選手，そしてビジネス界の指導者（しかし教師は一人もいない）から，作業部会が構成された．

この集団で確認されたもともとのカリキュラム方針は，相対的に，教育的にもイデオロギー的にも混合されたものであり，体育の分野での知識の生産の領域を考慮したものであった．すなわち，大学からの専門化されたより学術的な見解とともに批判的かつ進歩的要素と，保守的復古主義の要素を内容としていた．しかしながら，これらの政策が報告から勧告へ，そして勧告から実践へと進んだとき，それらはより復古的原則に急速に近づいていったのである．効率，基礎的スキル，そして業績テスト，身体への社会統制，競争的基準といったことの強調が最終的には勝利したのである．すでに論じた，市場に囚われたミドルクラスと同様に，これもまた，陰謀ではなかった．むしろ，それは「決定の過剰（overdetermination）」プロセスの結果なのだ．すなわち，それは規範の押し付けの結果ではなく，再文脈化の領域における利害の組み合わせなのだ．すなわち，公的支出が厳しい精査の下におかれ，経費節約がどこでも追求されるといった経済的文脈．また，「お飾り」に反対し，勧告内容の選択（「専門的学者」からは進んでは絶対に〈提出されなかった〉保守的な勧告）のみ実行するようにと常に介入する政府の役人．また，体育教育に対する批判的，進歩的あるいは児童中心的アプローチに対するイデオロギー的攻撃．そして，「実用的であれ」とする優勢な言説．これらは再文脈化の領域から連れ立って現れ，保守的原則が政策と法律の中に再び書き込まれるであろうこと，そして批判的な様式はあまりにもイデオロギー的で，あまりにも費用がかかり，あるいはあまりにも非実践的だとみなされることを実際上，確信させるのを助けたのである[89]．「標準」が支持された．批判的な声には耳が傾けられたが，最終的には何も受け入れられなかった．

競争的な業績の基準が中央で設定され，規制力をもって実施された．規制力は，市場と同様に市場と同じ方法である特定の特権的集団に奉仕する．体育教育の事例がこのようなものであるとすれば，それよりも高い地位を与えられ，分け前もまた多そうに思われるようなカリキュラムの領域で何が起こっているか，また何が起こるだろうかということを予言することは困難なことではない．

しかし，私達の議論をこのような抽象的なレベルで終わらせないこと，あるいは，カリキュラムを計画するレベルで終わらせないことが重要である．合衆国やその他の地域の学校内部では，そのような「実用的な」水準，カリキュラムそしてテストが現に制度化されたならば実際に何が起こるであろうか？

教育的優先順位をつけること

合衆国で行われている分析は，ここでも似たような類いの効果を報告し始めてきている[90]．しかしながら不幸なことに，市場，水準，テスト，そしてアカウンタビリティの数字還元的形式をめぐる相対的に無反省な，そして時々自画自賛的な政策が支配的であることが，まさにここで起こっている．そう，支配的なのだ．たとえば，この種の政策と実践の隠れた結果についてのジニー・オークス（Jeannie Oakes），エイミー・スチュワート・ウェルズ（Amy Stuart Wells），ポーリン・リップマン（Pauline Lipman），メアリー・リー・スミス（Mary Lee Smith）その他の人々によってなされた例外的な研究があり，またカリキュラム，教授そして評価のもっと民主的な，もっと批判的なモデルを使うことによって成功した合衆国の都市部と地方部の効果的な学校の数限りない成功例が存在するという事実があるとしても[91]，あたかも保守的現代化の波に抗して人々は常に泳ぎまわらなければならないと感じられるのだ[92]．

このような状態を前提とすれば，より高い水準，より高い点数の強調が学校の現実と学校が奉仕する多様な人々の現実の双方に打撃を与えるような状況において，何が起こりうるのかということを証明する物的根拠にもっと注意を払うことがより重要になってくる．デビッド・ギルボンとデボラ・ユーデル（David Gillborn and Deborah Youdells）の『教育の配給』*Rationing Education* は，まさにそれを扱っている本だ[93]．上昇し続ける基準，強制的

なカリキュラム，そして到達度テストの過度の強調を伴う一見魅力的な内容が教師と生徒に与える強力な，かつときには打撃的な効果について，より詳細にこの本は述べている．

　同書は合衆国ではミドルスクールと中等教育学校にあたるイングランドの学校についての詳しい調査に依拠している．それは，昨今合衆国でも実施されつつある政策の明白な，そして隠れた効果について詳しく述べている．そこには，学校と地域に対してどのような支援があるのか，あるいは学校と地域にどのような条件が与えられているのか，こういったことにまったく関係なく，標準化されたテストでの得点を常に上げていくという圧力を学校にかけながら，現実的には恥と呼ばれそうなプロセスから生じるそのような結果を公に示し，このようなテストで「改善」がみられなかった学校に対しては厳格な罰を与えたり，学校の管理権を奪ったりするという脅しを学校にかけたりしながら，教師がテストを支配するのではなく，一発主義の大ばくちのテストが教師を支配するという「転倒した」状況が作り出されるといったことも含まれている．

　もちろん，成績の悪い学校もあるし，学校でのあまり効果のない実践もある．しかしながら，教育を，しばしば不十分な尺度であり，しばしば比較という目的のために技術的にも教育的にも不適切なやり方で利用される点数へと還元してしまうことは，幾つかの深刻な結果をもたらす．このような結果が，ギルボンとユーデルが伝える物語の文脈をなしている．

　多くの意味で，『教育の配給』は，学校生活のミクロ経済とでも呼べるものについて述べている．それは稀少資源をめぐって激しい競争が起こっているときに，学校によってある特定の価値ある商品が蓄積される方法を検討している．この場合，商品とは高い得点であり，資源とは生徒数とこの学校が「良い学校」であるという世間一般の評価の両方である．著者達はこのことを表現するために，「A–C経済」と名付けている．

　イングランドにおいて，合衆国と同様に，学校はまさに序列化された順位，市場，威信と評判の中に存在している．それらは，特定の全国テストで合格する点数がとれた生徒の数によって価値付けされる．全国的テストは，相対的結果にしたがって学校が順位付けされた「リーグテーブル」という形で公表される．AからCまでの評価を受けた生徒数の多い学校は，そうした生徒数がより少ない学校よりも，高く評価される．たとえ，学校の成績と貧困と

が非常に強い関連性があることをすべての人が暗黙のうちに理解しているとしても．（私達は再び，合衆国では，たとえば，貧困は，いかなるほかの学校改革よりも，学校の成績における〈非常に〉大きなばらつきを説明することを思い出す必要がある．）

これは単純であり驚くことではない．しかしながら，この状況は，ある特定の特質をもつ経済を作り出す．高い点をとると予想される生徒はますます高い価値をもつ．低い点をとると予想される生徒は，市場における学校の地位を高めるためにはあまり役に立たないように思われる．これもまた，驚くことではない．そのような経済の結果はしかしながら，強力である．もう一つ別の鍵となる生徒集団が焦点となる．彼らに対してはかなりの資源とエネルギーと注意が払われる．彼らはちょうど合否の線上に位置している．こういった生徒は，ミドルクラスの「成績不振者」としばしばみなされるが，学校において非常に価値ある対象となる．結局，もしこの鍵的集団を，合否の境界線を越えて，A-Cの評価を獲得できるようにすることができたら，学校の結果は非常に肯定的なものとなる．

線上にいる生徒にますます焦点をあてていくことは悪いことであろうか．この点についてはギルボンとユーデルの結果は不吉なものとなっている．このようなA-C経済では特定の生徒の能力は可変的と捉えられている．その他の生徒の能力はますます固定化したもの，注意を払うに値しないものとしてみなされている．これら後者の生徒の人種と階級の特徴が決定的である．貧しい労働者階級の生徒，アフリカ系出身の生徒，そしてその他の民族的に「異なる」生徒は，この種の市場では価値ある商品とはみなされない．ジェンダーの分断は，ギルボンとヨーデルの研究対象となった学校内部ではそれ程顕著ではないにしても，人種差別化され，階級に基礎をおく構造に深く根ざす分断が，単純に学校内部に反映されていたのではない．それらは現にこのような制度で〈作り出されたのである〉．

それゆえ，水準を上げ，テストの点数を上げ，公的なアカウンタビリティを保証し，学校をもっと競争的にするために導入された政策は，これら同じような学校ですでに最も不利におかれてきた生徒達に対してダメージを与える以上のことはしなかった．さらにこういった否定的な効果を目撃してきたのはこれら生徒だけではなかった．教師と管理者の声も，彼らの身の上に何が起こっているのかということについて示している．どの生徒が「できる」

生徒で，どの生徒がそうでないかという彼らの判断力が，ますます確固としたものとなりつつある．能力別編成が明白に，あるいは密かに戻りつつある．そして，ここでもまた，黒人の生徒と政府の給食費補助金の対象となっている生徒は，こういった能力別編成やあるいは学術的，そして職業的指導のコース分けにおいて，限定的な，あるいはまったく移動の可能性は皆無であるとか，「価値のない」生徒であるという地位が確認されるような場所にほとんどの場合押し込められる．

　同様に，ここで注記しておくべき重要なことがある．それはA-C経済において，価値があるとみなされる生徒を選抜するために働く特別な方法があるということだ．しばしば，行動とテストの点数がまったく同じような生徒でも，学校においてはまさに異なるキャリアを有している．それゆえ，ある黒人の生徒とある白人の生徒が，たとえば，合否の線上にいた場合，黒人の生徒は追加的注意を払われるという利益を享受することはないだろう．このような状況は，あまりにもしばしば，能力に関して暗黙に作用している見方によって特徴づけられる．その見方とは，黒人生徒の成績の「問題」についての長く続いた言説と，とくに，黒人と白人の間の平均的知性についての遺伝的差異に関する科学的であると想定された（そして究極的には人種差別的であり，経験的には非常に問題をもつ）「調査」によって再びますます目に見えるようになってきたことによって，さらに確固としたものとなりつつある見方である．注記したように，信頼できるほどの遺伝学者がこのような主張をしたわけではないし，このような理論は何回も否定されてきた[94]．資源が稀少で，圧力が強まる中，学校に対する判断を下す私達の常識の中にこれらが再び入り込んできたという事実は，教育者が大多数の生徒を扱う際に実用的であろうとする自分達の試みに無自覚に利用する仮定の中に，いかにこのような先入観が深く入り込んでいるのかということを示している．

　先の研究が明らかに示しているように，生徒はこういった傾向の中では受け身ではない．事実，ギルボンとユーデルが示すように，生徒は「解釈し，質問し，ときには抵抗する」．しかし，「抵抗の範囲は厳重に制限されており，生徒は明らかに若い人々が自ら積極的な役割を果たすことがほとんどない数多くの組織的，かつ規律的言説の対象として位置づけられる」[95]．おそらく同書の最も強力なメッセージのうちの一つであろうと思われるメッセージにおいて，著者達は，この過程すべての効果を要約して，以下のように述べて

いる.「成績を上げる目的で採用された選抜と監視の過程が, あまりにもしばしば生徒の権利を剥奪し, 動機を奪うものとして経験されてきたということは悲惨な皮肉である」[96]. こういった経験は, 公正に扱われていないという感情や, 階級と人種といった意味において, すでに特権的な人々がさらに特権的になるというように教師や学校が組織されるという状況に転化する. もしこれが事実としてあてはまるなら, このタイプの「改革」がもたらす最も強力なメッセージの幾つかは, 非常に不公正なのは世界であるばかりではなく, 学校それ自身も, すでに経済的かつ文化的資本を所有している人々にだけ対応する主要な制度の一つとなるというものだ. これは, いわゆる豊かな民主主義について真剣に取り組む社会が教えたいと思うメッセージでは決して〈ない〉. しかし, これは, 多くのジョーセフのような子供を含む私達の子供が, より高い水準とより重要視されたテストを導入すれば, いずれにせよ, 世の中に深く根ざしている教育的かつ社会的問題を魔法のように解決するだろうという仮定によって駆り立てられている学校制度の中で学ぶものとなるかもしれない.『教育の配給』を詳しく読めば, そのような保証の限りではない仮定について, 私達がもっと注意深くなければならないことに気づかせてくれるだろう.

残念なことに, すべてのこういった先行的問題の効果についての最近の合衆国での研究は, このような不安を追認している. リンダ・マックニール (Linda McNeil) の強力なかつ詳細な研究は, テキサスでいま何が起こっているかについてのものである. そこでは強制的な標準とカリキュラム, 数字還元的かつ競争的テスト, 教師の専門性に対する攻撃などの制度化を含む州によって命令された「改革」によって, この政策と実践が支援しようと想定していたまさにその子供と学校が, 実施過程で傷つけられていくことを証明している[97]. ポーリン・リップマン (Pauline Lipman) のシカゴの公立学校に関する洞察力あふれた研究においても同じことが確認されている[98]. また不平等を産み出す似たような傾向は, アリゾナ州その他における教育減税, テストやカリキュラムについての保守的現代化の改革の中にも現れている[99]. それゆえ, これが, 教育における民主主義に起こりつつあることなのだ.

戦略的に考える

この章では，私は最近の幾つかの国で進行している教育「改革」の努力についての深刻な問題を指摘してきた．イングランド，ニュージーランドそして合衆国その他の国における研究を用いて，新自由主義に触発された市場の提案と，新自由主義と新保守主義，さらにミドルクラスの経営者によって触発された規制の提案という二つの互いに関連しあう戦略の隠された異なる効果の幾つかについて論証してきた．ハーバート・クリーバードの歴史的分析から取り出した一つの鍵を使って，私はいかに異なる教育的社会的見解をもつ異なる利害が，教育政策と実践をめぐる権力の社会的領域において支配権をめぐって競争しているかについて詳述してきた．この過程において，私は権力のこの領域における複雑さと不均衡について幾分か明らかにした．これらの複雑さと不均衡は，豊かな道徳性というよりも貧しい道徳性の結果であり，そして，支配的な教育学とカリキュラムの様式，またそれに付随するイデオロギーと社会的特権双方の再生産の結果でもある．私は修飾の上では豊かになった批判教育学の言説が，こういった変化する物質的かつイデオロギー的条件を把握する必要があるということも示唆してきた．批判教育学は，真空の中では生じないし，生まれえない．私達が正直にこういった深遠な右派の変容に直面し，それらについて戦術的に考えない限り，私達は対抗的ヘゲモニーを有する常識の創造，あるいは，対抗的ヘゲモニーを有する連帯を築き上げるということについて，ほとんど効果をえることができないだろう．この市場化と規制国家との奇妙な組み合わせの成長，教育学的な類似性と「伝統的」学術的カリキュラムと教授法，これをめぐる闘争における支配的集団が有する指導権を発揮する能力，そしてこれに付随する常識の変容，こういったすべてのものよ消え去れ，と望むこともできない．そのかわりに，正直に，そして自己批判的に直面することが必要とされているのだ．

そういいながらも，私は私が行ってきたことに隠されているパラドックスについて指摘しておきたい．最近の私自身の，あるいはその他の研究者による研究の多くが保守的現代化のプロセスと効果についてなされているが，私達は，そのような焦点づけそのものに含まれる危険性についても自覚すべきであろう．右派の教育運動と社会運動，そして「改革」の歴史，政治，そして実践に関する研究は，その様な政策と実践の矛盾と不平等な効果を明らか

にすることを可能とする．それは，社会正義への要求を確固とした証拠に基づくものへと再び結び付けることを可能としている．このことは，良いことだ．しかしながら，その過程において，隠された効果の一つが，教育問題を大幅に保守派のアジェンダに漸進的に枠づけてしまうということだ．市場，選択，ナショナルカリキュラム，ナショナルテスト，標準といったまさにこれらの範疇が，それ自身，新自由主義と新保守主義によって打ち立てられた地勢の中へ議論を持ち込んだのだ．「何々である」という分析は，「何々でありえたかもしれない」というものの否定をもたらした．それゆえ，新自由主義と新保守主義のビジョン，政策と実践に対する実行可能な代案についての広範な論議を実質化させる可能性を，そしてこういったものをさらに越えて進むであろう議論を減退させるものであった[100]．

　こういう理由から，私達の課題のある部分は少なくとも政治的にも概念的にも複雑であるが，単純にいうこともできる．長期的にみれば，私達は「ある政治的プロジェクトを展開することが必要である．それは，地域的であるが，ヨーロッパ中心的ではなく，人間主体に対する本質的で普遍的な真実として，男性中心的な主張をしないような一般化できてシステム化できるプロジェクトである」[101]．私達の課題のほかの部分は，やはり，もっと教育にとってふさわしく，もっと直接的でなければならない．私はこれについて最終章でもっとふれるだろうが，カリキュラム，教授そして評価において，擁護できて，ほかのこととも接合できて，中身も十分充実している代案となる批判的かつ進歩的政策と実践が発展させられ，広く利用可能とされることが必要である．しかし，権力の社会的領域の本質を変化させること，また，戦術的かつ戦略的に考える必要性があるという認識を伴って，このことはなされなければならない．ここではこの点についてとくに話しをしよう．

　たとえば，合衆国では『学校再考』*Rethinking Schools* という雑誌がますます人気を博しているが，この雑誌は，学校と地域における社会的かつ教育的批評と批判的教育実践の記述にとっての重要な論争の広場（フォーラム）を提供している．パウロ・フレイレ（Paulo Freire）の仕事と彼の仕事を称讃し，拡大しようとした教育者達の仕事に直接的に影響を受けていた時代には，そして，特殊合衆国的であった多様なラディカルな教育的伝統の恩恵から様々な理論が生まれでた時代には，『学校再考』と「全国教育活動家連盟（National Coalition of Educational Activists）」のような全国的組織の誕生は，と

もに批判的教育者，文化的政治的活動家，ラディカルな研究者，そしてその他の人々にとって，互いに教育しあい，互いの活動に対して支援的批判を提供し，保守的復古主義から生じた破壊的教育的および社会的政策に対するより集団的な対応を打ち立てるために作り出された空間を伴って構築することを可能とした[102]．

　「集団的な対応」という表現を使うが，しかしながら，この表現は，小さな集団あるいは集団が多数派のために発言するとか，「適切な」立場を確立するとか，いわゆる「民主的中道主義 (democratic centrism)」のようなものを意味しているというのではないということを強調する必要がある．『学校再考』のような雑誌や全国教育活動家連盟――反人種差別，ポスト植民地的立場，多文化主義のラディカルな様式，ゲイとレズビアン，ネオマルクス主義者と民主社会主義者，「緑」の党の人々など――のような組織の発言が聞かれるようになった多様な解放運動があることを前提として，何が起こりつつあるかということを注視する，よりふさわしい方法が，このことを〈脱中心化された統一体〉と呼ばせるのだ．複数の進歩的プロジェクト，複数の「批判教育学」が接合される．フレイレのように，それらの各々は，現実の地域の中の現実の制度における現実の闘争に関係している．私達は，もちろん，これについてロマンティックになってはならない．そこには非常に現実的な差異，政治的，認識的，そして，あるいは，教育的な差異が，これらの多様な声の中に存在する．しかしそれらは，新保守主義的ヘゲモニー的連合に含まれる諸力に反対するということで統一されているのだ．そこには緊張が〈存在する〉．しかし脱中心化された統一体は依然として強力なのである．なぜなら，これら各々の構成集団が他の集団の闘争を支援するからである．

　これだけではない．同時に，これら批判的運動が作られるにつれて，批判的教育者もまた，保守化した時代を通じて，「月曜日には何をしようか」といった教師の質問に〈批判的〉解答を与える本を出版する，既存の「主流の」出版アウトレットによって提供されるこういった空間を占拠しようと試みる．この空間もまた，批判教育学の理論家の多くから長いこと無視されてきたのだ．これらの試みの幾つかは，かなり成功している．一つの事例を紹介しよう．合衆国におけるかなり大きな「専門家の」組織である「カリキュラム開発と指導協会 (the Association for Supervision and Curriculum Development：ASCD)」は，年間15万人以上の会員に配布される本を出版している．会員の

ほとんどは，小学校，ミドルスクール，あるいは中等教育学校の教師あるいは管理職である．ASCDは，非常に進歩主義的な組織であったわけではない．テクニックを主には対象とし，全般的には脱政治化された内容を出版してきた．出版物は十分社会的にも文化的にも批判的教育者を代表するものではなかった．それは，それゆえ，教育者の幅広い層からの正統性を獲得する道を模索していた．この正統性の問題と莫大な会員数ということから，それは合衆国の批判教育学の伝統の一部を構成していた幾らかのメンバーにとって，学校と地域における真の問題を解決するために，とくに労働者階級と貧困家庭の子供達，有色人種の子供達に伴うカリキュラム，教授，そして評価の批判的モデルの現実的実践的〈成功〉を誇示することができるような批判的素材を出版したり，広く回覧させたりするようにASCDを説得することが可能かもしれないということが明らかになったのである．

　検閲がされないことを最終的に保証した緊張ある交渉の後，私と私の同僚がある本——『デモクラティックスクール』Dmocratic Schools [103]——をASCDと合同で出版することに合意した．この本は教室と地域とで，フレイレ主義者あるいはその類似の批判的アプローチが機能したはっきりとした実践例を提供している．『デモクラティックスクール』は15万人の会員すべてに配布されただけでなく，追加的に10万部売れた．それゆえ，批判的アプローチを志向する教育者が現実の学校で行った大成功に終わった闘争の実践的物語を伝える約25万部がいまや毎日似たような問題に直面している教育者の手に渡ったことになる [104]．これは重要な介入であった．教師が常に進歩的であるという保証はないが（また，階級と組合問題については進歩的な人間が，同様に，ジェンダー，セクシュアリティ，人種といった問題について進歩的であるという保証もない），多くの教師は，社会的に，教育学的に批判的精神構造を有しているのだ．しかしながら，彼らはこういった精神構造を実践に移す方法を有していない．なぜなら，彼らは日常の状況における自分達の行動を頭に描くことができないからだ．そのため，批判的理論的かつ政治的洞察は，それゆえ，カリキュラムと教授の政治が〈実施されなければならない〉という意味においては，行き場がないのだ．これは悲劇的な欠落であり，これを満たすことは戦略的にも絶対的に必要なことだ．それゆえ，私達は，批判教育学的な「物語」が利用可能となるような空間を利用し，拡大する必要がある．そうすれば，こういった立場は単に理論的あるいはレトリ

ックのレベルに留まるだけに終わらない．『デモクラティックスクール』の公刊と広範囲になされた配布はそのような空間を利用し，拡大した一つの事例となる．それはフレイレや同類の批判教育学の立場が，学校や地域社会といった「通常の」制度内で実践できると思われるものであった．

これは決定的に重要ではあるが，教育における復古主義を脱構築するには十分ではない．右派は常識を変えることが教育をめぐる闘争においていかに重要であるかということを示してきた．豊かな道徳性，そして豊かな民主主義という感覚を再び確立することによって常識の再建を集団的に手助けすることが私達の課題であり，それは今日では本当に可能となったのである．

このことは二つのことにより注意を払うことなしには達成不可能である．第一のもの，すなわち，右派が影響を与えている物質的かつイデオロギー的変容が，本章の主要なトピックであった．もう一つ別の要素が強調されなければならない．それは，広範囲の対抗的ヘゲモニー的運動を打ち立てることである．この運動は他のサイト（場）での同様の運動と教育運動をつなげ，新しい闘争を産み出し，教育制度内部に存在している現行の運動を擁護することを援助するものである．昨今の新保守主義の文脈では，批判教育学の幾つかのものは，しかしながら，こういった行動をむしろ困難にさせるような特徴を有している．

過去において，私は私達の最も「進んだ」研究の幾つかが，そこに書かれた格好のよい流行の先端をいくような政治を，読者に対して，すべてをやるように強制していることについて警告してきた[105]．新語につぐ新語が，支配的である．デニス・カールソン（Dennis Carlson）と私が何処かで論じたように[106]，フレイレ主義者とフェミニズムの様式における批判教育学の言説は，ポストモダン理論によって影響を受けていた．このことが領域とその政治を再概念化することにおいては非常に役に立つことを証明しつつも，それはまた，あまりにも理論的で，抽象的すぎ，奥義的であり，教師，生徒そして活動家達が行動する葛藤や闘争からかけ離れるものとなったといっているという批判にまで言説を広げるものとなった．ヘンリー・ジルー（Henry Giroux）その他はこういう言説を批判教育学には必要なものであるとして擁護してきた．世界を再構築するためには，人は最初に新しい言語を学ばなければならない．「新しいアイデアは新しい用語を必要とする」[107]．これは疑いもなく正しい．事実そのような立場こそ，1970年代初期に私が最初にグラ

ムシとハーバーマス派の理論を教育の理論に持ち込んだときにとった立場である．

しかし，そういったからといって，新自由主義と新保守主義による「平易な話し方」の戦略が多大な現実的な成功を収めたということを前提とすれば，批判教育学に関する文献への批判の幾つかは力をもっている．こういった文献の大部分が豊かなものであり，挑発的なものであるにも拘わらず，幾つかのものは概念的にも政治的にも〈混乱しており，（読者を）混乱させている〉．幾つかのものは日常の経済的，政治的，教育的あるいは文化的闘争の勇気ある物質性と〈関連をもたない〉．幾つかのものは，政治経済学と国家論に基礎をおく分析という同じく強力な伝統を犠牲にして，文化的なことを〈美化している〉．そして幾つかのものは，日常生活における現実の制度の中での現実の人々に限界を課す構造的現実を忘れた「ポスト（モダン）」を大変〈強調するものである〉．

それゆえ，多くの批評家が繰り返し論じてきたように，複数の特定化できる集団の具体的な闘争における批判教育学の言説に基礎を与えるためにはさらに多くの努力がなされなければならない[108]．教育的および文化的活動家に正しく継続的に影響を与えるこれまでの批判的伝統をまったく拒否しないことが必要である．重要なものとしてまさに私が注記したように，批判教育学が——それらの理論的綿密さだけでなく——実践に移されたときには現実にはどのようなものとなるかについて，私達がこれまでやってきた以上に目に見えるものとする必要がある．残念なことに，右派の動員が（多くの教育者の間においてさえ）教育に関しての反動的な常識を作り上げることに成功するのに何の方策もとらなかったときに，あまりにも批判的な研究に対する言語学的スタイルは，（ときには適切にも）「傲慢である」とレッテルを貼られ，これを支援したいと望む多くのラディカルな教師と活動家から自ら切り離してしまったのである．

これはいいかげんにはできない〈困難な〉仕事である．常識を変えるために理論的かつ政治的ニュアンスが犠牲になってはならないし，読み取るという困難な仕事が現に読者である彼あるいは彼女自身に委ねられるというようなやり方で書くということは困難な仕事である．そして，複数の次元で書くというのは困難であり時間のかかる仕事である．しかし私達がそうしなければ，新自由主義と新保守主義がそうするだろう．そして私達はそういったこ

とについては最悪な人々となるだろう．保守的復古主義の時代に，批判教育学の複数のプロジェクトが，事実，決定的に重要である．リアリティの良き一服は何も悪さをしないだろう．そして長期的にみれば，より効果的にすると私は信じている．

　大衆主義は諸刃の剣でありうるし，あり続けてきたけれども，効果的であることは，それゆえ，過去を通じて批判教育学を支配してきた衝動よりも幾らか，もっと大衆的な衝動を要求する．しかしながら，このような大衆主義的様式が成長してくる地勢は，すでにまったく異なる「大衆的」意識によって占領されてしまっている．ほとんどすべての大衆主義はエリート的傾向に対しては批判的である．誰が，そして何がエリート主義とみなされるかということは，依然として，競合する地勢の一部をなしている．不幸なことに，左派がこの地勢から疎開してしまったという理由から，部分的には，最近急速に成長しつつある大衆主義は本質的に権威主義的なものになっている．「平易な話し方」と「人々に判断させること」に基礎をおくテーマをめぐっては，この大衆主義は一貫しているが，それもまた，他の人よりも神によって選ばれた「人々」の発言のほうが重要であるという仮定にしばしば基づいている．私が第1章と第2章で注記したように，権威主義的大衆主義は，世界中で，ますます強力に，そして説得力のある社会運動となっている．これに対する支持は，保守的現代化の傘下に統合されてきている．これもまた，部分的には，新自由主義と新保守主義が，（とくに）白人の多くの部分の心底に存在している長い間に蓄積されてきた強力な大衆的鬱積というものを利用することができているからである．右派はグラムシの戦略を理解しており，それを反動的目的に利用している．私達は権威主義的大衆主義の世界の構造を転換するべきなのだ．こういった集団によって構築された現実を理解しない限り，いかなる進歩的対抗的ヘゲモニー的戦略も，いかなる批判教育学も成功しないだろう．私は以下の3章で，これらの歴史，経済的，政治的そして文化的論議，そして教育政策と実践についてのこれらの主張を分析することに割こう．

　しかしこれらの問題を検討する前に，私達は合衆国その他の場所で行われている支配的な改革において起こっているものについて，さらに時間を割く必要がある．すなわち，新しいミドルクラスという成長しつつある集団と新自由主義と新保守主義の政策に含まれている人種に関する複雑な政治を，も

っと目に見える形にしなければならない．これこそ第 4 章の課題である．それでは「誰も見捨てない（No Child Left Behind）」法，およびこれと関連する同様の教育「改革」を支える論理の仮説と効果を検討することにしよう．

4. 「誰も見捨てない」法が見捨てた人々
―――監査文化における階級と人種の実態

はじめに

　これまでの3章で論じてきたことの多くがいまや公的に承認を受けている.この種の政策のかなりの部分が,制度化されてきた.州単位とか市町村単位のみならず,ますます合衆国全体のレベルでそうである.一般的には「誰も見捨てない（No Child Left Behind：NCLB）」法として知られている2001年に連邦議会を通過し,ブッシュ大統領によって2002年1月に署名された初等中等教育法において,連邦政府に再び権限を与えている重要な要素に,合衆国に住む私達のほとんどがいまでは慣れ親しんでいる.これは,教育における核心的部分を監督し統制するという点において,連邦政府の役割を根本的に変えることができる一揃いのイニシアチブなのである.これらのイニシアチブは今日の教育における新自由主義,新保守主義そしてとくに新しい経営的（manegerial）言説が権力をもっているということの証拠となる[1].同法の主要な要素は,テスト,アカウンタビリティ（応答責任）をめぐるものであり,また,民営化と市場化というより広範なアジェンダへと進む道を提供しているのだ.主要な規定は以下の点を含んでいる[2].

1　主要科目については規則的にテストが行われるべきである.それゆえ,2002年度から,州政府は英語を学ぶ生徒に対しての英語の評価を毎年行うべきである.2005年度までに数学と,読解または語学技法（language art）のテストを第3学年から第8学年の生徒全員に対して行わなければならない.理科のテストはある特定の学年で行われる.最終的に,各州

が行うテストの正確さをチェックするために，州は第4学年と第8学年の生徒の一部に対して，教育進展度全国査定（National Assessment of Educational Progreess：NAEP）を受けさせなければならない．

2　州で行われるテストは各州の基準と連結していなければならない．そして年ごとの比較ができるように結果が出されなければならない．テストは，州がその基準に到達しているかどうか，また理論的には生徒の学習上の問題や必要性について教師が対処できることを手助けするためのものである．

3　テストの点数は総計という形にはされない．だからある特定の集団（たとえば，人種，エスニシティ（民族），所得，障害者，英語が不自由なもの）の平均得点数がわかる．

4　上記のような個別の数値的情報により，州は人種，民族，所得により分類された集団の到達度において生じているいかなるギャップをも，期限を切って縮小することが可能となる．すべての子供を数学と読解力の州の基準値に到達させるための猶予期間として，2002年度から12年間が与えられている．

5　各学校の少なくとも95％の生徒が試験を受けなければならない．各学校のそれぞれの生徒集団は，自分達の年度ごとの目標を達成しなければならない．これらの目標を達成できなかったものに対しては正式な通知が発行される．そしてタイトル㈵（訳註10）の補助金交付を受けている学校に対しては様々な種類の介入措置が講じられる可能性がある．

　連邦政府からの主要な補助金であるタイトル㈵の補助金交付を受けている学校が連続して二年間目標を達成できない場合には，技術的援助を行う．同様に，親達には当該学区にある他の公立学校へ子供を転校できる選択権が与えられる．目標達成に3年間失敗した場合，引き続き技術的援助と親の選択権は継続するが，追加的代替案が提示される．生徒はタイトル㈵で生徒一人当たりに交付される補助金の額内で家庭教師その他追加的教育サービスを受けることができる．この費用の支出先は公的な機関だけではなく，宗教団体や民間企業，あるいはNPOのうち，州によってそのサービス供給の承認を受けた機関にまで拡大される．

　もし学校が4年間目標達成に失敗した場合は，この場合でも支援と親の選択，また上記のような追加的教育サービスが継続されるが，今度は

教職員の総入れ替えといった学校そのものの根本的変革が要求される．5年目までに学校はその統治方法についての変更を要求される．これにはチャータースクールへの変更，州による学校運営，学校管理を民間企業に委託することが含まれている．
6　毎年報告書が発表され，学校の成績が公にされる．親は学校の教師の資格に関する情報を入手する権利をもつ．
7　2005年度までに主要教科を担当する公立学校の教師はより上級の資格を有するようになっていなければならない．このことは，資格と学位という必要要件に加えて教科と教授法についての州の試験を活用することによって通常は示されるだろう．タイトル㊵の補助金によって給与が給付される教授（instruction）に従事するパラプロフェッショナル（para-professional: teacher aids）訳註11)で新規採用のものは，厳しいテストに合格するか，少なくとも中等教育後教育を2年間受けたという証明書がなければならない．すでに採用されているパラプロフェッショナルはこれらの要件を満たすため，もう少し長い猶予期間が与えられる．
8　連邦補助金の使い方においては，学校にはより柔軟性が与えられる．たとえば，従来は貧困とみなされる生徒が50％いる場合にのみタイトル㊵の補助金を請求することができたが，これを40％まで下げる．同法はまた，四種類の特定連邦プログラムからえることができる補助金の半額を，必要とあればそれらのプログラム間での流用を認める．
9　最も貧困な学区により多くの公費が支出できるように連邦補助金の分配方法を変更する．より多くの公費が最も貧困な地域には必要である．
10　新しいイニシアチブの導入．それらの中には「教員資質（Teacher Quality）」プログラムといった教員と教育行政担当者の採用，維持，研修に関して学区を支援するものや，全国の学校で読み方が教えられるその方法を改善することを目的とする「読み方第一（Reading First）」といったものが含まれている．

　もちろん，NCLB法には他にも重要な要素が含まれている．こういった提案は幾つもの進歩主義的な（progressive）香りのする問題と連なっているということはすぐわかるし，一見進歩主義的用語が使われている．これは部分的には連邦議会で超党派の支持を受けて法案を通すためになされた妥協の結

果である．しかし一方では新自由主義的そして新保守主義的アジェンダの主要な要素を同時に進めつつ，これはまた進歩主義とも結び付く保守派的言説の生産というすでに確立した伝統もまた継続していることを示しているのだ．それは本質的にスミス（Smith）他が「政治的スペクタクル」と呼ぶものを創り出す．これは，社会において最も弱者によって望まれるような改革を導くようにみえる提案が，異なる種類のアジェンダと政策に対する正統性を獲得するために大いに利用されるようなスペクタクルなのである3)．

　私達の社会におけるそのような政治的スペクタクルの歴史と不平等という現実により，NCLB法の多くの規定と，その隠れた効果と，保守派アジェンダの他の局面との関係は，論争的となるし，そうなるべきだ．論争は，教授における識字と読解の定義といったような事柄，またそれらを教えるにはたった一つの戦略しかないということを強調する点といった事柄をめぐって，渦巻き，激しさを増しつつある．その予算上の優先順位や，提案されている予算の増額は「現実」であるかどうか，いまのところそうとしかみえないが，同法は予算が付かないか，付いても不十分な命令（Order）となるのかどうかといった主要な問題もある4)．さらにまだ付け加えられる．比較目的のために不適切に使われる到達度テストの点数に還元されるアカウンタビリティの定義にはかなり問題がある5)．NCLB法が定義する成功と失敗というやり方，そしてこれら一連のプロセスに伴う（失敗者を：訳者）辱める行為は，幾つかの州や学区ですでに多くの不満を，ときには反乱さえも引き起こしているのである．地域の統制を欠くこともまた，不安材料である．たとえばユタ州のような非常に保守的な州でさえ，NCBL法の幾つかの点について公然と批判している6)．

　「失敗しつつある公立学校」に対する継続的なストレスが，たとえばホームスクーリング——今日の教育において最も速く成長しつつあるものの一つで，チャータースクールやバウチャー制度よりももっと多くの親や子供が参加している——をもっともっと魅力あるものにしているということについてほとんど考慮されてこなかった．ホームスクーリングにはアカウンタビリティはまったくないといってよく，NCLBにおけるアカウンタビリティの数字還元的形式は，公的な監督があるとしたにせよ最小限のものしかもたない制度においてさらに多くの子供達を教育するという状況を現実に生み出すという逆説的な状況を創り出すのである．この点については第7章と第8章で詳

細に論じよう．

　さらに，何を良き教授とみなすかということが，テストでの成績が改善されることだけで評価されるということでは十分ではないし，教育という行為の複雑さを本当に誤解していることを示している[7]．正統な知識とはこのような数字還元的テストに含むことができるものだけであるという暗黙の定義がなされるやり方は，公式な知識の政策に対して，また世界中からの文化から創り出されたこの国の複数の文化，複数の言語，複数の歴史，諸価値，そして幾つものハビタスを包含させようとする何十年と続いた闘争に，真っ向から対立する[8]．少なくとも，バレンズエラ（Valenzuela）とその同僚達が明らかに示してみせたように，そして私も次に示唆するであろうが，人種とエスニシティが否定的結果の主要な印となる最も財産を持たない人々の大多数にとって，この「改革」のアンサンブルは真に打撃的な結果をもたらしてきた[9]．最後に，学校は生徒達に軍隊への入隊を勧誘する情報を与え，担当軍人を支援することが，同法の隠れた要求となっている．現在合衆国が行っている戦争について国内での批判が高まり，この戦争が賢い選択であったのかどうかをめぐる論争があるときに，NCLBをさらに論争の対象とするもう一つ別の領域を創り出しているのである[10]．

　これらすべての問題が決定的に重要である．そして私はこれらの幾つかについてはどこかですでに論じた[11]．しかし，ここでの私の関心をとくに引くものは，同法について先にあげた5番目の点である．これは一番重要な要素である．なぜならばこれは私立学校へのさらなる公費援助の道を拡大することと強力なアカウンタビリティ施策の要求とを縫い合わせることになるからである．連邦議会の多くの保守派議員が立法過程においてバウチャーに対する連邦支援を盛り込むという彼らの元々のプランからの後退を余儀なくされたにも拘わらず，民営化と増大する連邦の統制とテストを通じての介入との関係をみなかったことは由々しき過ちとなるであろう．たとえば，バレンズエラがテキサスについて報告しているが，これらの関連性は保守派の提唱者による政治的活動においてしばしば見落とされるものである[12]．そして後にみるように，人種の政治とこれらの政治に含まれる矛盾する衝撃と効果はこういったことを考えるときにもっと真剣に取り扱われる必要がある．

　さきに私は，強力なカリキュラム統制，テスト，そしてアカウンタビリティの体制を通じての中央集権化と，分権化を想定される教育の市場を基礎と

するモデルとの間には何ら矛盾がないと論じた．私が述べたように，市場化と「選択」へと向かう動きは，比較をするために，そしてそれゆえ「消費者」が市場において選択をするために，適切な情報をえるために，標準化されたプロセスと「生産物」に基づく標準化されたデータの生産を〈要求するのだ〉．

　これまでの章で示してきたような「改革」の否定的効果を前提とすれば，私はここで，新自由主義的市場，新保守主義的統制感覚と新ミドルクラスの経営主義的衝動との間の関連性についての議論をさらに進めていきたい．私は，NCLB法のような介入やそれと類似のイニシアチブを下支えする論理に専ら私の関心を払いたいと思う．すなわち，それらを受け入れ可能とするような独創的なイデオロギー的かつ政治的働きについてであり，それらが生み出し，それらに影響を与える階級と人種の複雑なダイナミクスについてである．そうするためには，NCBL法が機能する論理のシフトと一般的文脈についてさらに検討しなければならない．そこでの論理とは市場化と密接に関連したアカウンタビリティの強力な州モデルを強調するものとして働いている．NCLB法は単独で存在しているものではないし，これまでの章において私が行ってきたように批判的に分析してきた決定的に重要なイデオロギー的働きと同じ地勢に表れる．本章ではとくにテキサスの事例に関心を払う．それはテキサスで培われた土壌にNCBL法が直接根ざしているからである．それはこの連邦の法律の中核をなす政策のモデルとして，また試行の場として使われた．私はここでの議論をNCBL法とテキサスの創始者が〈アカウンタビリティ〉の問題を構築した方法に焦点をあてるところから始めよう．それは，私達がどのような効果を失ってしまったのか，あるいは失っているのかということを探り出すための重要な点であるからである．

アカウンタビリティと不平等

　「アカウンタビリティ」とはまったくおかしな言葉である．パディラ（Raymond Padilla）が想起させているように，合衆国の支配的な言語——英語とスペイン語——において，英語のアカウンタビリティという言葉と，スペイン語の「contabilidad」は同じラテン語「putare：考えること」から発生している．スペイン語の「contar」という動詞は二つの意味をもってい

る．それは計算するということと物語ることに関係している．だから，これは数字とナラティブ（物語）を含意する．英語のアカウンタビリティという言葉もまた勘定するということを意味するときと物語あるいはナラティブ双方の歴史をもっている13)．私達は勘定するということの歴史を単に数字を数えるということに還元することによってダメージを与えているのだ．そしてこのことが実際に起こったことなのだ――テキサスだけでなく．

このことが応答的なそして真剣な教育を創り出すプロセスに対してもつ意味は何であろうか．とくに貧しい子供達や有色人種の子供達にとって．特定化できる生徒，教師そして学校に対してNCLB法のレトリックのもとで現実に起こっていることを批判的に検討している最近の著作，すなわち『子供達を見捨てて』*Leaving Children Behind* 14) の著者達は明らかにそれに対する解答を提示している．彼らの結論はたくさんある．しかし，NCBL法を支え，正当化する土台を与えたテキサスのアカウンタビリティの制度が失敗したこと，そしてマイノリティの子供達が最も被害者となったということに要約することができる．次のようにいうのが一番よいだろう．

> テキサスのアカウンタビリティ制度による劇的な教育的改善は，それ自体が問題である．かなり重要な大ばくちのテストの点数を含む教育上のデータを収集し，報告するという州の方法は，いろいろなものを明らかにしたのと同じぐらい，隠している．アメリカン・カレッジ・テスト（American College Test-ACT）や学力適正テスト（Scholastic Aptitude Test-SAT）1 といった全国レベルでのテストでのテキサスの生徒の成績や，急激に増加するドロップアウトや想定原級留め置き率（projected retention rate）などの要素を導入すると，テキサス州の「奇跡」は蜃気楼のようにみえる15)．

テキサス州の同制度について研究し，問題を指摘するもののほとんどがアカウンタビリティの重要性を否定するものではない．むしろ，彼らはこの特定のモデルが働くその方法について疑問を投げかけているのである．彼らはこのような大ばくちとなっているテスト，すなわちテキサスモデルの核心部分があまりにも深刻な欠陥をもつために，それが解決する問題よりもさらに多くの問題をいかに作り出しているかということを示している．そして，

人々がこの政策の隠れた結果を認識させないようにするレトリック的狡猾さの問題にまで広げている．その結果はたくさんあるが，三点が目立っている．進級，留年そして卒業にみられる否定的な結果はまさに懸念事項であり，完全に人種差別化されている．このことのほとんどが，生徒の能力の唯一の「正統な」尺度として標準化されたテストが使われていることから生じている．イギリスでもみられたように，これらの結果はまた，「学校と学区に大ばくちとなるような結果をもたらすことによって，そして数字還元的な，テスト向けのカリキュラムを奨励することによって」[16] 引き起こされているのだ．そのような制度はテストすることがとても困難なものすべてを排除し，特定の科目だけ（数学と読解）が重要にみえるようなカリキュラムを作り上げる．なぜならばそれらはテストされるからである．他の同様に重要な科目（たとえば，理科や社会科）は，ますます表面的な方法で行われるかあるいは無視さえされるのだ[17]．

さらに付け加えて，このアカウンタビリティ制度は，多様な生徒の文化と言語において力を発揮する知識をえる道筋に介入する．生徒の日常生活の現実とカリキュラムをつなげることをいままで以上に困難にしてしまうために．こういったことすべてが「人種的，文化的そして言語的マイノリティの教育に対するマイナスアプローチ」と呼べるようなものを作り出す．すなわち，生徒の価値――とくに学校制度に対する価値――がテストの点数に還元されるようなアプローチである[18]．

私達はそのようなテストの体制が効果を発揮しているその他の文脈がここでも繰り返し表れていることをみているのだ．第3章で示したように，「動産」となるようにみえる生徒，すなわちより高い点数を取ることができると思われている生徒は，価値が高いものとしてもみなされる．テストの点数という意味では教育の明るい未来を予期させない生徒は，注意を払われないか，あるいはドリルとテストを単に繰り返し練習させられるといった経験を学校で積むこととなる（ときには「ドリルそして殺す（drill and kill）」と呼ばれる）．あるいはこういった生徒にテストを受けさせないようにする方法を発見する「創造性」を学校が発揮するということはそれほど例外的ではない．このこともまたあまりにしばしばテキサス州で起こったことである．そこでは学校は何千人もの生徒をテストを受けることから除外する方法を発見したのである[19]．学校が自らを良く評価してもらいたいと試みるような制度があ

る場合には，こういったことはNCBL法の下でまさに起こる事柄なのであるということは以前にもまして明白になってきている．

　この評価共同体（evaluation community）は，こういった大ばくちとなるテストやテストを不適切な方法で活用するということに伴う多くの問題に気づいていないわけではない．事実，2000年に連邦教育省は公民権庁（the Office of Civil Rights）と全国科学協会（the National Academy of Science）と連携して，ガイドラインと学校の指導者に対する情報ガイドブックを公表している．なぜブッシュ政権がこれらの文書を回収したのかその理由はわからない．しかしこれらはもはや入手不可能となっている[20]．

　私はこの件に関してリンダ・マックニイル（Linda McNeil）によってなされたこれらの議論についての再検討以上によく考えることはできない．彼女の言はここでそのまま引用する価値があるものである．NCBL法に盛り込まれたテキサスモデルがまったく正反対の方向で機能したこと——すなわち多くの特定化できる子供達が実際見捨てられたこと——を糾弾し，彼女は以下のように述べている．

　　テキサス州のアカウンタビリティ制度は成功している．つまり肯定的な指標を導き出している．しかしそれはかなりの数の子供達を排除したときにのみ成立しているのだ．これら排除されたものの大多数が貧困，スペイン語を話すもの，そしてその他のラテン系の子供であり，さらにアフリカ系アメリカ人の子供もまた同じようにかなりの数が排除されている．白人（アングロ系）の子供の25％がまた公立学校から排除されていることもまた多くの州で問題とされよう．しかしテキサス州では数値はそれほど大変な状況を示しているようには思われない．なぜならば，これら排除された人々のほぼ半数がその他のマイノリティのカテゴリーにはいるからである．10年間にわたるテキサス州のテスト制度の下で除外された人々の記録は，テキサス州のアカウンタビリティ制度を適用しようとし始めた州や，連邦の法律がテキサス州のシステムを学校に押しつけようとする場合には，かなり訓話的な物語を与えてくれる．彼らは標準化されたテストに基づくアカウンタビリティ制度が教育の質を数字に還元し，不必要な失敗者を生み出し，より平等な学校教育というその主張を形骸化する[21]．

NCBL法において最も進歩主義的な香りのする要素の一つは，到達度テストの成績は，エスニシティによって集計されているわけではないということが強調されていることだ．おそらく，このことは最近の実践において，誰が勝者となり，誰が敗者となったのかということを公けにすることによって学校の異なる結果へみんなの関心を引くようにしているのだ．このことは，私もまた，理論的には承認することである．すでに既存のカリキュラムと教授に関する政策と実践があまり彼らに対しては成功していないということを私達は知っているような，そのような生徒達に関心を払うことは誤りなのであろうか？　しかしながら，理論的には良いと思われていることが実践においては矛盾したものとなっているかもしれないのだ．

バレンズエラ他が示したデータは好ましいものではない．ある特定のテストで数年間えられた平均点を示すことは可能である．そしてテキサス州の学区は，全国の多くの学校と同様に，そのようなものとしての結果を誇りをもって公表した．しかし，その結果はしばしば教育を不毛なものとしなかったという以上のものとなった．すなわち一つの標準化された，かつ問題を含む尺度における「改善」をみせるためにあらゆることが犠牲にされているのだ．この尺度で測られた生徒の結果が能力と成績のその他のより幅の広い尺度によって測られた結果と比べられたとき，より広い能力と遂行能力（competencies）において深刻な低下が実際みられるのである[22]．

これは興味深いパラドックスである．世論はテキサスで行われた限定されたテストの話しで納得させられている．彼らは結果をみて，結果は進歩した度合いをみせているのだと仮定する．それらが表象していないものはもっと複雑な絵なのである．卒業率の低下，テストの点数の誤用，そして生徒を排除することを通じてのテスト結果の巧妙な操作，自律性の喪失，カリキュラムのドラスティックな縮小などが生徒は以前よりも多くの教育を受けるという建前の下に現実には以前より少なく教育を得ているし，学校と制度全体がたった一つのこと，すなわちテストの点数を上げるという結果を生産することを目的とする工場になり果てている[23]．

このことは長期的な影響をもっている．ここでもまた，そのような制度は究極的にいま以上の不平等を作り出すということは全般的に事実であることを指摘しておこう．テキサス州のテストにおいてアフリカ系アメリカ人，ラ

テン系アメリカ人の生徒が，明らかに資金不足の学校でより高い点数を短期間に上げるという要求は，必要な知的かつ価値ある資源でもって準備するような多様な（そしておそらく興味深い）カリキュラムを与えることよりも，「テスト準備」と模試のために日々を費やすということを意味する．これが彼らのカリキュラムとなる．「教材のそろった教室，実験室，図書室，緊急避難的な長期の代用教員の代わりに上級の資格をもった教師，そういったものが与えられていない状況という障害が，条件の整った学校の生徒の成績レベルまで彼らを到達させないようになっているのだ」[24]．彼らはここでもまた「どうにかしろ」といわれるのだ．どうにかするということは，重要と思われている唯一のゴール地点で平均的点数を獲得することを示すことだけ要求されているということだ．たとえ彼らがそれだけの点数を獲得するためには必要だと思われる時間よりも学校での勉強時間が常に少ないというときにおいてさえもそうせよというのだ．このような機会の構造を前提とすれば，貧しいラテン系とアフリカ系アメリカ人の子供達と，もっと豊かな家庭と学区にいる子供達との間のギャップは，最終的には開いていくだろうし，現に開いている[25]．これらの類の効果は，NCBL法によって私達にもたらされた負担に見合うように私達が急ぎ焦ればきわめて危険なものとなる．それらは私が第3章でいかにある特定の政策が「自然に」不平等を創り出すかということについて整理してみせたような論議をさらに強めるのだ．

しかしそれだけではなかった．何を犠牲にしてもテストの点数を上げるという一つの目標だけに関心を払うことは，資源，教職員の経験，税金と支援，貧困，社会の尊敬を受け，生活ができるほどの賃金をえられる職の不足，貧しい住環境とヘルスケアなど，貧しい学区と豊かな学区との間のまさに現実的な不平等の問題から関心をそらせてしまったのだ．そしてそれによって教育上の不平等の原因を取り除くために，最も困難な問題の幾つかを取り扱うことをより困難にしてしまうのだ[26]．ジーン・アニヨン（Jean Anyon）が示しているように，たとえば，こういった種類の問題を真剣に取り上げないような長く続いている教育改革は，それ自体真剣ではないのだ[27]．もちろんこれは私達にとってまったく居心地の悪い難しい質問をもたらす．つまり，いつ私達は，物事を早急に解決し，教育（と教育者）をそれらが当然払われるべきである敬意をもって取り扱うことを要求することをしなくてよくなるのか，という質問である．敬意を払うということは，私達が教育改革はそれだ

けで存在していること，教育改革それ自身で解決できるということ，そして私達が必要な回答は，ビジネス界から与えられるだろうということ，なぜならビジネス界はその過程において採算がとれるかどうかという一点に魂を失うほど惚れ込んでいるからだといったことなどを仮定しなくてすむということを意味している．このことが，教育を本当に異なるものへと変えるのに必要な財政的な，制度的な，人的な，そして法的な，さらには知的な資源を提供するのに私達が最善を尽くしていないということの口実になってはならない．為すべきことは，教育がもっている複雑さを十分認識したうえで教育を扱うために「現実を見る」ことを自問することだ．学校教育を「採算のとれる」手段へと還元するような単純な試みと，ビジネス界のモデルを学校教育に持ち込むことは功を奏しないのだ．

常識を変えることと監査文化の成長

　私達がこれらを支える仮説とそれらの背景に存在している複雑な連携を批判的につなげるプロセスを続けてたどる場合にのみ，これらの政策の原因と影響をより十全に理解することができる．重要な出発点は明らかと思われる．つまり，教育や公共空間全体を理解し，活動する主要な方法としてビジネス界のモデルを導入すること，しかし依然としてさらなる精査が必要とされているものから始めることだ．

　多くの国々で，しばしば成功を収めている国家の諸制度改革（restructuring）の試みがある[28]．そのような改革の目的の主なものは以下の通りである．国家がビジネス界の利害に奉仕することを保障する．ビジネス界で使われているモデルを国家内部の操作モデルとする．「公共的制度から政治を取り上げる」．これは政府機関・制度が選挙民から，そして進歩的社会運動から政治的責任を追及されるであろうような責任を減じるためにである[29]．たとえば，教育機関を市場の中におくチャブとモーのバウチャープランに関する議論は，第二の点を反映している[30]．

　最後の点，政府機関・制度から政治を取り上げるということは，市場についてと同様に，国家についてもまた，正確な理解に基づいているわけではない．経済学の教科書のほとんどが市場は客観的（impersonal）で，公明正大であるという印象を与えるかもしれないが，市場はもともと不安定であると

同様に高度に政治化されているのだ．さらに幾つかの点が付け加えられる必要がある．生き残りを保障するために，企業は国家の規制によって設定されている境界線を突き崩す方法を求めるに違いない．ますます，このことは私達の生活で非市場的部分を分けるために設定された境界線が押しやられ，そうすることによって，商品化と利潤追求のための空間が作り出されるのだ．リーズ（Colin Leys）が私達に想起させているように，このことは決定的に重要な問題である．「社会的結束や活発な民主主義が常に依存する非市場的な生活空間が破壊されるというおそれがある」[31]．

完全に市場関係に統合されてはいなかった私達の生活や制度のある部分を市場の一部とするために，それらを変えていくプロセスは簡単なものではない．すでに前章で注記したように，市場は市場化される必要があるのだ．そうするためには，少なくとも次の四つの重要なポイントが実現しなければならない[32]．

1 焦点となっているサービスあるいは財が，実際に売り買いされるようなものへと変形されなければならない．
2 国家からそういったものを受け取っている人々が，それらを買いたいと望むようになるよう説得されなければならない．
3 このセクターで働いている労働者の労働条件と労働観が，集団的理解とサービスの集団的供給に基づいたモデルから，一方で所有者と株主のために利潤を上げるよう働き，他方で市場原理の対象となる「公共的なもの」へと変えられなければならない．
4 以前は非市場の領域であったところにビジネスが進出するとき，国家によってそれらのリスクは可能な限り保障されなければならない．

このような圧力の下で，標準化され競争的な労働過程は，新しく市場化された労働者の生活を支配するようになる．しかしそれだけがすべてではない．労働のほとんどが消費者に向けられるのだ．彼女または彼はいまや情報を集めたり，広告やクレームを整理したり，しばしばデータと「生産物」とのまったく混乱した寄せ集めとなるようなものに何らかの意味を見出すために，労力のほとんどを費やさねばならない[33]．このプロセスにおいても同様に，もともとは集団的熟慮，闘争そして妥協から生まれた，さらにはそこから国

家的サービスが生まれたようなニーズや価値といったものに対して，それらを周辺化し，究極的には廃止させてしまうような強力な傾向というのがあるのだ34)．ここで再びリーズの言を借りよう．「こういった事実は，市場志向型政治が民主的に決定された集団的価値や制度の急激な浸食というものを明らかにもたらすことができることを示唆している」35)．

　このような論議は抽象的にみえるかもしれない．しかしそれらは教育の内外における私達の日常生活にみられる重要な，かつ具体的な変化について語っているのだ．20年以上，私達は「リベラルな」市場経済を再構築しようとするばかりではなく，「リベラルな」市場社会と文化をも再構築しようとする，組み合わされたそして決然とした努力というものをこの目で見てきたのだ．この区別は重要である．ハーバーマスの言葉を借りれば，この試みは「生活世界」を完全に植民地化する「システム」をもつことである36)．国家と市民社会を含む私達の生活の側面は可能な限り，経済とその論理に統合されなければならない．もちろんこれに反発するヘゲモニー的傾向が常に存在するであろうが37)，私達の日常の相互関係は，そして私達の夢や欲望さえも，究極的には市場の「現実」と市場の諸関係によって統治されなければならない．このシナリオにおいて，そしてますますシナリオであるばかりか現実にもなってきているが，社会と文化は信頼と分かちあわれた価値の上に成り立ってはいない．むしろ，この社会のすべての面は，「内部市場，利潤中心，監査そして『採算』が，病院から幼稚園，そして学校まで貫徹しているような市場力の最も可能な限りの発露」38)に基づいているし，それに直面しているのだ．マーガレット・サッチャー（Margaret Thatcher）がかつて次のようにいったことで有名であるが，ここでもう一度それを引用しよう．「課題は，経済を単に変えることではない．魂（soul）を変えることなのだ」．

　興味深いことに，数字で測ることができる結果と重要な決定に対する中央の統制に焦点をあてるため，連邦政府の権力は，実際，急激に増した．（学校は標準テストで「失敗している」とラベルを貼られたら，市場の競争と中央政府による罰則の対象となるNBCL法は，明らかに，初等学校と中等学校のレベルでの格好の事例となる．）これは地域の民主主義の急激な喪失を伴っている．同時に，「経済的に合理的な」決定によって作り出された破壊的な貪欲さを扱うことにおける国家の役割は急激に減少した39)．

　人員整理による失業という危険について，マーク・オルセン（Mark Olssen）

が指摘する「利己心に従って自然に行動し，国家から相対的に離れている経済人から，国家によって創出され，永遠に応答的であることが継続して奨励される操作可能な人間へ」の立場上の変化を含むシフトにもう一度言及したい．彼がいったように，「普遍的福祉時代においては，人々は怠惰に陥るであろうとの知覚された可能性が，警戒，監視，『業績評価』の新しい形式，そして一般的には統制の新しい形式に対する必要を創出するということである．このモデルにおいては，国家は私達を標準に達するようにさせるという役割を自らに課す．『統治なき統治』のプロセスにみえるような中で，国家は，私達が各々『私達自身を間断なく起業家』とすることを見届けるだろう」[40]．

オルセンの指摘のもつ力は，新自由主義が常に「効率的に」「正しい方法で」物事をなすことを示す証拠を継続的に生み出すことを要求していることを想起させる点にある．新自由主義的な言説と実践および新保守主義的な言説と実践との一見矛盾しているような傾向が多くの国で一緒に縫い合わされることから生じる効果を目の当たりにしている．それは，小学校から大学まであらゆる教育レベルで何が生じているのかまさに私が示してきたことである．そしてこのことは国家自身がますます商業化される対象となりつつあるのと同時に起こっている．この状況は，監査文化と呼ぶのが一番あっているようなものを生み出したのだ．そのような広がりつつある実践の本質を認識するために，つまり，NCBL法において象徴されるような，そしてNCBL法の適用を遙かに超えて広がっている実践の本質を認識するために，この成長の最も明敏な分析の一つをリーズの文献から引用することは有用である．

〈監査〉の急増がみられる．すなわち，国家公務員と学校の教師から大学（学部）と医者までといった公務員と公的エージェンシーの業績を測定し，評価（evaluate）するためにビジネスに由来する独立監査の概念の使用．環境の監査，投資した金額に見合う価値（value for money：VfM）監査，経営監査，法廷に関する監査，データ監査，知的財産監査，医療監査，教授監査，技術監査といったものが登場し，制度的安定性と受容の度合いを多様化するために，これらの展開による影響を免れた人はほとんどいない[41]．

こういった広がりつつある評価と測定の圧力，そしてそれらの能力の本質は，私達のコモンセンス（常識）の一部になりつつあり，効果と民主主義の異なる概念を押し出してきた．

> 公共部門に大幅な信頼をおき，効果と集団的資源を適切に利用するという民主的力をもつ市民の社会に代わって，監査と視察の準備を野心的に進めている「監視者」の社会が登場しつつある．「リーグテーブル」の厳罰主義的文化が発達した（大学，あるいは学校，あるいは病院の相対的な効率性と非効率性を示すのだと主張しながら）．視察エージェンシーは，「名指しして辱める」「失敗している」と個々の教師，学校，社会福祉局・課などを告発することに責任を負った．そして民間企業が「失敗している」制度を乗っ取り，代わりに運営するために招き入れられた[42]．

この種の監査文化の最終的な結論は，ほとんどの新自由主義的理解においてレトリック上の重要な役割を担っている例の約束された分権化ではなく，大幅な再中央集権化と思われるものであり，脱民主主義化のプロセスというのが一番ふさわしいものだ[43]．国家をもっと「親ビジネス派」にすること，そしてビジネス界のモデルを導入することが直接的に学校と病院のように国家の機能の核心部分に持ち込まれたのだ．それは熱心で容赦のない個々人のアカウンタビリティというイデオロギーを伴っている．こういったことは今日の生活において優良な品質の証明となっている[44]．

もう一度いおう．合衆国のエジソン・スクールのような利潤追求型企業の成長や，教師教育プログラムの内容における一層の標準化と技巧化によって社会的内省（social reflexivity）や批判的理解がほとんど除外されてしまったことや[45]，教育制度における強制されたそしてほとんど数字還元的な標準に従った「業績」への途切れることのないプレッシャー，そしてその他同様のことが教育という地勢に常に増大するプレッシャーをかけていることを示す足跡なのだ．

ここでの重要な点は，これまでの章で指摘してきたように，公共財とサービスの〈価値を貶める〉ということなのだ．これは，長期にわたる独創的なイデオロギー的作業を必要とする．しかしここでも再び，人々は公的なものは何でも「悪く」，私的なことは何でも「良い」と思うように慣らされてし

まうのだ．そして公的な機関で働いているものは誰でも非効率的であり，競争の冷酷な現実が必要であると思われているので，彼らの労働時間は長くなり，仕事はきつくなるのだ[46]．公的機関に働く人々がそれに抵抗し，もっと尊重して欲しいと論じ，こういった単純化された解決策では自分達が働いている公的機関，学校，大学そして地域社会の現実世界の中で日々直面している事柄の複雑さを扱うことができないということについてより理解を深めて欲しいと要求するとき，彼らは反抗的とか，自己中心的，他の人を顧みないとレッテルを貼られるのだ．時々，前合衆国連邦教育担当大臣のページ (Roderick Paige) が自分の思いを公表したコメントの場合のように，彼に同調的な聴衆の前では，公務員といったこういう人達は「テロリスト」とさえ呼ばれた．そしてこのような「反抗的で，自己中心的，そして他の人を顧みない」被雇用者は，すなわち教師，研究者，行政官，ソーシャル・ワーカー，そしてその他ほとんどの公務員は，彼らの労働を完膚なきほどに批判する人々によって外部から統制され，強化されなければならない．しばしば，大企業の場合のように．しかし一方では，こういった大企業はほとんどあるいはまったく税金を払わないことによって自らの社会的責任を果たしてはいないのだが．

　私がすでに注記したように，根本的に変えられるのは国家公務員の仕事だけではない．「消費者」の労働もまた根本的に変えられるのだ．病院や学校といったサービスが商品化されるとき，国家公務員によってかつては為されていた仕事の多くが，今度はこういったサービスの利用者によって行われることになる．たとえば，オンライン・バンキング，航空券の予約から発券，チェックイン，スーパーマーケットの自動払いなど．これらそれぞれが「選択」を広げるということで宣伝され，それぞれがおまけが付いていたりいなかったりするシステムを伴っている．それゆえ，自分のコンピュータでチェックインするとマイルを獲得することができるのだ．あるいは，幾つかの銀行がすでに始めているのだが，ATMの機械を使うより（これもしばしば手数料を取るようになっている），銀行口座の残高を瞬時に知りたいと望むと追加料金がかかるようになっている．

　こういった変化の効果は隠されているかもしれない．しかしだからといって現実であることは確かだ．これらのうちの幾つかは，明らかに経済的だ．銀行の支店は閉鎖される．小学校，中学校，そして大学を含め多くの労働者

がレイオフされる．職場に残った数少なくなった労働者の労働量は一気に増加する．こういったことが消費者に与える影響の幾つかは隠れている．すなわち，労働のすべてと必要な時間が実際はそのサービスを購入する消費者に転嫁される．かつては政府によって与えられていた情報を探し求めること，銀行の口座管理や航空券の手配も自分でやらなくてはならない．スーパーマーケットでの支払いや袋に入れる作業もだ[47]．こういったことが階級化され，人種化されて扱われることは決定的に重要である．なぜなら，たとえばそのようなことをコンピュータを使って処理する能力や教育は，コンピュータの処理能力に依存するのであり，とくにそのようなことに時間が費やせるかどうかにかかっているからである．それは資源を必要とする．すなわち，時間的財政的な資源であり，情緒的なことは関係ないのだ．そしてそれらは異なって分配されているのだ[48]．

これらすべてのことが些細なことのように思えるかもしれない．しかし，「些細なこと」それぞれが積み重なったとき，消費者に転嫁された労働はかなりのものとなるという変容が目立ってくる．それが成功するためには，私達の常識が変化されなければならない．そうすれば，私達は世界を個々の消費者としてのみ理解し，すべてのものが売り買いできる商品になる可能性をもっているような世界に取り囲まれている自分達を見出すようになる．より理論的にいえば，私がこれまでの章で主張したように，いま提供されている主体の立場はまさに，脱人種化され，脱階級化され，脱ジェンダー化された「所有的個人」，すなわち，民主主義がもはや政治的概念ではなく，経済的な概念へと還元されてしまったそんな現実性によって構成され，かつ，そのような現実性を構成する経済的に合理的な行為者というものである[49]．

レーガン大統領時代の連邦コミュニケーション委員会の議長であったマーク・フォウラー（Mark Fowler）は，かつて，テレビは単に画像のあるトースターであると公言した．イングランドの保守派メディアの実力者の一人は，彼がテレビ番組とたばこ用のライターとの間に何ら区別はないと発言したのは，これに同調したようにみえる[50]．両者の立場は，文化的形式と内容，分配の過程は，事実，商品であるという仮定に基づいている．学校や大学以上に文化の選別と分配についてより重要なメカニズムが幾つかある．そしてこの種の論理に従えば，教育機関は生徒や学生にとって単なるトースターとなる．これは教育に対する見方についても，ますます資金不足に追いやられ，

人数も少なく，状況が厳しくなっているそんな制度で働く人々の生活を理解するということについても，非常に問題のあるものである．教育に関する仕事を単に労働過程の用語で論じるのはあまりにも基底還元的（原因を経済的土台に求めること：訳者）ではあるが，このような仮定のアンサンブルを伴うこういった条件から生まれ出たこの強力さはむしろ明白である[51]．

もちろん，私達の多くが，そのような出来事を相対的にユーモラスで無害なものとみがちであるかもしれない．たとえば学校や大学，ヘルスケアなどに対してなされる市場に基礎をおく提案は，より効率的な，このようなサービスを可能とする方法ではないのか？ しかしこれらイデオロギーによって先導された「改革」は〈効率的ではない〉ばかりか[52]，民営化のプロセスも公営や公共的統制とはまったく異なるのだ．たとえば，教育のようなものを市場にするために，まずは商品，「生産物」にしないといけない．生産物は，それゆえ，異なる目的に役立たねばならない．それゆえ，学校教育は，批判的民主的市民を生み出すことを最終目標としてめざすものよりも（もちろん，いままでがそうであったとしてエデンの園のように過去を美化してはならない．学校教育は常にどのような機能を現実には発揮しているのかをめぐる闘争の場であったし，労働者階級や多くの女性，有色の人々は「完全な市民ではない」として構成されてきたのだ）[53]，全プロセスは，株主のための利潤を生み出すことを目的とするようになるのだ．あるいは再構成された国家の内部で新たに採用された経営主義的形式の効率性を報告するという隠れた目的を示す場となるのだ[54]．

合衆国における利潤追求のエジソン・スクールが，投資家達が夢見たような莫大な利潤をもたらさなかったという事実は，少なくとも部分的には商品化の過程が拒否されたということになる．多くの人々が日々の生活を送るにあたり自分達の学校と自分達の子供を「売る」というアイデアは，不愉快なものだ．いまも行われている第一チャンネルをめぐる論争が十分示しているように[55]．これらの制度は私達の日常生活において市場と監査について私達があまりにも無批判にも魅力を感じるという現状は何か間違っているのではないかという感覚があることを示している．

しかしながら，このような楽観主義は，フェニックス大学のような利潤追求のオンライン大学の急激な成長によってすぐ帳消しにされる．これは教育を売買できる商品に変えていくということの例証となる．それはまた，

NCLB法によって利益を享受するために多くの機会を獲得することができる教育産業と管理サービス会社の大軍が存在しているということを認識することによってまた帳消しにされる．後者は急速に発展してきている．バーチ（Patricia Burch）がいうように，これらの新しい連邦レベルの命令は，「標準化されたテストの成績への掛け金を釣り上げ，同法を実施するために新しいサービスと生産物を購入するよう学区を奨励する」56)．事実，利潤追求型企業のマーケッティング戦略においてNCLB法への明らかな言及がますます増大しているのがみられる．全国の学校は，そのようなサービスへの需要が急激に増大しているのを目の当たりにしている．確固としていて扱いにくいアカウンタビリティの要求は，それゆえ，さらなる市場化をもたらしているのだ．「新しい教育の民営化は教育政策における連邦政府の役割が増えることによって刺激される．（そして）国家の多大な影響というのが教育産業の新しい様式をもたらしている」57)．学校制度全体が公共サービスの場ではなく，利潤のための場とみなされているのだ．このことは，私が前に指摘していた点，すなわちビジネスとは公共サービスを売り買いできるモノへと再定義することを常に求めるのだということを想起させる．それはまた，一方においてNCLB法が想定しているとされる効率とアカウンタビリティに焦点をおくことと，他方において市場の創出と民営化への関与の間の関係を，明示的にあるいは暗示的に，理解するということが私達にとっていかに決定的に重要であるかということを示している．

　デヴィッド・マーカンド（David Marquand）は，私がこれまで書いてきたこの困った問題の傾きを次のように要約している．

> 市民性とサービスの公共的空間は，売り買いを主とする市場の空間によって浸食されることから守られるべきである．公共空間の財は，すなわちヘルスケア，犯罪防止，そして教育は，商品あるいはこれに類似するものとして扱われるべきではない．売り手と買い手，生産者と消費者の言葉は公共空間に属するものではない．そしてこれらの言葉が意味する関係もそうである．医者と看護士は医療サービスを「売る」のではないし，学生は教師にとって「顧客」なのではない．警官は公共秩序の「生産者」ではない．こういった関係を市場モデルにあてはめようとする試みはサービス倫理を貶め，それを具体化する制度の品位を落とし，これ

らの意義から共通の市民性という概念を奪い去る58).

　まったくその通りだ．公的機関は互いに他を思いやる（caring）民主的社会を決定づける特別なものであるのだ．資本主義によって支えられている市場関係は，これらの制度のために存在すべきであって，〈その逆ではないのだ〉．それゆえ，市場はより十全な豊かな参加型民主的政治形態と日常生活を作り出すという目的に従属するべきなのである59).有権者に「売り出され」，政治的経済的エリートらによって操作され，市場化された民主主義の皮肉に満ちた概念は，普通教育や高等教育，誰もがアクセス可能な客観的情報，メディアと新しいコミュニケーションの形式，すべての人に開放された充実した公共図書館，公衆衛生，普遍的ヘルスケアといった財を十分に供給はしない．よくいって，市場はこれらをきわめて不平等な方法で供給する．そこでは，階級，ジェンダー，そしてとくに人種といったものがこれらの不平等の市場ではきわめて強力に働く60).「公共」という用語の定義が，ジェンダー化され，人種化された空間の上に構築されてきたし，いまでもそうであるが61)，そういった場合でさえ，公的制度というまさにそのアイデアが，集中砲火を浴びているのだ．これらは集団的に供給され，擁護されるべきものなのだ．これらは二次的なものなのではない．これらは公正な社会というものを意味する際の決定的な特徴とでもいうものだ62).

　不幸なことに，民営化，市場化，そして恒常的評価という言葉はますます公共の言説に染みこんできている．多くの意味で，それは常識になりつつある．そして，これらすべてに何らかの問題があるかもしれないとする批判的な人々は衰退しつつある．しかし状況がさらに悪い多くの国では，こういったことが常に起こるとは限らない．たとえばブラジルのポルト・アレグレにおいて試みられている参加型予算，「市民学校（Citizen Schools）」，教員養成プログラム間の密なる関係，もっと社会に対して応答的なそして批判的カリキュラムと教授法イニシアチブの構築などが存在する．その他の地域でも同様である63).私達はこういった国々の経験から学ぶことができるし，私達の生活における公民性（the civic）を再構築するとはどういうことか再び学習することができる64).教育はまさにそれを為すときに果たすべき基本的な役割をもっている．しかしそれは私達が教育をちょうど私達が測ったように消費するべき生産物としてみる人々や，教育という仕事に従事している人々の

知的情緒的労働を標準化，合理化，そして監査というレンズを通じて解釈する人々から守られるときにだけ，そういうことができるだろう．

そういいながらも，保守的現代化に介入するということは，私達がもっと保守的現代化の基本的なダイナミクスと社会的機能および根拠といったものをより詳しく理解することを要求するのだ．それではこの問題に取りかかろう．

階級という意味における新経営主義

本章を通じて，私は，NCLB法のような政策において明らかになった正統な知識，正統な教育，正統な証拠，正統な労働として意味されることがいかに再構築されているのか，ある特定の傾向について一般的に述べてきた．さて，私達はこういったイデオロギー的運動がどこから生まれてきたのかということを理解する際に基底還元的な分析をすることには，かなり気をつける必要がある．それぞれ幾らかの真理を含むものの，競争的グローバリゼーション，危機にある資本，それに伴う国家の財政危機，あるいは，統治と規範化のミクロ政治レベルのフーコー的意味において，そういった事柄の予測不可能な影響があるのだと簡単に指摘することはあまりにも容易である[65]．保守的現代化を支えているこれらの傾向はまた「解決法」でもある．それはある特定の演者によって生み出されるのであり，この点において私達は高等教育の内部および外部にある階級関係についてもっと問題を特定化する必要がある．

時間の関係上，そして合衆国におけるある特定の改革について批判的に読み解くという本章の目的に対してこの議論を直接的に展開するためにも，私は第2章で言及した新ミドルクラスについてここでまた言及する必要がある．これは最も準備された戦略というものではないので，前もって読者の忍耐力に感謝しておこう．しかしこの階級の一派について私がこれまで展開してきた議論が，本章で行っている監査文化と市場との間の関係についての批判的分析と，並列して存在しているという論理的首尾一貫性を提供しているのだ．

バジル・バーンシュタインが私達に想起させ，私がどこかでかなり本格的に論じたように，保守的現代化政策の根源と支援の大部分，とくに監査の恒

常的必要性，「証拠」の生産，労働と知識の標準化と合理化，こういったものは資本と政府における新自由主義連合者のみならず，新ミドルクラスの専門家と経営者層のある特定の一派からも生まれているのだ[66]．この新ミドルクラスの専門家と経営者層の一派は，国家内部および経済界内部で，技術的専門性を基に社会移動を実現しているのだ．彼らは，教育におけるより厳しい中央統制という新保守主義的政策と市場化という新自由主義的政策の提唱者によって要求されるアカウンタビリティ，測定，「生産統制」そして評価（査定）のための技術的「専門的」支援を提供する人々であり，彼らは管理と効率性を高める技術をもっているのである．

社会上昇移動するこの新ミドルクラスの専門家と経営者層というこの一派のメンバーは，この保守派連合のあらゆる側面を支えるイデオロギー的立場を信じる必要はない．実際，彼らの生活の他の側面においては，彼らはかなり穏健派であり，政治的には「リベラル」であったりもする．しかしながら，効率性，管理，テスト，そしてアカウンタビリティの専門家として，彼らは保守的現代化の政策を技術的に可能とするような専門性を提供するのである．私が注記したように，彼ら自身の社会移動はそのような専門性と，統制，測定，そしてそれに伴う効率性に関する専門的イデオロギー双方の拡大に〈依存しているのである〉．それゆえ彼らはしばしば，そういった政策を自らは「中立的道具」として支持するのである．たとえその政策がこの階級の一派が関与すると想定された中立的目標以外のものに使われるときでさえ．

そういう理由から，監査とアカウンタビリティのさらなる形式，より厳しい統制，そして競争はより高い効率性をもたらすであろうという見通しに対する近年の過度の強調は，新自由主義と新保守主義のニーズにすべて還元されるべきものではないということを認識することが重要である．むしろ，これらの政策に対する圧力の一部は，教育に従事する管理者や官僚からも生じており，彼らはこのような統制が正当であり，したがって「良きこと」であると完全に信じているのである．教育においてこのような統制の歴史はきわめて長いものであるばかりでなく[67]，より厳しい統制，大ばくちとなるテスト，そして（還元的）アカウンタビリティの方法は，そのような管理者達にもっとダイナミックな役割を与えるのである．

これについてもう少し述べよう．それが行政的国家装置内部で階級的役割を果たす人々の自己理解という意味において重要であるから．国家公務員に

対する数十年にわたる攻撃は，雇用を喪失し，労働条件を悪化させるという明白な効果だけをもっているわけではない．もちろん，この種の事柄は教育その他の分野で続いているのではあるが．これらの攻撃はまた，多くの国家公務員と管理者のアイデンティティに対して影響力をもち，彼らが公衆を「援助する」自分達の専門性や能力について疑問をもつという危機感を生み出している[68]．技術的堪能さと，教育における根深い問題の一揃いの仮定，そして社会的空間のすべての根幹となる新しいアイデンティティは，効率性を高めることでえられ，自らの行動に対するより熱心なアカウンタビリティへとさらに人々を向かわせるという状況が常に発展している．これは部分的にはそのような専門家に対する空間を国家内部に開放する新自由主義的言説によって与えられている．このことがアカウンタビリティと経営上の効率性を中心とするこういった文化資本の技術的様式を有する一派に対してこういった空間を占めること，そして彼らの知識を活用する場所を保証するといったことを生じせしめているのだ．これはこの新ミドルクラスの専門家と経営者層にとっては理想的な状況なのである．彼らは自分達を道徳的十字軍であるかのようにみている．つまり「顧客」と「消費者」に対して自分達は終わることのない責任を果たし続けているのだ，と．「誰をも助ける」であろう再構成されたより効率的な制度のワンセットを創造するのに自らが参加していると思っているのだ．そしてそれと同時に，自分達の専門性の地位を高めているのである．ブルデューの言葉を使えば，これはある特別な種類の変換戦略を許すのである．彼らの文化資本（技術的経営的専門性）を経済資本（教育と国家内部における立場と移動性）へと変換することができるそんな戦略である[69]．

　そのような文化市場と変換戦略が，このような新ミドルクラスの演者達が参加している階級環境のより大きな一つの組み合わせにおいて機能している方法にこれは位置付けられる必要がある．私のここでの主張は複雑であり，議論のより広い一つの組み合わせを描くことしかできない．しかしながら，高等教育と誰がそこに行くのか，あるいは行かないのかといったことをも含めて，すべての教育において，私がこれまで議論してきたような一連の改革がなぜ行われているのかということを完全に理解するならば，これらの議論の含意というものは非常に深刻なものになる．

　いまは資格と文化資本を獲得するための競争が過激な時代となった．強制

的標準化がハイレベルとなった結果として，再階層化のメカニズムがますます強力になっている．以前にもまして頻度を高めたテスト，そして結果に対する恒常的な監査もあるメカニズムを提供している．そしてそれは反論する余地を与えないような強力な論理であるが，新ミドルクラスの専門家と経営者層の子供達は他の生徒よりも〈競争が厳しくない〉機会をより多くえるようになるメカニズムなのである．それゆえ，このことが最も重要なことである人々を再階層化するための工夫の導入は，この新ミドルクラスの人々がすでに有している文化資本を前提とすれば，彼らがすでに集めてきたような資格の価値を高めることである[70]．このことが意図的であるということは主張しないが，自らの地位を高めるために経済資本ではなく文化資本に依存するミドルクラスの子供達による社会移動の機会を増やすように〈機能する〉のである[71]．そのような政策と手続が労働者階級と抑圧されたマイノリティの生徒に与える効果とは，詳細なかつ洞察に富む一連の研究[72]においてはっきりと目に見える形となっている．そしてこの章の前の部分で私が報告したテキサス州と不平等の拡大というデータにおいてより明らかにされている．

　私が以前もそうしたように，私はこの要素が保守的現代化において重要であるということを強調したい．それは国家内部のかなりの権力をすでにそれが占めているからという理由からだけではない．この集団に焦点をあてるということが決定的に重要であるからである．私が本書で論じているように，すでに記述してきたような状況下においてこの集団は右派へのイデオロギー的シフトを免れているわけではなく，それゆえ教育的かつ社会的改革において彼らが果たす役割について自覚しているわけではないからである．新自由主義と新保守主義双方からの国家と公共空間への攻撃から生じる懸念を前提とすれば，この階級の一派はこの不確実な経済世界における彼らの子供の将来についてかなり心配しているのである．それゆえ，彼らは保守派連合の一部にかなり惹きつけられているのかもしれない．とくに伝統的に「高い地位」という文脈への，そしてテストについて，そして人々を階層化するメカニズムとして学校教育（そして大学制度全体）を強調するような新保守主義的集団出身の人々はそうである．

　スティーブン・ボール（Stephen Ball）は，この緊張を以下のように記述している．すなわち新ミドルクラスはこれについて感じているかもしれない，と．多くの方法においてこの集団に帰属する人々は教育の機会均等を支持す

るという倫理的信念を強くもっているのだ．しかしそれが自分達の子供に対して影響をもつような政策決定となると，彼らの選択は明白である．競争システムにおいて，一般に彼らの子供の優位性を高めるものは何であれ，採られる方策となるであろう[73]．これは合衆国内の幾つもの州でみられることであろう．たとえば，この一派の親が，伝統的な科目における学業成績や伝統的教育実践，およびその他の政策的事項，たとえば優位にいる立場のものをさらに優位にするということを歴史的に示されてきた選択プログラムなどに従事することを強調するチャータースクールを支援するときなどに，現れている．

　第2章で示唆したようにこの階級集団の構成員の大多数が政策論議に対して将来的に結束するような状況が依然として予想できるのだ．彼らの矛盾するイデオロギー的傾向を前提とすれば，彼らの職業や子供の将来に対する不安という状況の下，右派が彼らを動員することは可能である．彼らが，合衆国では民主党に，英国では新労働党に投票する場合においても．ますます労働強化されており，教育の名にふさわしくない教育を生み出しているそんな高等教育制度や教育制度一般で働いている人々からの要求に彼らが応えようとするということを想定することなどはロマンティックなことといえよう．事実，右派が創り出した学校教育をめぐるパニックや，教育における財政的危機とNCLB法が促進する公教育それ自体がかなり失敗しているという印象の創出（これはNCLB法がほとんど財政的援助を伴わず，あってもわずかな補助金しかない強制的命令であるという事実によってもなんの助けにもならない状況である）との害ある組み合わせを前提とすれば，この新ミドルクラスは自分の懐と相談して投票し，教育費の増加や教育者の労働条件改善に対しては反対の立場を取るかもしれない．

収奪された者達と監査文化と市場への支持

　　　ここまでNCBL法といったような政策の特殊性から離れてみることを要求してきたわけであるが，そうすることによって私達は日常生活にみられるますますの市場化と監査文化の成長を批判的に評価することができるようになる．私はNCLB法の背景にある論理を批判的に検討してきた．そして次のことを示唆してきた．つまり一方における監査と恒常的な公的精査と評

価,他方における民営化へのより隠された関与と様々な方途の間におけるつながりをみることが重要であるということ.このような傾向が階級の論理とつなげられていること,そして公立学校に対して,またそこに通う人々,そこで働く人々に対して深刻な効果をもたらしていることである.

しかしながら,私達は国家がすべての市民に対して責任を負ってきたのだと過去を美化することのないように気をつけなければならない.チャールズ・ミルズ(Charles Mills)が力説しているように,近代的リベラルな国家という私達のアイデアを強調し,そして国家がそうするであろうと想定されている社会的関与を強調するものは,〈人種的〉契約である[74].さらに,グロリア・ラドソン゠ビリングス(Gloria Ladson-Billings)他が主張しているように,教育においてもその他におけるのと同様に,「人種は常に私達の生活の社会的生活のあらゆる場面で登場する」[75].まさにこういった理由で,私達は市場と監査文化が機能する方法についてもう一つの見方を採ることが肝要である.今度は人種というものを私達の分析の中心におく.なぜなら社会における異なる立場が,新自由主義,新保守主義と新経営主義的政策に対して異なる意味を与えるからだ.

市場関係と論理に関して私や他の研究者が行ってきた批判は決定的に重要であり,続けられるべきであり,かつ広げられるべきである[76].しかしそれらがいかに強力であろうと,私達はこういった批判がしばしば人種についての無自覚な幾つもの仮定の上に成り立っているのかもしれないということを認識する必要がある.事実,「消費者」の主体的立場は,アフリカ系アメリカ人やラテン系アメリカ人にとっては,支配的な集団と比べてそれほど強くない.それゆえ,実際に「消費者」として〈見られている〉のは,「合理的経済的行動者」で,監査と性能をきちんと評価するためのアカウンタビリティの制度を活用し,賢い選択ができるような人物で,部分的には進歩的な傾向をもっている人だ.その傾向において,この立場が,アメリカ合衆国その他の地域において社会的にコード化されてきた有色の人々の歴史と比べられるのである.有色の人々がこの異なるコードを実際に身につけるとき,彼らは支配的な経済的言説と関係に単純につなげられるのではない.彼らはまた社会において,対抗的ヘゲモニー的行動の様式に部分的に従事する.これは,社会において計り知れない力をもっている歴史的に強力な人種差別化された見方を転覆させるように支配的経済的言説を扱うということだ[77].この点に

ついてさらに詳しく検討しよう．選択要求運動と，NCLB法にみられる厳罰規定付きの評価プロセスへの確固とした関与を伴う民間機関の正統化は，この説明がさらに重要な意味をもっていることを示している．

　この節の始めから，私は前章で声高に論じてきたし，結論の章でさらに展開するであろうが，人種は常に教育における選択プランと市場をめぐる感情の構造において重要な存在であり続けている．バウチャーその他類似のプランの強力な提唱者の多くが，彼らの立場は市場の効率性に対する信念，聖なるものが世俗化することへの恐れ，自分達の人生に意味を与えている価値や信念を失うのではないかという恐れなどに基づいているのだと主張するかもしれない．（私が明らかにしたように，このうち後二者の恐れはとくに権威主義的大衆主義的宗教的保守派の人々の間では顕著である．彼らはバウチャーとホームスクーリングの最も強力な支援者である．）しかしながら，歴史的に人種的分離をめぐる闘争や統合を達成するためのバス通学をめぐる闘争，そして保守派の，通常は白人のみの宗教的アカデミーに対する連邦税控除措置の廃止にみられたそれらの偏った起源から，これら批判の経済的な部分や道徳的な部分はどちらも完全に分けられるわけではない．簡単にいえば，「人種的に他者」への恐れが「公立学校の問題点」をめぐる言説的構造において多大な役割を果たしているのである．

　しかしながら，そうはいっても，「マイノリティ」集団の中に，バウチャーや類似の選択プラン，そして強力なアカウンタビリティを支援する声も増大しつつある．合衆国における保守派の伝統が，人種差別的であり人種差別化された言説と実践によって[78]，そして反移民という強力な伝統によってもまた，明示的に形づけられてきたという事実を前提とすれば，また公共空間に対する現代の新自由主義と新保守主義の攻撃のほとんどが，貧民のコミュニティと有色の人々のコミュニティの獲得物に対して不均衡な効果を与えてきたという事実を前提とすれば，収奪された者の集団の中からこういった支援が存在し，成長しているということは驚くことではない[79]．言説的，社会的分離（disarticulation）と再接合の複雑なプロセスがそこにはある．支配的集団が収奪された者達を自らのリーダーシップの下に置こうとする一方，収奪された者達自身は，通常支配的集団によって所有されている社会的，経済的，そして文化的資本を自分達自身の集団的権力を獲得するために採用しようと試みる．私達がみるように，新しい経営主義者層の成長について，そし

てそのことから誰が利益をえているかということについて私がすでに述べたようなことをもってしても，これは新ミドルクラスの転換戦略であるだけではない．それだけでなく，「保守派」というレッテルでさえ収奪された者達の行動を理解するときにさえ容易に使われているのだ．こういった人々は，権力が作用しているある特定の社会的分野の複雑さを減じることなしに，保守派と手を組む．

　おそらく言説的にそして社会的分離と再接合のこのプロセスの一番興味深い事例は，現在，アフリカ系アメリカ人（少なくともアフリカ系アメリカ人コミュニティの〈ある部分〉）にみられるバウチャープランといった新自由主義政策への支持の拡大であろう[80]．そしてNCLB法の陰には数字還元的な強力なアカウンタビリティを創り出す運動のみならず，たとえば戦略的理由のために軟化された，しかしテキサス州における事例で[81]明白となった，バウチャープランや減税の提案というものを含むより広範なアジェンダが存在していることを思い出さなければならない．鍵となる存在は「教育オプションのための黒人同盟（Black Alliance for Education Options：BAEO)」である．これはアフリカ系アメリカ人の親と活動家からなる集団で，ハワード・フラー（Howard Fuller）が議長である．彼はミルウォーキー公立学校の前教育長である．ミルウォーキーの公立学校は，合衆国の中でも最も人種的に分離された制度の一つである．BAEOは抑圧されたコミュニティ出身の子供達の教育に失敗している多くの学校に対して，バウチャープランその他類似の新自由主義的提案を支援することに対して，教育関係者と学校が応答的であることを声高に主張している．これは国内，とくに貧しい都市部における黒人コミュニティの中でかなりの支持を集めてきている．

　BAEOの関与を支える言語感覚は，BAEOのウェブサイトからの以下の引用の中にみることができる．

> 私達の子供は私達の最も貴重な資源だ．子供達を愛し，育み，守るのは私達の責任である．また彼らが十全に教育を受けることを保証することも私達の責任である．良い教育なしには，彼らは自由を実践するための真のチャンス，すなわち，自分達の世界を変えていく闘いを遂行するプロセスのための真のチャンスというものをもてないだろう．

BAEOのミッションは明らかである．

> 教育オプションのための黒人同盟は，全国レベルの超党派のメンバーによる組織で，そのミッションは，家族に権限を与え，黒人の子供達のための教育オプションを増大させるために親の選択を実際に支援することである．

ここでの言葉の使い方は印象的である．新自由主義の言葉（選択，親への権限付与，アカウンタビリティ，個人の自由）が再び使用され，集団的黒人の自由というアイデアとコミュニティの子供に対する深い関心とに結び付けられている．これは複数の政治的源泉とアジェンダから取り出した意味を混ぜあわせた「雑種」の言説といったようなものを作り出した．これは，人々は日常生活の中でブリコラージ（何でも利用すること）を形成し，その言葉と生産物を生み出したもともとの生産者からは思いもつかない方法で，言葉と商品を利用することができるということを表してみせた批判的文化分析の長い歴史と幾らか似ている[82]．

この再接合と利用のプロセスが注記されるべく重要である一方で，BAEOが行った独創的ブリコラージはさらに問題を生み出すものであるということを認識することも同様に重要である．この集団の資金の大部分は，ブラッドリー財団（Bradley Foundation）といったような保守派の財源から直接集められている．ブラッドリー財団とは，保守派の運動のよく知られたスポンサーであり，バウチャーと民営化イニシアチブに対して率先して支援を与えているだけでなく，ハーンシュタインとマリの『ベル・カーブ』*The Bell Curve*[83]に対して多大な支援を与えた集団の一つでもある．この本は，アフリカ系アメリカ人は白人と比べて平均的知的水準が低く，これは遺伝の問題であると論じたものだ．

それゆえ，右派のイデオロギー的そして財政的資源とBAEOそれ自身の間に結ばれた関係の本質と効果について問うことが重要だろう．新自由主義派と新保守主義派の財団が資金援助だけでなく，自分達のアジェンダを，批判的にせよ，支援する「マイノリティ」集団をメディアでも取り上げるようにするのは筋の通らないことではないのだ．そのような資金援助は考えられないことではないのだ．このことはBAEOのような組織が単純に新自由主義と

新保守主義の財団と運動によって惑わされたということを意味しているのだろうか．これに対する答えは簡単ではない．以上述べた私の警告をもってしても，それは明らかに単純な「イエス」とはならないだろう．

トム・ペドローニ（Tom Pedroni）と私が，BAEOの指導部の数人ともった公開フォーラムと討議において，彼らは，利用できる資金なら何でも使うだろう，そうすれば自分達は自分達の特定の行動計画に従うことができると論じた．彼らはもっとリベラルな資源からでも資金を受け取るだろう．しかしブラッドリー財団とその他の保守派の財団が快く援助を申し出てくれたのだ[84]．BAEO執行部の心の中では，統制権を握っているのはアフリカ系アメリカ人の活動家であり，保守派財団ではないのだ．それゆえ，BAEOにとって，彼らは，保守派の財源から資金をえるために戦略的な立場をとっているように自分達をみているのだ．彼らはその資金ですること，たとえば彼らの（そしてメディアでもよく取り上げられている）バウチャープランへの強力な支援（この支援もまた不確定で，地域の権力関係に時には依存するにも拘わらず）などは，すべて自らの決定である．彼らにとって，教育市場によって提供される空間は，黒人の文化的，そして，あるいは，ナショナリストの政治のために再び占領することができ，黒人の子供達に対する戦争となると思われるものを（私が思うには，かなり正確に）ストップさせるために利用することができるのだ．

しかしながら，私はBAEOのリーダー達の何人かを尊敬しているのではあるが，彼らが権力のこの社会的領域で戦略的に組織化されている唯一の集団ではないということを思い出すことが肝要である．たとえば，ブラッドリー財団と連携しているような集団は，自分達が何をしているのかということについて〈正しく〉認識しており，BAEOのアジェンダを自分達の目的のためにいかに利用するかよくわかっているのだ．彼らの目的は，長期的にみれば，しばしば全国レベル地方レベル双方において権力をもたない人々の大多数の利害と真っ向から対立するような目的であろう．ハーンシュタインとマリの『ベル・カーブ』のような本の為に資金を提供し支援する同じ集団と提携することが真に有色の人々の長期的展望にたった利益となるのだろうか．ここでも再びこの状況の複雑さを認識する必要があるにせよ，私はそうは思わない．

私は，たとえば，新自由主義と新保守主義と提携する有色の人々によって，

そしてBAEOそれ自身の活動家によってとられた保守的立場についてのこの種の質問は常に生じると思う．この社会において常に「他者化される」人々の集団のメンバーが，戦略的に支配的集団を支援するようなアイデンティティをとる場合，この質問は自然なことであるし，個人的には本質的なことであると信じている．しかしながらまた，歴史的に抑圧され，周辺化されてきた集団のメンバーが，〈常に〉彼らが選んだわけではない地勢の中で活動しなければならなかったということを想起することも重要である．彼らは常に自分達の目的を前進させるための幾つかの支援方策を支配的集団から獲得するために，戦略的に建設的に動かなければならなかったのだ[85]．また，合衆国の民主党の全国的および地方のリーダー達が，黒人からの支援はすでに〈そこにあり〉，そのために活動する必要はないとしばしば想定してきた，より最近の事例も同様である[86]．そういった理由から，私達は教育政策といった特定の問題に対して「通常では考えられないような連合」のさらなる発展をみるかもしれない．これがバウチャープランだけでなく，反同性愛，反堕胎，学校での祈祷支持，そして類似のイニシアチブに対する有色の人々のコミュニティの内部での暗黙の，あるいはまた明白な支持を伴ったとき，特定の問題に関して，より大きな保守的運動と幾つかの黒人集団が一緒に縫合されることは，それほど驚くことではない[87]．

　しかし，BAEOのようなこういった問題に深く関わる運動の存在と発展しつつある力は，私達に対して，公に新自由主義と新保守主義の政策を支援するかもしれない集団や，NCBL法のようなものは，より責任があり応答的な教育的プロセスに向けた第一歩となるという約束を示しているのだと信じている人々をステレオタイプ化してみることについては，十分気をつけるべきだということを示している．彼らの見通しは，注意深く検討されるべきであり，深刻に受け止められるべきだ．単にすべて過って導かれたもの，すなわち，イデオロギーのこのような有害な一揃いを考えることもなく受け入れさせられているように騙されてきた人々として退けるのではない．同様に，複雑な権力の社会的領域でなされてきた複雑な戦略的動きというものがある．私は，BAEOのような集団によってとられた幾つかの立場にはまったく同意しないし，同意できもしない．しかしながら，彼らを単に保守的諸力の操り人形であると想定することは，彼らの社会的マヌーバーとしての試みを見失うばかりだけではなく，口には出さないものの人種差別的であると私は信じ

る．

　このように述べることは，監査文化や，学校教育の市場化と民営化に対する私達の反対論を弱める必要があるということを意味するのではない．バウチャーと減税プランは（すでに述べたように，後者は最終的に現実にはもっと危険となるだろう），長期的にみればかなり問題となるような効果を依然としてもっているだろう．最も重要な効果の一つは，有色の人々のコミュニティ内部での社会運動の〈解体〉となるだろう．学校は，正義のための運動を作り上げるための中心的役割を果たしてきた．本質的に，より大きな闘争とダイナミクスの周辺的な反映であるというよりも，学校をめぐる闘争は，すなわち，何が教えられるべきかということをめぐって，また学校と地域コミュニティの関係をめぐって，そして制度それ自体の様々な目的と手段をめぐっての闘争は，平等に向けてのより大きな社会運動の〈形成〉にとって厳しい試練を与えている[88]．これら集団的運動は，権利，誰がそういった権利をもつべきか，これらの権利を保証するための国家の役割といったものについての私達の定義を変容させてきた．組織化されたコミュニティ規模の動員なしには，このような変容は決して起こりはしなかっただろう．

　このことが目下，脅威に晒されていることなのだ．私が前に論じたように，民主主義に関する私達のより政治的かつ集団的理解が近年攻撃されているのだ．しばしばこの攻撃は成功している．これら新しい民主主義の定義は，所有的個人主義，「消費者」としてのみの市民というものに大幅に依拠し，脱人種化，脱階級化，脱ジェンダー化のプロセス[89]に生来的に立脚している．自分達を自覚した行為者として形成するために教育的アクセスと成果をめぐる闘争に関わっているまさに様々な集団がある．もし，これが，より民主的な方向に私達の教育制度を変えていくことに最終的には導く社会運動の組織化された努力であるならば[90]，そしてこれはとくに社会の「他者」としてレッテルを貼られてきた人々によって動員されたケースなのであるが，民主主義に関する新自由主義的定義の長期的効果は，学校における不平等を増大させるばかりでなく[91]，切迫する社会問題への〈集団的〉解決への起動力を本当に失ってしまうことになるという意味においても，有色の人々のコミュニティ（と労働者階級集団）にとって真に悲劇となるかもしれない．ひとたび監査文化がこの公立学校制度というアイデアの信用を損なえば（そしてこのことがNCLB法及び類似の政策のような「改革」から生じるであろう隠され

た主な効果の一つなのであるが），そしてもしすべての問題が単純に市場における個人の選択によって「解決される」ならば，集団的行動は衰退の傾向に陥るし，おそらく消滅するだろう．教育をめぐって，アフリカ系アメリカ人，ラテン系アメリカ人その他の有色の人々のコミュニティの間でみられた彼らの権利の否定に抵抗する動員の形成と生長という組織化された運動が果たしてきた決定的な役割というものを前提とすれば[92]，このことは決して歓迎できるものではない．もし歴史が何か教えてくれるとしたら，結果は何か喜ばしいものではないだろう．それゆえ，新自由主義と新保守主義の政策を短期的には支援することが戦略上，権力をもたないものにとっては賢くみえるかもしれないし，事実，短期的動員を生じるかもしれないが，その後に何が起きるのかということを本当に心配するのだ[93]．公共空間内部における実質的な変容に向かって進む社会的動員のより広範な継続的な発展という必要性に対して，個別化のプロセスとイデオロギー，そして効果が与えるそれらの長期的な含意にこそ，十分関心を払うべきものなのだ．

　日常生活の政治経済と呼ぶことができるものに，ここではさらにもう一点付け加えられるべきである．私は市場化と商品化は，それらが国家の責任を萎縮させる場合には，「消費者」の労働を強化するということをすでに論じた．このプロセスは，情報収集と評価という課題を個人，家族すべてに押しつけるものとなる．このことは，とくに経済的資源が少なく，技術的スキルがなく，財源不足から縮小されたり閉鎖されたりした図書館や社会サービスセンターしか与えられていない，そして無情な経済において，人間としてのニーズを供給することさえも情緒的物理的重荷となるようなコミュニティや家族にとって，しばしばかなりの仕事量を与えることになる．なぜならば，ヴァンダンクとディックマン（VanDunk and Dickman）が示しているように，バウチャーのような市場化傾向が生じているような主要な都市部では，公衆が，とくに有色の貧しい人々が，学校，カリキュラムなどに関する情報を獲得する可能性がほとんどないからである[94]．このことがこういった「消費者」にかなりの不利益を与えている．

　こういった困難があるうえに，目に見える以上にイデオロギー的に複雑な事情が存在している．前に示唆したように，そしてペドローニと私がかなりの分量を割いて論じているように[95]，有色の人々が「合理的な経済人」あるいは「消費者」としての立場を取るときこのことは対抗的ヘゲモニーとして

の可能性をもち，異なる社会的コードを提供するのである．しかしながら，こういった可能性は，単に可能性にすぎないということを注記しておいた．これこそ注記されるべきことである．それらは，人々がそのように行動するためには，人々が暮らしている環境において，客観的物的条件と資源を要求する．このような可能性は，この社会を構成するアウトサイダーとしてみなされている人々によって作り上げられている都市部および地方のコミュニティの経済，社会と文化的サービス，ヘルスケア，その他に対する新自由主義的改革のもとでは容易に実現するものではない[96]．

可能性について

　　　　私はこの章をNCBL法とそれに盛り込まれた政策と実践，あるいはこれに類似の「改革」が与えてきた否定的な効果について批判的に論じるところから始めた．私はそれを私達の社会内部にみられるより広範な憂うべき傾向の中に位置付けてきた．私は制度とアイデンティティについての新自由主義的改革の安定した成長を指摘し，そのような変容が要求する確固として独創的なイデオロギー的作業についても述べてきた．このプロセスにおいて，私は商品化と監査文化は互いに強めあう傾向にあり，これらのプロセスが，教育が最も重要な位置の一つを占めている複数の地勢の中で進行させられていることを注記してきた．

　これらのように変更を加えられた文脈において，階級が機能する方法について，特別な作業がなされてきた．たとえば，第3章での私の議論，すなわちミドルクラスの親達にはしばしば文化資本かつ社会関係資本の蓄積があり，そのため，自分達の子供が優位になることを保証するような複雑な改造戦略の一部として，教育における監査とか「選択」といったようなものを活用することが可能であるということを論じてきたのである[97]．またいかにこのことがジェンダー化された労働，とくに母親の仕事と関連しているかということについても，徐々に研究の蓄積が始まっている[98]．しかしながら，歴史的に抑圧されてきた「マイノリティ」集団のメンバー，とくに有色の貧しい人々が，〈戦略的に〉，合衆国のアカウンタビリティ，市場化，民営化，そして「選択」という問題を取り扱っているのかということについては関心が薄かった[99]．

そういった理由から，本章の残りの部分での私の関心は，NCBL法とその中に盛り込まれているイデオロギー的傾向を批判するだけでなく，もちろんそういったこともとても重要なのではあるが，私はまた，これまで以上に複雑な様式を取っている歴史に根ざした権力関係と闘争という地勢の中で動かざるをえない人々の側にある戦略の意味と効果について真剣な議論をするための一つの文脈というものを提供したいと思う．これらの行動は，私達の通常の批判的評価がしがちな読み方よりもさらに微妙な感情を読み取る作業を要求する．私達は保守的現代化が私達の生活と制度を改革する方法を詳細に検討するという批判の作業を続けなければならない．しかしこのことは，「私達」を広げて考える必要性と，それゆえ，これらの効果を統治する多元的日常という現実とその矛盾を認識する必要とを十分に，そして歴史的に理解することを要求する．それゆえ，私は有色の人々の〈ある部分〉にバウチャーと厳密なアカウンタビリティに対する支持が拡大していることについても焦点をあててきた．このことが保守派連合のイデオロギー的リーダーシップの下に通常であれば支持を示すことなどないような人々を惹きつけることに右派がかなり成功しているその方法を見出すことを可能とするのだ[100]．

　本章ではまた，私は保守的現代化のある特定の要素が教育に対して複数のレベルで衝撃を与えているということについてもある程度議論してきた．私はそれに伴う商品化された論理と監査文化の成長について指摘してきた．そのときに私は，いま私達が直面している幾つもの危険性について際立たせてきた．

　しかしながら，私はまた，ある単純な公式から自動的に生み出されるものとしてこれらの条件をみなすべきではないということも論じてきた．私達には，階級関係と階級プロジェクトのさらに微細なかつ複雑な図が，何が起こっているのかということを理解するために必要なのだ．そして監視される必要のある「統制のきかない世界」と，市場と監査文化の成長において「リアルな知識」を脅かす「文化的汚染」という二つのビジョンにおける人種のダイナミズムについてのより繊細かつ歴史に根ざす分析が必要なのだ．私はまた，抑圧された人々のコミュニティの集団的声からの批判にもっと注意深く耳を傾けるように，そしてこういったことが右派のイデオロギー的公式の単純な表明としてこういったことをみなすことによって彼らの立場を理解しないようにと願ってきた．そのような構造的ダイナミクスについてもっと敏

感になることは，いま私が焦点をあてている諸傾向に対して私達が介入できるということを保障するわけではないだろう．しかし，これは真剣な介入の政治において何が肝要であるかということについての重要な起源を理解する本質的な第一歩なのだ．

　もし介入という問題が，一つの学問的な問題であるだけではないならば，それはまた何か別のことも要求する．私達は，守られるべきものとは何か，また挑戦されるべきものは何かということについてより明確に考える必要がある．ちょうどマルクスが資本主義というものは現実には封建主義を改善したものであるということを私達に想起させているように，私達は，新経営主義的衝撃と監査の後景で幾つかの制度が，これまでの教育政策と実践を改善するものを含んでいる可能性というものを真剣に取り上げるべきである．この問題についてさらに述べよう．

　複雑であり，ときには互いに矛盾している政治がここでは機能している．学校と大学は，集団の記憶，正統な知識としてみなされるもの，声と参加，社会的および教育的目的と効果，そういうものをめぐってまさに現実に文化的葛藤が生じている場となっている．大学を例に取ろう．大学はこれまでも誰が進学できて誰が進学できないかという問題をめぐって，葛藤がかなりあった場であった．大学のジェンダー化され，人種化された採用人事，これについては文化的社会的不均衡を提示するまでに何十年もかかったといわれているが，これをめぐる激しい闘争は，私達が直面すべきこの問題が有する本質が変わっていないということを示す雄弁な事例である．だから，公的アカウンタビリティの幾つか，たとえば大学に対して人事に関する彼らの社会的責任についての真剣さを示す証拠を提供せよと要求することなどは，部分的には勝利であったのだ．そして私達の公立学校に対しても，同様のアカウンタビリティについてはいえるのだ．私達の学校において人種差別的な人事は〈存在する〉．階級の差異はいまでも〈考慮されている〉，確かに強力に考慮されているのだ．そして世論の関心はいま「少年達はどうなんだ」という一点に集中している．すなわち，学校におけるジェンダー関係と少女達の取り扱われ方は，依然として，まさに現実的不平等を生み出す強力なダイナミクスなのである．

　さらに，小学校，ミドルスクールそして中等教育学校，高等教育機関は，ますます財政的にも組織的にも複雑になってきている．このこともまた，

(〈民主的には〉衰退した)経営スキルをまさに必要とするようになっている．これらのスキルと傾向の発達と洗練化を真剣に受け取らずに，私達は新自由主義と新経営主義の衝撃に関与した人々ですでに満たされている空間を作り出さなければならないのかもしれない．問題は，私達がアカウンタビリティを必要としているのかどうかではなく，アカウンタビリティの様々な論理と，誰に対するアカウンタビリティなのかという問題なのである．これがいまの公立学校や大学の歩む道を導こうとしているのだ．目標，業績基準，数量化できる結果(ただしこれは依然として公的アカウンタビリティの問題を真剣に扱うものである)の外部に与える賦課への代案が必要とされ，作り上げることができなければならない101)．私達がこういった問題を真剣に取り上げることなしには，NCLB法と類似の「改革」といった政策は，この空間をますます占領していくことになるだろう．

実効性ある代案

もちろん，これらの問題は複雑である．しかし，複雑さが必然的に停滞をもたらすことはない．現行の監査への熱中が含意しているように思われるようなたった一度のテストの点数というものに依存する類いのアカウンタビリティ制度に対抗する代案がある．たとえばバレンズエラは，「教育における真の改革のための連合(the Coalition for Authentic Reform in Education)」(詳細に関しては以下のサイトを参照のこと．http://www.fairtest.org/arn/mass-page.html)による提案をあげている．このアプローチにおいては，読み書きに関する標準化されたテストが採用されている．しかしこれらの使用には枠がはめられており，展覧会，ポートフォリオ，作品の展示その他課題発表などといったその他幅広い情報によって捕われている．緩やかに定義された潜在的能力，すなわち数字に還元されたり，アトム化された知識だけではないものが強調されている．「コミュニティの価値および機会のあり方に真に根付いている」より地域的な，統制の緩やかなカリキュラムに依存することによって，これは親や地域住民に対してより民主的な参加の機会を提供する．そればかりか「評価のもっと健全で真の形式」の活用を通じた発明の余地を与えるものであるのだ102)．この種の強調は，他の国に対してもかなりの影響をすでに与えている．私が繰り返しふれているように，財政的困難な時代

においてさえも何ができるかという格好の事例はブラジルの「市民学校」と「参加型予算」である．そこではアカウンタビリティはもっと民主的でもっと参加型となっている103)．

　しかし，私達は余所の国から多くのことを学ぶべきであろうが，自分達の国境の外だけをみるのでは不十分である．このような代案モデルはすでに幾つかの州においてもみられるからである．たとえば，メイン州では，標準化された基準を使うことを含め，評価のモデルを制度化しただけでなく，教師によって開発されたテストを使ったり，ポートフォリオを使ったり，生徒の発表や学区規模の「せりふ書き」，その他実際に生徒達が何を学んでいるのかということについて「評価を与える」方法を地域で幾つも開発してきたのである104)．もちろん完全ではないが，そのような代案例が存在しているということは，テキサス州やNCLB法においてみられるようなものに限定されないアカウンタビリティへの実効性あるアプローチを組み立て，利用することが可能であるということを明らかに示している．このようなモデルが付け加えられるのではなく，法的な部分として含まれることが可能であれば，地域的に作られた評価の真のやり方は，学問的な熱意をもち，教育経験の豊かな組み合わせに基づきつつさらにそれを豊かにすることになるだろう105)．そしてそれらにおいてはいま合衆国中で制度化されつつあるアプローチよりも，人種差別的要素がかなり減じられているだろう．

教育改革について正直であること

　　これらの改革は始まったばかりであって，終わりではない．第一歩として，それらは打ち立てられることが必要である．私達は正直でなければならない．昨今の改革とは異なり，私達が集団としていかにアカウンタビリティについて考えたり，行動するかということを真剣に変えていくことは，「異なる公共的目的や公共的サービスについて異なる考慮を理解し，合意することが可能となるような（批判的）思索のプロセス」106)というものに依るし，またそのプロセスに基づいて常に再建されていかなければならない．そしてそれは，私達がNCBL法あるいは類似のイニシアチブに対抗して私達がいまもっているものをすべて守らなければならないというような単純な仮定に基づくことはできない．ここでの要点は，もちろん，何が「公共」とし

て，また誰が「公衆」としてみなされ，そして誰の声が聞かれるのかということなのである．

　ナンシー・フレイザーやチャールズ・ミルズが論じ，私が前述したように，公共空間とは歴史的にジェンダー化され，人種化されてきた空間として歴史的に構築されてきたのだ[107]．「公」と「私」の支配的な定義は，誰が正統な参加者であり，誰がそうではないかということについてのある特定の仮定の集合体に基礎をおくものであった．そのため，公共空間の一部であるという重要性に基礎をおく公立学校と大学が決定的な役割を果たすという単純な仮説は，擁護するには不十分である．そうだ，それらは守られる必要があるし，この公共空間は確かに攻撃に晒されている．しかし，いかなる公共空間を私達は思い描いているのか．いかに「それ」は構成されるべきなのか．いかにこの構成はフレイザーが呼ぶ再分配の政治，承認の政治というものに統合できるのであろうか[108]．もっと普通の言葉でいえば，一般的な公共空間や，とくに学校や大学といったものが長期にわたり現実に動いているやり方を規定する批判を前提とすれば，これらの批判を考慮したら何が変わるべきであろうか，ということだ．

　私達がすべきではないこととは，私達の公立学校や大学の既存の実践のすべてを擁護することである．なぜならこれらの多くが差別的，階級差別的，性差別的，人種差別的であり，エリート主義に基づく歴史を有しているからである．かわりに，私達は何を〈とくに〉守りたいのか，ということを自問すべきだ．この問題を問うとき，私がすでに指摘したように，私達は学校や大学に対してなされている批判の中にはセンスの良いものも悪いものもあるということを自覚すべきなのだ．批判の空間は新自由主義者の主張と経営主義的衝動というものによって占拠され続けてきた．しかしそのことは，私達の教育制度を変える必要がないとか，以前の教育の様式と内容にもどることが最善の政策になにがしか近いものだということを意味しない．ここで右派は少なくともある部分正しい．そして貧しいコミュニティにいる収奪された親や活動家達によってなされる強力な不満の主張は，防御のポーズを単純に取ることで無視できるようなものではない．学校教育のいまある様式に挑戦するこのような立場にはまさにセンスの良いものと悪いものが存在しているということを理解することは，私達が原因と解決法の右派的解釈を受け入れなければならないということを意味しているわけではない．しかし，保守派

連合の傘のもとにいままで以上の人々を集めたいと願っている人々の手の内にはまってしまっている深刻な問題があるという事実を拒否してはならない．私自身が黒人の子供の父親として，たとえば有色の人々のコミュニティ内の活動家の多くがなぜ学校教育が押しつける，当然視されている実践には拒否すべき部分があるとみているのか，私にはよくわかる．

　ここでもまた，私達は正直であるべきだ．もし過去の実践に単にもどることが可能でも賢い選択ではないとしたら，私達の小学校，ミドルスクール，中等教育学校，そして高等教育機関の内外における公的な生活を導く構造，実践，そして思慮深いエージェンシー（代理人）のモデルが有する性格そのものについてのより漠然とした素描以上に何か事前に特定化することは困難である．レイモンド・ウイリアムズが私達に想起させているように，「コモン（共通）」なるものは，常に作り上げられなければならないのだ．なぜならコモンとみなされるものは，まさにコモンそれ自身に関する問題について批判的な思慮を繰り広げる終わりのないプロセスであるからだ[109]．このより批判的な理解は，市場と監査の論理の神盾（aegis）のもとに避難している．なぜなら私達は，いま作られつつあるもの，あるいは課せられているものはしばしば破壊的であるということを知っているからだ．たとえそれ自身が，確立しつつある市場と監査は，対応性と，信頼さえも作り出すと思いこんでさえいるのであるが．

　スチュアート・ランソン（Stuart Ranson）はこれらの論議を次のように要約している．

> この新自由主義の体制は，制度的達成と公的な信頼という目的を実現することはできない．達成は，数量化できる目標を外部から押しつけることによってよりも，改善への動機という内部に宿る善意（それに目的についてのより成熟した思慮と認識が続く）からしかなされないからだ．一方，公的な信頼からは差異と不一致から生じる共通の目的の熟慮というものが続いて生じるのであって，階級的特権の序列と排除を生み出すだけの競争の諸力が続くのではない[110]．

　ランソンは，新自由主義と新保守主義による監査文化と商品化の構築に挑戦し，公共空間としてみなされていた以前の解釈の限界を超える公共空間を

作り上げる可能性については楽観視してはいない．しかしながら彼は，何がなされなければならないかということについての意味をつなぎあわせている．公的なるものの再構成されたビジョンと，それを支える実践と構造の一つの組み合わせが以下のものの基礎となる．

> 民主的な公共空間において，公共的目的と実践の異なる評価が熟考されることを可能とするような公的アカウンタビリティの枠組みの中においてのみ，信頼と達成は生まれ出ることができる．差異，容易な参加，意見表明と異議申し立てなどを含むように制度化され，集団的判断と決定を経る。こういったことこそが公衆に対して応答的であるということなのだ[111]．

そのようなビジョンは単純なユートピアなのではない．実際，高等教育の歴史をみてみればわかる．初期のメカニクス・インスティチュート（職工学院）から始まって，「人民大学（people's universities）」や，歴史的に黒人達が組織し，闘争してきたカレッジの建設まで，さらには大学，とくに教員養成プログラムを文化的，政治的そして経済的に何ももたない人々により密接に結び付けようとしてきた様々な試み[112]までの歴史は，こういったことを実現させるための豊かな知識の宝庫が存在しているのだということを示唆しているのだ．しかしこれは記憶を呼び覚ますことを要求する．それゆえ，歴史を考えるということは，もし私達がさらに前進するつもりであるなら，絶対必要なのである．ここで私は想像された過去を郷愁を持って思い出したいということをいっているのではない．そうではなく，これまでになされたことに対する限界や可能性について正直に評価すべきだといっているのだ．そしてここにおいて私達はパウロ・フレイレ（Paulo Freire），マイルズ・ホートン（Miles Horton），デュボイス（W. E. B. Dubois），カーター・ウッドソン（Carter Woodson）を含む，そして何千もの教師達（そのほとんどが女性であったし，いまでもそうである），この国において，自分達の生徒の生活と希望に応えるような教育を作り上げようと奮闘してきた何重にも抑圧されたコミュニティ内部の活動家達といった人々の幅広い声を聞く必要がある．

この課題は，しかしながら，歴史的というだけではない．幾つもの国で教育制度の改革についての幾つもの具体的な事例がある．繰り返し私が強調し

て取り上げているのは,ブラジルのポルト・アレグレである.事実,私が示してきたように,市民学校と参加型予算といった成功は,階級,人種,ジェンダーその他の社会的地位の複雑さを真剣に取り上げ,そしてまた,コミュニティ内部の最も恵まれていない人々の現在と未来の生活を豊かにする教育を作り上げるためには何ができるのか,ということに関しての力強い事例なのである[113].ポルト・アレグレで起こっていることは,また別のことも誇示している.誰が教師で誰が生徒かというどこにでもみられるパターンをひっくり返すことによって,学校改革の強力なモデルにおいて「何がうまく働いているのか」ということについて南が北に教えることによって,私達はまた,最高権威の中央から,発展途上の周辺とみなされている所へと情報が流れるその方法についても挑戦しているのだ.

責任と機会はここで終わるわけではない.疑いもなく,すべてのレベルにおける教育機関内部で,いわば裂け目と割れ目の中で,対抗的ヘゲモニーの実践が打ち立てられ,擁護されているのだ.しかしそれらはしばしば互いにばらばらで,まとまった運動も統一的な戦略も一度として組織化されてはいない.カリキュラム,教授法そして評価の統制をめぐって,また私達の教育制度が実際「見捨ててきた」子供達の手に届くようになったこと,つまり私達がやってきたことすべてについてこのような成功例を公にしていくことが課題の一つとなる[114].公に「物語ること」だけでは十分ではないかもしれないが,これは重要な役目を果たす.それは監査と商品化と無礼の時代において,違いをもたらす可能性があり続けることを私達に示しているのだ.

私達は,たとえば,私の同僚であるグロリア・ラドソン゠ビリングス(Gloria Ladson-Billings)によってなされた非常に尊い,成功した教授法に関する非常に重要な議論といったような[115],この課題を実現することにすでに成功した事例を知っている.批判教育学雑誌『学校再考』*Rethinking Schools*や『デモクラティックスクール』には重要な情報があふれている[116].私が述べたように,この本では私とジェームズ・ビーン(James Beane)は,研究者としての私達の役割を通常とはまったく違うものとして考えていた.私達は社会的に批判的な教育者の「秘書」として働き,差異,参加,発言,そして異議申し立ての上に公共的空間を再構成するのだというランソンのビジョンを明確に具体化しているカリキュラムや教授法を打ち立ててきた彼らの物語を公にしてきたのだ.この本が何カ国語にも翻訳され,何十万部も売

れているという事実は，何か変化をもたらすようなことを批判的教育者やコミュニティの住民達がやる準備がいかに整っているのか，ということを示している．

これらに加えて，ガットシュタインとピーターソン（Gutstein and Peterson）の批判的数学教育，ロスとバートン（Roth and Barton）の批判的科学教育，デビー・マイヤー（Debbie Meier）と彼女の同僚達の仕事を付け加えることができる．それらはNCLB法やその他類似の改革に具体化されている還元的なそして疎外するような政策に対する強力なそして成功している代案となっていることを示しているのだ117)．しかし，「もっとテストを，もっと頻繁に」という叫びに同調するよう圧力が高まっているようなときに，教師はこのような代案を実現することができるように養成されることができるのだろうか．私達はそれも可能だといいたい．モルバ・マクドナルド（Morva MacDonald）は，社会的に責任を感じ，教育的に賢い教師教育はいかにして構築可能かということについて分析している．それは，こういった事柄を考慮に入れ，教師教育はこのような実践や政治的問題について，現実的なかつ機能するような方法で行うことができるというものだ118)．

『デモクラティックスクール』とその他の素材は，小学校，ミドルスクール，中等教育学校についてではあるが，教育が「豊かな」民主主義という基礎の上に成り立っているときには，現実のコミュニティにある現実の学校でいかに有効であるかということを示す重要な事例を紹介している．それらはまた，そのような戦略的介入はほかの制度上の文脈においても遂行することができるということを示している．

そしてもう一つの課題がある．私達の仲間や複雑なコミュニティ内部の活動家の秘書を勤めた私達は，私達がいま経験しているような規制の体制に対して，彼らの不完全な，しかし成功しつつある抵抗を公にしきれているのだろうか．彼らの（そして私達の）政治的・教授学的生活についてのナラティブ（語り）は，私達が生活し，働いている空間の内部に再構成された公共空間を打ち立てることに向けて歩み出す可能性を私達にみせてくれるのだろうか．そして私達は常に誰が「私達」であるのかということについての私達の定義が批判的精査いかんによるということを自覚し，そうすることによって，私達は，NCBL法の背景にある新自由主義，新保守主義そして新しい経営主義的衝撃に挑戦する多くの運動を組み立てる，より分権的なユニットとなる

ことができるのだろうか.

　私達は,新自由主義と新保守主義の立場が,もう一つの集団,私が権威主義的大衆主義者と呼ぶ急速に成長しますます強力になっていく彼らの連合の一部の間で,なぜ〈人気がある〉のかということを検討しない限り,この質問に答えることはできない.以下の四章は,これら熱心に関与している集団の目に映っている世界を詳細に分析し,教育や社会についての彼らの立場の間には矛盾する政策や緊張があることを探し当てよう.

5. 危機に晒されたキリスト教

ダーウィン，神，そして悪魔

　権威主義的大衆主義的宗教的保守派を理解するために，私達は，新自由主義，新保守主義，そして新ミドルクラスの経営主義に関する分析で行われたことを越えて進まなければならない．私達はまた，特定の神学的衝動と，これまでの長きにわたって人種，階級，ジェンダー，宗教的，そして地域的諸関係がいかに相互作用してきたかということの重要性について，歴史的に考える必要がある．それも，これらの関係の交錯と矛盾を無視することなしになされる必要がある．本章では，私はこうした運動の歴史的起源に主に焦点をあてる．第6章では，私はそのような保守的宗教的信念の主要な要素すべてが，それらの提唱者にとって，部外者にとっては抑圧的にみえるときでさえ，意味があるものとなったその方法を検討する．そして，第7章と第8章では，私は，彼らの反学校感情の最も強力な結果の一つであるホームスクーリングを取り上げ，その社会的，イデオロギー的，そして教育的衝撃とその隠れた幾つかのコストについて批判的に分析する．しかしながら，そのような保守派の立場については，センスの良いものも悪いものもあるというこの本の最初にあげたグラムシの警告を思い出すことが肝要である．このことを理解しないならば，権威主義的大衆主義を単なる操り人形として扱ってしまう．これはまったく誤りである．

　合衆国における宗教の力については決して過小評価すべきではない．世論調査は，ある特定の構造と質問を構成する文言によって，また誰が質問しているのかによって，明らかに変節させられてはいるが，結果はしばしば宗教

的傾向に関してかなり印象的なものとなっている．私の州，歴史的に合衆国で最も進歩的である州の一つでもあるウィスコンシン州での宗教的信念の本質と程度についての感覚は，こういった状況を例示するものだろう．ウィスコンシン大学の「世論調査研究所（Survey Research Laboratory）」によって，宗教的信念に関する質問がなされたとき，回答者の94％が神を信じていると答え，67％が悪魔（devil）を信じていると答えた．また80％が天使の存在を信じていた．後二者については驚くかもしれない．質問された人の三分の二が悪魔の存在を信じているということは，人々の魂（psyche）において，悪魔の意味が，現実的で具体化された，強力なものであることの証しである．多くの人々にとって，具体化されたまさに善と悪のこの感覚は，聖書を厳密に読むことに根ざしているのだ．この無謬性（聖書には誤りがない）という立場は，明らかに，教育政策と実践についての論争にある種の衝撃を与える．

1980年代，「創造研究所（the Institute for Creation Research）」は，あるモデル的法案を準備した．すなわち，「創造科学と進化科学のバランスのとれた取り扱いに関する法律（Balanced Treatment for Creation-Science and Evolution-Science Act）」である．それは，学校で，天地創造説と進化論と双方に同じだけの時間を配分することを要求した．それは創造－科学を六つの教義に基礎をおいて次のように記述している．

> 創造－科学は，以下にあげる内容の科学的証拠づけと，それに関連した推論を含むものである．すなわち，（1）宇宙，エネルギー，そして生命体の無からの突発的な創造，（2）一つの生命体からすべての種類の生命体がもたらされているという突然変異と自然淘汰の不十分さ，（3）最初に創造された種類の植物や動物という固定された範囲内での変化，（4）人間と猿の先祖の分離，（5）世界規模の大洪水の発生を含む，大変動による地球地質学の説明，（6）地球と生物の比較的近年の発生[1]．

10年後，1999年8月11日，カンザス州教育委員会は，州の科学のカリキュラムから文字どおり進化論に関するあらゆる言及を削除することを決定した．このことは，公式には学校で進化論を教えることを妨げはしなかったが，州規模の評価テストには進化論に関する問題が含まれないということを意味するので，実際には妨げる方向に動いたのだ．こうして，カリキュラムに天

地創造説を導入させよう——それだけでは歴史的に成功してきたことはなかった——と試みる代わりに，創造説信奉者は，カリキュラムからダーウィニズムを排除し続ける，あるいは単に証明されていない理論としてそれを表すほうが，もっと成功することを発見したのだ．禁止されていない場合でも，多くの教師が，保守的な親，教育委員会，そして教会からの抗議に直面するので，進化論を教えることはあまりにもリスキーであると判断している[2]．

　州教育委員会は生物学的進化論への言及のほとんどを削除したばかりでなく，「ビッグバン理論」のようなことを提示することもまた抹殺した．創造説信奉者にとって，宇宙が本源的な大規模の爆発によって生まれたという立場をとることは，聖書と創世記の約束に完全に矛盾する．州教育委員会によって承認されたカリキュラムは，進化論の正体を暴露するために創造説信奉者が利用する事例研究を含むところまで踏み込んでいった[3]．創造説信奉者は，カンザス州やその他の地域でかなりの権力を掌握し，自分達のアジェンダを学校や教科書に盛り込もうとしている．

　このことはご想像の通り，多くの教師や教育行政に携わるものにとって，困難な状況をもたらした．アラバマ州バーミンガムのある一人の生物教師は，以下のように説明している．「彼女は単純に進化論を無視した．なぜならば彼女は彼女の授業においてそれに関することを発言したら，校長と問題を起こすことになるとわかっていたからである．他の教師も彼女と同じ考えだった」[4]．多くの校長にとって，「私達にはすべてを教える時間はない．だから問題となるようなことは避けた方がいいのだ」[5]．

　創造説信奉者にとって，国民のための学校のカリキュラムからダーウィニズム的進化論を取り除こうとする彼らの恒常的な歴史的試みの肝心要の意味は，指導的創造説支援集団である，「解答は創世記あり（Answers in Genesis）」からの以下の引用にみることができる．

　　公立学校の生徒は，進化論を事実として教えられている．そして生徒達は，最も適しているものが生き残ってきた結果彼らが生み出されたものだと教えられている．もし私達が生き残りをかけた戦いの中に単に生きている動物だとすれば，人生の意味などありはしない．これは目的がない，また希望もないという感情を産み出す．私はこういった感情が，痛み，殺人そして自殺へと導くものだと思う[6]．

カンザス州の決定は，その他の努力をも勇気づけたようである．これは，世界はあまりにも複雑なので神の介入（「インテリジェント・デザイン：叡智によるデザイン：intelligent design」）なしには説明できないと信じているやや穏健な創造説信奉者に対してよりも，世界は一万年以上遡ることはできない（天変地異という見方を伴う「洪水地質学」と呼ばれるもの）と主張する人々に，より多くの支援を与えた．さらに重要なことに，この決定は，疑いもなく地方学区レベルで，創造説の教科書を採用しようとする，むしろより大きな企てを導くだろう．これはすでに起きつつあることだ[7]．

　それゆえ，保守的宗教的活動家により繰り返された抵抗と裁判は，強力な効果をもたらしたのである．主要な効果の一つは，カンザス州の決定に含まれているものよりも明白なものはない．そこには「損益（bottom line）」を大いに気にする出版社による自主規制が含まれている[8]．そのような保守派の教科書に対する攻撃の影響を非常によく分析している研究の一つにおいて，ジョアン・デルファトーア（Joan Delfattore）は大手教科書会社のうちのある一社の代表の言葉を引用している．「あなたが本を出版するときに，もし論争的な内容があったら，避けた方がよい」[9]．

　こういった紛争の本質的な論点と，いかにこれが学校知のレベルで機能するかということは，小学校の教科書で進化論についてふれてある箇所を糊付けするというケンタッキー州のある学区教育長による決定にみることができる．また別の学区では，それはアトランタの郊外であったが，「地球の誕生」という単元を第4学年の教科書から削除することを要求した．電子出版を利用して，マクミラン／マグロウ＝ヒル社はジョージア州コッブ県のために，問題とされた17ページ分を削除し，特別に教科書を編纂した．こういったリストはまだまだ続く．1995年に，アラバマ州の教育委員会は州内で使われているすべての生物の教科書に対して，進化論が他にも多数存在する理論のうちの単なる一つであるとの声明文を載せることを要求した．それは，「地球上に生命が誕生したときには誰もその場にいなかった．それゆえ，生命の起源を論じるいかなる文章も，事実ではなく，理論であると考えられるべきである」としている．進化論的生物学を拒否する創造科学に基礎をおく質問がさらに続く．そのような質問の中には以下のようなものがある．

なぜ動物の主要な集団が突然化石として現れたのか．長きにわたって新たな生物の集団が化石として発見されないのはなぜか．主要な動植物の集団において変遷期の化石が存在しないのはなぜか．すべての生物が，このような完全で複雑な生命組織を作り上げる「設計図」をどのようにして所有するに至ったか[10]．

この『アラバマ州教育委員会からのメッセージ』 A Message from the Alabama State Board of Education にそのまま再録されている文書が，「一生懸命勉強しなさい，そして常に心を開いておきなさい」[11]という言葉で締めくくられているとしても，これが強調するメッセージは明らかに創造-科学の教義を支持するものの一つである．進化論をその他多くある理論のうちの一つであると宣言するという進化論に挑戦する戦術は，効果的であるということが明らかになっている．そして全国を通じて，とくに教科書をめぐる闘争において，この戦術に一新された強調が与えられている．新しいキイワードは「インテリジェント・デザイン」であり，これはこの論争の双方の人々にとって，しばしば創造説主義についてのより大きな闘争の象徴となっている[12]．

これらはばらばらに起こっていることではない．ロナルド・レーガン，パット・ブキャナン，その他の多くの同類の過去と現在の政治家達は，親達に「自分達の子供に，神不在の進化論を教えないでくれと主張する権利」があると主張している．全国的に，共和党は創造説信奉者の綱領は自分達の綱領の一部であるということを明らかにしている．創造説信奉者は州レベル，市町村レベルの教育委員選挙に立候補し，しばしば当選している．幾つかの州では，進化論を理論というよりは事実であるとして教えた教師を辞めさせることになるであろう法案が提案されている[13]．

おそらく最も雄弁な事実は，最近の世論で，合衆国の47%の人が「神が大体ここ一万年ぐらいで，一度で，自分の形そっくりに人間を創った」と信じているということを示したことだ．さらに，35%もの人が進化の過程の背後には神の導きがあったと信じている．このような信念の広がりは，合衆国の国境に留まりはしなかった．保守派キリスト教の活動的福音主義の布教は，ヨーロッパ，アジア，そして南太平洋でも科学的創造説がますます人気が高まっている状態をもたらしたのである[14]．

ほとんどの保守派キリスト教徒は，これは自分達が常に信じてきたことだと仮定しているが，奇妙なことに，創造 - 科学の根はむしろ複雑なのである．それらは直接的には，文字通りの6日間の天地創造と化石を作り出した洪水説の双方を強調するセブンス・デイ・アドヴェンティスト（再降臨派）まで遡ることができる．これは，ジョージ・マックレディ・プライス (George McCready Price) の1906年の『非論理的地質学』Illogical Geology から，ウィッカムとモリス（Whitcomb and Morris）の1961年の『根源的洪水』The Genesis Flood [15] まで続く．二番目の本の人気がここ数十年の創造説のリバイバルに大きなはずみとなった．この歴史のおもしろいところは，プライスの「洪水地質学」が福音主義の教会によってほとんど受け入れられている創造説についての伝統的な聖書上の説明には〈依拠していなかった〉という点である．プライスの説明は，とくに再降臨派の教義を支持するために発展させられたのだ．これを「伝統」とみなしている多くの福音主義者はこの歴史的事実に気づいていない[16]．

　しかし，こうはいいながらも，私達は，進化論に対して反感を抱いている保守派宗教集団のすべてが，進化論を完全に否定しているということを意味していると想定しないように注意しなければならない．歴史的に，神学的保守主義が，とくにダーウィニズムが人間に適用されたときには，これは誤っていて危険なものだとみていたことは間違いない．ダーウィンを「力は正義をなす」ということを含意するものとしてみなしつつ，彼らは，これがキリスト教の道徳を掘り崩すばかりでなく，サルから近代的人間が線でつながるというまさにこの行為は，人間は神のイメージに準えて創られたという彼らの信念を無効にしてしまうと強く感じた[17]．

　しかしながら，このダーウィンの一般的な否定は，常に同じ形態をとるわけではなかった．地球における新しい生命の登場（世界は文字どおり一万年前，6日間で創られた）を擁護する保守派キリスト教徒は，創世記の叙述と聖書のノアの洪水が化石の記録をすべて説明しているということに確信をもっていた．こういった立場には一般的に「洪水地質学」という名前をつけられた．しかし他の集団は，それほどでもなかった．「一日一時代理論」を主張するものは，起源の7日間をメタファーとして扱い，地質学上の時代として解釈した．その他のものは，「ギャップ理論」と呼ばれるものにしたがった．これは，一連の根本的な災害と創造，あるいは破壊と復活が起こったと

信じており，それによって聖書の最初の二つの節の間にギャップがあることを想定するものである[18]．洪水地質学に依拠する立場が，とくに原理主義者の集団内で年々強力になってきたが，こういった反対の立場をステレオタイプ化しないことが重要である．

1920年代以前には，進化論に対して組織化された反対といったものはほとんどなかった．それ以降，原理主義的キリスト教徒達が一州一州と公立学校において進化論を教えることを非合法化する十字軍を作り出したときに，これに対する反対はかなり激しくなった．1920年代の終わりまでには，彼らは究極的には3州，すなわちテネシー州，ミシシッピー州，アーカンソー州[19]でのこういった教授を非合法化することに成功しただけにすぎなかったが，紛争それ自体が，明らかに公立学校で進化論を教えるということを，今日私達が目にしていることも含めて，数十年後には一般的にますます困難にさせていくことは疑いもないことであった．

より最近のこの運動の復活を理解するために，私達は神学的不一致の空間を越えて，学校教育と，国際関係と国家をめぐるより大きな問題との関連性について考える必要がある．創造説論争は，1957年，ソビエト連邦が困惑する合衆国の目の前でスプートニクを宇宙に打ち上げたあとに勢いを増した．冷戦支持者，保守派批評家，学者，政治専門家達は，学校における科学教育が劣っているといちはやく非難した．連邦政府は巨額の補助金を学問を基礎とするカリキュラムに対して，とくに理科に対して交付することを決定した[20]．多くの補助金が物理と化学と同様に生物にも交付された．その主要な結果の一つは「生物科学カリキュラム研究（Biological Sciences Curriculum Study：BSCS）」と『人間：学習指導要領』 *Man: A Course of Study* を含む新しいカリキュラムが大氾濫したことである．多くの指導的生物学者が「百年間もダーウィニズム無しだなんてもう十分だ」と主張したのに伴って，進化論が学校の生物学の授業の中に再び中心的テーマの一つとしてもどってきたのだ．

予想通りに，連邦政府によって支援され交付金を援助されたこのような進化論擁護の教育の普及は，すぐに保守派キリスト教徒からの抵抗を招いた．彼らにとって，『人間：学習指導要領』と同様の内容は，「進化論を私達の子供ののどに流し込むための企て」であった[21]．これは神を敬うものではないし，連邦政府が統制不可能であることを意味するものであった．神を敬わな

いということ，政府の介入と統制，そして学校の教科書とカリキュラムへの多大なる不信という三つのテーマが縫い合わされたことは，かなり重要である．なぜならばそれは，三つのテーマのうちどれをとっても，ほとんど自動的に他の二つのテーマを，前面に持ち出すこととなる比喩となったからであった．ちょうどあなたがダイヤモンドとかクリスタルの一面を覗きこむと，すべての他の面がその中に反映しているのがみえるのと同じ様に．

　この知覚された縫合が保守派キリスト教徒に課した脅威は，彼らのうちの多くの人々の立場をさらに硬化させるものとなった．これまでよりも一層聖書を文字どおり読むことにまで後退しつつ，彼らは彼らの課題は聖書を科学の中に〈位置づけることではなく〉，科学を創世記の誤りのない読み方の中に適応させることだという立場を強めていった．洪水地質学の厳密な創造説主義が，劇的なシフトが起こったように，これまで以上に支配的となった．「古い地球（old-earth）」説は支持を失い，「新しい地球（new-earth）」説が提唱された[22]．これらすべてのことを通じて以下のことが明らかである．すなわち，学校および学校をめぐる闘争は，世俗性に挑戦することをめざすイデオロギー的かつ宗教的運動の形成において本当に重大な役割を果たしてきたのだ．それゆえ，別のところで強調したように，学校を社会の諸力の受動的反映としてみなすことは，闘争の場としての重要な地位をもっているということを正当に扱っていないということになる[23]．

　この力強い復活（復活という用語は福音主義者そして原理主義者の伝統における復活の出会いの歴史を所与のものとすれば適切のように思われる）の理由は，複雑で，「過剰決定的」であり，それゆえ疑いもなく，複数の原因をもっている．冷戦の脅威，科学の力の成長によって伝統的な信念が脅かされていること，連邦構造における権力の中央集権化，人口の郊外への流出と増大する地理的流動性から生じる地域コミュニティ感覚の弱体化，ある人々にとっては家族の安定性と役割と行動の「受容可能性」を脅かすようにみえる人種とジェンダーをめぐる闘争，人種統合に対する怒りなど．こういった原因を認識する一方，しかしながら，合衆国で最も鮮明に創造説をダーウィニズムにそって解釈する歴史家の一人であるロナルド・ナンバーズ（Ronald Numbers）は，私達に，そのような成長の理由を理解する私達の企てにおいて神学的部分を無視しないよう要求している．彼にとって，20世紀後半の科学的創造説の「人気の高さ」は神学的衝動に重要な根を有するものであった．

多くの改宗者は，科学よりも聖書の方が優勢であることを主張する創造科学者によって惹きつけられた．聖書は文字どおり可能であるとする信者にとって，彼らは，若い地球創造説の率直な創世記の日々の記述の読み方，旧約聖書の系図，そしてノアの普遍的洪水にとくに訴えるものがあることを見出した．モーゼが創世記一で彼が「日々」と書いたときにこれは「時代」を意味したと（一日を一時代と提唱する人々がそうしたように）もはや〈想定しなくてもよいのだ〉．また，モーゼが，説明やコメントなしに，地球の歴史を長期にわたって——「始まり」の創造からはるか後のエデンの創造まで——省略したのだと（ギャップ理論家達がしたように）もはや〈想定しなくてもよいのだ〉．単に聖書を科学に位置づければよいのだ[24]．

こういったことがこの特定の時代に生じたということについて確信をもつことが〈なぜ必要であるか〉，このような感情，欲望そして知的・情緒的必要を産み出したのはどのような社会的状況であったのか調査することが〈なぜ必要があるのか〉ということを問うことは絶対に決定的ではあるが，神学的問題は無視できない．しかし，この文面から，ある一つのことは明らかである．すなわち，これらの組み合わせから，聖書の権威の下で，いろいろな本が彼らがいうことを意味しているという一つの物語が作り出され，テキストの複雑さが十分に明確にされ，科学は，それ自身尊重された場を与えられているのだ．「すべての固形物が空中に解けた」そして「聖なるものすべてが汚れてしまった」世界において，このような物語とこのような読み方の政治の受容は，部分的には理解できる．

1960年代と1970年代は，厳密な創造説者の間で主要な戦術的シフトがあったことが目撃される．かつて多くの宗教的保守派の人々が行ったような進化論的科学を否定するというのではなく，創造科学者は，創造説と進化論をともに同等の科学的立場に立つものと認めようと論じた．保守派宗教活動家達が公立学校の教室で進化論が教えられるのを排除しようとした1920年代とは異なり，こういった活動家達は創造‐科学を進化論と同じ時間数，教えるよう要求した．彼らの公の議論において，創造‐科学は，主要には宗教的信念ではなく，「私達が生きている世界のもう一つ別の科学的説明である」[25]．

これは1970年代初頭の「創造研究協会 (Creation Research Society)」の設立によって部分的には刺激された戦術における変化を示しているが，完全な断絶を意味するものではなかった．1925年テネシー州で非合法であった進化論を教えた罪でトマス・スコープスを訴え，有名なスコープス裁判で有罪とすることに成功したものの，保守派宗教的活動家達は続く数年間は次々と成立する法律によって負け続けた．このことが彼らのうちの多くにとって，州議会に焦点をあてるのではなく，自分達の注目をもっと地方レベル，とくに学校に向けた方がかなり成功するのだと確信させた[26]．

実際，国中を通じて，とくに南部では，進化論をめぐる論争が20世紀初期の数十年間盛んになった．前にふれた三つの州，テネシー，ミシシッピー，そしてアーカンソーでは進化論の教授を禁止した．これに加えて，オクラホマ州とフロリダ州が，進化論に言及する教科書を禁止したり，ダーウィニズムを「不適切で破壊的である」と糾弾した．南部が反科学的後進性を有しているという評判は，スコープス裁判に注がれた合衆国内外の注目によって助長されたわけではなかった[27]．それでも南部におけるほとんどの法律が進化論の教授を非合法化したわけではないということを理解しておくことが重要である[28]．しかしながら，ダーウィニズムを教えることを法的に禁止するということが圧倒的な大波となったわけではなかったが，大衆文化と地域コミュニティの感情といったレベルでは，反進化論的立場は目立つものとなっていた．

再びこれもまた複雑な状況である．そして信仰に基づく反進化論的宣言についての還元的説明については，慎重であることが賢い．たとえば，最も批判的なコメンテーター達は，20世紀初頭の数十年，南部での反進化論的感情の成長を説明するのに役立つだろう階級のダイナミクスを見落としている．ダーウィニズムは南部の〈教育を受けている〉階級の間で人気があったのだ．ここは人種だけでなく階級のダイナミクスもまた教育の発展に主要な役割を果たした，そんな地域である[29]．教育を受けた階級がわずかしか公式な教育を受けていない人々を見下していると感じた人々によって，ダーウィニズムに対する拒否が浸透したのだろう．その徴候は，〈レッドネック〉という言葉はそれが南部の貧民や労働者階級に使われるときには，本来は否定的な含意をもつものではなかったという事実にみることができる．まさに正反対なのだ．レッドネックは，自分自身に対して誇りをもって使われる用語であっ

た．それは「本当の」仕事，つまり困難な仕事をした人々に言及するときに用いられていた．これは，寄生的な生活をしているようにみえる青白い病弱なエリートと豊かな上級階級と，そのような仕事をする人々を区別することを意味していた．

　神，進化そして学校への沸き返る熱狂の幾つかの後景に存在した反エリート主義の衝動は，宗教的右派がいまや自分達が抑圧されているとみることにおいて明らかである．それは宗教的な人々による公的な場での尊敬をえたいとする長期にわたる闘争を理解しない世俗的人道主義的「偏見者達」が，自分達の主張に耳を傾けていないという感情である．奇妙なことに，この見方は現実にはスコープス裁判の再解釈へと導いた．

　その変化がもたらした興味深い効果の一つは，現在スコープス裁判がどのようにみられているのかということについて，告発者達——反進化論活動家達——が被告弁護人クラレンス・ダロウ（Clarence Darrow）の言葉を持ち出して使っているということにみられる．禁止されていた進化論を教えたという嫌疑に対してトマス・スコープスを弁護する際，「進化の一つの理論だけを教えることはまったくの偏屈である」とダロウはいったと主張されている．彼は，もちろん，原理主義者達による聖書の無謬性の主張に対抗してこう発言したのである．科学的創造説者は，教科書とカリキュラムにおいて科学的創造説に同等の比重を与えないことは「まったくの偏屈だ」と論じて，これらの言葉を自分達に適うように再解釈したのだった[30]．このような戦略的再適正化は，政治的言語は漂うシグニフィア（指示するもの）の様なものだということを示している．それはまったく異なる集団によって複数の目的のために使われることが可能である．権威主義的大衆主義右派は，ある部分これに成功している．なぜなら，彼らはヘゲモニーを有する自由主義と彼らがみなしているもののレトリックを取り上げ，それを自分達自身の関心の核心の周りに張りめぐらせてきたからだ．次章でかなり詳しくこの点について論じるように，平等なアクセス，差別，そして権利といった言葉は，イデオロギー的そして言語学的資源を提供するし[31]，保守的現代化の傘下に彼らを統合するのを手助けしてきたのだ．

　私の議論からさらに幾つかのテーマが生まれてくる．権威主義的大衆主義的宗教の右派は，〈自分達が〉攻撃に晒されていると信じている．彼らの伝統は軽蔑されている．世界についての彼らの理解のまさに根幹が脅かされて

いる．進化論的見通しは，自分達にとって間違っているカリキュラムの中の単なる一つの要素であるだけではない．そのような見通しは，彼らがとっている立場に関して彼らはその歴史を完全に理解していないとしても，彼らの宇宙のまさに核心にまで進む．こういった集団の間にはイデオロギー的また宗教的差異があったし，いまでもあるばかりでなく，ある種のセンスの良さ (good sense) もまた存在しているということに注記せよ．階級のダイナミクスは学校とより広い社会においても重要であったし，〈重要である〉．それゆえ，多くの人は権威主義的大衆主義的保守派の進化論その他に対する彼らの立場に同意しないかもしれないが，もっと同情的な読み方をすべきであるという要求と妥当性が存在しているかもしれない．このことは困難かもしれない．しかし私は，もし私達が私達自身が尊大であることを避け，いまやかなり成功し，成長しつつある運動を独創的な方法でいかに彼らが作り上げてきたかを理解すべきであるなら，まさに必要なことだろう．

保守派宗教的提唱者が何に対して反対しているのかということだけでなく，何を擁護し，なぜその様な立場をとるのかということをもっと完璧に理解するために，私は次に彼らの歴史と彼らの信念を組織化する複雑なイデオロギー的構造について詳しくみていく．第一，私は簡単にいま彼らが従事している闘争の幾つかを検討する．それから，本章と次章において，私は原理主義と保守的福音主義の歴史的発展における幾つかの鍵的瞬間を論じる．その後，私は保守的宗教的人々が学校を攻撃する背景にある，より大きなイデオロギー的集合体についてのさらに詳しい分析にかなりの時間を割こう．

世俗の危険性

1999年2月，ポール・ウェイリッチ (Paul Weyrich) とフィリス・シュラフリイ (Phyllis Schlafly) を含む保守派リーダー達の連合体，「アメリカの価値を復活させる委員会 (the Committee to Restore American Values)」は，文化の政治をめぐる戦争を続けていた．彼らは自分達の保守的そして宗教的信任にそうかどうかチェックするために，予想された大統領候補に幾つかの質問をした．その質問の中には以下のようなものがあった．

1 「私達は神を信じる」という言葉は，アメリカ合衆国で通用するもの

として存在し続けるべきであろうか．
2 　忠誠の誓いから「神の御許に」という言葉を削除することを支持するか．
3 　生きる権利を保障する憲法の修正は実施されるべきか．
4 　堕胎に関連して，最高裁から下級連邦裁判所までの判事の任命候補者から，どのような関与を要求するか．
5 　銃規制が犯罪を減少させると信じているか．
6 　最高裁から禁じる命令が出たとしても，ホワイトハウスの芝の上にキリスト生誕の像をおくか[32]．

　明らかに，この集団と彼らが代表する組織にとっては，宗教，国家，銃規制，堕胎，そして愛国心が，誰かに私達の国を指導してほしいと願うときに真っ先に頭に浮かぶ問題と宗教的信念との継ぎ目のない網の目を形成しているのである．

　地方紙および全国紙の新聞メディアの報告や見出しは，このような集団内部の，とくに「キリスト教連盟（Christian Coalition）」の予期された混乱を強調した．この継ぎ目のない網の目は，亀裂がはいっていると想定された．財政と指導力をめぐる問題は，この集団に特有のものといわれている．会員リストは水増しされたものだと報告されている．私がこの節の冒頭で引用した質問に類似した質問への候補者の回答に基づいている「連盟」の悪名高い投票者用ガイドは，もともと報道された数ほどは配布されなかった．この「連盟」のような組織の州支部は以前よりかなり弱体化している[33]．これらの報道は保守派キリスト教徒の活動家達の力が失われてきている証拠としてみられている．私は，とくにキリスト教右派が代表しているものの多くが常識として受け入れられたこと，そして彼らが地域レベル，地方レベルの政治にうまく浸透してきているということから，この場合，いわれている程事態は明確になってはいないと思っている．先にふれたカンザス州の事例は，氷山の一角なのだ．ワシントンから発せられている現在の政策は，右派の宗教的集団から現行政府の正統性をさらにえようとするものであるが，このことは，これらの集団の力が弱くなったと思われたとしても一時的であったということを示している．

　『公式な知識』*Official Knowledge* で，私はいかに社会民主主義が，第二

次大戦後の数年間で資本と労働とを調和させてきたか，また，社会抵抗運動，経済危機，企業による労働への攻撃，右派の運動といったものが比重を増す中でいかに分裂してきたかということを跡づけた[34]．新しい保守派の調和が教育およびこの社会の社会的かつ文化的組織すべてにおいて，私達の身の周りすべてで顕著になってきた．

このような調和は単に一時的なものである．それらは，もしそれらが外部からの賦課としてみなされないのであれば，日常生活と文化の地勢において常に再強制され，再建されなければならない．この理由から，「文化戦争」は，政治の最も強力な様式であるし，あり続けてきた．「それらがいかに人々が自分達自身を認識するか，人々が受け入れ可能な行動とみなすものは何かという核心を切り開く」[35] ゆえに，このことはまさに事実となるのだ．教育は常にこのような葛藤を追いかけていくことになる．それはその歴史を通じて，あるときは進歩主義的であり，他のときにはかなり保守的な道徳十字軍の場 (site) であり続けた．私が論じてきたように，過去数十年において，支配権を獲得してきたのは後者である．

多くの集団が常に（そしてしばしば合法的に）学校で教わる内容（たとえば，人種とジェンダーのステレオタイプ，障害，同性愛にたいする嫌悪）について，そしてそこで使われる教授法について，疑問を投げかけてきていた一方で，宗教的保守派によってかなりの数と幅をもってなされてきた抵抗は，他の集団すべてによってなされた抵抗を凌ぐようになった[36]．この特別な道徳的十字軍の構成員の多くがあたかも世俗社会は本質的にキリスト教徒達に対して宣戦布告しているかのように感じている．それゆえ，保守派キリスト教徒達の多くにとっては，「公式な知識」は，一方でフェミニズム，偶像崇拝，「悪魔礼賛」，進化，世俗的人道主義一般を推進し，キリスト教，法の権威，家族，軍隊，自由企業には対立するものである[37]．自分の学区を訴えた一人の保守派抗議人は，世俗的人道主義を「死にいたる宗教 (lethal religion)」と定義している．それは道徳的絶対性と神を否定するものだ．人道主義の教義には「進化，自己の自由裁量，状況倫理 (situation ethics)，歪曲されたリアリズム，銃規制，性的寛容，反聖書的バイアス，反自由企業，一つの世界政府，死についての教育」[38] が含まれる．彼にとって，そして勢いを増している文化的，そして経済的脅威に晒されていると感じている人々にとって，これらのうち一つでも，あるいは全部が自分の子供の，そして自分自身のア

イデンティティにとってかなり危険であることの証しなのだ．一部の活動家はさらに進んで，多文化主義のように一見温和なものが学校のカリキュラムにおいて強調されることも危険であるとまで論じている．広い領域の文化や理念に対する尊敬というものが疑われているのだ．たとえば，非キリスト教徒の社会や信念を尊重することは，しばしば，イエス・キリストへの絶対的信仰が〈唯一の〉救済の手段であるとする自らの根本的な信念を攻撃するものとして解釈される[39]．（9月11日の恐ろしい出来事は，またマドリードとロンドンでも起きた同じような出来事は，このような感情をさらに高め，イスラムと「非キリスト教徒」についての真に不穏な感情が息巻いているような状況を生み出したが，しばしば痛ましいことに放置されている．）

学校においてなされる「悪」の原因の一つは，ジョン・デューイと彼の弟子達にある．デューイによる個人的経験と実験の強調は，世俗的「宗教」のまさに具体化としてみなされる．保守派批評家にとって，道徳的選択を含むものは何でも，より崇高な力を信じることに根ざそうと根ざさなかろうと，実際には，宗教である[40]．デューイと彼の弟子達による実験への信念，絶対主義の否定，民主主義の核心としての個人的・集団的関係の認識，そして結局，彼らの教育理論に統合されたすべてのものが学校を堕落させたのであった．

これら「世俗の危険」に抵抗した多くの抗議が地方レベルで始まる一方で，それらを支援し，資金を出した全国的組織があった．公立学校におけるこういった「バイアス」に挑戦する集団の中には，ミシシッピーを中心とし，ドナルド・ワイルドマン（Donard Wildmon）に率いられた「アメリカ家族協会（American Family Association）」，カリフォルニアを中心とし，ロバート・シモンズ（Robert Simons）に率いられた「教育における卓越性のための市民の会（Citizens for Excellence in Education）」，ワシントンDCを中心とし，ビバリー・ラヘイ（Beverly LaHaye）に率いられた「アメリカに関心ある女性達の会（Concerned Women for America）」，ミッドウエストを中心とし，フィリス・シュラフリイ（Phyllis Schlafly）に率いられた「イーグル・フォーラム（the Eagle Forum）」，カリフォルニアを中心とし，ジェームズ・ドブソンに率いられた「家族に焦点を当てる会（Focus on the Family）」，そしてバージニアを中心とし，パット・ロバートソン（Pat Robertson）に率いられた「全国合法基金（the National Legal Foundation）」などがある[41]．そのほかにも幾つかある

が，これらすべては国民と私達の学校を神の下へ戻そうということに深く関わっているものである．

これらの集団と多くの保守的福音主義者と原理主義者にとっては，聖書の誤りのない読み方へ回帰することを通じてのみ，私達自身は救われるのであり，とくに私達の子供達をこういった危険から救うことができるのである．聖書それのみが，私達の諸制度すべてにおいて，真に倫理的で正しい社会に向かう道を与えてくれるのだ．それゆえ，パット・ロバートソンによれば，聖書は「政治，政府，ビジネス，家族，そして人間のあらゆる行動のための使えるガイドブック」なのである．それは私達に普遍的な精神的法を与える．この法は，「熱力学の法則のように私達の生活を正当なものとする」[42]．ある一人の保守派聖職者が自分の会衆に，彼らを当惑させる社会問題について，「これについて聖書は何かいっているでしょうか．それとも私達は政府に彼らが望むものすべてを私達に与えるままにさせるべきなのでしょうか」[43]とたずねた．

前に注記したように，こういった聖書への回帰とキリスト教が危機に瀕しているという感情は，複数の原因に関連している．それと反政府といった感情との関係もまた複雑である．しかし状況は，1978年の国税庁（Internal Revenue Service）が，白人のみのキリスト教アカデミーに対する非課税扱いを廃止すると決定したことによって明らかに悪化させられた．それはまた，保守的福音主義者の間で，自分達のメンバーの一人であるジミー・カーター（Jimmy Carter）大統領によって率いられた連邦政府が，自分達の要求を満たしてはくれなかったという深い失望をもたらしたことによってさらに悪くなった．前述の税金の問題，堕胎，学校での祈祷，（人種統合のための：訳者）バス通学，憲法の平等の権利のための修正，ゲイの権利，こういったすべての問題について，カーター政権は「信仰を維持する」ものではなかった[44]．この結果は，いまや大統領候補者は冒頭に上げたような質問に答えなければならないといった，熱心な質問攻めの中にみることができる．

より大きなテーマとしてのこの裏切られたという感覚は，本当に真剣に取り上げられなければならない．これは，新約聖書を初期のキリスト教会の無謬なる歴史とみなす多くの福音主義者と原理主義者にとって，逃れることのできない事柄であるということを理解することが絶対的に決定的なことである．キリスト教徒になるためには〈迫害されなければならない〉[45]．多くの

聖書に関する文献において非常に明確にされているが, このテーマこそが, (常に自覚されているわけではないが), 保守的福音主義の運動の中でみられる情緒的秩序を支えているのである. それはまたこの国の物語の中心的部分 (ピルグリムズと宗教的迫害と自由) の一つであり続けている. 福音主義運動の歴史についてのよりよい理解は, これがいかに作用し, なぜ, より大きな連合については幾つかの面で合意していないにも拘わらず, それに統合されることが可能なのか理解することを助けるだろう.

内部者から外部者へ

〈福音主義〉という用語は, ギリシャ語の良い知らせを意味する「evangelion」に由来している. それは19世紀後半まで合衆国社会では支配的な社会的知的流行であった. 私達がみるように, 時の流れの中で, 様々な力が聖書の文字どおりの権威を掘り崩してきた. 科学が日常生活の論理の中に浸透してきた. 合衆国の多元主義の成長が福音主義にとって人々に共通する一揃いの価値を提供することをますます困難にした. 公と私の空間がますます分離したことも, 福音主義から公的なそして私的な役割を奪っていったのに一役かった. この誕生しつつあった世俗化は, 宗教的機関, シンボル, そして価値を, それまでそれらが占めていた中心的な場所から追いやることに奉仕した. この過程において, 福音主義者の役割における潮流が変化したのだ. 文化的内部者から文化的〈外部者〉へと呼ぶことが可能な着実なシフトがあった[46].

私達は近代的福音主義運動の公式な始まりを1942年4月7日にみることができる. このとき, ほぼ200人の「穏健な原理主義者」がセント・ルイスに集まり, 宗教運動を開始したのだった. この集団は, 自分達が保守派プロテスタンティズムを形成し, 合衆国の宗教の歴史の道のりを根本的に変えることができると信じていた[47]. それゆえ, この運動は偉大なる野望と共に出発したのだ. これらの野望は少なくともある部分は達成されつつある. なぜなら, 二千万以上のアメリカ人が自分達を福音主義運動の一部に属していると自覚しているからだ[48]. この運動の消長はどのように起こったのだろうか.

この運動は事実長い歴史的伝統を有している. 私が注記したように, プロテスタントの内部が近代派と原理主義派とに分かれたよく知られた戦いより

もずっと以前には,「保守派プロテスタンティズムは公的な尊敬,影響力,適切さといったものをかなり享受していた」49).実際,とくにビクトリア時代を通じて,大まかにいって,福音主義的プロテスタントは,事実,確立された権威であったということができる50).これは合衆国だけではなかった.世界中で,合衆国の福音主義者は「地球上のほとんどの地域への布教活動を行った」51).1890年のルイス・フレンチ・スターンズ(Lews French Stearns)の言葉には,「今日,キリスト教は,世界の運命を形づける力である.キリスト教国は優勢を増している.古くからの約束は実現されつつある.真理なる神に従う者達が世界を引き継ぎつつある」52).

この大勝利といった見解の一揃いが,ビジネス,教育,文化そして政体一般の世界においてもった影響力すべてをつなげているのは,合衆国が一つの(唯一の)キリスト教国であるという信念の広がりであった.これは神に祝福されていた.つまりそれは地上の天国となるだけでなく,神が「地球全体の中心点」となされた場所ともなるある特別な運命をもっていたのだ53).

すぐ後でみるように,この立場の鍵的要素は依然として残っており,のちのちかなりの力を伴って再び表面化してくるのだ.しかしながら,このような信念の支配が19世紀末と20世紀初頭において弱まり始めた.もっとリベラルな神学,聖書に対する批判の高まり,超自然的なことに対する懐疑が,教会内で受け入れられてきた正統性に挑戦し始めた.個人的な改宗の行為の重要性が,かなりの数の福音主義者の目には,「社会福音運動(Social Gospel movement)」訳註12)によって提案されたもっと構造的な改革によって,危機に瀕しているように映った.科学者の世界では,現実についての自然派的な仮説の高まりと,科学自身の内部におけるニュートン的パラダイムからのシフトが,聖書の役割を切り落とした.こういったことは,ダーウィニズム的進化論への理解がますます影響力を増してきたことによってさらに注目をあびた事実であった.これらすべてが急速な工業化や,移民によるラディカルな人口動態的変化,そして,ローマ・カソリック教,ユダヤ教,その他の宗教に属する人々の増加に伴った同様に強力な宗教上の変化などを伴って起こったとき,あたかも保守派プロテスタンティズムのヘゲモニーは――「文明化され,そして文明化しつつある」国家を意味するものをまさに具体化するものとして――砂上の楼閣となったかのようにみえたのである.クリスチャン・スミス(Christian Smith)はこれを取り上げて,以下のように述べている.

「そしてそこに雨が降り注いでいた」54).

　ある人々にとって，この「雨」はこのゆっくりとした運動を古い正統性からより「近代的」でより「リベラルな」立場へと変えていったのである．その他の人々にとっては，正統な見通しの多くは維持されているが，それらは，おそらく幾分かは「新しい現実に適応されるために」より弱い形になっていた．しかし，ある重要な少数派にとっては，このことは痛みを伴う過程であった．それは受け入れられなかったし，受け入れられるはずもなかった．彼らは自分達が深く信じているものに対する攻撃に対抗して戦うことを選択した．この攻撃は「キリスト教徒の真理と文明化に対する侮辱」55) であった．20世紀の最初の20年間に彼らの活動が開始されたが，まさにその始めから，この対抗的運動の指導者達の立場は明らかだった．彼らは教会と学校におけるモダニズムと戦うことを目的とする保守派の連合を作り上げることを追求した．二つの戦略的目標が焦点化された．すなわちリベラリズムの諸力から主要なプロテスタントの宗派の統制権をもぎ取ることと，とくに南部で，公立学校におけるダーウィニズム的進化論を教えることを非合法化することであった．「徐々に，こういった戦う保守派は『原理主義者』というレッテルを貼られていった．この用語は，1910年から1915年の間に公刊されたブックレットのシリーズが『原理主義者』*The Fundamentals* であったところから考案された．また彼らの運動は，『原理主義』と呼ばれた」56).

　そのような世界への関わりは，実際にはまだ限定的だった．神学的純粋性はしばしば外部世界での活動よりも重要なものとみなされた．リベラルなあるいは「包括的な」保守派との共同は，原理主義者によってもっと苦い感情をもって扱われた．1920年代以降，分離主義と教義上の妥協に対するとても強い反感がさらに一層強まった．19世紀のポスト千年王国運動——これはよりリベラルな社会福音運動（Social Gospel movement）57) と関連があるとみられていた——を拒否し，原理主義者はより最近の神学的立場に到達した．これは「前千年王国主義者的摂理主義（premillennialist dispensationalism）」と呼ばれるものである．これは，次のように特徴づけることができる．

　　前千年王国主義は，歴史と社会は——神の計画では——，必然的に，船底を岩にぶつけるまで，悪く悪くなっていくのである．キリストは信仰厚い人々を擁護するために，そして彼の王国を地上に創るために戻って

くるかもしれない．この歴史の悲観的な見方は，教会に唯一残された課題は，歴史の地獄に落ちる船が水没する前に，多くの魂を天国にいれることに「勝利する」ことであり，世界から離れ，世界によって非難されないでいることなのだ．この多くの原理主義者の見通しは，世界に知られた知識人，学者，大学，メディア，文化的エリート，政治家達——キリスト教の真理と文明化を鼻であしらった人々すべて——を，地獄に送ることとなった[58]．

　これが「偉大なる反転（Great Reversal）」として記述されることになる部分を構成した．すなわち，福音主義を通じて迷える魂を救済するよりも社会改革を強調する社会福音運動を否定すること．前千年王国主義のような悲観的終末論の興隆．そして社会的かつ政治的保守主義への回帰[59]である．世界に関わり，これを変えることに従事するという試みは，水没が運命づけられている船についている金具を磨くことに似ていた．社会福音運動の背景にある改革派の関与を拒否する決意の固さの表明としては，復活主義者ビリー・サンデー（Billy Sunday）の「神が不在の社会サービスというナンセンスはもう十分だ」[60]という怒りのメッセージ以上に明確にされているものはないだろう．

　私は原理主義者の世界への関わりの拒否について誇張したくはない．多くのこのような保守派キリスト教徒が撤退へと導く近代に抵抗の道をとった一方で，他の多くの人々は，もっと明白に闘争的かつ活動家的立場をとった．福音主義運動の指導的学者の一人であるジョージ・マースデン（George Marsden）は，この傾向を論じるときに以下のように辛辣に表明している．「原理主義者は，何かに怒っている福音主義者である」[61]と．これら「怒れる」福音主義者は教会と学校における近代性とリベラリズムの影響に対して，また，学校に対する闘争において大きな役割を果たしているダーウィニズムに対して戦った．そのような闘志は，惹き付けるものをもっており，幾らか勝利もした．しかし究極的には，諸要因の組み合わせ——最も重要なものとしては，分裂への危惧と1925年のスコープス裁判におけるウイリアム・ジェニングス・ブライアン（William Jennings Bryan）の屈辱——が，原理主義に対する広範に広がった支持を失わせるという状況へと導いた[62]．

　こうして，原理主義者は，最終的には土台を失った．しかし闘争的，無謬

的,反リベラルの(そしてのちには,攻撃的で反共産主義的な),そして反世俗的感情の強力な傾向は存続していた.それは教会と聖書に関する機関や神学校の中に存続していたのである.カール・マッキンタイヤー(Carl McIntire)その他の強力な保守派神学者達の文書や教授の中には新しい血が常に注ぎこまれていった.それゆえ,この運動は文化的「亡命」であったかもしれない.しかし政治化された抵抗の炎は,これに続く数十年も依然として燃え続け,そして大きくなっていった.事実,後でみるように,1950年代,1960年代,1970年代にはニューライトの成長と共に,この炎はさらに激しく燃え上がっていった.しかしこの大本のルーツはその始まりを1940年代にもっているのである.

原理主義者は自分達が信じているものは精神的純粋さであるとして,これを守ることを要求したが,1940年代までに,もっと「穏健な」原理主義者の一部はこの傾向を懸念するようになった.彼らの心の中で,原理主義の分離主義と独断的な特徴が,自らの最も重要な課題の一つ,すなわち「キリストのためにアメリカ社会に福音を与えること」を犠牲にしているということを危惧した.原理主義者の暗黙の(そしてときには明白な)反知性主義,その悲観的前千年王国的終末論,現実の社会,政治,経済的世界との関係の断絶,こういったすべてのことは克服されるべきものであった.福音主義の遺産のこういった新しい相続者達にとって,彼らの中にはハロルド・オケンガ(Harold Okenga),J・エルウィン・ライト(J. Elwin Wright),ウィルバー・スミス(Wilbur Smith),エドワード・カーネル(Edward Carnell),カール・ヘンリー(Carl Henry),ハロルド・リンセル(Harold Lindsell),チャールズ・フラー(Charls Fuller),グリーズン・アーチャー(Gleason Archer),エバレット・ハリソン(Everett Harrison),バーナード・ラム(Bernard Ramm),そして,さらに重要な人物となるビリー・グレアム(Billy Graham)がいたが,このような立場は,〈活動的正統派(engaged orthodoxy)〉によって取って代わられるべきものであった.彼らにとって,正統なプロテスタントの信念と実践を推進することに十全に関与することと,同時に「キリストをこの世にもたらすこと」[63]においても同じ程度熱心となることは可能であった.

この見解は,全国的運動組織,「全国福音主義協会(the National Association of Evangelicals)」の設置によって制度化された.これは,「世界と福音のために異なるプロテスタントの伝統の間の統一と愛の必要性」を強調することで,

正統な原理主義者を越えていったし,「イエス・キリストは世界の社会的,経済的そして政治的問題への答えであり,キリスト教徒が世界に対して本当の衝撃を与えることをお望みである」[64] ということを確信させられた福音主義キリスト教徒数を増やすことに対する制度的支援を提供した.

この「新福音主義」運動は多くの要素を結合したものであった. まず正統性と伝統, しかしそれ以前の原理主義者と調和するよりもより知性に対して尊敬の念をもちつつ. そして社会的政治的活動. さらに原理主義の行動上の頑固さの幾つかを避けながら, 福音の言葉を布教すること. このことは, よりこの運動に正統性を与え, 拡大することを可能とした. それはまた先の保守派宗教的伝統の内部での反知性的傾向にはそれほど一生懸命ではなかった人々にとって, 自分達の信念をもっと「合理的」な土台であるとみえるものに根づかせることを可能とした. 新福音主義はいっきに広がり, 翻って, 今度はそれ自身がその他の宗教的, 教育的, そして文化的様式の形成によって刺激を与えられるようになった. たとえば, 神学を学ぶ幾つかの神学校が設立されたり, このイメージに添うような神学校に改組された. かなりの数のカレッジがこの運動との関係をもつようになった. 福音主義的布教と聖職者は安定した成長をみた. すなわち「キリストのための若人 (Youth for Christ)」,「キリストのための大学十字軍 (Campus Crusade for Christ)」,「大学間キリスト教徒フェローシップ (Inter-Varsity Christian Fellowship)」,「十代の挑戦 (Teen Challenge)」,「キリスト教徒アスリートフェローシップ (Fellowship of Christian Athletes)」,「海外ミッショナリーフェローシップ (the Overseas Missionary Fellowship)」,「世界福音主義フェローシップ (the World Evangelical Fellowship)」,「福音主義海外ミッションフェローシップ (the Evangelical Foreign Mission Fellowship)」など, まだまだリストは続く.

かなりの数の福音主義関連の定期刊行物が出版され, これには福音主義系出版社, 音楽制作とレコード会社の増え続けるリストが伴われていた. メディアや文化的装置のその他の側面も無視できなかった. これには「全国宗教報道キャスター協会 (the National Religious Broadcasters)」や「福音主義出版協会 (the Evangelical Press Association)」といった組織の設立が続いた. このようにして,「宗派を越えた」福音主義が創られ,「擬似教会 (parachurch) エージェンシー」[65] のネットワークによって守られていた.

これら教会や擬似教会エージェンシーの多くにとって, しかしながら, あ

る特別の活動的正統派が支配的になった．この大部分は，特定の，そして家族，家庭内部と外界におけるジェンダー的役割，国内的および国際的政治，戦闘的キリスト教，そしてまた人種についての例外的なほど保守的な見方を組み合わせたものだった．これらの傾向の大部分が，もし私達がとくに南部の保守的福音主義の歴史をより詳しく検討するならば，説明可能となる．

南十字星

　　　南部の声の中に福音主義の主張が聞かれることに私達は慣れている．これが国内の，そして国際的現象であることは間違いではないが，保守的福音主義の多くが，最初，とくに南部の経験という土壌から成長してきたのである．奇妙なことに，南部を支配しているわけでなく，18世紀，19世紀を通じて，福音主義者はほとんどの南部白人からは，変人とかひねくれものとみられていた[66]．実際，あらゆる階級に属している南部の白人の多くが，福音主義は，地域社会とのつながりを弱めはしないにしてもこれ以上強めることはないだろうということ，そしてその地域の生活に意味を与えるお祝い事や社会的イベントの多くを廃止することになるだろうということを信じていた．とくに，「人間の罪深さ，地獄の苦しみ，そしてサタンの策略」に対する福音主義の不断の強調は，雄弁な効果をもっていた．それは「自分の個性の強力で礼儀正しい部分から男女を切り離し，計り知れない暗闇の中に彼らを投げ込むのだ」[67]．南部白人の大多数にとって，それゆえ，福音主義は社会的アイデンティティを消し，コミュニティの紐帯を断絶させるものであるように思えた．

　しかし，時がたつにつれ，福音主義がその力を増すにつれ，周辺であったものが中心となった．この増大は部分的には既にそこにあった文化的要素——超自然主義，夢と前兆の予言，心霊現象の形をとる可能性への信念——の自然ななり行きでもあった．それゆえ，トマス・ジェファソンとその他の南部の指導者達が，『理性の時代』*Age of Reason* において先導役を果したのと同じ時期に，日常生活と多くの南部白人の信念を支配していたのは自然の法ではなかった．むしろ，彼らは自らのキリスト教的信念と多様な形の超自然主義をすでに組み合わせていたのだった．それゆえ，「サタン（悪魔）の支配の完全さ」を感じることは，それ程飛躍したことではなかった[68]．そ

して福音主義はこの飛躍をすることができた．時がたつにつれ，福音主義者は依然として超自然主義という地域の強力な伝統に耳を傾け，関連性を保ちつつ，彼らは彼らの言説においては，悪魔主義の（サタンの）恐怖というものについてトーンダウンさせていった．人口の広範囲に渡る人々を惹き付けることによって，これもまた彼らの南部での正統性を高めた[69]．

　私が既に論じたこれより後の時代では，経済的変容と危機，移民そして社会的位置に基づいた確固としたアイデンティティの喪失，こういったものすべてが一つの衝撃となった．さらに他のものも決定的であった．福音主義者は宇宙のドラマに各々全員が参加しているというような感情から強みを引き出した．神とサタンの間の戦いにおいて，彼らは勝利の側にいた．クリスティン・リー・ハイアマン（Christine Leigh Heyrman）が南部における福音主義の成長についての彼女の優れた歴史研究において認めているように，福音主義の教義を身につけるということは，自己を後悔する過程から始まる．これは本質的に自己をラディカルに卑下することだ．さらにこれはまた個人の重要性についての深遠なる感情をもたらす．人間の罪，疑いそして怖れ――危機の時代にはさらに一層強力となる隠れた，しかし，力のある情緒――が，あなたにとってだけでなく，宗教的コミュニティ全体にとっても多大な意味をもたらす．個人とコミュニティはここで一緒になる．ハイアマンがいうように，多くの南部人――「白人によって支配されている社会に黒人として，豊かさに頭を下げる社会に貧民として，男性によって支配されている社会に女性として，長老を大事にする社会に若者として生まれてきてしまった人々」――にとって，真剣に取り上げられることはそれ自身〈真剣なことだ〉．このことが福音主義をほとんど抵抗できないものとしたのである[70]．

　それゆえ，福音主義は，しばしば最も力のない人々の間で複数の根をもつ．しかしながら，これら民主的傾向はしばしば保守的巻き返しの原因となる．このことは福音主義が，時代を経るにつれ根本的に変質し，今日あるようなものになったことを助けたのである．

　たとえば，西アフリカの伝統と福音主義の教えとがつながり合わされた，アフリカ系アメリカ人のキリスト教というものの誕生は，ここで話されるべきことの一部である[71]．事実，南部の福音主義は人種的優越性に挑戦する要素をもっている．これは受け身ではない能動的な礼拝を要求し，その他の教会よりも序列的ではなかった．福音主義者の集会もまた，人種の違いを越え

たものであり，個人の経験を持ち込む空間を提供した（そしてそれゆえ，アフリカの文化の様式の要素と記憶を許したのである）．こういう理由から，なぜ多くのアフリカ系アメリカ人がそれを肯定しながら，彼ら自身の精神的，文化的，政治的目的にあうように変容させていったのかということは明らかである（もともと自分達を抑圧した土壌から生まれた伝統を使うこのやり方は，第4章で論じた新自由主義的政策を変容させようとする黒人活動家集団の試みにおいてもみられる）．

　このことは，こういった多くの改宗者の行動を抑制しようという試みへと多くの支配的白人を導いた．それは長期的にみれば成功というより失敗したことが証明されている[72]．しかしそれはまた人種的にあまり階層化されていない教会と社会において，何が起こるであろうかと心配する何人かの保守的福音主義者を止めなかった．彼らはアフリカ系アメリカ人を文字どおりデビルの化身とみなしていたからである．このぞっとするステレオタイプの歯をむき出しにした黒い顔が，子供を地獄に連れ去るためにやってきたサタンの顔となった[73]．事実，南部における一層の「尊敬の念」を常に獲得しようとするときに，多くの福音主義教会は彼らの「黒人の兄弟，姉妹達」を用心深く監視するだけでなく，人種を越える宗教的親交を遮るようなバリアを作り始めた[74]．支配的な白人と奴隷所有者が，徐々に中心に移ってきた．あるよく知られた福音主義者の指導者に「私はキリストのために犠牲となるために呼ばれたのであって，奴隷のためではない」[75] という言葉がある．これがほとんどの南部白人福音主義指導者にとって，道徳的結石となった．彼らが周辺から中心に移動してきたとき，周辺部分が再び形成された．そしてさらに再建された．アフリカ系アメリカ人が宗教の地勢でいえばこの周辺部を占めた．福音主義者にとっては，したがって，（白人の）魂が一番大事であると主張され，「南部の支配的人種へのいかなる譲歩もこの目的の名において正当化されうる」[76]．このことは，現在，権威主義的大衆主義的宗教活動家達が今日有色の人々に対して有しているしばしば緊張をはらんだ関係というものを予想させるものである．

　南部福音主義の矛盾に満ちた歴史——究極的には支配的な形式に回帰することへ導くその不十分な民主的始まり——は，人種による階層化をめぐる妥協の歴史においてのみみられるのではない．それはまた，家族，ジェンダー的序列の変化する見方においても見て取ることができる．保守的福音主義者

――「伝統的家族」を称讃することが一つの自分達のアイデンティティを形成する印となる――は，1800年代の南部で福音主義が成長し始めた最初の数年間は，伝統的な家族の団結と価値に対して挑戦する最も強力な力であった．福音主義に改宗したものは，自分の身内の「罪深い生活」を続けるものを含め，自分達のこれまでの罪深さと縁を切らなければならなかった．〈教会〉が彼らの新しい家族となった．家族の権利に挑戦する福音主義への批判は，究極的には，「自然の家族」を神聖化することへと彼らを導いていった．このこともまた人種の問題と歴史的には深く関わっていた．福音主義者は，自分達の奴隷制に対する反対を再検討することで，彼らの家族の価値を南部白人の習慣と調和させる努力を払い始めた[77]．家族の価値は維持されることとなったが，それは奴隷にとっては必要ない．

ジェンダー関係はこの自然な家族の安定策において歴史的に主要な役割を果たした．福音主義者は彼らの資源の潤沢さを，北部からは良いものは一つも生まれないという南部の社会通念を保留することで示した．彼らは北部ミドルクラスの福音主義者にもともとみられた家父長的関係の「新しい」形式を熱心に称讃した．すなわち「家庭生活崇拝（the cult of domesticity）」である．この提唱者にとって，家庭は教会である．家庭はエデンの園のような聖域を形成し，そこでは，妻と母によって癒される．このエデンの園のような家庭では，宗教的，道徳的感情の種が撒かれ，それは子供達の中で育っていく．「清廉潔癖さ」は，夫と父を高尚にする[78]．

北部でなされたのと同じ様に，家庭のメタファーとして教会を強要することは，強力な肯定的反応を引き出した．しかしながら，なぜこのような応答的感情を引き出したのかについては，地域性の違いがみられる．北部では，商業と工業の発展がこのような新しい家庭的理想の誕生を，とくにミドルクラスにおいて促進した．ヤンキーの男性は，ますます事務所，工場，店などで時間を過ごすようになり，それによってさらに公共空間を商業的そして男性の場と定義し，私的空間を家庭的そして女性の場と定義することを認めていったのである[79]．

南部では，ほとんどの夫や父は農民であった．家庭は男女双方にとって働く場でもあった．しかしながら，南北戦争前の南部における家庭が女性だけの場ではなかったにも拘わらず，南部白人は家庭を教会としてみるというイメージにとても惹きつけられたのだ．それは「自然の家族」の道徳的権威を

復活するものだった．自然の家族にたいする福音主義の称讃は，したがって，決定的な戦略的動きだった．人のすべての忠誠は，家族と家庭ではなく，神と教会に向けられるべきであるという理念を支持することから，家族と家庭は神のイメージにそって創られたというように強調点を変えることによって，緊張は消滅し，反転は成功したのである．もし家庭が〈教会であるならば〉，家族の主張と宗教の主張は一つになるし，同じものとなるのだ[80]．

福音主義におけるこのような変化の背景には，家族，家庭の清廉さ，そして秩序のつながりを確固とするということ以上のものがあった．私が注記したように，このような長期にわたる変容はジェンダーと人種の秩序の復活に依存した．それらはこれから起こることの前兆であった．ハイアマンは，このような秩序を衝撃的な方法で以下のように要約している．

> こういった主張を強制することは何かしら恐ろしいことだった．それは，夫と父が彼らに依存する人々——妻，子供，そして奴隷達——に対して行使する絶対的なルールであった．結果として，福音主義者は，彼らの教会が，家族の団結と血族の忠誠に優位性をおいていることを南部の白人すべてに対して説得することを望んだのと同じ時期に，彼らはまた，自分達の教え，すなわち，とくに信心深い女性に対して家庭の長である男性の権威を，これまで以上に明白に，維持するよう仕立て上げた．このようなジェンダーの役割についてのこれまで以上に確固とした教えは，家族の秩序と年齢の特権についてのメッセージを変えていきながら，初期の運動を，後世のアメリカ人が典型的な「家族の価値」として特定化するであろう福音主義的文化へと変容させていったのである[81]．

ハイアマンはここで鋭い洞察力を示している．しかしながらこれはまた，たとえば女性と有色の人々にとって，つまりこのような権威が発揮される対象となる人々にとって，ほとんどエージェンシーという役割を与えないものとして解釈できる．これは必然的なものではないし，彼女の立場でもない．

福音主義者が家父長的権威を復活させようとしたのと同時に，歴史的には教会もまた女性にとって，自分達が〈公衆の面前で〉権威をもっていることを主張させる場を提供した[82]．このパラドックスは実際，主要には宗教的に保守的な女性によって達成されたものの中に過去にもあったし，いまでも依

然として存在している．男が長であり女が服従する，あるいは助けるという「神が望まれた」家族の構造の中で，福音主義教会は女性にとって，知性，判断，不屈の精神，そして力を行使する公共的闘技場を提供した．歴史的に，南部——「女性が学校教育を受けることに反対し，最善の防御として，服従の習慣を学ぶという」[83] という女性嫌いの文化をもつ地域——の女性にとって，その様な公共空間の創造は，たとえそれがどのようなイデオロギー的内容をもっていようと，解放の力となった．私が次章で示すように，これが今日まで続いていることは間違いない．福音主義運動に参加している多くの女性が，自分の公式な信念においては神が与えたジェンダー的役割が中心となっているが，これまでにない強力な方法でこの公共空間を占めている[84]．事実，これが権威主義的大衆主義的宗教的運動において家父長的権威の矛盾が解消される最も注目される方法の一つだと私は思う．女性は〈受動的であると同時に活動的でも〉ある．

　この点について，私達はジェンダー関係が，まさに関係であることを思い出す必要がある．それゆえ，女性によって，女性のために創られたエージェンシーのための空間は，必然的に男性の役割についても変更を加えるのだ．そしてここでも再び，福音主義は今日まで続いている過去における矛盾した変容を働かせたのである．

　たとえば，福音主義はまた，男性らしさについての優勢な定義に対しても一つの効果をもっていた．とくに白人男性が自らの文化が確固として定義したジェンダーの役割を果たすのを否定するように求められた南部においては，教会の仲間意識はその一つとなったようにみえたが，「男達の親友（comraderie）を自慢する」ことにとってかわるには十分ではなかった．しかし多くの男にとって，これは異なるモデルを与えたのだ[85]．男性が宗教的権威と神の判断に服従しなければならないという教会からの要求のため，教会にたいする不信が広まった一方，このような「男性らしくない依存」への怖れは，家族における男性の権威のある見方によって緩和された．男性らしさと男性の権威についてのこういった新しい形式はまた，「戦う伝道師達」と呼ばれた文学や物語の発展によってさらに正統化された．このような物語や説教において，本当の男は自分達の男性らしさを失うことなく福音主義の信仰を称讃することができたはずであった．こういった物語は非常に人気があり，しばしば告白の形をとった．罵り合い，戦い，賭事，狩りなどは詳しく語られ

る罪であった．彼らすべてが神の戦士になるべく，より強力に挑戦し，より高尚な栄誉のために改宗を誓った．このメッセージは明確である．それはタフな男を柔和なキリスト教徒にした．19世紀の福音主義の聖職者と改宗者の多くにとって，福音の布教は，鋼鉄のような，機敏な，狡猾な，そして勇気ある神経を要求する軍事的キャンペーンだった．いまや彼はイエスの軍隊の一兵士となった[86]．

それゆえ，福音主義がアフリカ系アメリカ人の女性と白人の女性のエージェンシーのための空間を提供したのと同様に，福音主義は男性の権威をめぐる矛盾した立場を独創的な方法で解決したのである．この解決方法は，強いが信心深い男を強調する「約束の守り手（Promise Keepers）」のような近代的な様式をめぐって依然として取り組まれている．さらに，このような空間を作り上げる過程において，提案された解決法は，北部と南部双方の社会を支配している人種，ジェンダーそして階級をめぐる根本的な社会的序列については挑戦してこなかったし，挑戦しない．空間は与えられた．しかし権力の社会的領域を構成するルールは，依然として同じである．この最後の分析において，南部の福音主義者の世界は，南部白人男性支配の世界に収束した．この「男性的キリスト教（mascular Christianity）」は19世紀に力の問題を解決し，再び産み出すために作られた．公共空間と私的空間における白人男性の支配を変えたが，最終的には，それを弁明するものであった[87]．

その他の多くの宗教集団との対比において，多くの点で，初期の福音主義者達はかなりもっと民主的で平等的であったということは疑いもないだろう．福音主義者は区別できる大衆でもなく，彼らの信念は確固としたものでも一つのものでもなかった．その初期の時代において，福音主義的仲間意識は，南部の最も従属させられた集団――貧民，女性，若者，そして黒人――に対して，より大きな達成感と自由という未来を約束したのだ．しかしながら，19世紀が進行するにつれ，まさに同じ教会がもっと成功するためにこういった初期の約束を再検討し始めた．彼らのエネルギーはすべての白人男性の名誉と平等を維持するために投資された[88]．今日，福音主義者はこの価値の影の中で生きている．すなわち，神学的，社会的，教育的関与．また，あらゆる矛盾，強さそして弱さを伴うこの遺産の制度．この遺産を具体化した最近のものについて，次に検討することにしよう．

6. 神，道徳，そして市場

神を世界に持ち込む

　権威主義的大衆主義的宗教的右派を理解すること，そのためにはなぜこのような運動が成長してきたかという歴史的発掘作業を補完することが決定的である．第5章で跡づけてきた歴史的ルーツも重要であるが，私達はまた，いま，彼らの目から見た世界というものをみてみることも必要である．それを始める前に，しかしながら，強力な宗教的説得は進歩的な方向を含む多くの方向に進むことができるということを思い出すことが重要だ．後者の例の一つは，ラテンアメリカその他の地域でみられる地域社会に基礎をおいた運動であろう1)．それゆえ，私達はその様な説得が保守的な立場に向かうということは動かしえないということはないということを理解する必要がある．ときには，組織はかなりもっと進歩的社会的そして政治的問題をめぐって形成される．事実，ある人々は，社会正義，貧困，人種的分離などといった関心を取り上げる解放の神学と驚くほどの類似性を発見する．しかしながら，宗教的活動の支配的傾向は（少なくともメディアによって注目をあびているものは），とくに合衆国では，神学，社会的立場，気質，そして私達がいまみてきたように，歴史という理由から保守的方向へ動くのだ．

　私が示したように，プロテスタントの主流の大多数を揺り動かすことに失敗した後，原理主義者は大幅に後退した．よりリベラルで「近代的な」力が，1940年代，1950年代に，道徳的改革をアジェンダとし，内部的にはあまり対立的な外観をとらない保守的福音主義者の，より公的な形式が復活するまでは繁栄した．私的個人の救済という伝統的な強調に依然として根ざしてい

たにも拘わらず，保守的福音主義はますます公的な市民的問題に集中し始めた．しかしそれはよりリベラルな社会福音運動（Social Gospel movement）を導くものではなかった．この登場しつつあった保守のブロックは，自分達が守り，拡大したいと望む道徳的秩序を維持するための条件を保証するためには政治的闘技場へ進入することが決定的であるということを認識した[2]．事実，神とサタンの間の宇宙レベルの闘争を信じる神の摂理の信者は，明らかに，多くの保守的キリスト教徒の戦闘性に貢献してきた[3]．多くの宗教的保守派は歴史的に政治的局面に焦点をあてることを拒否してきたが，個人的救済を強調することを選好し，言及しながら，今日のキリスト教右派の指導者——たとえば，ジェリー・フォルウェル（Jerry Falwell），パット・ロバートソン，ジェームズ・ドブソン，ティムとベバリー・ラヘイ——の大部分にとっては，行動主義は，もし私達のガイドとして神の手を復活させるのであれば，本当に必要な（essential）ことなのである[4]．

こうした「神をこの世界に持ち込む」ことへのこの関与は，部分的には，福音主義の階級構成の変化の結果である．初期の時代にみられたあまりはっきりとはしていなかった政治的立場は，1970年代，1980年代における上昇志向の強いミドルクラスの改宗者の増大によって，変容させられ，脱正統化された．専門的，技術的，そしてビジネス関係の人々からなる新しい構成員が形成された．こういった個人は，彼らの先輩達よりも政治的かつ社会的行動により関心を払った[5]．それは，部分的には，彼らは社会的行動主義が表現の正統な様式としてみなされた社会的な動乱の時代に登場したからであった．

階級構成と外観における変化という理由から，キリスト教右派が統一された運動であること，そして一つになった声を語っているということを想定することは妥当ではないだろう．組織的にいっても多様であるばかりか，常に動いている．それは常に「形成されつつ」，世の中の出来事や社会の状況の変化によって生じる連携と緊張の変化によって特徴づけられる[6]．しかしながら，ある特定の方向にそれを押しやる中心的な〈傾向がある〉．こういった中心的な傾向において，いかに保守的福音主義者はこの世界を理解しているだろうか．いかに彼らは自分達の行動を解釈しているだろうか．彼らは自分達を，多くの他人が自分達をみているように，つまり他人に自分達の宗教的信念をおしつけようとする人々として，みているのだろうか．

こういった疑問に対して答えるために，私達は経験的質問から始める必要がある．私達が原理主義者と福音主義者について知っているものとは何であるか．私は，数においても影響力においてもかなり大きな集団であるという理由から，自分の関心を福音主義者に向けることにしよう．

　実証的証拠は顕著である．合衆国における原理主義者を含むすべてのキリスト教徒の中で，福音主義者は伝統的正統性において最も強力な信念をもっている．97％のものが聖書は神が与えたもので，一切の誤りをもたないものだと信じている．彼らは人間の本質について，神学的にいって正統な見方を支持している．私達は「神のイメージに倣って創られた」にも拘わらず，人間は生まれついて罪深きものであり，神による罪のあがないと復活を必要とする．救済の唯一の方法は，イエス・キリストを信じることである．さらに，福音主義者は——原理主義者以上に——「道徳的絶対主義を信じることに固執するキリスト教の主要な伝統の中で最も強力なもの」である．道徳的相対主義はきっぱりと否定される．人間の理性ではなく，神と聖書が人生の方向を決める源を与える[7]．人間と制度上の権威は，こういったより心霊的な土台に対しては二義的となる．

　結局，こういったことが常にあてはまるわけではないが，福音主義者は，彼らはいまや「アメリカ社会における他の人々と同じように，経済的にそして教育的に収奪されている」のだと伝えている．彼らが他の人々以上に経済的に，あるいは地位といった意味で犠牲となっていると信じているようにはみえないものの，彼らはアメリカが「神の道」から外れているという彼らの強い感情について常に発言しているのだ．彼らは，私達が私達の周りすべてで，国家が，そして人々が神を中心とした生活を失っているという結果——社会的そして精神的結果——を目撃していると信じているのである[8]．

　また同様に経験的にも，福音主義者の大多数は，彼らは自分達の信仰を〈一度も疑ったことはない〉と明言している．多くの場合，彼らは不確実性と懐疑の結果を掘り崩されることに対しての怖れがないようにみえる．あるいは主張され，公に明言された疑問のなさは，深い疑念についての無自覚で危険な感情から自分達を守る鎧なのかもしれない．さらにこれは単に多くの他者から彼らを分ける信仰の強さと確信だけではない．彼らはまた，キリスト教の復活が合衆国中に行きわたるだろうという可能性についてかなり楽観的である[9]．

この一揃いの強い信仰の効果は，「私的」空間に限定されるものではない．彼らにとって，このような信仰は賃労働の世界にも浸透すべきものなのだ．「キリスト教徒としての存在」は，どこまでもついていくべきものだ．この点についてはまた後で戻ろう．たまに仕事上「道徳的で正直」であるために代価が支払われるかもしれない．しかしそれでも仕事場をキリスト教化することは決定的に重要なのだ．なぜなら「私の人生がどう進むか，神は私よりよくご存じ」だから[10]．おそらくこういう理由から，だいたい，福音主義者は経済のより大きな構造を疑問視することはしない．法人企業の行為は経済の規範や構造によってではなく，階級あるいは人種，あるいはジェンダーの諸関係によって，あるいは植民地的そしてポスト植民地的歴史によって決定される．（福音主義者にとっては）むしろ，こういったものを決定するのは，ビジネスで働く個人の善良さ，あるいは悪さなのだ[11]．個人の道徳や正直さが経済問題の答えである．構造的変容は，ほとんどの福音主義者によって使われるけれども，範疇ではない．道徳的な人々が，ビジネス，家庭，地域社会で真実にかなう方法で行動するとき，「真理」が支配するだろう．

　普遍の，変化しない「真理」が存在するだけでなく，福音主義者はしばしば自分達を神によって啓示を与えられたものであるとみなしている．再び，経験的に，彼らはプロテスタント主流派以上に，普遍的で絶対的な道徳的基準が存在していると信じている．彼らは「キリスト教の道徳」が国の法になるべきであるということを主張する傾向をもち，他の人々が——キリスト教ではない人々でさえ——彼ら自身の道徳的基準を選ぶべきであるということを主張することはあまりしない．そして，他の人々以上に彼らのうちのかなりの部分が，公立学校は，はっきりとしたキリスト教的価値を子供達に教えるべきであるということを信じている．しかしながら，福音主義者にとって，他の人々を支配しようとする試みは自覚的なものではないということを理解することは重要である．むしろそれは，もしもすべての人が「神の道」[12]に従うならば，この世界はもっと良くなるだろうという信念に深く根づいている．

　この確信は，例を詳らかにすることによってだけでなく，改宗や政治的空間における行動によって，アメリカ社会を変えようとする強力な衝動を伴っている．クリスチャン・スミスは以下のように述べている．「話しをすることは安上がりだ．行動はどうだ．どのキリスト教の伝統が現にアメリカ社会

に影響を与えようとする仕事を〈しているのか〉．証拠は，福音主義者こそ自分達の話しをするために最も多く歩き回っているということを示している」[13]．「話しをするために歩き回る」という行動には様々なものがあった．その他すべてのキリスト教徒とか，無信仰のアメリカ人と比べると，彼らは投票したり，政治家達へのロビー活動とか，自分達が重要だと思う社会的そして政治的問題について自分達を教育するために努力するとか，知識人の中で聖書の世界観を擁護するとかそういったことに最も取り組んでいる．市場にその信仰を求めている新自由主義者や，人格と「適切な」価値を強調する新保守主義者と同様に，福音主義者は個人の行為を強調する態度を保持して，通常は政府による援助計画には反対するかもしれない．彼らは貧民と必要とする人々に自分のお金を〈一番多く〉与えているのだ．彼らはまた〈個人的に〉他者を福音主義に改宗させたり，他のキリスト教徒と比べて，政治的抵抗運動やデモに参加している．さらに，原理主義者と並んで，彼らもまたキリスト教徒の立候補者や組織に多額の金銭を寄付しているのである[14]．

この道徳的崇高性と神の道に従うことへの彼らの信仰は，それゆえ，私的生活の空間をはるかに越えていく．保守的福音主義者にとって，宗教は私事ではないのだ．文化，政治，経済そして実践や政策に関する公の論争に自分達の声を届けることができるように拡大する必要があるのだ[15]．ある福音主義者達にとっては，これは相対的に無自覚な家父長主義に根ざしているものかもしれないが[16]，社会的ミッションというかなり強力な感覚に明らかに関連している．

生活のあらゆる面をキリスト教徒的にすることは，他のところでもみることができる．福音主義者はこういった政治的影響を行使することに参加するだけでなく，彼らはまたキリスト教の他の宗派よりも教会に関係する行動に積極的に関与する．さらに彼らは「擬似教会 (parachurch)」活動に参加する率が異常に高い．たとえば，彼らがキリスト教関連のラジオ番組を聞いている率は，原理主義者のそれより二倍近く，普通の教徒より四倍も高い．キリスト教関連のテレビ番組についても同様の傾向がみられる[17]．

政治と牧師

保守的キリスト教徒の信念の構造を検討することによってのみなら

ず，誰が自分達の牧師であるか，いかにこういったメッセージが他の方法で強化されるのかといったことを検討してみることによっても多くのことが理解できる．それゆえ多くの教会で，政治的行動主義がどうかを予測する最善のものの一つは，いかにその牧師が保守的かということである．より保守的であればより活動的である[18]．

比較的若く，聖書カレッジに在学していたような牧師は，神学的により保守的となる傾向がある．労働者階級出身で高等教育を受けていないような牧師もまた保守的となりやすい．さらに，リベラルアーツの教養を身につけていることと，宗教的保守主義との間での相関性が牧師の間にはみられることがある．リベラルアーツ的教養がなければないほど，リベラルな神学的立場をとることが少ない[19]．世俗教育に対する福音主義者の反感はしたがって，神学的かつ文化的争いだけでなく，自分史的な争いの中にも何らかの根を有しているかもしれない．

そのような背景は影響力をもっている．自分達の教会メンバーと同様に，保守的な牧師は，社会改革は社会制度を変えることからではなく，個人の「心を変える」ことから生じるということに固執する．多くの正統派牧師の言葉の中には，「私達の問題は薬物，離婚，堕胎，貪欲などではなく，もっと大きな問題の前兆なのである．それは神から離れていくことだ」という句がある．イエス・キリストへの信仰に大衆が帰依することを通じてのみ，社会の改善は可能となる．それゆえ，「イエスはすべての問題の答えである．すなわち，社会，財政，健康，国内，国際，市民，道徳，そして教育に関わるすべての問題の答えである」[20]．

保守的な牧師と彼の教会メンバーとの間の密接な神学的関係がここにあるということが重要である．比較するとわかりやすいだろう．おそらく，公的な生活において，保守派の言説の浸透により，リベラルな牧師と教区メンバーとの間のギャップが広がりつつあるのだ．保守的な牧師と教会メンバーとの間にはしばしば差異が生じるものの，それらはもっとリベラルな牧師と教会メンバーとの間に発展しつつあるものほど大きくはない．死刑，ゲイの権利，防衛費支出，学校での祈祷，アファーマティブ・アクション，その他同様の問題をめぐって，穏健な牧師は自分達の教区メンバーと自分達との間での意見の違いが大きくなってきていることに気づいている[21]．これは決定的な事実だ．なぜならばもっと主流の教会メンバーの間でさえ，より保守的な

常識が浸透しつつあることをこの事実は示しているのだから.
　福音主義教会のメンバーが，日曜日の礼拝にいままで以上に参加しているという最近の調査で明らかになった事実によってもまた，こういった比較は鮮明になっている．彼らは牧師の言論を最も受け入れ，牧祭的リーダーシップを高く評価している．さらに，彼らは政治的説教のための自分達の牧師の「聖書に基づく証明（biblical warrant）」を絶対的なものとしてたいてい受け取るのだ．福音主義者と比べれば不規則に教会に通うよりリベラルな人々は，牧祭的リーダーシップを擁護しないし，政治的な見方については自分達の牧師とは異なることが多いということとはきわめて対照的なことである[22]．そして，多くのリベラルな牧師は社会福音運動にいまでも参加しているが，保守的な牧師の間では，政治的そして道徳的言論，立候補者の応援，キャンペーン，請願運動の組織，そしてボイコットの支援といった領域で，リベラルな牧師よりも活動家になっていく傾向がますますみられるようになった[23]．それゆえ，政治的な推進力が，自分達の牧師によって精神的に支えられた保守派の人々の中からますます登場しつつある．

エレクトロニック牧師

　　　　教会や擬似教会的組織の地方レベルでの保守的感情を発展させたり，それに応えたりすることにおいて，牧師がかなり影響を与えている一方，神をこの世界に持ち込む仕事の大部分は，キリスト教右派によるメディアのこれまでになかったような利用を通じてなしとげられている．しかしながら，キリスト教徒の報道キャスター達によるメディアの利用は，いかなる意味においても目新しいことではない．それはかなり長い歴史をもっている．事実，1921年に最初のキリスト教ラジオ番組が放送された．それから数十年は隆盛と衰退を繰り返したし，この間，原理主義者と近代化論者のキリスト教徒の報道キャスターの間での緊張関係も幾度かあったが，原理主義者によるラジオのようなメディアの利用は，1930年代初期の放送におけるまさにリアルな登場であった．
　一つの例として，1932年，シカゴでは，原理主義者と保守的宗教的報道キャスターは週一度の15分間のキリスト教ラジオ番組で，290回の間に246回登場している．1939年には，チャールズ・E・フラー（Charles E.Fuller）の

「懐かしのリバイバルアワー（Old Fashoned Revival Hour）」という番組が全国のラジオ放送で最も人気のある時間に放送された．それはすべての放送局の60％で放送され，毎週約二千万人もの人々が聴いていた[24]．ラジオと，後になってテレビは，「世界に飛び出し，弟子をつくれ」と命令する新約聖書の布教にとって必須なものとみなされた[25]．

この「弟子をつくれ」という命令は，国内だけでなく海外でも行われるべきものであったし，いまでもそうである．HCJB（イエス・キリストの祝福を告知すること，Heralding Christ Jesus' Blessings），FEBC（極東放送会社：Far East Broadcasting Company），TWR（トランスワールドラジオ：TransWorld Radio）などといった国際的なネットワークを通じて，「できる限り多くの魂が」「キリストの弟子」になるために引き寄せられるという明らかな希望がある．このゴールは，おそらく，1980年代中頃にHCJB，FEBCとTWRが行った合同誓約に最も顕著に現れている．「私達は，地球上にいるすべての男女と子供に，ラジオをつけて，彼らが理解できる言語で，イエス・キリストの福音を聞く機会を提供することにした．そうすれば，彼らはキリストの信徒となり，教会の責任あるメンバーとなるだろう」[26]．

保守的宗教的そして社会的世界観を伝達し強制するためにメディアを利用するよい例は，しかし明らかに唯一のものではない例は，パット・ロバートソン（Pat Robertson）のテレビ牧師である．ロバートソンは保守的宗教的最前線の最も影響力ある人物の一人であり，元大統領候補でもあるが，彼はあなたの「普通の」テレビ番組に出る福音主義者ではない．彼の個人的物語には成り上がり者の臭いがあるが，彼の父親，ウィリス・A・ロバートソン（Willis A.Robertson）は，国会に上院，下院合わせて34年間議席を有しており，最終的には上院の銀行委員会（Banking Committee）の委員長を勤めたというのも事実である[27]．またパット・ロバートソン自身もイエール大学のロウ・スクールに行き，ニューヨーク州の司法試験に落ちた後すぐに牧師となったのも事実である[28]．

ロバートソンの力にあふれたテレビ・ショー『七百人クラブ』は，テレビ牧師が自分の生計を立てるために，一ヶ月10ドルを700人の視聴者から寄付してもらうというアイデアで，1963年に開始された．

これは大成功だった．1985年には早くもロバートソンの年間予算は約2億3千万ドルにまでなった．『七百人クラブ』それ自体は，合衆国の200局で放

送され，海外60ヶ国でも放送されている．放送のための資金は視聴者からだけでなく，保守派の運動の内部の「同調的企業」からも寄せられている[29]．ロバートソンのキリスト教放送ネットワークの天才的手腕の一つは，古くて，「家族にやさしい」，『アイ・ラブ・ルーシー』とか『ギリガンの島』といった社会的コメディやその他のショーの放送権を獲得したことであった．それはまた，放送時間中宗教的番組の占める割合を最終的には25％にまで下げ，一般の視聴者を集めることに努力したり，かなりの数の大企業にコマーシャルの放送時間を売ったりした[30]．このことは，「キリスト教放送ネットワーク（Christian Broadcasting Network：CBN）」を，メディア帝国とでも呼べるものにした（ロバートソンと彼の同調者にその他の福音の仕事をするための資金を提供するために，世俗の大企業メディアに売り渡している部分もあるにも拘わらず）．

家族にやさしい番組を見せ，世界を福音で満たすことは，キリスト教放送運動だけの課題ではない．政治的に，保守派のメッセージは（しばしばラディカルなものであるが），宗教的そして文化的テーマと手に手をとって推進されてきた．これは，真に残忍な体制の「自由を守る」ことにまで広げられた．たとえば，ロバートソンとCBNの国際政治に対する立場は，驚くべくもなく，しばしば，右派と戦闘的社会的連盟（militaristic social alliance）と政府を支援するというものであった．それゆえ，ロバートソン自身は「コントラス（Contras）」を援助するためにニカラグアに介入した合衆国を強く支援した．彼はエルサルバドルのロベルト・ドゥアウビッソン（Roberto D'aubuisson）（エルサルバドルの右派の死の軍隊のリーダーだと広く信じられていた）を「とても素敵な仲間である」と思った．そして彼は常にパレスチナを抑圧するイスラエルの強行路線派を支持していた[31]．

私のいいたいことは，自分の言い分を公衆に伝えるためにメディアを利用することを非難することではない．事実，ラジオ，テレビそしていまではインターネットの保守的福音主義者によるこれまでになかったような利用の仕方は，いかにこのようなメディアが潜在的に力を有しているのか，右派のラッシュ・リンボウ（Rush Limbaugh），パット・ロバートソン，そしてその他の人物がここのところずっと理解してきたような，そんな力をもっていることを示してみせているのだ．むしろ私はこれを可能とさせたつながりについて考えたい．リンダ・キンツ（Linda Kintz）はこれは互角の闘技場ではない

ということを私達に思い出させてくれる．保守的宗教的アジェンダ，そしてそれに伴ってロバートソン，ラルフ・リード（Ralph Reed）その他の人々によってなされている政治的文化的攻撃は，続けざまに組織されたエレクトロニクスの草の根のネットワーク，そのメディア帝国，そして保守的そして共同的資金とシンクタンクによって大規模に様々な方法で決定されている．世界をこのようにみる方法は，明らかに，地方，全国，そして国際レベルでの政治を，「私達の救世主，すべての歴史の中心的存在，天にましますわれらが主，至上の存在」という文言に基礎をおく絶対主義的キリスト教徒のアジェンダの中に解消させいく．これらの宗教的保守派が常に私達に想起させるように，マーチン・ルーサー・キング・ジュニア牧師と多くの公民権運動が常に，聖書の言葉とメタファーを使って自分達の行動を正当化し，メディアの注目をよく惹き付けていたというのもまたこれにあてはまる．しかしキング牧師は「彼の言葉を『文字どおり』とするような完全な政治的共同的構造へのアクセスをもたなかった」[32] ということを理解することが重要である．

キリスト教国と言論の自由

　　　国際的な帝国主義的かつ反民主主義的傾向に対して，何ら疑問をもつことなしになされるメディアとその他の宗教的活動においてみられる支援は，保守的福音主義者にとってどのように合衆国がみなされているのか，またそれが神と契約した選ばれた集団の特別な本質という彼らの見方と直接にどのようにつながるのかということに非常に関係している．権威主義的大衆主義的宗教的右派にとって，合衆国は祝福された国なのだ．それは自分のミッションとして，自由とキリスト教を布教しなければならない．多くの方法で，多くのキリスト教右派の心の中では，このこととエデンの園の純粋さと無垢がつながっている．なぜならアメリカは「新しいエデン」のようなものだからだ．ロバートソンとその他の保守的宗教的リーダー達は人種的階級的偏見，頑迷さと不正義という事実を否定しない．このような「契機」は，私達の祖先達が「キリストから委託されたこと」を守ることから外れたという理由で生じたのだ．多くの新保守主義者にとって，私達の過去はそれゆえ，本当は恥ではないのだ．集団虐殺とか奴隷制という意味において何がなされてきたとしても．私達はただアメリカのキリスト教徒文化が達成した肯定的

な莫大な成果についてだけ思い出せばよい．キリスト教国としてのアメリカが達成したものは，黄金時代をなしている．それについては再び学ばれ，そして復活させられる必要がある．この復古主義的見解はアメリカについての保守派の見方を正当化し，維持するのに重要な役割を果たしている．ワトソン（Watson）の言葉に次のようなものがある．

> 「アメリカはキリスト教国である」という主張は，アメリカに対する神の特別な関係を信じていることを表明するものだ．国が神と誓約をしたことへの信仰，あるいは，アメリカの神意による役割への信仰は，証明されえないし，反駁されることもできない．そのような主張は歴史的事実の表明ではなく，国家的経験の意味についての見方の一部である[33]．

保守的福音主義者にとって，エデンが最終的には失われたのとほとんど同じ方法で脅威に晒されているのは，まさにこの神意による地位なのだ．彼らにとって，アメリカはキリスト教国として〈創設されたのである〉．しかし，それは「逆転された」のだ．事実，その主要な制度は反キリスト教的なものとなった．この結果生じたのが道徳的退廃である．そしてその結果は翻って社会的退廃を招いた．公立学校，マス・メディア，政治団体，裁判所，フェミニストとゲイとレズビアンの権利闘争など，こういったものが本質においてはキリスト教的価値にたいする攻撃を強めていった．不道徳と「何でもあり」といった倫理は，アメリカ社会のまさに中心を腐らせるに至った．多くの福音主義者にとって，前章で私が論じたような状況からこれは始まった．すなわち，ダーウィンと進化論が中心に踊り出て，聖書が学校から追い払われたときから．これは道徳的危機としてだけみられているわけではない．自由と繁栄にたいする脅威としてもみられているのだ．アメリカは偉大になった．なぜならそれは神の法とキリスト教原理に基づいていたからだった[34]．このような法と原理から離れることは，ただただ経済的かつ道徳的混乱を招くことになるだけである．合衆国におけるフェミニズムに関連した「不道徳」な運動や，セクシュアリティに絡んだ政治，「社会主義」に向けての運動といったようなこの社会内部のいかなる力も，克服されなければならない．いかなる外部からの脅威――共産主義，社会主義，反帝国主義，解放闘争――とも，戦わなければならない．もし必要であれば巨大な軍隊を使ってでも．

こうして，かつて地上のエデンとなることができた国があった．神との契約に基づいて，アメリカはその国であった．その歴史的役割は，神に選ばれていない人々の世界に自由の祝福をもたらすことであったし，いまでもそうだ．この復古的アジェンダはパット・ロバートソンの次の言葉にみることができる．「私達は私達の歴史を取り戻したい．私達は私達の伝統を取り戻したい．私達は私達の憲法を取り戻したい．そして私達は神をアメリカの学校に取り戻したい」35)．ロバートソンとその他のもの達にとって，宗教だけが，とくに彼が選ばれしものとなる宗教だけが道徳と個人の自己抑制のための安全な土台を提供するものだ．それは，悪の脅威と現実によって支配されている世界において，私達の政府が生き残り続けるためには絶対的に必要なのだ36)．この見方の否定的含意の可能性について危惧するかもしれない人々にとって，前の「キリスト教連盟（Christian Coalition)」のスポークスマンであり，政治的そして道徳的アジェンダをより人間的にして，かつあまり人を怖れさせないようなみせかけにすることをつい最近まで自分の課題としていたラルフ・リードは，もっと穏健な大衆に訴えるような調子でこの種の議論を続けている．「聖なる原理によって形成され，個人の信仰のサービスに開かれる世俗的な政府は，憲法に対する脅威を課すわけでもなく，生き残りのために本当に必要なものだ」37)．

外部の脅威は内部における脅威とともに宗教的自由に向けて編みこまれた．これは私が先に指摘しておいた迫害というテーマと深くつながっている．多くの福音主義者にとって，自分達が直面していると信じている脅威の最も明らかな証拠は，あると信じられている合衆国の開放性——異端者と共産主義者に対抗して自分達を守るものとみている開放性——が〈自分達以外の〉すべての人にとっては真実であるという彼らの認識なのだ．既存の文化的政治的制度は，「この」キリスト教的認識のための時間も場所も提供しない．学校，メディア，政治，実際社会のほとんど全体が，福音主義者を二級市民の位置に貶める条件を作り出してきた．教会は自分達を見捨て，キリスト教的見解は無視されている．キリスト教徒は差別されている．要約すると，キリスト教徒が関心を払っているのは互角の闘技場ではないのだ．価値中立とみられるようなものは，実は，関心あるキリスト教徒のアジェンダの黙殺であり，右派の言論の自由に対する侵害であるとみなされるべきものである．

ある人々にとって，この黙殺は，私達の社会を支配するに至ったある活動

的で世俗的で反キリスト教的「宗教」の結果である．悪から指導権をえた陰謀の運動が，聖書からの離反の背景に存在している[38]．魂の戦いが，同性愛，無神論，リベラリズム，そして世俗主義の影響を根絶するために，この社会におけるすべての制度を通じて行われるべきである．他の人々にとっては，彼らの解釈はさほど陰謀だとはならないかもしれない．しかしキリスト教徒の権利が否定されている——宗教的実践の権利が幾つかの国家官僚的社会主義体制のもとでは否定されてきた——という感覚は，広く流布している．長期にわたる「活動的正統派（engaged orthodoxy）」キャンペーンだけが世界を救うことができるし，合衆国の神との誓約を復活させることができる．

　黙殺というこの問題は，権威主義的大衆主義的宗教的保守派にとって頭を悩ませる問題であった．彼らによってなされた非難の一つは，「リベラルな人々」が検閲という問題を利用して，メディアが「世俗的人道主義者達」によって作り出されたもっと流布している問題であると彼らが思っているものに対してよりも，右派に対してあらゆる関心を向けるという状況を作り出したということである[39]．フィリス・シュラフリイ（Phylis Schlafly）は，このことを彼女の例の噛み付くような方法で以下のようにいっている．「自分の罪から注意を逸らすために『泥棒を捕まえて！』と叫ぶ泥棒のように，多くの影響力のあるリベラルな人々は〈自分達が〉最も無慈悲にしてすべての検閲者であるという事実を隠すために，『検閲だ！』と叫ぶのだ」[40]．

　シュラフリイ，ロバートソン，そして多くの人々は，この道をみつけた．この道を妨げるところに「真の」検閲が存在する．彼らにとって，「神の道」に従うことは，国内的にも国際的にも，安定，道徳性，そして繁栄へと進む唯一の道なのだ．その他の道は必然的に不道徳，社会的分裂へと導く．強力な世俗の力は，「真実を語る」ために神が与えた憲法上の福音主義者の権利を拒否するのである．しかし，確信に満ちたまさにこの立場が，アメリカを特別な国にしているものは宗教的，政治的，経済的自由という遺産であるという彼らの感覚と彼らの宗教的信念への関与との間に緊張を産み出すのである．この点は，なぜ福音主義者が自分達の行動を特別なやり方で解釈するのかということを理解する手助けとなるために，重要である．

　福音主義者のコミュニティの大部分が，ペテンを信じない個人と個人的選択を安定させるという溌剌としたあるボランタリズムに影響を受けている．そういう理由から，多くの新自由主義者と異なり，福音主義者の神をこの世

界に持ち込もうとする活動は，彼らの中では正統性を与えられる．なぜならそれは〈自己の利害を超越しているもの〉としてみなされるからである．どこでも自分の信仰に従って暮らすこと——教育，家庭，働く場，政治の場において——は，「世界におけるこの国に課せられた純粋に心からの責任という重荷，社会を変えることへの個人的責任という途方もない感覚」[41]に基礎をおいている．一生懸命行動している福音主義のある女性の言葉にはこういうものがある．「『世界は常に混乱するし，私達はそれに何もできない』などとは私達にはいえない．私達は『そうね，世界は混乱している．そして私はそれに対してどのようなことができるでしょうか』と問う必要がある」[42]．それゆえ，生活のあらゆる局面において，行動主義という福音主義者の〈重荷〉があるのだ．すでに述べたことを繰り返せば，世界は全体として重要な布教の場であるのだ．働く場から教育，子育て，政治の場まで．「救われていない人々」を福音主義者にすること，福音の叡智を生活のあらゆる局面に持ち込むこと，この二つがともに個人的責任となる．「強制的ではなく，分かちあうために」[43]．この社会の支配的制度の世俗的関与は，そのような「無私」の分かちあいを妨げるのだ．それゆえ，公と私の分離はキリスト教右派によって大幅に拒否される．多くの人々が最も私的な事柄と考えること——信仰と道徳的信念——が，そのかわりに，道徳改革と社会全体を「癒す」ための決定的な資源としてみなされる．いかにそのような無私の癒しにあらがうことができようか．こうして，この復古プロジェクトの一部が福音主義者の信念，価値，道徳の〈公的〉役割と権威を，この国のすべての人にとって目に見えているにちがいない混乱を排除するのを助けるために，復活させることになるのだ．

以前私が論じてきたことは，キリスト教右派の「攻撃的」アジェンダと呼ぶことができるかもしれない．しかし「防御的」アジェンダもまた存在する．これは，公と私の分離を福音主義が否定するというパラドックスをみせるものだ．これらの同じ保守派にとって，こうした公と私の分離は十分広いものではない．それゆえ，学校での祈祷，堕胎，教育と家庭生活の領域，政府の政策と規則という形をとった私的生活への公的な侵入といった問題に対しては抵抗しなければならない[44]．(このことが実際一部の保守派福音主義者がしばしば，「誰も見捨てない」法のもとでの州の強制的なテストや監査文化を拒否する理由の一つである．これについては最終章でさらに述べる.)

それゆえ，ここでは単純な二項対立——私的なものが良く，公的なものが悪い——が働いているのではない．（自分達の）宗教的な価値をめぐり，「私的なもの」を公的な空間に持ち込むことは良いことだ．「公的な」価値を（自分達の）私的な空間に持ち込むことは悪いことだ．従って，公的なものは，福音主義者の信念を反映するときにだけ，良いものとなりうる．

神なき学校

しかしながら，公的空間のうちの一つは，〈常に〉良くない，悪いものだ．すなわち公立学校．これはこの神なき社会の悪いところをすべて反映している．

教育は，そのため，闘争の主要な場となっている．世俗，リベラリズム，「国家主義」——これらすべてが宗教的信念の中心を破壊するために学校で組み合わされている．「公立学校カルテル」によって進展された教育理論は単に「社会主義と反宗教的洗浄の運搬手段」[45]となってきた．キリスト教右派の公教育に対する敵意は，「全米教育協会（National Education Association：NEA）」といった教員組織にまで拡大された．彼らはまたきわめて危険である．彼らは反キリスト教的であり，ラディカル左派の組織である．その主要な目的は，子供達を「時代遅れの宗教的迷信への忠誠，家族への忠誠，合衆国への忠誠，自由市場経済への信念」から引き離し，子供達に「社会主義と世界市民性を導入する」[46]ものである．いかに私達の子供を「救済された人々」にすることができるだろうか．学校における日常生活において，いつ「救済されていない人々」について教えるのだろうか．

救済された人々と救済されていない人々，私達と彼らの違いという感覚は，公立学校といった公的制度からの退出へと進み，ホームスクーリングへのますますの依存をもたらす．この点についてはさらにもっと詳しくこの章の後の部分と次章以下で展開しよう．しかしながら，多くの宗教的保守派がもつミッションという強い感覚とこれがつながったとき，これは公立学校を変えようという再び鼓舞された関与へとしばしば進むのだ．そのような活動的行動は，一部の保守的福音主義者が自分達の子供をその学校に在学させ続けるという行動においてよくみることができる．彼らは，その学校での見解の幾つかは自分達が信じているものと対立することを知っているにも拘わらずそ

うするのだ．彼らの心の中では，しかしながら，その学校は「小さな布教の場」[47]なのである．もし福音主義キリスト教徒と彼らの子供がいなければ，学校はこれ以上キリスト教的にはならないだろう．

　もし既存の公立学校制度を，そのようなキリスト教の信念を支援するようにさせることができなければ，次には，バウチャーのような——あるいはこれに失敗したら，チャータースクール——新自由主義的学校選択プログラムが，子供達が学ぶものや子供達がいかに教えられるのか，ということを変える鍵を提供する．自分達を現行法や教育制度によって犠牲となっているとみなしている集団として，権威主義的大衆主義者は，自分達の脅かされた文化的アイデンティティは，公費を使って，自分達がふさわしいと思うような方法で親の権利を拡大し，自分達の子供のために学校を設立するということを通じてのみ維持できるのだと納得しているのだ．一部の宗教的保守派がプログラムのこのような種類が，実際，私的な決定であるべき領域への国家的影響の領域が拡大することになるだろうと懸念している一方で，保守的キリスト教徒の大多数にとって，バウチャープランは彼らの心の奥底に抱えている信仰の文化的生き残りを可能とし，こういった信仰を子供達が引き継ぐことを保証するものなのだ．私はここで「生き残り」という用語を軽い意味で使ってはいない．多くのこういった親達の心の中では，このことは本当に肝要なのだ．子供達が教えられるべき信仰と文化といった意味だけでなく，神の不在と悪魔の脅威が与えられたこの国と世界に何が起こるかという意味においても．

　パット・ロバートソン（もちろん彼だけではない）のような指導者にとって，バウチャーといった教育政策は，付加的な利益をもたらす．自由市場は本質的に「神の道」である．もちろん，彼はこういうだろう．そのような競争は万民にとってより良い学校を作るだろう，と．しかし，「バウチャーがアメリカにおける公立学校の終焉を招く」としても，彼は答えをもっている．「それに対して私達は，だからどうしたという」[48]．ロバートソンがこの国の学校は「公立学校制度だけでなく，私達の若い世代全体をすぐに破壊してしまう気の狂ったような理論をもつ狂信的なイデオローグの手中にしっかりと」[49]にぎられていると信じているように，他の人も信じるならば，多くの読者にとってこのような答えは困りものであると思われるにも拘わらず，そのような怖れに直面していることは理解できよう．

以上のようなコメントから，なぜホームスクーリングも同じ様に安全なそしてキリスト教的未来への希望から支持されているのかということを理解することは簡単である．ホームスクーリングは多くの「主流」全国雑誌のページやテレビやラジオで肯定的に取り上げられ紹介されてきた．それ以上に，『今日のキリスト教』Christianity Today といった保守系雑誌で真に，非常に高く評価されている．言及された主要な利点の一つは，子供達が家で学校教育を受けるということは公立学校での仲間からの圧力からより自由であるということだ．この主張は幾らか的を射ている——第7章と第8章で，ホームスクーリングの提唱者によってなされたその他の主張の幾つかについても検討するときにわかるように——．なぜなら，とくに幾つかの学校で起こった銃撃事件のようなことが起こった後では，子供仲間の文化と，ときには学校での現実生活を脅かす事柄の影響について心配しているのは宗教的右派ばかりではないからだ．

しかしながら，こういったセンスの良いものを構成する要素には，一瞬思い止まらせるようなものが伴っている．「道徳的多数派（Moral Majority）」ワシントン州支部長は次のようにいっている．世俗教育は「神なき化け物」である，と．それゆえ，「アメリカで生まれ変わったキリスト教徒はすべて自分達の子供を公立学校から引き上げるべきだ」と．彼は続けて公立学校のカリキュラムを非難し，「不道徳な」教材の排除を力説した．「黒人の子供が，『黒人（nigger）』という言葉ゆえ，マーク・トゥーエンの本を読むことを強制されるべきだなどと思わないのと同様に，宗教的キリスト教徒が自分達を侮辱する本を読むことを強制されるべきではないのだ」．彼はそのような危険きわまりない本の例を幾つかあげている．その中には『オズの魔法使い』『アンネ・フランクの日記』が入っていた．前書は「魔女の魔法の実践を容認している」し，後書は「すべての道が神に通じるという信念を推進する」[50]からであった．

こういった脅威は，おそらく多くのあまりイデオロギー的ではない福音主義者にとってはかなり極端であると思われる方法で結び付けられているのであろうが，最近の調査がジェームズ・ドブソン率いる極端に保守的な「家族に焦点を当てる会（Focus on the Family）」という組織が，保守派キリスト教聖職者の間で最も人気のある組織として登場してきたことを発見した理由の一つとなるかもしれない[51]．事実，この「家族に焦点を当てる会」は，いま

やかつてないほど多くの部面で弱体化してきた「キリスト教連盟（Christian Coalition）」よりも影響力をもっている．1年当たりの収入が1億ドルを越えるという事実は，支援の広範囲な広がりの指標の一つである[52]．

「家族に焦点を当てる会」はいかなる意味においても単独の組織ではない．他のものの中でも，ドン・ワイルドマン（Don Wildmon）の「アメリカ家族協会（American Family Association）」（これはかつては「品位のための全国連合（National Federation for Decency）」と呼ばれていた．〈家族〉という用語の響きについても注記せよ）とこれと連携しているAFA法律センター（AFA Law Center）は，魔法およびその他の「反キリスト教的」信仰を擁護したという理由で教科書会社を訴えることに熱心だった．「家族に焦点を当てる会」と並んで，「イーグル・フォーラム（Eagle Forum）」，「教育における卓越性のための市民の会（Citizens for Excellence in Education）」，そしてその他の集団は，教科書やカリキュラム，そして学校制度を，それらの反キリスト教といわれるメッセージに向けて，そしてまた学校と教科書が世俗的人道主義的価値を推進することを前提とした教会と国家の分離に対し，自らこれらを侵犯するために果敢に挑戦したのである[53]．

この活動の大部分は公的に資金を交付された学校での祈祷の排除と，私的に運営されていたキリスト教徒アカデミーに対する政府の前述の攻撃として認識されたものにその根拠をもっていた．このアカデミーは唯一適切な道徳を教える保証を与えるものとみなされていたのだ．学校での祈祷の排除（それは単に規則を無視する多くの学校の日常活動からは現実に排除されたことはなかったにも拘わらず）は，全国的な損失として，また，国民を苦しめる原因とみなされた．1960年代の「学校から祈祷を取り除く」という最高裁の判決は，「私達の土地から神の祝福を取り除く印」であり，「社会の道徳的破綻に貢献した主要な理由」[54]であった．それは社会的無秩序と道徳的混乱をもたらしたばかりでなく，神の怒りをももたらした．その結果はキリスト教国アメリカの低落であった．パット・ロバートソンにすれば，キリスト教国アメリカに対するこの侮辱は悪魔によってもたらされたものであり，「キリスト教国合衆国が去った後」[55]，形成される世界政府のための悪魔の計画の一部である．すべての福音主義者が，悪魔がこういったことすべての背後にいるという「事実」をそれほど深刻に受け取っているわけではないが，ここでもまた私達は，アメリカと神の誓約と神に保証された特別な地位，悪の現

在の可能性，道徳の崩壊，私達の制度すべてにおけるキリスト教への関与という栄誉を讃えることが一緒にされている方法をみるのである．

　学校での祈祷という問題は，ダーウィニズムと進化論と同様に，それゆえ独立してみてはならない．それは価値，恐怖，そして関与というより大きな集合に捉えられ，関係している．これらのうちのどの一つに対する挑戦も権威主義的大衆主義者の立場に対する挑戦となる．さらに学校での祈祷についての危機は，私が先に指摘したものを伴う場合——南部における（そしてその他多くの場合のように何処においても）保守的な親と教会によるほとんど白人のみのキリスト教アカデミーの設立——，さらに複雑な状況を呈する．連邦政府は，何年も遅れて最後に，これまでもともと与えられていたこういった学校に対する非課税措置を廃止しようとした．政府からすれば，これは宗教と（人種的）分離双方に対する公的な補助金となったからだ．学校の支援者からすれば，これもまた明らかに親の選択の自由と宗教的自由に対する政府の攻撃であった．

　人種，階級そして宗教はしばしばここでは混在している．公益法人制度としての課税除外という地位を失うことに直面して，多くの南部人は自分達の宗教的アカデミー（そのうち一万校以上が全国的に1960年代，1970年代に設立された）が，人種に基づいているわけではなかったと論じた．それらは世俗的人道主義を避けるために設置された．それゆえ問題は人種ではなく，宗教であった．南部にあるアカデミーの学生のうち60％が労働者階級あるいは下層中産階級の出身であった．税金と授業料の二重どりを怖れた多くの家族は，経済的理由による政府の介入もまた喜んではいなかった．この状況を反映して，ジェリー・フォルウェル（Jerry Falwell）は，このような介入のため，いまや「キリスト教学校よりもマッサージ・パーラーを開く方が簡単になった」[56]と結論づけた．

　これは現象的にみても明らかに複雑な状況である．親と牧師にとって，人種問題（たとえば，私の子供の社会移動とより良い成績の機会は「悪い成績の」マイノリティの生徒もいる学校に在学することで悪くなるのではないかといった問題）は，経済的な不安を伴っている．そして翻って，ますます支配的になる世俗的メッセージと制度に対する宗教的な怖れとも関連している．反政府的感情はここではある部分理解できる．ここでも再び，宗教的右派はこれら関心事すべてを一緒に縫い合わせ，人種差別的論理を，自分と自分の

子供の生活と価値観は深刻な脅威に晒されていると信じている人々にとっては完全に価値あるもの——人種差別的ではない——とみなされる他のテーマのもとに隠すことを可能にしている．これはその効果において〈人種差別主義者ではある〉が，機能的には，意図的なものだと見誤って説明してはいけない．親と学校の指導者にとって，自分達の行動についての自らの理解では，人種の問題はほとんど，あるいはまったく関係していなかったし，いまでも関係していない．もちろん，これは白人の政治がいつもどのように役割を果たすのかということを示している．人種は，公然とした不在が日常生活におけるその権力を隠す不在の存在というものなのである[57]．この点については結論的最終章で戻ることにしよう．

私達は何ら変わったことはしていない

しかしながら人種は，権威主義的大衆主義的宗教活動家の公然の論議において大きな役割を〈まさに果たしている〉．人種差別をめぐる闘争の歴史は常に，自分達の行動を正統化するために使われてきたからである．

「キリスト教連盟」のような集団は自分自身を一般からかけ離れたことを求めているなどとは思っていない．事実，彼らは自分達を，承認を求める闘争に成功をおさめた他の人々の長い伝統の一部であると位置づけている．彼らにとって，ちょうどアフリカ系アメリカ人，ラテン系アメリカ人，ネイティブ・アメリカン，アジア系アメリカ人，その他の人々が自分達独自の文化的アイデンティティを承認することを求めたのと同じ様に，福音主義者は自分達も同様の差異化的承認を受け取るべきだと信じている[58]．

たとえば，「キリスト教連盟」は保守派キリスト教徒の抑圧されたものという描写において非常に攻撃的である．「犠牲者」という主張は強力なレトリック上の工夫である．それはある集団を正統化すると同時に補償もまた要求する．それゆえ集団を形成し，集団的行動に対する「道徳的」正当化を与えることにおけるその役割を，過小評価してはならない．このことは，公民権運動と保守的キリスト教徒の間に常に作られるつながりに意味を与える．マーチン・ルーサー・キング・ジュニアの名前，そして公民権運動の全歴史が，保守的福音主義者にとって不正義とみなされているものに対する闘争を正当化するために繰り返し引き合いにだされる．彼らにとって，保守的プロ

テスタントもまさに同じことをしていることになるのだ．ここでもパット・ロバートソンはレトリック上の一つの例を述べている．「1930年代，南部のアフリカ系アメリカ人は，偏見をもつ人々によって，尊敬に値しない『ニガー』と分類された．今日，福音主義派キリスト教徒は，リベラルなメディアによって『ニガー』として，尊敬に値しないものとして考えられている」[59]．そしてラルフ・リードはロバートソンよりは率直ではないにしても，また以下のように述べている．「キリスト教徒排撃はアメリカの偏見の最後の受容可能な様式であるということは誇張ではない」[60]．

　その様な福音主義者の頭の中では，明らかなダブルスタンダードが差異的に自分達に適用されている．もしマーチン・ルーサー・キング・ジュニアのような公民権運動の指導者が説教壇から町に出ることができ，宗教的そして道徳的基準と政治的活動を不公平な法を変えるために使うことができたならば，なぜ「キリスト教連盟」にはそれができないのだろうか．ジェリー・フォルウェルは，彼が「道徳的多数派（Moral Majority）」の前身は，初期の公民権運動であるといったときに，このことを明らかにしている．結局，キングは彼のメッセージを「説教壇から町へ」[61] 持ち出したのだ．リベラルな人々とアフリカ系アメリカ人の政治的活動家達が何年もやってきたことと同じことを「私達も」なぜやらないのか．金持ちの集団，これは国家が認めたアパルトヘイトの数世紀を〈経験しておらず〉，殺人，リンチ，そして公然の卑しめといった対象とはなったことがない集団であるが，この集団が自分達の経験と，アフリカ系アメリカ人の人々が経験してきたこととまったく重ならないということをみようとしない事実こそ，ここでまさに問われるべきものなのだ．

　いろいろなやり方で，キングと公民権運動の例は，キリスト教右派によって複数の目的のために利用されている．しばしば彼らがやるのは，自分達の「自由」を否定する社会に対抗して活動するということでは自分達はキングの足取りをたどっているのだと主張することで，彼らはキングのマントを身につけようとしているのだ．これは自分達の行動を正当化し，〈そしてまた〉自分達が継続的に支持している厳格な福祉，教育，そして刑罰に関する政策の効果から，自分達が人種差別者であると感じないように自身を守ることにもなるのだ．——彼らが黒人達の運動の指導者を真似たいと望んでいるらしい，まさにその黒人達に対してこれらの政策がもつ差異的な効果というもの

は本当に屈辱ものである.

　ラルフ・リードもまた「キリスト教連盟」がしたこと——たとえば,保守派の候補者に投票するよう人々を説得するための投票者に対する教育への努力——は,他のどの運動もしてきたことと違わないと論じている.唯一の革新は「キリスト教連盟」のそれぞれの支部が,地方の教会との連携を通じて,教育委員会選挙という最も重要なものを含む地方選挙に対しても注目していたことである(62).さらに,地方の連携を通常は牧師ではなく素人が担っていたというまさにその事実によって,これらの努力は最も純粋な大衆主義的反応としてみられるだろう.リードが1990年に述べているように,「キリスト教徒のコミュニティは1980年代に衰退していた.私達は,州に対して注目を払い続けるべきときに,ワシントンを変えようとしていた.キリスト教徒に関する本当の闘争は,近隣,教育委員会,市議会,そして州議会において存在するのである」(63).(第5章の巻頭で扱ったカンザス州とアラバマ州の教科書ガイドラインの事例は,この立場に信憑性を与える.)地方レベルでの勝利は,一揃いのもっと保守的な「妊娠中絶反対」政策を私達の日常生活に確実に結び付けることを助ける.私が前述した彼らの候補者審査過程といった事例によって顕にされているように,これは保守的宗教集団が全国レベルそしてワシントンで現に姿を表すことを止めさせはしないのではあるが.

　キリスト教右派が共和党を乗っ取ったという穏健派の不平に対して,リードは直接的な答えをもっていた.「キリスト教右派が関与している唯一の犯罪は,民主主義の犯罪である」(64).彼のいっていることを敷衍すれば,熱心に手紙を送ったり,足を棒にして戸別訪問や地域の集会に参加するといったようなことは大変だが,誰もができることだ.批評家達は,しかしながら,即座に指摘している.民主主義の簡単な実践とみなされていることは,しばしば,そうではなく,「密やかな」キャンペーンなのである.それは保守的宗教的活動家が,教育委員会選挙のように歴史的に投票率の低い選挙では,特別に「妊娠中絶反対派」投票者をターゲットとするようなキャンペーンである(65).あるいは,彼らは,自分が当選するまではもっと攻撃的なアジェンダを隠しておいて,財政的責任というような綱領を掲げて選挙戦を戦う.その様な戦術の利用は否定しつつも,1991年,「キリスト教連盟」の現地ダイレクターは,ほとんどの人々はそのような選挙を気にもかけていないし,投票には行かないと論じて,これを支援しなかった.それゆえ,投票者の大多

数に話しかけることはほとんど意味をなさなかった．また同年ラルフ・リードが彼自身ジェリー・フォルウェルの大規模なメディアイベントやラリーといったアプローチに従うよりは，「キリスト教連盟」はゲリラ戦のようなものに持ち込むべきだとして，「静かに動く方がよい．ひっそりと，夜の闇に紛れて」66)と論じたときにも，このことは何ら支持されていない．リードはその文字通りに発言していたわけではなく，文脈から外れて引用されたと主張したが，密やかなキャンペーンへの不安は，リードが政治的コンサルタント会社を設立するために戦列を離れた後も十分存続した．

権威主義的大衆主義的宗教運動は，自分達と過去における公民権と有権者登録運動の間にパラレルな関係をみていたばかりではなく，パラドックスのようであるが，輝く過去への回帰として文化的復古を主張する自分達の立場を前提として，彼らは自分達がしていることと多文化主義に反対する戦いの間にもまたパラレルな関係があるとみている．その歴史については一切語られないアジア，ラテンアメリカあるいはアフリカ出身の選挙権をもたない人々によってなされる要求とは異なり，多くの福音主義者においてはそれ以上の喪失感がある．彼らにとって，彼らの歴史は合衆国の歴史的物語においてかつては〈中心だった〉が，いまはその中心的な位置から追い払われてしまった．「大学の指導者と思想警察が私達の社会から私達のキリスト教的遺産，私達の先祖達の信仰，西洋キリスト教文明の芸術的文学的業績に関するすべての言及を取り去ってしまおうとしてきた」67)．

これらすべてがもう一つのパラドックスをもたらす．このような保守的宗教的活動家が望んでいるものは何だろうか．「キリスト教国アメリカ」の復活だろうか．それとも，単に，社会の公共的生活にもっと完全に参加できるようにするために，彼らの特別な文化的宗教的遺産，価値，信仰を認めることなのか．最も信頼できる答えは，彼らは両方ともに欲しがっているということだ．「彼らは自分達の『居場所』を欲しがっているし，〈それと並んで〉彼らは自分達にみんなが同意することを望んでいる．彼らはキリスト教国〈並びに〉宗教の自由を望んでいる．一見してわかるようにこれらは矛盾しているが，彼らは自分達のケーキも欲しいし〈同時に〉それを食べたいのだ」68)．この反多元化主義者の信仰（私達は選ばれた者達である．真理は私達と共にある）と，合衆国ではすべての人々の価値は平等に扱われるべきであるという信念（私達は抑圧された少数派である）との奇妙な組み合わせこ

そが権威主義的大衆主義者の事例をこのように複雑な物語とするのである．この複雑さを理解することが，この傲慢さを伴うまさに真の危険を無視することになってはならない．しかしこれは，彼らの立場にみられるセンスの悪い見解の要素に閉じこめられているセンスの良い見解の要素には注意深く耳を傾ける必要がある，ということを意味しているのだ．

権威主義的大衆主義の感情の構造

このように矛盾した感情は日常生活のレベルでどのように機能するのだろうか．部分的には経済的需要と危機によって，所有的個人主義の創造に伴って，人口の移動によって，理想化されたジェンダー役割が曖昧になったことによってなどの理由から生じたコミュニティの崩壊については多く論じられているが，これらは，多くの人々が手綱を放され，アノミー化され，孤立化していると感じているような状況を作り出した．教会は歴史的にコミュニティを作るための中心を提供した．それは今日，多くの人々に確実に中心的な役割をもたらしている．神の法と導きのもとでの同質性という保守的見解は，教会を通じて真の社会的コミュニティを構築することを助けるだけではない．それらはまた想像の共同体（コミュニティ）を作り出し，国全体を通じて，「まったく私と同じ」[69] まだ見ぬ人々と自分とをつなげる感情を構造化することも助ける．レイモンド・ウィリアムズが私達に想起させるように，社会的安定と社会的変容を支える最も重要なものの一つは，「感情の構造」の再生産である．これは必ずしも自覚的ではないが，社会行動に対する重要な限界とその可能性を予測する[70]．

権威主義的大衆主義者の感情はまさにこの方法で機能する．彼らはこの感情をもっている人々に対して，ある特定の種類の働きを為す．過去において，たとえば多くの女性にとって，その様な保守主義は，コミュニティについての，女性の活動についての，責任ある男性の行動の安全についての約束を意味していた[71]．保守的大衆主義がそれほど多くの人々に訴えるものについて，皮肉を込めて慇懃にみるのではなく，私達は，私がこれまで述べてきたような過程をそのまま続ける必要がある．すなわち，私達はその中に入ってみるべきだ．私達はなぜ——反対のことを予言するかもしれない状況に直面しながら——多くの人々がそのような立場が自分達の日常生活において直面して

いる問題を解決すると思っているのかということを問うべきなのだ．

そのような保守主義はある感情の構造に依存している．それは同心円からなる複数の円として考えることができるだろう．そしてこの複数の円は，互いの頂点で結び付き，天国に向けて上昇している．つまり，神，財産，子宮，家族，教会，自由市場，地球規模のミッション，そして神[72]．これらの円の反復において，その背後に横たわる意味づけは，黙示録のナラティブの形をとる．歴史は神によって既にすべてが決定されている．現在に対する極端な悲観主義は，危機はそこまで来ているという強い信念を伴っている．さらに，悪魔がそこにいても，神は実際には悪魔に打ち勝つ．エレイン・ペイグルズ（Elaine Pagels）の言葉に次のようなものがある．「キリストが悪魔を打ち破ったという信仰がキリスト教徒に自分達の闘争において困難（the stakes）は永遠であるが，勝利は確かであるということを保証する．（この戦いに）参加するものは負けはしない」[73]．たとえば，パット・ロバートソンの近代化された黙示録的見解において，そして，一般公衆向けに消毒されたラルフ・リードの見解において，これらのナラティブは中心的位置を占める．彼らにとって，そして彼らに従う多くの者達にとっても，キリストは姿を現す．しかし，生まれ変わったキリスト教徒が，「安全なところで恍惚となる」ことを待つのではなく，再来の条件を準備するときにのみ，キリストは再来する[74]．このような立場は，橋を架けることができないような二つの事柄——保守派キリスト教徒の絶対主義か，私達の周りでばらばらになりつつある社会のニヒリズムのどちらか——を産み出す．神対悪魔，そこには他の選択肢はない．

多くの読者が政治的にあるいは知的に非常に居心地がよいと思うような方法では保守的宗教的活動家の議論が提出されていないので，私達は，政治がしばしば一番重要なものとなるまさにその場面を見過ごしてしまう．つまり，私達の無自覚なニーズと恐怖，私達の肉体と情緒，そして信仰．これらの領域を無視することは，合理性の定義をあまりに切り詰めることも含んでいる．いかに解釈の世俗的過程があまりにしばしば感情と精神の空間を「非合理的そして女性化されたもの」としてコード化してしまうかということについて，非常に明敏な分析家の言葉がある．「起こっていることの一部は，絶対主義的キリスト教が人間の頭の中ではなくキリストの心の中に意味を与えられているということである」[75]ということを思い出すことは重要である．しかし，

こういった方法で意味を与えることは，合衆国だけでなく世界中の国で，宗教的言説内でのレトリック上の長い伝統である．

この「真理」のナラティブでは，神は私達を救済するために彼の息子を送った．それゆえ，彼は彼自身の子供を私達のためにあきらめたのだ．この犠牲は，あまりに多くの人が経済的に，情緒的に自分達の家族を守るためには，あたかも地球と星を動かさねばならないかのように感じているときには，強力な想像された関係を作り出す．すべてのことは結び付けられる．そのとき子供はしばしばつながりの鍵となる．一揃いの関係は，結合された意味と関係の感情的な一揃いとして，家族，宗教，そして国民の想像された，しかし神聖な過去の復活と正統性とにつながる．過去だけでなく，現在の意味にも満ちあふれた物語として読むことによって，家族生活とその脅威，ジェンダー関係，経済的情緒的安心などの個人の馴染み深い経験を一貫した枠組みにつなぎ合わせるものこそキリスト教なのである[76]．聖書の無謬性（聖書は正しい）と，それが書かれている豊かなメタファー（私は，私自身の苦境とそれへの対処法を聖書の中に見出すという方法で聖書を読むことができる）を潜在的に組み合わせることを前提とすれば，相当数の人がこれは強力であると思うことはまったく驚くことではない．もちろん，このような種類の感受性は，ユダヤ教やイスラムのとくに武闘派といった変種の成長においてみることができる．これはしばしば感情の同様な社会的条件と構造によって刺激を受けているのである．

しかし，最近の文脈において，この力は多くの人々にとって，大いに保守的方法でいかに働いているのだろうか．ジェンダーの問題は，いかにこのようなナラティブが，きわめて個人的な感情として感じられ，逆説的に支配を支持することになる感情の構造を作り上げるのかということに関する主要な一例を提供する．

最も極端な場合として，フェミニズムに対する宗教的右派の立場は，1992年のパット・ロバートソンの声明の中にみることができる．「フェミニストのアジェンダは，女性の平等の権利についてではない．それは社会主義者の反家族的政治的活動についてであり，これは女性に自分達の夫と別れること，子供達を殺すこと，魔法を使うこと，資本主義を破壊すること，そしてレズビアンになることを奨励している」[77]．この種類のレトリックこそ，ラルフ・リードがキリスト教右派をもっと穏健なイメージをもつものに改装しよ

うとして用いたレトリックとまさに同じものである．

　この種の論議においてさえ，しかしながら，保守的福音主義者のジェンダー関係に対する立場において矛盾した傾向が存在する．たとえば，福音主義者はしばしばエペソ人への手紙（5：22）を引用する．これは「妻達よ，神に服従すると同様に夫に服従せよ」といっている箇所であるが，それと同時に，保守派宗教的集団は現に「精神の戦い」のための運動で主要な役割を果たすという信仰を女性に要求するのだ[78]．神によって定められた役割において，「無私の女性」はこの理由のために働く．しかし彼女達は彼女達の本当の天職を忘れてはならない．この天職ということについては，第8章のホームスクーリングに関する労働について論議するときにさらに詳しく検討しよう．この緊張はおそらく「アメリカに関心ある女性達の会」の創設者であるベバリー・ラヘイからの以下の引用に最もよく表れている．彼女は女性ができる最も重要なことの一つは，「正しさを復活すること」を手助けすることであると論じて，次のように続ける．

　　私は，キリスト教徒のすべての女性に神は果たすべき特別な課題を与え給うたと信じている．ある人々は自分達自身の教会において，そこでのニーズに答えることで，「塩であり光である」と呼ばれるかもしれない．他の人々は地域のコミュニティで，反堕胎ラリーとか街角の店でのポルノ販売に対する抗議などを組織することで，行動を起こしているかもしれない．他の人々は，調停者であったり，手紙を書いたりして神の目的を実現しているかもしれない．

　　しかし本質において，「活動家」である女性達に関心を払おう．もし貴女が結婚していて小さな子供がいたら，貴女は自分の一番の責任がどこにあるのか知っていなければならない．貴女の人生のこの段階での「天職」は，貴女の家族の中に位置づけられ，家族を中心とするものとなるだろう．もし貴女がこの旅で，子供達とはぐれたら，貴女はこの時点で神が貴女に課した目的を実現することに失敗したことになるのだ．そして貴女の子供達もそのように訓練すべきだ[79]．

　それゆえ，ラヘイのような権威主義的大衆主義の最も保守派の指導者にと

って，女性は神とフェミニズム双方に奉仕することはできない．また，のちにみるように，彼女達はホモセクシュアリティとか堕胎を受容することもできない．このような「不道徳」を少しでも受け入れることは，「悪魔の最大の嘘」である社会——進化論——を受け入れたことの結果となる．「神の真理は，私達は神の手から生まれたということだ．……創造という神の真理を疑うことが自分達を私達のまさに根本を破壊するであろう大波に立ち向かわせるはめに陥らせているのだ」80).

　ここでいわれていることに注意せよ．これは第5章でふれたカンザス州の教育において最近起こった出来事についての私の議論と直接つながる．そのような保守派の目的は進化論とその教授を一つの要素に縮小させるということではない．根本的な方法で〔二重の契約（entendre）を言訳する〕，それは彼らの世界全部の最も〈中心的〉土台の一つである．私達は神の手によって〈創られたのだ〉．私達に価値として与えられたものは次の事実である．すなわちそれは聖書の権威に対する私達の信念を支えるものを与えることである．それは私達お互いと自然に対する私達の責任を決定する．これを切り落とすことは，私達の世界全体のまさに根本に対して挑戦することとなる．「私達は神の真理は唯一神の言葉の中にあることを知っている．私達は自分の家庭で，学校で，そして国において，この真理を守らなければならない」81).

　喜んで神の下僕として行動しようとするというときに，もし神が，私——特別な創造物としての——を無私にしてくれる，私を喜んで犠牲的にしてくれる——神の唯一の子供がそうしたように——倫理的原理を下さらなかったら，何をなすべきか，どうして私が知るだろうか．また，渾沌とした，流動的な，そして危険なこの時代にどのように私は導かれるであろうか．権威主義的大衆主義者にとって，この無私ということ，この犠牲となっているという感情，神と神の価値に自分を捧げているという感情は，彼または彼女が政治的操作，憎悪，あるいは人種差別という罪を犯していないということを彼らにまさに信じ込ませるものなのである．無私と真実はこの対句の中で強力に解け合う．それは多くの保守的な女性にとってはより強力に働く．これについてもう少し述べよう．なぜならばこれらすべての関係がジェンダーのある特定の構築と女性の役割を複雑にし，権威主義的大衆主義的宗教コミュニティ内部でのアイデンティティを確立するのを助ける感情の構造にとって不可欠なものであるからだ．

母性の構造はこの点についての好例である．母性は，聖なる信頼である．女性達による承認と再分配を求める闘争の数世紀は，男性のアイデンティティ（十分なものではなかったが）における変容のみならず，多くの伝統的な女性の理想化されたアイデンティティの危機をも生み出した．この危機は絶対的な宗教にとって入り込む余地を生み出した．かなりの数の女性が，「母の苦悶，苦痛，そして希望を満足させるために」[82] 宗教に戻っていった．当然のように，宗教に基づく聖なる母性の見方の（再）構築は，

> 世俗社会の軽蔑と嫌悪の多くが歴史的に問題とされるようなところでは，詳細に構築された．なぜなら，母が理想化されると同時に軽蔑されたからだ．この宗教的枠組みにおいて，子供達は女性の保証された聖なるアイデンティティの道具となった．女性はそのような保証なしには，必然的に男性によって判断され，不完全なものとされることになることを，深くそして現実的に恐れていた．もしもそうなったとしたら，彼女と彼女の子供達は自由市場理論家か，リベラルな諸制度によって作り上げられた男性的な競争に基づく社会の中で，多大なる危機に晒されるだろう[83]．

聖なる母性というこの感覚は，しばしば，制度化された保育ケアといったようなものを求める運動に対抗する知的かつ情緒的源泉として採用される．私達の子供達に対するそのような制度は，親——とくに母親——と子供のつながりを壊し，「ヤッピー」あるいは国家の社会工学の多大なる利益となる[84]．キリスト教保守派としてコニー・マーシュナー（Connie Marshner）は，そのような「社会化された親業」は「子供を育てるための神の計画とは調和しない」と論じている．「社会化された親業は素敵な形をしていると思わせる力をもっている」ことは事実かもしれない．しかし，——シェークスピアの言葉を引いて——マーシュナーは私達に想起させようと続ける．「悪魔もまた素敵な形をしていると思わせる力をもっているのだ」[85]．

聖なる母性はそれ自身，神が選ばれたユニットである核家族の神聖さに依存している．しかし母性の神聖さと家族の神聖さはそれだけで存在しているのではない．それらは神によって示唆された，そして人間の本質である何か別のものに対する決定的なカウンターバランスなのだ．（私達は神のイメー

ジになぞらえて創られたことを思い出すこと．だから人間の本質もそれ自身神々しいのだ．）この付加された別の要素こそ自由企業（free enterprise）である．これを正当化することは，パット・ロビンソンによれば，（モーゼの十戒のうちの：訳者）第八の戒律に見出される．「汝，盗むなかれ」．これは神が財産の神聖さを承認したことの具体化である．神は「他の市民に属するものを取ることを禁止された」．この戒律は私達に金持ちから奪い，貧民に与えることをしてはいけないといっている．聖書のメッセージは実に明快だ．「人が自分で蓄積したものは彼のものだ．神の摂理においては，政府が生産的な市民に自分達の手で稼ぎ出した労働の成果を非生産的な人々に与えることを強制するような富の再分配という仕組みは存在しない」[86]．

　それゆえ，こういった人々の多くにとって，法人企業は神の法の「自然な延長」なのである．残りの世界に対する私達の道徳的かつ宗教的義務は，地球上に規制されていない「自由企業」を輸出することなのだ．そこでは，保守的宗教的言説において重要であることが証明された他のものとともに，企業と宗教の言説がともに縫い合わされ，互いに正統化しあっているのだ．ここでは，伝統的な家族と宗教的価値が地球規模化される必要がある．そして神のプランにおいては，これは多国籍資本主義の発展を通じてのみ成就されることができる．法人資本主義とアメリカ文化の輸出はいまや明白であり，弁解なしに神の意志の最高度の表現として，神の文化の伝導の拡大は世界中の隅々にまで到達せよと，定義されている[87]．人間の本質は〈市場である〉．そしてそのような市場が世界中の国民にまで届く（そして究極的には私達がみているように学校にまで届く）という抑制の効かない拡張は神の意志なのだ．市場の論理に従って規律化されていないアイデンティティとそれに伴う信念と実践は，それゆえ，本質において，神聖ではない．多くの新自由主義的アイデアは，それゆえ，この感情と簡単に結び付けられる．なぜならそれらは聖書による保証が与えられているのだから．

　保守的カソリック教徒で「道徳経済学者」のマイケル・ノバック（Michael Novak）の言葉によれば，彼はしばしば自分を右派のプロテスタントである福音主義者の信念と一致していることに気づかされるようだが，「個人的経済的イニシアチブは，基本的な人権であり，この権利を行使することはすべての男女において引き継がれている神のイメージを完全にすることである」[88]．ノバックにとって，道徳的責任は，富の創造を要求する．それはそ

れ自身自由と民主主義を真に保証する唯一のものである．それゆえ，「知性があり，野心に満ちたそして道徳的に真面目な若いキリスト教徒とユダヤ教徒」に対して，彼は次のことをアドバイスしている．「国家のために働くよりも，民間の自由と力を復活させる方が，自分達の魂のより良い救済と，神の王国で世界中を包むという使命に奉仕することとなるだろう」[89]．

　これは私が前に論じたこととつながっている．つまり白人の政治，というのはここでも常に人種的サブテキストが存在するからだ．多くのヨーロッパ系アメリカ人にとって，ミドルクラスであることはある部分，黒人ではないということによって定義されるという事実の中に表れている．アフリカ系アメリカ人の不在は，近隣を「生活するには良い場所」[90]とするものである．「彼ら」（黒人）は国家のお世話になる傾向がある．彼らは効率的でないか，生産的でない．「私達」は効率的であり，生産的である．私達すべてが神の子ではあるが，私達のある部分は――とくに有色の人々は――市場を彼らに課すことによってのみ救われるのだ．ここでもまた，黒人，インディアン，そして褐色の貧民は「ちょうど私達のように」[91]自立するように創られたというのが神の意志であるというような言い方で，宗教，市場，反国家主義，そして人種差別化され，人種差別化する論理が一緒に持ち込まれる．ミドルクラスと金持ちに対する政府の補助金と課税免除（tax breaks）が，貧民を助けるために組み合わされた計画のすべてよりも〈遥かに〉広範囲であるという事実は，こうした自己理解の一部になってはいない．

　もし「他者」が人種によって規定されるとするならば，彼女または彼は性でもわけられる．それゆえ，身体の政治は感情のこの構造においてもう一つの鍵的要素を提供する．同性愛は神聖家族に対する脅威であり，それを構成する，神が与え給うたジェンダーの役割に対する脅威である．それは子供達の心とキリスト教徒としての彼らのアイデンティティを汚染するだけだ．学校は，それ自体，ここでは危険な場となる．なぜなら学校は明らかにゲイのアジェンダを推進しているから．教育水準を上げるために，暴力を防止するために，教師が資格を有していることを保証するために，危機に瀕した私達の学校におけるさらにもっと多くのことのために使われるべき資源が，性教育と不道徳のアジェンダを支援するために吸い上げられている．これはもし性教育がたった一つのテーマ――禁欲――だけ教えることになれば，またもしそのような「私的な」事柄が家族にまかされるようになれば，止めさせる

ことができる[92]．「プライベート」を——これが必然的に伴うすべての矛盾とともに——安定させることは，人の解釈上の枠組みを構造化することにおいては決定的に重要となる．

　しかしながら，私生活の神聖さは，ゲイにまでは広げられない．彼らは「治療することが」可能である．異性間の強制的な規範と価値によって定義づけられた神聖なるジェンダー関係を信仰する人々の仲間に連れ戻されねばならない．そのような政策を支持する保守派活動家は，彼らの行動を偏見と差別の様式として解釈するのではなく，自分達を十分称讃に値する方法で行動しているとみている．彼らは，子供達に対する深い愛情と，「罪人を」愛することが，彼らをこの国の運命についての真なる原則である神の契約に連れ戻すことを意味するという宗教的信念から，こういう活動をしているのだ．これこそがまさに，ゲイの結婚問題に対する彼らの敵意に満ちた抵抗というものをもたらす感情なのである．

　宗教的右派のその他の多くの感情と同様に，この論理もまた「誰にでも公正であれ」という強力な関与に根ざしている．「ゲイのアジェンダ」は，宗教的右派に対する攻撃としてみなされている．それ自体重要であると同様に，ゲイとレズビアンの公民権を擁護することは，ホモセクシュアルは正統な少数派であり，人種的少数派，女性そしてその他の人々を許容する保護に値するということを確立するために，法律を利用する権利を与えるものである．それは学校に対して，ゲイとレズビアンは「良いものである」と教えることを強制するだろう．こうして，ホモセクシュアルを忌み嫌う宗教的信念を有する親と子供の憲法的な権利は排除される[93]．民主的正義と彼らがみなすものの見事な転換が，この知的／情緒的集合における重要な要素を提供している．

　正義についてのこの感覚を理解することは，この多くを導く嫌悪感についての認識を失わせるということではない．反ゲイのレトリックの幾つかは，かなり極端であり，残忍な行動を正当化することに使われたりしてきた．「キリスト教放送ネットワーク（Christian Broadcasting Network）」の反ゲイ活動家のポール・キャメロン（Paul Cameron）によってなされた次の声明を考えてみよう．おそらく建国の父の一人を想定して書かれたものであるが，キャメロンは次のようにいう．「トーマス・ジェファソンについて考えてみよう．彼は西洋社会において最もリベラルな思想家の一人である．彼はホモセ

クシュアルは排除されるべきだという思慮深い声明を出している．彼は，ホモセクシュアルの女性は彼女達の鼻の軟骨に一インチ程の穴をあけられるべきだといった」94)．その他の保守的福音主義者はこれほど攻撃的ではないにしても，そしてジェリー・フォルウェルでさえ，最近ゲイとレズビアン運動の指導者と公然とした敵意を少なくしようと話合いをしたりしているのだが，多くの保守的宗教的活動家にとって，ホモセクシュアリティの「罪」は罰せられるべきであり，撲滅されるべきものであるということは明白である．事実，HIV / AIDSは，たとえば，ゲイに対する罰であるだけでなく，社会全体に対する神の罰とみなされている．なぜなら，この社会が，ホモセクシュアリティという「倒錯」に対して寛容であったから．「私達」（教会と「良き」キリスト教徒）は，「ゲイを試すことを止めさせる，あるいは防止さえするという意味ばかりでなく，一夫一婦制や異性愛的活動ではないもの一切を止めさせる大衆行動という意味において」95)，ホモセクシュアリティの社会的受容に対して戦わなければならない．私達は，ホモセクシュアルへの，そしてこの社会への愛から抜け出さねばならない．これ以外には，いかにして，私達がこれほど心を砕いている彼らとこの社会が救済されうるだろうか．

　感情のこういった構造の大部分が，南部と西部の大衆主義とリバタリアンの魂に根をもつアイデンティティの中心にある．それは「普通のアメリカ人主義（plain-folks Americanism）」として最もよく言い表される．それはまた，労働倫理，個人の責任，伝統的価値にそれ自体の根をもつペンテコスタ派（Pentecostal）の伝統からその強さを引き出している．この普通のアメリカ人主義は，大衆主義の初期においてはしばしば人種差別的であったにも拘わらず，それはまたエリートをも批判の対象としていた．（たとえば，いまや軽蔑的な意味で用いられる〈レッドネック〉という言葉は，もともとは南部の多くの農民，労働者が，日焼けによって首が赤くならないような仕事についている人々から自分達を区別するために使った言葉で，彼らの猛烈なプライドに基づいていたということを思い出してほしい．）1960年代と1970年代では，これら批判がますます有色人種，フェミニスト，労働組合，都市部エリート，「リベラル派」そして国家に対するものに移っていった96)．事実，このメッセージを通じて働いているエリートに対する確固とした道徳的批判がその底流に流れていることを認識しない限り，権威主義的大衆主義者のメッセージのもつ魅力を理解することはできないと思う．これは私達の文化が向

いている方向に対する大衆の根深い不満に対応している[97]．この不満は，それ自身，宗教的保守派によって表現されるときには正しいものだと感じる道徳経済の一部分をなしている．

この節で私が述べてきたことから，これらすべての根底にある感情のこの構造は緊張と矛盾であるが，それらは，この不確実性の世界に，意味と人に確固とした場所を与える情緒的接着剤を供給するものであるということが明らかとなっただろう．それらは次のような傾向の具体化である．第一，混在することへの恐怖，すなわち純粋さと危険の二元性．第二，孤独の恐怖．第三，平等が画一性を生み出すだろうという可能性に対する過度の不安．こういった要素が，ある特定の種の「結束の巡回」を生産し強制する情緒的経済へと導く．この世界はすべての人が自分の立場をわきまえ，序列は神のプランに基づいているそんな小さな永続する一つの町となる．しかしそれは単に結束の巡回だけではない．それは〈選好的〉結束の巡回である．神の法の下での限定された民主主義の見解は，民主主義を排他的「愛国心的宗教」[98]へと転化する．女性，ゲイとレズビアン，有色人種，貧民，無産者と被抑圧者，彼らにとっては国家を頼みとすることはできない．信仰がすべてを解決する．おそらくミッチェル・レドーフ（Michelle LeDoeuff）が，こういった感情の構造は「可能な限り非民主的である隷属の構造」[99]を支持するというのは正しい．

嫌悪することがそれほど魅力的にみえるのはなぜだろうか

隷属の構造は，それに参加している人々の誤解の様式を創造する要素ででき上がっている．その様式は，自分自身の，そして，とくに「他者」としての言説的地位にあるものの力が奪われる事態に直面しても〈私には力がある〉と感じさせるようなものである．保守的福音主義者の多くにとって，彼ら自身は，私達の残りの人々があきらめてしまったことに対して頑張っている「素敵な」人々，「リアルなアメリカ人」なのだ．彼らは私達すべてのものにとって防御してくれる人々なのだ．彼らの力，彼らの厳格に維持されている道徳的原則への意志は，私達の災いとなるであろう未来と我々の間に立ちふさがる．彼らのまさにこの「魅力」は，その誤った認識の主要な要素となる．リンダ・キンツ（Linda Kintz）はこれについて最も重要であろうも

のの一つは何であるかを問うている.「嫌悪することがそれほど魅力的にみえるのはなぜだろうか」[100].

完全な説明とはなっていないが,ケリー (Dean Kelly) は保守派宗教が成長しつつある理由の一つは,実際,彼らの厳格さであると論じている.彼らがそれほど要求に厳しいという事実は,彼らが豊かな意味を人々にみせているということを意味している.あまり要求に厳しくない宗教的集団は,より少ない犠牲とよりゆるやかな原則を要求するが,それゆえ,人生のすべての局面において適切であるようにみえることがより少ない[101].このことはある程度まで真実である.しかし近代的保守的福音主義者の目立った達成の一つは,原理主義の確固とした幾つかの絶対主義の戦略的な抑制と,この世界からの自らの隔離であった.厳格さのレベルを下げることによって,そして,「求道者にやさしい」教会とでも呼べるような雰囲気を創造することによって,福音主義は人生のすべてにおいて宗教心の綱渡りをすることができるようにしてくれる.それは,この世において純粋さを保つという課題ではなく,それを一歩進め,まさにその魂を変容させるという課題に取り組むことを手助けする[102].

これらの行動は,その力と伝統的な感覚〈そして〉近代的な感覚を増大しつつある.中央の組織的な様式によって導かれる権威主義的信条を何一つもっていないがゆえ,保守的福音主義は「意味あるアイデンティティ空間」を作り上げることができる.その過程においてそれはまた,もう一つ別の空間を提供する.超宗派的アイデンティティ運動としてのその本質によって,それはゆるやかなネットワークとして特徴づけられる.これは構造的に幅広く開かれている.このことが,起業家的精神の発展と強力な指導者をもたらすのだ.しかしこれはまた,人々に従属的な立場,アイデンティティを与える.これが自分達を生まれ変わることを自らの意志で選択した個人として自らを規定するのに対応している[103].このように強力に個人の選択と「真理」の追求をしようとしているときに,いかにしてその行動を嫌悪に満ちた権威主義的なものであると解釈することができようか.

市民の多くがそのような立場を尊大で攻撃的であるとみる一方,逆説的であるが,このことが福音主義の信者に対する正しさを確認することにもなっている.クリスチャン・スミス (Christian Smith) は,福音主義は現に公的な世界に生まれたものと取り組む緊張と葛藤によって,その成長を脅かされる

というよりも，強くなってきたと論じている．福音主義が活動的であり続けるのはまさにこの取り組みによるのだ．それはその目的とアイデンティティを与えるのだ[104]．これは「自己」と「他者」が社会的に創られる方法に関係している．「集団的アイデンティティは，その存在を対比と否定に深く依存している．社会的集団は，誰がそのメンバーでないかということを知ることによって誰が自分達のメンバーかということを知るのだ」[105]．そのようなアイデンティティは，必ずしも安定したものではない．それらは常に人の日常の相互作用によって象徴的に，そして社会的に再生産されている．この相互作用とは，常に内部者と外部者の間の，「私達」と「彼ら」の間の差異を明らかにする．ブルデューの言葉を使えば，ほとんどすべての文化的象徴と実践は，集団的行為者の間の差異を再生産するように活動する．成長しつつある保守的福音主義運動の場合では，これらの差異は達成されるべき，そして強化されるべきアイデンティティとなる[106]．

> これは福音主義の「文化的DNA」といったようなものとして記述されてきた．福音主義的伝統の全歴史，神学，そして自己認識は，非福音主義者との強力な文化的境界線を反映したものである．すなわち，自分達の外界を回心させ，変容させることに熱狂する重荷．真実で，良きもので価値あるものと考えられるものを危機に晒すとみなされる外部の脅威と危機に対する鋭い知覚[107]．

これは福音主義がまさに，その存在を「本質的な外部」をもつことに依存しているということを意味している．その意味とアイデンティティは不道徳的で，怠惰で，国家の重荷となり，邪悪で，世俗的人道主義者とか，救われていないといった人々が存在することを必要としているということだ．まさにこの二元論が人々の最も基本的な解釈可能な構造に意味を与えている．これこそ福音主義者が，人格と徳の重要性について，新保守主義的立場に本当の共感（sympathies）を感じる一つの理由である（しかし，それは，全国的そして州レベルのカリキュラム，基準，そしてテストがもっと進められるべきであるとする多くの新保守主義者がもつ信念に必ずしも共感するものではないことを急ぎ付け加えておきたい）．

このことを福音主義的宗教一般についての否定的な発言ととってはならな

い．そのような宗教的連帯が，現代社会かつポストモダンの社会におけるアイデンティティについての緊張を誤って解決する偽りの意識をめぐって打ち立てられているのだということを含意するということを意味しているのではない[108]．そうしようとする福音主義の企てには，何ら新しいものはない．ほとんどすべての宗教的運動は，常に，意味，記憶，所属のコミュニティを作り上げようとしてきたのだ．これは世界に意味を与える主要な土台を与える方法の一つである．その初期の歴史においてと同じように，福音主義の活動家の再生は，人々が疎外と帰属の喪失感，孤独，そして自分が無意味であるという感情を経験しているときに起こった[109]．説明されるべきことは，活動的福音主義の再生ではなく，もしそれが〈起こらなかったら〉どうであったかということだ．

　しかしながら，このうちのほとんどは予期されているが，保守的福音主義は，際立った方法で，これら宗教的動員の初期の事例を打ち立て，拡大し，部分的に変容してきたのだ．それは既存のテーマを取り上げ，保守的要素が前面に押し出されるような方法で，それらをこれまでにはないようなものに変えていったのである．歴史的な意味に関連し，強力な方法で再び作用するようにされたその創造的な変容は，私達の日常生活においてアメリカの構造に深く根ざしている具体化された個人主義と保守的福音主義が共鳴し，関連する方法においてみることができる．すでに論じたように，保守的復古への諸力と保守的現代化の諸力は，私達の民主主義と市民性についての理想を変えることにかなり成功している．それらは，初期の集団的様式を消費と選択の言語に変容させながら，部分的にそれを脱政治化してきた（そして極端な保守的見解の下に再政治化している）．福音主義それ自体は，これに対する対応であり，それを再生産し拡大している．その初期の歴史についての私の論議でみてきたように，福音主義は一つの集団性を提供する．そして同時に，それを活動的な個人の〈選択〉の結果ともする．このことは以下の内容で明白になる．

　　現代的アメリカ人にとって，アイデンティティとライフスタイルの妥当
　性の究極的な基準は，個人の選択である．それは生産物，友人，ライフ
　スタイル，あるいは自分が受け継いでいるとか，前提とするとかいう，
　「単なる」何かではなく，まさに自分自身の，個人的で特別で意味ある，

自分を創るアイデンティティを選択することである．現代アメリカ文化のこの価値ある認識論において，単純に，その人の親が信じていること，あるいはその人の友人が欲しがっているもの，あるいは誰か別の人がそうしているという理由で，信じること，欲しがること，あるいは何かするということは，劣っているものであり，本物ではないとみなされるのである．これは偏狭的で，黙従で，人工的だ．むしろ個人の選択を通じて，こういった事柄すべてが個人化され，実体化される．すでに受け継いでいるもの，あるいは前提とされているものを選ぶ場合でさえ（そしてこういったことはしばしば起こるが），それは個人の選択の遵守——実際にあるいは儀式として——を通じてのみ「現実の」そして個人的には意味のあるものとなるのだ[110]．

信仰に基づく運動において，最も重要な活動の一つは，「キリストのために個人的に判断を」下し，個人の改宗という経験を通じて「再び生まれる」ことである[111]．「キリストのために選択する」ことは，個人主義を公認することである（そしてそれゆえ他人を抑圧することはできない．それは合衆国における自由を保証すると想定されている根本的な価値に基づいているからである）．そして同時により大きな運動におけるアイデンティティを確保するものである．これは今日の権威主義的大衆主義者のアイデンティティの緊張と矛盾を扱うきわめて特異な方法である．そしてしばしば，嫌悪に基づくものが愛のようにみせることを可能とするのだ．

これは私が前に記述した反エリート主義という，感情の構造のもう一つ別の要素にしっかりとつながっている．これは社会科学的外観であるばかりか，認識論的外観も有している．それは私達の「真理」の理解を再構築する．たとえば政府，司法，メディア，教育における「大量発生した専門家」の意見とは異なり，真理は単純であり明快なものである．この立場は専門家に対する大衆主義的敵意と，自分達の問題は平均的な市民によって考えられる常識的解決では間に合わないようなあまりに複雑なものであるとする専門家によって想定されている信念への敵意から生じている[112]．戦略的に，この要素は私達の多くが認めたいと思うもの以上に重要である．たとえば，批判的多文化主義者によって利用される批判的脱構築的道具のように，この常識としての真理についての見解は，知覚された抑圧に対抗してこれを記述し，これ

と戦うための強力な語彙を与える．さらに，前者の社会的文化的批判がたとえば批判理論やポストモダニズムから取り出されてきた新しくて難しい語彙にしばしば基づいているのに対して[113]，キリスト教保守派は慣れ親しんでいる用語を使って話す．これは決定的なことである．それらは自分達の選挙民に対して彼らが〈すでに所有している〉道具を採用することを呼びかける．すなわち，強力なキリスト教への信仰と常識である．好き嫌いに拘わらず，これは彼らに対して，機能の上においても，戦術的においても優位性を与える[114]．これは私が第3章で述べた「批判教育学」の多くの論者によって取られた公然とした理論的かつレトリック上の反転とつながっている．親しみやすさが権威主義的大衆主義的右派に与えている戦術的優位性は，直接的にかつ戦略的に考えられる必要があり，無視してはならない．

わらを金に変えること

この「平易な話し方」の含意は，どんなに想像をたくましくしても十分ではない．この優位性は十全に利用されている．宗教的右派はこれまでも静的であったわけでもないし，いまでもそうだ．それは常に動いている．「失われたあるいは休止状態のテーマ，伝統そして実践を再び主張し，再び活気づける」ことに参加している．それと同時に，キリスト教徒右派として，しばしば新しいテーマと実践も生み出す．これらの集団は，しばしば世界との相互作用において，そして解釈の自分達の様式において，ここまで示してきたように，「自分達の伝統的世界観と生き方を強め，推進するための現代的道具を典型的に駆使する」[115]ことに非常に長けている．ある一人の評者の聡明な言葉に，福音主義的宗教運動はこれらの優位性を利用し，「『わらを金に変える』との格言にも」[116]長けているばかりではなく，それ以上だというのがある．

この才能はもはや私達を驚かせないけれども，私がこれまで明らかにしてきたことを前提とすれば，それはこの運動の感情とアイデンティティの構造を支える創造的要素を理解するためによりいっそうの努力を要するものとさせるだろう．もし私達がそうしなければ，私達の社会にある制度は，愛——福音主義的なものか，あるいは他の種類のもの——では満たされていない一組の価値の具体化となるかもしれない．パット・ロバートソンは多くの福音

主義者のコミュニティ，保守派あるいはその他すべてのために発言しているわけではないが，公共生活の場や私達の学校における宗教の占める位置についての彼の発言は，この関心の理由を明らかにすることを助ける．彼にとって教会と国家の最近の分離は，一つの「知的スキャンダル」である．私達の子供のために，私達は神を教室，家庭，そしてアメリカのビジネスに取り戻さなければならない．不信心のものが市民権をもつという事実は，「単に何も信じていない少数派を喜ばせるために，神を信じる94％のものが私達が神を信じることを公的に明言することを除去する何らかの義務をもつ」117) ことを論じるために使われてはならない．この声明のトーンは，さらに心配の種をまき散らしている．

このレトリックをもってさえ，しかしながら，私達は公正でなければならない．私が論議してきたもの以上に保守的である宗教的衝撃というものが存在する．それらは脱構築主義運動から完全に人種差別主義的な運動まで幅広くあり，同時にネオナチや，「キリスト教徒アイデンティティに従うものたち (the followers of Chrisitian Identity)」訳註13)，「命令 (the Order)」訳註14) その他のようなもっと暴力的な極右の集団まである118)．合衆国におけるそのような集団の長く残虐な歴史を前提とし，また人種差別的殺人事件が最近多発していることを前提とすれば，戦闘的人種差別的集団の危険性を最小化させたいというのが私のやりたいことでもあるが，彼らの出現は，超保守的宗教集団の立場をより「主流」のものとみなすようにさせてしまうのだ．すなわち，彼らの存在が，さもなければ広く行きわたっている公的なアカウンタビリティの境界を超えているようにみえるはずの保守的宗教的集団に対して，正統性を与えているのである．ここでの重要な事例は，キリスト教再構築主義 (Christian Reconstructionism) である．

この再構築主義運動は，数からすれば相対的に小さい．しかしその言葉と原理は，カリスマ的キリスト教徒，ホームスクーリング支援者，そして宗教的右派の間でますます影響力を拡大しつつある．再構築主義の核心は「前提主義 (presuppositionalism)」にある．この考え方は，聖書のレンズを通してのみ現実は理解できるというものである．聖書は，それゆえ，教育，法律，政府そして公私双方の生活における，その他のあらゆるところにおける〈唯一の統治のテキスト〉である．家族，教会，そして政府は神の契約の下にある．そのような契約の下で，核家族は基本単位である．妻と子供は家長，す

なわち夫に従属する．しかし夫は，イエスと旧約聖書に詳しく書かれているように神の法に従う．市民の政府のすべての様式は，神の法を実施するためにのみ存在する．それゆえ，家族，教会と政府は神の法律である「神律（theonomy）」の下にある[119]．そしてこの聖書に基づく世界観は，ポルノグラフィー，ホモセクシュアリティ，堕胎，あるいは学校において公式であると宣言された知識のような異論のある道徳的問題に対しては適用されていない．むしろ，再構築主義派の神学者は以下のように論じているとある人が注記している．神に選ばれし人々として，「世界に対するキリスト教徒のゴールは，聖書に基づく神聖の共和制を普遍的に展開することである．そこでは，人生のすべての領域がイエス・キリストの支配と，神の法のルールのもとに解放され，位置づけられるのである」[120]．

　一人の牧師が次のようにいっている．「私達は神の御言葉を知っている．原理はときには馬鹿げた法に先立つ」[121]．同様の調子で，「アメリカに関心ある女性達の会」の別の指導者は，「教会と国家の分離は偽りのフレーズである．私達の国は聖書の原理に基づいて建国され，私達は神と彼の教えに戻るべきだ」[122]．

　この信念だけでなく，再構築主義者の主張の中心には，公立学校への攻撃がある．そのような批判家の最も声高なものの一人は，ゲリー・ノース（Gary North）で，彼は次のように書いている．「キリスト教徒の大多数が自分達の子供を公立学校から引き揚げさせるまで，神聖な共和制を作り上げる可能性はまったくないだろう」[123]．運動のこの部分にとって，課題は公立学校を改善することではなく，——究極的には——それらを閉鎖することなのだ．保守的キリスト教徒に自分達の子供を学校から引き揚げること，〈そして〉自分達の地域の教育委員会に立候補しろと論じながら，ひとたび選出されれば，その課題はそのような学校に対する公費支出を削減し，最終的には「船を沈める」こと[124]となる．少なくとも，「私達の」課題は，この国のすべての教育をキリスト教で私立学校であったと想定される1837年以前の状態に戻すことだ．キリスト教学校とホームスクーリングを通じて，宗教的中立性は，本質において，フィクションであるということを理解するようにあらゆる人々が訓練されるべきだということが望まれている．ホームスクールの提唱者であるクリストファー・クリッカ（Christopher Klica）の言葉に，「私達の子供を公立学校にやることは，ほとんどすべての聖書の原理を犯すこと

である．これは私達の子供を敵の手によって訓練されるために学校にやることに等しい」125)とある．

多くの宗教的保守派は再構築主義との公的な関係から距離をおいてこざるをえなかった．なぜならばそれはあまりにも論争的になったからだ．たとえば，パット・ロバートソンは，彼は神権国を創りたがっているという告発に対して自分を守らなければならなかった．彼の書いたものの幾つかによってこの告発が正しいものであるということができる．しかし彼はこれについて，彼の初期のもっと攻撃的な主張から遠ざかることを企てたのだ126)．そのような公的な否認があったにも拘わらず，再構築主義は人々をさらに右傾化させることを助けた．再構築主義とキリスト教右派のこの部分の似たような「聖書に基づく世界観」的見地は，とくに多くの保守的福音主義者が再構築主義の運動の重要人物と，そしてまた正統性を与えるシンボルと恒常的に影響しあうようになってから，通常思われている以上に，はるかに広まっている．

たとえば，テレビに登場する福音主義者のD・ジェームズ・ケネディ（D. James Kennedy）の毎週のテレビ番組は300局以上で放送され，「軍隊ネットワーク（Armed Services Network）」でも放送されている．彼は「アメリカを立ち直らせる会（Reclaiming America）」の年に一度の政治的大会を主催している．そこには「家族調査協議会（Family Research Council）」のゲリー・バウアー（Gary Bauer），「アメリカに関心ある女性達の会」のベバリー・ラヘイ，「全国福音主義協会（National Association of Evangelicals）」のボブ・デューガン（Bob Dugan），「教育における卓越性のための市民の会（Citizens for Excellence in Education）」のボブ・シモンズ（Bob Simonds），「プリマスロック財団（Plymouth Rock Foundation）」のラス・ウォルトン（Russ Walton），先の「コーラル・リッジ・ミニストリーズ（Coral Ridge Ministries）」メンバーで，さらに超保守派再構築主義者のジョージ・グラント（George Grant），そして先の副大統領デ・クウェール（Dan Quayle）などを含む2000人以上の人々が参加している．右派の宗教的著名人に集まるチャンスを与えるばかりでなく，この大会はまた，参加者に「キリスト教徒の旗」に対する忠誠を誓約文として書かかせることでも注目すべきものである．それゆえ，デ・クウェールの集会のための演説の前に，聴衆は，「私は救世主とキリスト教徒の旗に対する忠誠を誓います．それが擁護する神の自由のために．私達の救世

主は，十字架にかけられ，立ち上がり，再び戻ってきました．信じる者達の人生と自由とともに」と唱える[127]．おそらく聴衆のすべてのものがこの再構築主義の原理に完全に関与しているわけではないだろう．しかしこの宣誓はその第一の前提の達成を示している．

しかしながら，多くの福音主義者が公共の場において自分達の道徳性と信仰の力と権威を再び主張したいと望んでいる一方で，よりラディカルな再構築主義運動によって提唱されているより強力でさえある立場を常には〈取ってはいない〉ということを思い出すことが重要である．すでに証明したように，ポスト千年王国主義者のように，再構築主義者は神が地上に神の王国を創ることを「人間」に要求していると信じている．時間はすぐになくなってしまうという前千年王国主義的仮説よりも，再構築主義は，他の宗教に対する寛容という誤ったアイデアを受け入れる余地などないまったく妥協をしない草の根の闘争を提唱している[128]．「時は私達に味方する」．キリストは再来され，「私達の勝利を願っておられる」．それゆえ，妥協や多元主義というものは必要ないのだ．ロバートソンやその他の保守的福音主義者がときにはこの方法を認めるかもしれないし，世界を変えたいと望んでいるのは疑いもないことであるが，再構築主義者のような支配主義者だけが，自分達は自分達だけが，それを行うことができると固執するのだ[129]．

これは，それにも拘わらず，以下のことをいっている．すなわち，ロバートソン，リードその他の権威主義的大衆主義的宗教的指導者と広報担当者にとって，宗教的多様性と多元主義は明らかに手放しで歓迎できるものではないということは絶対的に明白なものである，と．彼らにとって，そのような事柄は，「アメリカの脱キリスト教化」[130]に従事している世俗の人道主義の力の一つの方法となる．それらは必ずしも公然と反セム（ユダヤ教）的，反カソリック的であるということを意味しない．境界線は時には超えられることもあるが．彼らの主要な敵は，反宗教的であると思われる人々である．彼らは復古主義的闘争において，ユダヤ教とカソリック教内部の保守派とは喜んで妥協したり同盟を組んだりしてきた．（しかしイスラムとは明らかに，そうはしなかった．）

ロバートソン，リードその他の権威主義的大衆主義者は喜んで妥協し，たとえば，「神律」を確立するために，すべての制度に対する支配を追求するという意味において再構築主義者ほどはラディカルではないといっているが，

私は私達の常識を再構成するという彼らの企てが常に，そしてしばしば部分的には成功しているということを過小評価したいとは思わない．これは，実際，彼らをこれまで以上に強力にする．彼らの関心が幾つかの法律を変えることだけではなく，文化全体の感情の構造を変えることにもあるからである．

> ロバートソンとリードが望んでいることは，想像上の黄金時代への回帰である．そこでは学校の祈祷，政府の建物の壁に十戒が掲示してあること，福音主義的敬虔さと愛国心の気おくれしない混合，ここではキリスト教国であるという主張の適切さを誰かが問うなどということは起こらない．この福音主義的エトスは幾つかの方法で法律によって守られ，強制されてきた．ロバートソンとリードが望むことは，単なる合法性ではなく，もっと強力で，勢力を振るうことである．すなわち，文化の復古である．そこでは福音主義者は内部者であり，もはや外部者ではない[131]．

もちろん，彼らにとって「内部者」となることは，莫大な数の「外部者」が存在することを意味する．そしてどういった人々がそうなるのかは，残念なことに十分予見できるのだ．外部にようこそ．

7. すべての教師を追い払え
――ホームスクーリング文化の政治

ホームスクーリングの位置づけ

　　宗教的アイデンティティを擁護し，教育とより広い世界を変容させることは，共に手を携えて進んでいく．外部から内部を差異化することを完成し，維持できる方法の一つは，ホームスクーリングである．イデオロギー的変化の受容を示す一つの印が大衆メディアの中で積極的に取り上げられることだとすれば，ホームスクーリングはいまや私達の意識の中にきちんとした位置を占めるようになっている．それは全国紙，テレビやラジオ，さらには非常によく売れている雑誌などでも論じられている．この問題が日常的に取り上げられるのは，救世主としてであり，新自由主義と新保守主義によって失敗とみなされている公立学校制度に対する真に称讃される代替案としてである．公立学校を単に失敗とみなすことはそれ自体非常に問題であるが[1]，前章までで私が展開してきた論議を前提とすれば，失敗としてみることが，私がここで関心を払うホームスクーリングを曖昧なまま大いに支援するものである．私はこれについてあまり楽観的ではない．

　ホームスクーリングに関するデータは常に正確とは限らないし，しばしば集めることも困難である．しかしながら，ホームスクーリングが拡大しているということは，「全国家庭教育研究所（National Home Education Research Institute）」が1997年度では合衆国全体で150万人もの子供達が家庭で教育を受けていると見積もったという事実の中にみることができる．同研究所はまた，1990年以来，年15％の成長がみられたといっている．これらのデータはホームスクーリングを支援する強力な団体の一つによって作られたのである

が，この数値が多少多めに見積もられたにせよ，かなりの数の生徒がいることは明らかであり[2]，この数は年々増大しているのだ．

　保守的現代化の傘の下で進められている改革について，私はホームスクール運動から生じるであろう多くの問題についてすべてを十全に取り上げることはできない．それにも拘わらず，私はこれに伴う危険性について幾つか批判的な問題を取り上げたいと思う．ある特定の子供と家族にとってはホームスクーリングからえるものがあるということについては認めるが，私の関心はこのレベルを超えるものだ．これまでの章と同様に，こういった関心はこの社会のもっと大規模な改革ということに関連している．そして，この改革は危険なものであると私は信じているし，それはさらなる社会的不平等をもたらすであろう方法で，公的な責任という私達の意識を減退させてしまうような改革なのだ．このような危険を表現するために，私は，幾つかのことをしよう．まずホームスクーリングを，それに対する多くの刺激を与えているより大きな運動の中に位置づける．そして，その他の擁護者の衝動との関連性を示唆する．さらにそれを活動家による統治の成長についての歴史と関心とつなげること．そして最後に，それによってホームスクーリングに通っていないその他の生徒達に実際にはどのような損害が与えられているかということを指摘する．

　この章を始めるにあたって，私は自分達の子供の教育経験についてとても関心があり，実際大いに参加しようとする親であれば誰でも，非難されたり，単に無視されるのではなく，誉め称えられるべきだと思うということをまず述べておこう．また，自動的に，正当化された関心の範囲を超えているとみなされるような深刻な脅威であるイデオロギー的な諸様式の，思慮のない推進者であるという理由から，公立学校を拒否する[3]個人をステレオタイプ化してみないこともまた重要であるということもいっておきたい．事実，反学校感情の増大の背景には複雑な理由があるのだ．私がすでに示してみせたように，そのような信念は，「悪い」センスと同様に「良い」センスの要素を有しているのだ．あまりにも多くの学校が明らかに官僚的であり，親や地域社会の関心に耳を傾けない傾向がある．あるいはどのような，そして誰の知識が「公式なもの」としてみなされているのかという問いがなされたときに，明らかに防御の立場にたつ．幾つかの意味において，こういった批判は政治的傾向を超えて類似したものとなっている．右派も左派も承認の政治

(politics of recognition) について似たような主張を行うように[4]．事実，こういった類いの批判は，多くの進歩的活動的教育家をもっと地域社会に基礎をおいたものへと，また公立学校におけるカリキュラムと教授をもっと応答的なモデルへと導くのである[5]．

しかしながら，次のようにもいわれている．ホームスクール支援者のような批判の意図が価値あるものであるにせよ，彼らの行動の結果はあまり価値がないだろう，と．多くのホームスクール実践者が宗教的信念からそうしているわけではないが，圧倒的部分はそうなのだ[6]．最後の二つの章で，私はこの集団に焦点をあてる．なぜなら，部分的にはそれが最も教育に関心のある親の一部を取り込んでいること，そして部分的にはイデオロギー上重要な問題を幾つか生じているからである[7]．

注記したように，多くのホームスクール実践者は，家族，ジェンダー関係，正統な知識，「伝統」の重要性，政府の役割，そして経済についての聖書に依拠した理解によって導かれていると信じている[8]．多くのホームスクールの実践者は私が特定化した三つのアイデンティティ——新自由主義，新保守主義，そして権威主義的大衆主義——から信念を成り立たせているが，この運動の大部分を突き動かしているのは最後のものであるようにみえる．このため，なぜ実践者が，教育において，そしてより広い社会的世界において，ある特定の政策を好む「公衆」の多様な部分から構成されてきた緊張感ある連合にしばしば統合されるのか理解することは困難ではない．

サタンの脅威と要塞としての家庭

私達がみてきたように，右派の多くにとって，主要な敵の一つは公教育である．世俗教育は私達の子供を「エイリアン」に変え，私達の理想を疑問視することによって，子供達を反抗的にする．私がすでに述べたように，公立学校について，しばしば的確な関心であるその官僚的本質，カリキュラムの関連性の欠如，地域社会での生活，希望そして文化との分離などといった点は，ここではしばしばもっと深く根ざしている，そしてお馴染みの不安とつなげられる．こういった不安は，エレイン・ペイグルズ（Elaine Pagels）の次のような論議を反映している．すなわち，キリスト教は歴史的に最も恐ろしい悪魔の脅威を，遠方の敵からではなく，とても仲のよいものとの関係

から生じるものとして定義してきた[9]．「悪魔のような敵の最も危険な性格は，彼がちょうど自分達と同じような姿形をしているにも拘わらず，彼は完全にまったく違うものへと変わることなのだ」[10]．

　この根の幾つかは，かなり以前，保守的活動家であるベバリー・ラヘイによるフェミニズムの台頭に対抗するために組織を作ろうという呼びかけにみることができる．「アメリカに関心ある女性達の会」を支援して，彼女は家族，国民そして宗教についての自分の意見を次のように話している．

> 私は心から信じている．神はアメリカのキリスト教徒の女性が家族の権利を守るという目的のために連帯の精神の下に集うことをお望みになったのだ，と．自分達の信条的な差異をひとまずおいて，精神的に再生したアメリカのために働くために，いまや時は来たと信じている．女性以外に誰が子供達や家庭に対して深い関心を払う者がいるだろうか．女性以外に私達の国を復活させる時間と，制度と力をもっているものがいるだろうか．（中略）彼女達は自分達をフェミニストとか人道主義者と呼ぶかもしれない．このラベルはほとんど違いがない．なぜなら彼女達の多くが道徳と人間の自由を破壊することを求めているのだ[11]．

　この引用から，悪魔のような脅威としてみなされているもの，ここで問題となっているものが何であるかということが明らかになる．国，家庭，家族，子供達の「純粋無垢」，宗教的価値，そしてジェンダー関係についての伝統的見方に関する彼らの恐れは，道徳的な導きと個人の自由の破壊というもっと一般的な脅威に縫い合わされている．「私達の」世界は私達から分離されている．その原因はグローバル化した経済の経済的に破壊的な政策にあるのではないし[12]，経済的エリートの決定にあるのでもない．また，たとえば私達の経済形態（すなわち，資本主義的経済）がすべてを——見事に開花した伝統を（そして私達の子供達さえも）一まとめにして——売るための商品に変えたからでもない[13]．むしろ原因は，同じ諸力によって，常に打ちのめされてきた人々と制度に転嫁される．すなわち，公共空間への参加をこれまで拒否されてきた多くの人々の希望と夢に対してもっと応答的な社会を作り上げることに奮闘してきた公的制度，学校，有色の貧民，その他の女性など[14]．

　この章の始めに書いたように，しかしながら，この運動に参加している個

人をステレオタイプ化しないということが重要である．たとえば，右派の活動に熱心な男女の多くはフェミニズムの幾つかの要素は女性全体の条件を改善すると信じている．伝統的に賃金のために働かざるをえない女性達にとって否定されてきた同一労働・同一賃金と女性への職業と職業機会の開放に着目することによって，女性の活動家は多くの人々に利益をもたらした．しかしながら，第5章，第6章で詳しく検討した結果わかったように，権威主義的大衆主義者にとって，フェミニズムと世俗的制度一般は，依然として神の法を破壊する傾向にあるのだ．それらはまたあまりにも個人主義的であり，家族と神の間の聖なる関係を誤解している．誤解しているから，公民権法の多くの側面が，また公立学校のカリキュラムの多くが，また世俗社会のあまりに多くの部分が，間違っているのだ．それゆえ，たとえば，アメリカ合衆国憲法を文字通り神によって与えられたものとして理解すれば，憲法によって守られるべき核的な社会単位としてあるのは制度ではなく，それは伝統的な家族——神によって選ばれた単位——なのである[15]．文化的脱統合とみられる時代において，すなわち，伝統が脅威に晒され，理想化された家族がかつてない外在的危険性に直面するときには，私達の家族と子供達を守ることは神の威光に戻るための鍵的要素となる[16]．

　こういった宗教的要素がなかったとしても，防御的姿勢はこの運動においては明確である．多くの点で，ホームスクールを擁護する運動は，社会のその他の領域における私事化された意識の成長に反映している．私達の周りであまりにも明白となってきた日常生活の「郊外化（suburbanization）」の拡大である．本質において，これは門によって守られたコミュニティと同値であり，そして近隣，レクリエーション，公園，その他多くの民営化と同値である．それは物質的にもイデオロギー的にも「安全地帯」を与える．リンダ・キンツ（Linda Kintz）はそれを以下のように記述している．

　　市民が犯罪，税金，貧困な地方自治体のサービス，見捨てられた都市部の貧困な学校について心配するとき，門によって守られているコミュニティへの増大する人気……要塞のようなコミュニティというのは人々の逃げ込みたいという願望を反映している．（中略）彼らは他の人に対してではなく，自分達にもっと税金を使いたいと願う．さらに彼らはそのようなコミュニティ，そこでは自分達の隣人の行動と考えを自分達と同

じように行動し考えるだろうと理解できるようなコミュニティであるが，そこでの社会的同質性は居心地がよいと思っているのだ[17]．

この「繭化 (cocooning)」は「都会」（危険と不均質のメタファー）の問題からの逃げ場を求めているというだけではない．それは都会についてのすべての〈アイデア〉を拒否することでもある．文化的多様性，知的多様性，複雑さ，曖昧さ，不確実性，そして「他者」の近接，こういったすべてのことが避けられるべきなのだ[18]．都会のかわりに，物事（そして人々）が自分達の「正しい場所」にあり，現実は安全で予見できるような，よく工夫された面倒見のよいところで，きちんとしていて，よく計画された宇宙が必要なのだ．

さらに多くの点でこのような運動は他のことも反映している．それはアメリカ社会一般の増大する分裂の小宇宙を写し出している．住居，人種，経済的機会，そして所得による分離された社会へ移行するとき，「純粋さ」はますます上級階級が自分達の子供をエリートの私立学校に送るという事実において見受けられるようになる．そこでは近隣というものは財産価値によって決定される．またそこでは，福音主義的キリスト教徒，超正統派ユダヤ教徒，そしてその他同様の人々が自分達だけで交流し，子供達を私立の宗教系学校に送ったり，あるいは家庭で教育したりするのだ[19]．葛藤，不確実性，「他者」の文化と声から自由な世界．そこでは私が前に使った言葉でいえば，「繭化」が理想となる[20]．究極的に宗教的「他者」といまやみられるような人々によって，航飛機が大量虐殺の武器になったり，公共交通機関が爆破されるといったような形態を闘争がとるようになったときには，繭化はこれまで以上に理解しやすくなっている．

ホームスクーリングは，それゆえ，次章で詳述するインターネットと多くの類似性をもっている．それは特別な利害をもつ人々にとっては完全な「仮想コミュニティ」の創造を可能にさせる．それは個人に，情報を「自分のものとし (personalized)」，自分達が知りたいものを選択し，個人的に面白いと思うものを選ぶという新しい能力を与える．しかしながら，私達が必要以上に気をつけなければ，「自分達の生活をカスタマイズすること」は，すでに多くのコミュニティが恐ろしいほど弱められてしまっているうえに，さらにラディカルに地域のコミュニティを掘り崩してしまうことになるのだ．アン

ドリュー・シャピーロ (Andrew Shapiro) はこれを以下のように述べている．

> 分かち合えた経験は，（地域コミュニティを形成する中で）一つの確実に本質的な要素である．これなしには，より良い理解，共感，社会的結合のチャンスなどありえない．そしてまさにこれこそ個人化 (personalized) によって削除される危険に晒されているものである．共通の情報が欠如していることは個人から民主的な対話を始める契機を奪い去ることとなるだろう[21]．

多くの公立学校の不十分さは明らかであるにせよ，少なくとも公立学校は「私達の多言語的，ますます多文化的になってきている社会において，ある種の社会的統合，共通文化を参照する場 (reference point)」を与えていることは確かである[22]．しかし，個人化 (personalized) と呼ぶか，繭化 (cocooning) と呼ぶかに拘わらず，この共通文化を参照する場ということが「自由」と「選択」を追及するホームスクーリング運動に加わる多くの人々によってまさに拒否されているのである．

自由の意味についてのこの特別な構築が，かなり重要な点である．なぜならば，自由についてのこのような保守主義の妄想から奇妙な矛盾が生じるからである．多くの点で自由についてのこの強調は，逆説的に，自由への〈恐怖〉に基づいている[23]．自由は価値化されているが，しかしまた，危険な場として，「統制不可能な世界」として忌避されるのである．多くのホームスクール実践者は，自分達の信仰のために同じ時間を使いたいと思うから公立学校を拒否するのである．彼らは「平等」を望む．しかし彼らは平等についてある特別な見方をする．なぜなら統制不可能な事柄への彼らの恐怖を伴うため，平等についての国民の一般的な理解は画一性をもたらすであろうということが，強い不安となるからである[24]．しかしこの怖れられた画一性は，保守派プロジェクトによって支援されている宗教的文化的同質性とは同じものとは思われていない．これは画一性のまったく違うタイプである．それは「私達はみな同じ」ということが実際には宗教的特異性を失うことについて話すことになるのだ．それゆえ，この運動の核心部分には，ここでも，もう一つ別のパラドックスが存在することになる．つまり私達は他の人達も「自分達のように」なってほしい（この国は「キリスト教国」であること，政府

は「より高度の権威」に服すべきであるということ)25). しかし私達は異なるものとしての権利を欲する. 神に選ばれた集団であることによる差異である. 画一性は私達の特有さを弱める. 神に選ばれた集団のメンバーである人と, この定義に従って, そうでない人を知ることと, 世界は自分達のイメージにあうように変化させられなければならないということを確信していることとの緊張が, 権威主義的大衆主義の情熱の背後にある中心的なパラドックスの一つである. あるホームスクール実践者にとって, このパラドックスは自分達の差異を維持するために公共空間から自分達の子供を引き上げさせることによって解決される. そしてまた他の人々にとっては, これは自分達と自分の子供達をキリスト教の信念で武装させることを許すことになる. このことは彼らに将来世界に出ていって, 選ばれていない人々の間に神の言葉を普及させることを可能とさせるのだ. 再びここで, 私達の特異性, 私達の差異を宣言し, このまだ聖油を注がれていない世界に私達の画一的な信仰を持ち込む準備に取りかかろうではないか.

国家を攻撃すること

　特別であることを失い,「間違った方法」で画一的になることへのこの怖れの根幹には, 国家が本当に強力なやり方で私達の日常生活に介入しているという感覚がある. この国家のやり方は, さらなる喪失の理由でもある. 私達は, ホームスクーリングの増大を公共空間一般ととくに政府に対する攻撃の歴史と関連づけない限り, 理解することは不可能である. ホームスクーリング運動の背後にあるのは, この反国家主義的衝動であることをよりよく理解すること. 私はこういった衝動をより長い歴史的かつ社会的文脈に位置づけることが必要だと思う. ここでは少しく歴史と理論が必要となる.

　反国家主義のこの感情にとって鍵となる一つは, 私が第4章で詳細に検討した特徴をもつ, クラークとニューマン (John Clark and Janet Newman) が「管理国家 (manegerial state)」26) と呼んだものの発展である. これは官僚的行政と専門職主義とが組み合わされた活動的な国家であった. 国家は共同のある特別なルールの適用によって組織された. このような国家においては, 定型化と予測性 (routinization and predictability) が際立った特徴となる. これは, 第二の望ましい特色を伴うものであった. すなわち, 縁故や贔屓とい

うよりも，社会的，政治的，そして個人的中立性である．この官僚的定型化と予測性は，専門的自由裁量の強調によってバランスが取られるはずであった．ここでは，教師や行政官といった官僚的に規制された専門家は，自分達の訓練と資格に基づく，何ものにも還元できない自律性の要素を依然として保持していた．もし彼らが公正に，そして公平に活動するならば，彼らのスキルと判断は，信頼されるべきものであった．しかし，公正と公平だけでは十分ではなかった．専門家はまた，この管理国家を個人化 (personalized) した．教師のような専門家は，中立性を重視することによってだけではなく，また匿名ではない方法で活動することによって「公共善」を促進し，個人と家族を「助ける」ことによっても，国家を「接近可能な」ものとした[27]．

もちろん，このような官僚的かつ専門的規範は，「顧客」の利益になるだけではなかった．それらは，正統性を与えることによって，国家を守るためにも機能した．（国家は，公平で，公正であり，すべてのものの利益のために活動する．）それらはまた，批判的精査から専門的判断を遮断させることにも役立った．（専門的知識の持ち主として，私達――教師，ソーシャルワーカー，国家公務員――は，最善を知っているからゆえに信頼されるべき者達なのだ．）

それゆえ，第二次世界大戦終結からだいたい1970年代中葉までに「定着」，妥協が行われたのだ．そこでは，活動的福祉国家が正統なものとしてみなされたのである．それは三重の正統性によって保持された．国家が社会生活の大部分を供給し，管理することについての二大政党からの（大きな）支持があった．事実これはしばしば，大部分の政党政治を超越して設定されていた．官僚的行政はすべてのものの利益のために公平に活動することを約束した．そして，専門家は国家によって雇用された．教師やその他の教育者などは，公衆のために自分達の専門的知識を使うために雇われたのだ[28]．この妥協は広く受け入れられ，公立学校その他の公的制度が強力な支援手段とともに供給された．これは概して大多数の人々が，学校その他の国家のエージェンシーが事実として公共善において専門的に公平に活動するということを信じ続けたからである．

この妥協は財政的危機が深まるにつれて，また，稀少な経済的，政治的，そして文化的資源をめぐる競争が1970年代以降ますます激しくなるにつれて，厳しい攻撃に晒されるようになる．保守的運動の政治的力は，しばしば，ま

ったく皮肉なそして操作に長けた——そして潤沢な財源——方法で，この危機を利用した．国家は消費者にとって選択を実践する機会を拒否していると批判された．福祉国家とは，自分達の行動に対する個人的責任を無視した人々に対する公的な施しのために（納税者としての）市民を強迫して支払わせるものとみなされた．最下層階級のこのような「たかり」は，性的には乱交であり，不道徳で怠け者とみなされ，勤勉で努力家で，道徳的な「残りの私達」とは正反対である．彼らは私達すべてにとって，経済的に浪費のもとであると思われた．そして彼らに対する国家による支援は，家族と伝統的道徳の崩壊を導くものであった[29]．こういった論議は，すべてが正しいものであるとは限らないだろうが，効果的ではあった[30]．

　新自由主義と新保守主義を足し合わせたこの攻撃は，国家に対するある特別な一揃いの批判をもたらした．それは，エリートに対する権威主義的大衆主義の不信と劇的に結び付いた批判であった．多くの人々にとって国家は，もはや公共善の正統化され，中立的な擁護者ではなかった．そのかわり，福祉国家は，国の（そして家族の）資源の経済的浪費のエージェントであり，同じく，国家衰退の実際のエージェントであった．クラークとニューマンの言葉によると次のようになる．

　　選択を拒否する「官僚的形式主義」と規則の非個人化の背後に隠れ，サービスを供給することを犠牲にして官僚制帝国を作り上げ，自分達の独占的な立場によって，競争という「現実世界」の圧力から孤立化することによって，官僚達は実際に公衆に対して敵対するものとして特定化された．「専門家が一番よく知っている」という怪しげな主張を通じて選択を拒否しながら，消費者と想定される人々に対する権力を行使しつつ，専門家は自己利益によって動機づけられた人々として非難された．悪いことに，リベラリズムは，個人的責任と家族の権威の掘り崩しとして，また，平等主義，差別反対政策，道徳的相対主義あるいは児童中心主義といった流行の行きすぎた行為になりがちなものとしてみなされた[31]．

　こういった道徳的，政治的，かつ経済的関心は，簡単に公立学校への関心へと変わっていった．なぜなら多くの人々にとって学校は，自分達の日常生活において自分達に最も身近な公的制度であったし，いまでもそうであるか

らだ．それゆえ，公立学校制度とそこでの教授とカリキュラムは攻撃の中心的な的となった．カリキュラムと教師は公平ではない．エリート主義的である．学校制度は「他者」の道徳を「私達」に強制する．そして，愛国的で，宗教的で道徳的である——そうでない人々にとは正反対に——「真のアメリカ人」は，犠牲を強いられており，新しく抑圧されている人々なのだ[32]．この立場は，しばしばまったく不正確なステレオタイプに基づいたアメリカ人の文化政治の偏執狂的スタイルの長い歴史の中に位置づくものだが，他方，それは多くの人々が感じる疎外の深遠なる感覚を示しているのだ．

　この反国家主義的感覚に対して，給料を過分に受け取り，短い勤務時間で長期休暇がとれる「能力のない（imcompetent）」教師に対するメディアや公表されている意見などにみられる恒常的な注目によって，常に燃料が補給される[33]．非効率，財政的資源の浪費，そして経済との関係の欠落を指摘する保守派の学校に対する攻撃の影響というものを私達は過小評価してはいけない．何年にもわたるよく調和した攻撃ののちに，もしも普通の人々の意識に対してこのような攻撃の影響が現実的に現れなかったとしたら，それはかなり不思議なことであろう．そしてこれらの効果は，「逸脱拡大」とでも呼ばれそうな「誰も見捨てない（No Child Left Behind）」法や同様のメカニズムを通じて，私達の失敗しつつあると思われる公立学校をめぐって常に宣伝されることによってさらに影響力を増しつつある．こういった一連の批判が〈部分的には〉あたっているかも知れないという事実を軽視してはならない．教職を多くの休日と夏の自由時間を与える単なる職業の一つとしてみている，少数のものが教師の中にいることは疑いもないことだ．学校の管理費や官僚的要求は増大している．とくに好景気と思われた時期に何百万もの人々を置き去りにし，創出された多くの職業は十分なものでも安定しているものでもないような時代においては，親と地域コミュニティは自分達の娘や息子が学校を離れるときにきちんとした職につけるかどうか心配する正当な権利がある[34]．（このことについて学校は，ほとんど何の関係もないという事実は重要であるが．）

　しかし，この運動の火に油を注ぐのは教師についての不安だけではない．すでに示したように，公立学校それ自体もかなり危険な場所であるとみなされている．こういった学校は，人間の魂そのものを脅かす制度なのだ．誘惑と神の不在は学校内のどこにでもみられる．神の真理は，カリキュラムから

削除され，神の声はもはや聞かれない．祈祷は非合法とされ，聖書に基づく現実性に自分の生活を一致させる行為のすべてが逸脱とみなされる．

　ここで創られている情緒的経済に，喪失と分断といった感覚が創り出す強力な否定的情緒とともに，一つの追加的要素が破壊的な力として入り込む．公立学校をいままで以上に強力な方法で脅威を与える場所としてみなすようになった親の数はますます増加している．公立学校は人体にとっても危険な場所だ．すなわち子供の生活においてまさに物理的危険性で満ちている．アメリカでの学校での銃乱射事件は，親が自分達の子供について危険性を感じる主要な契機となっている．暴力学校の物語，これは心配事ではあったが，概して貧民と有色人種の人々を巻き込んだ「都市問題」としてみられてきたが，この物語はすでに多くの保守的親達の間に反公立学校という感情を作り出しつつあった．そしていまや問題を抱えていると思われた都市部の学校だけでなく，都市から逃げ出してきた人々によって成長してきた郊外の学校においても，生徒が他の生徒を銃で撃つのをみるという恐怖はこの状況をさらに悪化させる．豊かな郊外の学校もまた危険な場となるのなら，〈ただ一つ〉安全な天国として残っているのは，要塞としての家庭だけであった[35]．

　しかしながら，それがどのぐらい強力であろうとなかろうと，またそれが正当化されようとされまいと，恐怖だけでは十分ではない．人が自分の恐怖に突き動かされるのは，多かれ少なかれ，そのような行動を取るための財力があるかどうかにかかっている．これは最も当たり前のこととみなされているが，それにも拘わらず，ホームスクーリングの増加が，親にとってホームスクーリングを容易にする道具がより使いやすくなったということに触発されているということは重要である．最も重要なものはインターネットである[36]．アドバイスを与え，技術的かつ情緒的サポートを与え，ホームスクーリングに成功した人々の物語を伝え，利潤追求のために物を喜んで売るという以上のものがウェブ上のたくさんのサイトから利用可能となっている．保守的福音主義的運動一般のように，ホームスクーリングの実践者の多くが，以前にも増して，コンピュータを買うことができるような経済的資源をもっているようにみえるという事実は，経済的資本が，ホームスクーリング運動の初期の時代よりももっと柔軟でダイナミックな方法で反学校戦略を動員することができるようになったということを意味している[37]．

　ホームスクーリングはしばしばウェブを利用することでなされているので，

このようなサイトがどのようなことをいっているのか，見てみることは役立つ．オレゴン州のポートランドに拠点をおく「家で教える（Teaching Home）」は，ホームスクールを希望する保守的キリスト教徒の中心的資源の一つである[38]．そのウェブサイトでは，「なぜ家族はホームスクーリングを行うのか」といった質問に対する一般的な説明のあとに，幾つかの答えが続いてあげられている．

> 多くのキリスト教徒の親達は自分達の子供の教育を家庭で行っています．なぜならそれが自分達の家族にとっての神のご意志だと信じているからです．彼らは自分達の子供達の社会的幸福と，学問的繁栄と同様に，精神的訓練と人格の発達に関心を払っています．

利点としてあげられているものの中には以下のものがある．

> 親達はすべての教科を聖書の知見から与えることができ，精神的訓練も含むことができます．

> 「主への畏怖は智恵の始まり，そして聖なる主の知識は理解の始まり」（Prov. 9: 10 NAS）．

> ホームスクーリングはすべてが統合された方法で子供達を訓練し影響を与える質の高い時間を提供します．

> 子供一人ひとりに目が行き届き，それぞれのニーズが満たされます．

> 親は様々な誘惑，偽りの教授（世俗的人道主義，ニューエイジ運動のようなオカルト的影響），友達からの否定的な圧力，そして危険な環境といった破壊的な影響を統制することができます．

> 子供達は教師としての親を尊敬します．

> 家族は，一緒に勉強する時間が増えるにつれて，統一性，親密性，そし

て互いにいることを喜びあうことを経験します．

子供達は友達からの圧力から開放されて，自分達の家庭にいるという安全性において，自信と自分自身の考えを発達させます．

子供達は新しい関心をみつけ，考える時間をえます．

異年齢の集団間のコミュニケーションが豊かになります．

チュートリアル式の教育は，一人ひとりの子供の教育的可能性を十全に引き出すことを助けます．

柔軟性あるスケジュールが親の労働時間や休暇にあわせて組まれることが可能であり，多くの活動のために時間を割くことができます．

　このリストは，ホームスクーリング提唱者——とくに宗教的保守派のホームスクーリング——があげる似たようなステレオタイプ化されたもののうちの幾つかよりもかなり幅広いものである．自分達の子供が発見し，彼らの可能性を十全に開花させ，「彼の」ニーズに合致してほしいということに焦点があてられている．さらにこの優位性を幾つもあげたリストにおいて，あるはっきりとしたテーマが前面に浮かび上がってくる．そのテーマとは，私が前の二つの章で述べてきたような事柄に深く共鳴するようなテーマである．まっ先にあげられるテーマは「主への畏怖」に連なる知識と理解を必要とする聖書の権威である．「リアルな知識」は，聖なる者が定められたものに基づいている．親の役割は，自分達の子供にあらゆる分野で影響を与える「訓練」を行うというものがほとんどだ．そうすれば世俗社会からの外的影響から子供達は守られることになる．神／家庭／家族は純粋である．それ以外の世界——世俗的人道主義，仲間，大衆文化——は汚染，誘惑，危険に満ちている．男性の代名詞が一貫して使われていることは，家庭における男性こそが神が選ばれた指導者であるべきだという神の御意志を示している[39]．
　しかし，こういったことについて述べることが，このように表明されている親の関心の内容を否定する理由に使われるべきではない．彼らは自分達の

子供の命と未来について〈真剣に〉心配している．親にとって子供は喜んで自分を犠牲にすることができるものなのだ．親は自分達の子供のために配慮の行き届いた環境が欲しいのである．そこでは家族みんなが互いに尊敬し，互いを思い遣るそんな環境である．こういった意見には強力な積極的な契機がある．様々な宗教的そして政治的な感覚をもつ多くの集団が，自分の子供がこの社会では無視されているということ，単に利潤がえられるか否かという観点からのみ関心をもつような人々によって，現在の，そして未来の消費者としてのみみられていること，私達の主要な制度があまりにも応答的ではないこと，大衆文化には良い面もあるが悪い面もあると述べるような時代に，これらの感情はホームスクール実践者の関心のまさに中心となるものでもある．

　こういったことを前提とすれば，私達は左派から，またこれまで論じてきたホームスクール実践者のような右派から，双方からなされる国家への批判にはあたっているものがあるということを認識する必要がある．しばしば政府は教育，福祉などにおいて真の専門家とは，公式な当局という立場にある者達であるということをあまりにも信じて疑わなかった．このことが過度の官僚化をもたらしたのである．それはまた第4章で示したように，この目的のために国家によって採用されるという地位と社会移動を確固としたものにしようとする，新ミドルクラスのある特別な集団によって国家が部分的に「植民地化」されるという状態を招いた[40]．幾つかの学校はこの社会において疎外され，無意味だとされることによって危険な場所となった．そして「大衆的」メディアにおいては暴力の支配が「幻想的な解決」とみなされている．しかしながら，たとえば，国家は明らかに過度に官僚的であり，国家が奉仕すると想定されている人々から出されたニーズに対してあまり耳を傾けなかったという歴史的傾向を少しく有しているということを認識することと，学校といったような公的機関と公的統制をすべて拒否することとはまったく別物である．これは繭化に導くだけでなく，公教育の破壊が災難以外の何ものでもない社会的に不利益を被っている大多数の人々にとって，その利益を脅かすことにもなるのだ．私の分析の最後の部分はこの問題について論じることにしよう．

公と私

　私達は国家に対する攻撃とホームスクーリングに向けての運動から誰が主に利益をえるのかということを問うとき，〈関係論的に〉考える必要がある．ある一つの集団にもたらされる利益が，これまで文化的に経済的に抑圧された他の集団の犠牲の上に生じるということはないのか．これから明らかになるように，いまの状況においてはこういった不安が生まれる理由がある．

　ここで役立つのは，再分配 (redistribution) の政治と承認 (recognistion) の政治を区分することである．前者（再分配）における関心の対象は社会経済的不正義である．ここでは，社会の政治経済制度が搾取（他者のために自分の労働の成果が着服される），そしてまた，あるいは，経済的周辺化（安い給料での労働や好ましくない労働，あるいはより重要で高賃金の仕事へのアクセスが現実には閉ざされている），そしてまた，あるいは剥奪（十分な生活水準を可能とするような物質的条件を恒常的に否定される）を導く条件を作り出す．これらすべての社会経済的不正義は，果たしていまの社会は公正あるいは正しい社会なのかどうか，ある特定化できる人々が果たして資源の平等を獲得しているかどうかといったことについての議論をもたらす[41]．

　後者（承認）のダイナミクスは，しばしば現実社会の再分配に関連する．しかしそれはまた，それ独自の歴史と異なる権力関係も有している．それは文化と象徴の政治に関連している．この場合，不正義は表象と解釈についてのある社会の社会的パターンに根をもつ．これについての例は，文化的支配（自分自身にとっては疎遠だったり，あるいは敵対する文化的表象または解釈のパターンに常に従属させられる），非承認（基本的にはその社会に支配的な文化様式において目に見えない存在にされること），そして不敬（メディア，学校，政府の政策，あるいは日常の活動において，公的な表象では規則的にステレオタイプ化されたり，有害なものとされる）を含む[42]．承認の政治をめぐるこういった類いの問題は，多くのホームスクール実践者が感じる不正義というもののアイデンティティと感覚の中心となっている．事実，それらは公立学校に対するホームスクール実践者達の批判と，自分達の子供を国家の統制の外で教育することを許してほしいという彼らの要求のための組織化された枠組みを提供している．

不正義のこれら双方の様式が重要であるにも拘わらず，ある人への十分な対応が他者の（情況の：訳者）悪化を導いてはならないということを私達が認識することこそ絶対に重要である．すなわち，ある一つの集団（たとえば宗教的保守派）によってなされる承認における不正義の主張に応えることが，他の集団に対して起こる搾取，経済的周辺化，そして剥奪の可能性をかなり高くするような条件を作り出してはならないのだ．さらにすでに抑圧されている人々の承認を否定するようなことがあってもならない．不幸なことに，ホームスクーリングの見えない効果の幾つかがこの事例にあてはまる．

　そういった理由から，ホームスクーリングの効果の可能性から教育における新自由主義政策一般がもたらす結果の可能性について，いまや私達が理解し始めてきたこととを分離しないことがかなり重要である．私が前述してきたように，またウィッティ，パワー，ハルピンがバウチャーと選択プランについての国際比較に対する見解を述べる中で明らかにしてきたように，このような政策の見えない効果の一つは，階級と人種の伝統的なハイアラーキーの再生産であった．すなわち，このバウチャーと選択のプログラムは，明らかに，差異化された利益をもたらす．それはすでに経済的文化的資本を有している人々が，そうでない人々とくらべて，かなり多くの利益をえるのだ[43]．ほとんどすべての社会的経済的空間での経済力，政治的権力，そして文化的権力の階層化が不平等を生み出しているのとまさに同じ方法でパターン化される[44]．学校を含む公的制度に対する保守派の批判が拡大することから生じる隠れた結果の一つは，民営化され，市場化された学校，そしてホームスクールといったところに自分の子供を通わすことを選択した親達が「他者」のための学校を運営するために税金を払うことを忌避するという，課税反対運動が増大しつつあるということだ[45]．

　このさらに大きな結果は，ますます明らかになりつつある．税に依拠する学校，社会サービス，医療，住宅，そして（たいていは最も経済的に痛めつけられた都市部と地方の）人々にとっての「公的なもの」は何でも衰退しつつある．こういった人々とは，この国の特徴として染み込んでいる経済的地域格差と不平等によって最も犠牲となっている人々である．それゆえ，承認の政治——私の子供には私のアイデンティティと特別なニーズに基づいた「選択」を保障したいと思う——は，再分配の政治に対してかなり否定的な効果をもたらしているのだ．このことを私達が理解することが，絶対的に重

要なのだ．もし教育における市場の誕生が最も有利にある親や生徒にとって利益となり，経済的に貧しい親と生徒，有色の親と生徒にとって不利益となることがともに生じるということになるならば[46]，私達はホームスクールの増加がもたらす目に見えない効果についても同じように検討する必要がある．もう一つのよく宣伝された多くの「選択」プログラムについてなされた，そしてなされつつあるように，この問題を同様に検討してみれば，ここでも社会正義は失われるのだろうか．

　私達はいまやこの効果について証拠を集めつつある．幾つかの州において，ホームスクーリングが活発になるにつれ，社会正義はしばしば失われているという事実を示す証拠である．格好の事例は，教育において宗教的目的のために，しばしばある特定の集団にのみ利用可能となる抜け穴を操作することによって，公金が使われることに関する現在進行中の論争である．宗教的動機から行われるホームスクーリング実践者達は，最近，隠れた方法だけでなく，あまりに多くの学区で財政危機が起きているという時代に経済的資源を流用するというかなり深刻な問題を生じさせる方法によっても，公的資金を食い物にしているのだ．

　これについてもう少し述べよう．なぜなら，ある集団（たとえばホームスクーリング実践者）が，再分配といった他の領域，そして他の集団による承認への要求において決定的に否定的な効果を与えることができるという私の議論に対して，重要な事例を与えるからだ．カリフォルニアでは，たとえばチャータースクールがホームスクール実践者に対する公費獲得のメカニズムとして利用されている．カリフォルニアのチャータースクール法は，これを可能とするためにかなり「興味深い」方法を採用している．最近の研究の一つでは，たとえば，チャータースクールの50％がホームスクール実践者のためのものであった．「独立学習（Independent study）」チャータースクール（コンピュータを使ったホームスクーリングのための独創的ネーミング）が学区と親によって，今までだったら支給されなかったであろう公費をえるために利用されている．もし親がホームスクールのために子供を公立学校から引き上げると失ってしまうかもしれない公費を獲得するために，チャータースクール法を戦略的に利用する学区の能力を示している一方で，他のことも指し示している．この場合もそして他の場合も，そのような独立学習チャータースクールに在学するために親に与えられた公的資金は，全国で最も保守

的宗教系学校の一つであるボブ・ジョーンズ大学によって製作され，販売されている宗教関連の教材を購入するために使われているのだ[47]．

　この種類の例示については第8章で再び取り上げるが，ここで何が起こっているのか理解することが重要である．この場合，明白な宗派的教材に対して使われることは許されない公費が，チャータースクール法の保護のもとで宗教的カリキュラム購入のために使われるのである．さらに，内容とコストについて公的に〈応答的でなければならない〉公立学校で教えられるすべてのカリキュラムと異なり，ホームスクーリングのために購入される教材に対してはいかなる公的なアカウンタビリティも準備されていない．これがホームスクール実践者にとってより大きな選択を与え，承認の政治においての活動を可能とする一方で，これは，家庭でコンピュータを買うための経済的資源をもたないその他の生徒達から公費を奪っているだけでなく，地域社会の子供が自分自身，自分達の文化，歴史，価値などについて何を学ぶかということに対して発言することを拒否することになるのだ．原理主義者の宗教系学校において使われる幾つかの教科書では，イスラムは偽りの宗教であるといったようなことが述べられてあったり，多くの市民が強く反発するような同様の主張を具体化したりしていることを前提とすると[48]，何ら公的なアカウンタビリティなしに，こういった内容を教えることに公費が使われることは適切かどうかという深刻な問題が生じてくる．

　それゆえ，二つのことがこれに続く．ホームスクーリングを支援するために，すでに厳しい条件にある学区から資金が流出している．同様に重要なことだが，宗教的に動機づけられた集団のアイデンティティを支援するカリキュラム教材のために，〈何ら公的アカウンタビリティなしに〉公金が支払われている．国内で一番急速に増大しつつある宗教の一つ，イスラムからの承認の要求を否定するようにこれらの教材が機能するかもしれないにも拘わらず．このことは，差別的な教授を宗教的保守派が現に支持しているときには，ホームスクーリングの承認のための要求が宗教的保守派によっていかに財政的に支援されるのかという，より一般的なかつきわめて重大な問題を生じさせる．ここでは，承認の政治のある一つの様式が，他の集団の承認と正統性を要求する正当な要求を邪魔にする．とくにアメリカやその他の国においてステレオタイプ化されたり，差別されるということによってかなり犠牲となっているある集団（イスラム）の承認と正統性への要求が邪魔されるのであ

る．

　私はここですべてに対して否定的であろうとは思わない．結局これは，自分達の文化と価値が尊重されていないというホームスクール実践者の不安を正当化するであろう一つの複雑な問題なのだ．しかしこれは，オープンに論じられるべきなのだ．私達は，自分達の文化が公的制度において十分承認されていないと自身をみているので，宗教的に動機づけられたホームスクーリング実践者の承認の政治を支援すべきであるという単純な表明に惑わされてはならない．少なくとも，公共善に対する危険性の可能性は認識され，公的なところで論議される必要がある．

結　論

　本章では，私はホームスクール運動の大部分の背後にしばしば潜んでいる経済的，社会的，そしてイデオロギー的傾向について，幾つかの批判的疑問を投げかけてきた．その過程で，コミュニティについての私達の感覚，公共的空間の健全さ，経済的にも人種的にも階層化が減じられた社会を作り上げるための私達の関与といったものに対して，私とその他多くの者が信じていることだが，まったく否定的な効果をもつより広い社会的運動の中にそれを位置づけてきた．私は，「繭化」との関わり，国家への攻撃，公的アカウンタビリティなしの公的資金の使用がますます増大しつつあるという結果から問題とされるべき論点を示唆してきた．さらに私はまた，ホームスクール運動が批判してきたものの中には良いセンスのものが明らかにあるということも論じてきた．たとえば，あまりに多くの制度が官僚的性質を有していること，管理国家への不安があること，自分達の子供の教育についてかなり活発に活動することなどである．ホームスクール実践者が専門的そして管理職的ミドルクラスに対する特別な軽蔑感を示すという事実は，たとえば，保守的現代化を支持する例の連合を維持する際の興味深い緊張を生じさせているかもしれない．

　私にとっては，課題はこういった問題関心の中から，批判の良いセンスの部分を利己的で反公立的アジェンダから解き放つことである．このアジェンダこそ関心ある親と地域社会の成員を保守的復古主義の手中に押しやってきたものだ．公立学校の課題は，ここで取り上げた親達の不平にもっと注意深

く（しかし，必要があれば〈批判的に〉）耳を傾けること，そして私達の制度をもっと応答的に再建するということである．すでに論じてきたように，あまりにもしばしば公立学校は，もともとは保守的文化的かつ政治的運動のメンバーではなかった関心ある親達を，自分達の防衛本能と責任感のなさによって，そして民主的な論争と批評を断片化することによって，このような連合の手中に追いやったのである．もちろん，ある場合にはこういった批判は正当化されないものであり，あるいは非民主的アジェンダによって政治的に動機づけされているかもしれない．しかしながら，このことを激しい公の論争に対して私達の学校のドアを開放することに失敗した言訳にしてはならない．この公的な論争こそ，公教育を私達の民主主義の生きたそして活力ある一部とすることができるのだ[49]．保守的イデオロギー上の理由からホームスクーリングに変更した親達であろうとなかろうと，彼らの関与のみならず彼らの新しく抑圧されたものとしての，「サバルタン（subaltern）」としてのアイデンティティをも前提とするならば，彼らの声を聞くということが重要なのである[50]．しかし，私達は，新自由主義者の骨抜きされた「貧しい」民主主義の見方でもなく，「ものごとを匡せ」という唯一の信仰が勝利することによって心に描かれてしまった抑圧的な見方でもない，真に「豊かな」民主主義への私達自身の関与を映し出しているのであるから，私達は私達の制度を再建するための私達自身の闘争を止める口実にこれを使ってはならないのである．

8. ホームスクーリングの仕事をすること
―――― ジェンダー，テクノロジー，そしてカリキュラム

はじめに[1]

　　前三章において，社会政策や教育政策において発言力をますます増大し，強力になりつつある宗教的原理主義者の保守派集団，そして福音主義といった，権威主義的大衆主義者の目から見た世界について，私はかなりの時間を費やし論じてきた[2]．自分達のアイデンティティと文化が学校やメディアによって無視され，攻撃されてきた人々として，彼らが自分達を「新しく抑圧された者達」として構成しているその方法を批判的に分析した．私が示したように，多くの点で彼らはサバルタン的アイデンティティをもち，（意図的に選択して）マーチン・ルーサー・キング・ジュニアのような人物の言説や実践をうまく利用して，彼らこそいまや本当に抑圧されている人々であると主張しているのだ．

　　彼らがサバルタンの地位であるという主張が公営の制度からの部分的撤退と学校教育の独自の実践をもたらしてきたということについて，これまで以上に，本章ではかなり詳しく検討する．この独自の実践とは，権威主義的大衆主義者である親達が，自分達のような集団が信じているもの，すなわちいま脅威に晒されている文化を守るための鎧と，世界を変えるであろうスキルと価値観を自分達の子供に身につけさせるということを意味している．そうすれば，この世は自分達の人生の中核をなす保守的宗教的関与を反映するような世となるだろう．権威主義的大衆主義者にとって，世俗的ヒューマニズムや，もはや「神の言葉を聞」かなくなったこの世界に対する対抗的ヘゲモニー闘争において，インターネットといったような新しいテクノロジーは必

要不可欠な資源となっているのだが，その方法に焦点をあてよう．私の議論のほとんどは，これらの運動においてジェンダーが占めている位置をめぐるものとなるだろう．これまでの章でも明らかだったように，女性がここでも重要な役割を果たしている．私は，保守派の女性がこれらの運動においては複数のアイデンティティをもっているという事実を際立たせたい．つまり，彼女達は支配的なジェンダー体制の歴史の上に築かれているサバルタン的地位を主張することができると同時に，その他の抑圧された集団との関係においては支配的な地位が与えられているのである．

資源と社会運動の成長

　　　教育，カルチュラル・スタディーズ，社会学，そしてテクノロジーと科学の社会的研究などにおいてインターネットの分析が爆発的に行われている．これらはかなり興味深いし，その活用について，その利点，歴史そしてそのようなテクノロジーの地位に関する議論を巻き起こしている[3]．しかしながらこの論争のほとんどが，インターネットが実際に使われている内容についてはあまり言及されずになされているのだ．あるいは問題として内容が指摘されていることもあるが，あまり検討されずに終わっている．インターネットの社会的活用と利点について，先見の明があるある一人の書き手が次のようにいった．「私達は，象徴的内容とオンラインでの相互作用が様々な種類の社会的かつ歴史的文脈に根付くのをみるときに，現代文化に与えるインターネットの衝撃を理解することができるのだ」[4]．マニュエル・カステルズ（Manuel Castells）が次のように指摘している．統一的な意味や活用というよりは，作り上げられたこの新しいコミュニケーションネットワークは，「多様な参加者の戦略を形成し，彼らの精神が交差するような多くの文化，多くの価値，多くのプロジェクトから成り立っている」[5]．

　新しいテクノロジーは，三つの重なるダイナミクスによって互いに刺激し合っている．すなわちグローバリゼーションの緊張，社会の脱伝統化，そして社会的内省（social reflexivity）の緊張[6]の三つである．このプロセスにおいてインターネットのようなテクノロジーは，集団としての人々が，これらのダイナミクスによって生じる変容を取り扱うことを求めるのに必要な結束の新しい様式の土台を提供してきた．さらに，「伝統」と権威を保持する，

あるいは守るであろうこのような結束の様式を求めることは，それ自身，直ちに，そして同時に社会的〈脱統合（disintegration）〉の新しい様式を生産することへと導くことができる[7]．

　本章では，結束と脱統合のパラドックスから生じる緊張がますます強まっていることを検討する．新しいが，ますます強力になりつつある教育活動家の集団，すなわち第7章で論じた保守派キリスト教福音主義派のホームスクーリング実践者達によって，インターネットが社会的に活用されているその方法に焦点をあてることで，私はいかに大衆主義的保守派の運動が成長してきたかということとそれをイデオロギー的に支えているものについて，さらにはテクノロジー関連の資源が大量の社会的アジェンダに役立つ方法の複雑さについて，私達の理解を深めることに貢献したいと思う．私は，これらテクノロジーが〈特定の〉コミュニティによって（そしてこれらのコミュニティ内部の特定の人々によって）活用されているその社会的かつイデオロギー的文脈の中に再びおいてみることによってのみ，私達はこの新しいテクノロジーが社会において，また教育において有する意味と機能を理解できるのだと論じる．このことをやりとげるために，私は前章の分析をしたのだ．しかしこの章においては，私はホームスクーリングという労力，それがいかに組織されているのか，正統化される知識の新しい定義について，そしてテクノロジー市場が作り出されてくるその方法によって，これらに対していかに部分的に変容が加えられてきているのかといったことにも焦点をあてよう．

テクノロジーとホームスクーリングの成長

　　　　保守的福音主義的様式とテクノロジーとの関係は，新しいものではない．本書の前のほうで，私は全国的にも国際的にも権威主義的大衆主義的宗教的右派によってエレクトロニック聖職者が生み出されてきたという独創的なテクノロジーの活用法について指摘しておいた．私が示したように，テレビやラジオといったテクノロジーは，保守的宗教的衝撃の影響を拡大するために，そして信じる者達や「いつかは信じるであろう人々」などにとって「神の言葉」を利用可能とするために，活用されてきたのだ[8]．そのような努力の衝撃がますます広がっていくのを理解することが決定的に重要であるにも拘わらず，ここではあまりそれについては関心を払わない．私は福音主

義者の努力を支え，人々の家庭に近づこうとしている世俗的なしかし普及しつつあるインターネットといったテクノロジーの活用に注目したい．そして再び，ここでも「家庭」という言葉は文字通り「家庭」を意味しているのだ．

　私達がみてきたように，ホームスクーリングは急速に広がっている．しかしそれは賦課された諸力の結果であるとは単純にはいえない．それはまた，一人また一人，孤立化した親が組織化された公立学校を拒否し，自分達の子供を家庭で教育しようと決めたという単純なアトム化した現象でもない．ホームスクーリングは〈社会運動〉なのだ．それは集団的プロジェクトであり，歴史と，一連の組織と，物的支援を有しているのだ[9]．

　多くの教育家がチャータースクールのような学校，メディアで肯定的に取り上げられている学校などの改革に多くの関心を払っているにも拘わらず，チャータースクールに通っている子供達よりももっと多くの子供達が家庭で教育を受けているのだ．全国紙や地方紙でホームスクーリングがほとんど尊敬の念をもって，むしろロマンティックに取り上げられている（たとえば，ニューヨーク・タイムズ紙やタイム紙などはとても肯定的にこのテーマについて取り上げ，多くの紙面を費やしている）[10]ことを前提とすれば，実際の数字はこれより大きいだろう．そして私が注記したように，上昇カーブは疑いもなく右肩上がりである．私の知る限り，ホームスクーリングを受けている子供の数は合衆国の外でも増えているといえる．イングランド，ドイツ，スカンジナビアその他の国で，公立学校から子供達を引き上げることを選択する親の数は増加している．

　ホームスクーリングの動きは，一様ではない．そこには政治的，イデオロギー的，宗教的，そして教育的信念において幅広い範囲にわたる人々が含まれている．それは人種的，階級的区分を越えている．たとえば，幾つかの都市において，アフリカ系アメリカ人の親達は彼らが公立学校において有害な環境と思えるものを見出しているので，そのようなところへ自分達の子供を通わせるなどということは許せないと決心しているのだ．彼らにとってホームスクーリングこそが，自分達の子供達を守る唯一の方法なのだ．私自身黒人の子供の父親として，彼らの奮闘に対して同情を禁じえない．

　スティーブンス（Mitchell Stevens）が記しているように，本質的に，ホームスクーリングをしている者達の間には二つの集団がみられる．すなわち，

「キリスト教徒」と「その仲間 (inclusive)」である．しかしながら，これらの集団の境界をまたがって存在しているものがある．すなわち，主流の学校教育が提供している標準化された教育は自分達の子供の潜在能力を妨げているという感覚．そして家族の生活に国家が介入してくるということにはかなり深刻な危険性があるという感覚．そして専門家と官僚が彼らの信念を自分達に課す傾向があり，自分達の家族と子供のニーズに応えることができないという感覚である[11]．こういった懸念が，現代のアメリカ文化において広がっており，それらはまた特定の社会的そして文化的分離を越えているのである．

それでも，多くのホームスクーリング実践者による専門家不信を，単に合衆国の歴史に脈々と流れているように思われる「反知性主義」の継続としてみることは誤りかもしれない．科学，政府の専門家，そして「合理性」への不信は，ベトナム戦争の結果，より一般的に流布するようになった．それはちょうど，科学者をその残酷さにおいて，また政府を人々を欺いたことにおいて非難した時期でもあり，道具的合理性のある特定の様式を，そして社会の通念において価値や倫理を失ったことを急速に広げてしまったことで非難した時期でもあった．このことはしばしば，権威一般への不信を伴っていた[12]．ホームスクーリングは，そのような傾向に対する免疫であるのみならず，急激な変化と経済的，文化的そして道徳的脅威の時代における教育の重要性について，一般の人々が自覚している関心のその他の要素と独創的につなげられてもいるのである．

ホームスクーリングの人口動態的情報は限定されている．しかし福音主義者コミュニティに関するデータと同様に，一般にホームスクーリング実践者は，幾分よく教育を受けており，わずかばかりではあるが裕福で，住んでいる州の人口からみれば白人であることが多い[13]．この運動の多様性を認識することは重要なことであるが，ホームスクーリングを行っている最大の集団は，第7章で論じた人々であるということを理解することが決定的に重要である．彼らは保守的宗教的関与を求めているのであり，権威主義的大衆主義者でもあるのだ．ホームスクーリング運動において，保守派キリスト教徒が支配的であるということを前提とすると，この図式は一般的に福音主義的キリスト教徒の人口動態的パターンと究極的には一致するのだ[14]．

学校教育それ自身がかなり問題を抱えている制度であるという信念に基づ

き（しかししばしばそれはこういった問題を引き起こしている原因に対して，かなり異なる解釈を伴っているのだが），ホームスクーリング実践者は，学校に関する「恐怖話」を，それと同時に，ホームスクーリング実践が成功するという物語を共有するメカニズムを作り出してきたのである．公立学校で何が起こっているのか，それに伴う危険性について記述するメタファーは，とくに多くの保守派福音主義者のホームスクーリング実践者達によって使われているのであるが，次のようなことを語っている．スティーブンスは以下のように述べている．

> 統制できない友人関係の危険性を記述するのに，病気のレトリック（「癌」とか「伝染病」）を使って，信者達は学校での子供達の世界を，親達が子供達を送り出した場所は感染の危険のみがあるジャングルであるかのように描き出している．解決策は子供達を家にとどめることであり，そういった環境からの隔離である[15]．

こういった自覚された危険を前提とすれば，地域的そして全国的に形成された集団を通じて，ホームスクーリング提唱者は教育省や立法府に対して，自分達の子供をホームスクーリングさせる権利を保障するよう圧力をかける．彼らはコミュニケーションを取ることのできるネットワーク——ニュースレター，機関誌，そしてますます活用されつつあるインターネット——を，彼らに従う信者達のコミュニティを形成し，維持するために作り上げている．このコミュニティとは彼らの選択に対して「賢明さ」（そしてしばしば信心深さ）を強制する聖職者達によってたびたび支援されているのである．そして私達が理解するように，ビジネス界もますますこれはかなり利益を見込めるマーケットとなると理解し始めているのだ[16]．大小の宗教関連出版社，利潤追求型の出版社，保守派大学や単科大学，インターネット関連企業などは，文化財——教材，教具，授業プラン，教科書，宗教的題材，CDなど——のマーケットが作り出されているということを理解してきたのである．彼らは表明されたニーズに応ずるために，そして信者達自身にとってニーズであるとはまだ考えられてないような新たなニーズを生み出すように先を競っている．しかし福音主義派の運動それ自身がアイデンティティを獲得することに成功した仕事の成果であるこのようなマーケットにとって，マーケット自身

が機能するような空間が創り出される機会がなかったのならば，このマーケットは存在しなかっただろう．

社会運動を理解する

私が示してきたように，保守派キリスト教ホームスクーリング実践は，教育，政治，そしてメディアといったような文化的制度においてますます影響力を発揮しているより大規模な福音主義運動の一部なのである[17]．全国的には，白人福音主義者が合衆国の成人人口の少なくとも25％を占めている[18]．福音主義派の人口は，急激にかつ明らかに，年々増加しつつある．なぜなら，福音主義運動が，「聖なるものすべてが冒涜されている」世界，そして発達した資本主義が情緒的，精神的に満足できる人生を与えていないという感情の緊張と構造を有している世界で，漂泊の思いを感じている人々にとって，主体的な立場と新しいアイデンティティを現実に与えるからである[19]．「回帰」をなすこと——ジェンダーと性，権威と伝統，国家と家族との受容された関係として彼らがみているものが脅かされているという事態に直面して——が，このますます強力になりつつある社会運動の成長の背景にある人々を追い立てる衝動なのである．

社会運動は，実現するしないに拘わらず，しばしば複数の目標をもっている．さらに，自分達が自らに課した目標以上の成果や，いつも予測できているわけではないようなことを，結果として生じさせたりすることがあるということを理解しておくことも重要である．それゆえ，国家政策における構造的変容を目的とする社会運動は，文化，日常生活，そしてアイデンティティの王国で深遠なる変化を作り出すかもしれない．内部の結束を強めたり，個人と集団のアイデンティティをその場で確立したりすることができるのと同様に，特定の目標に向けて人々を動員することは新しい常識を生み出し，究極的には，前提とされている問題についての公的態度においてかなり明白なシフトをもたらす[20]．「革新的行動レパートリー」と，主要な組織の実践と文化に対する影響もまたそれらは創造する[21]．明らかに，このことがホームスクーリング実践者の生活内部で，また，組織化された公立学校制度が，ホームスクーリング人口の増大によって自らの財政的条件が脅かされているのに対応しなければならなくなっているということが，いままさに起こってい

ることなのだ．

　これらすべてに対する鍵となるものは，私がこれまで指摘してきたことである．すなわち，アイデンティティ・ポリティクスの重要性である．社会運動が発展するためには，社会運動に参加する人々に参加する理由を常に活気づけるようなアイデンティティを提供しなければならない．それゆえ社会運動は，「異なること」のコストが支配的な社会の規範と価値に抵抗するという行動によって満足し，意味が与えられることによってバランスをとるという情緒的経済をもたなければならないのだ．こういったことは一度に生じるわけではない．人々はホームスクーリングのような抵抗運動に参加することによって変わってくるのだ．社会運動理論家が一般に認めるものとして，運動に参加するときには人生を大きく左右するような決定的な衝撃というものが存在する．人々はこのプロセスにおいて変容されていくのである[22]．メイヤー（David Meyer）がこの点を明確に指摘している．

　　挑戦的運動の社会生活に従事することによって，世界についての個々人の経験は世界が働いている方法や，重要なことに，その中における個人の立場という共有されたビジョンによって媒介される．行動主義に従事することによって，個人は自分自身を対象としてではなく，歴史において，また世界をそのまま受け入れることなど決してしない主体として創り出される[23]．

テクノロジーとホームスクーリング実践

　　私が前に論じた新自由主義者と同様に，しかし，倫理的かつ文化的枠組みはより明らさまではあったが，社会運動の活動の大部分は国家をターゲットとしていると述べてきたが[24]，このことはとくにホームスクーリング運動についてあてはまる．この運動においてこの枠組みは明らかである．多くの宗教的保守派ホームスクーリング実践者の間には基本的な国家不信がしばしば存在しているにも拘わらず，興味深いことに国家と喜んで妥協する人々がかなりいるのである．しかも彼らは彼ら自身の戦略的優位性のために国家のプログラムと資金を活用しているのである．この最も明白な事例は，私が第7章で指摘しておいたものである．すなわち，たとえばカリフォルニ

ア州でみられたホームスクーリングあるいはチャータースクール運動の成長である．このプログラムに参加する多くの親達が自分達の子供を「教育家のある集団によって洗脳されたくない」こと，そして「子供達を教室に放置したくないし，私があまり知らない誰かによって影響を受けたり教育を受けたりされたくない」[25] と思っているにも拘わらず，自分自身の利益のためには政府の資源を利用することにおいてきわめて優位に振る舞っているキリスト教保守派の親が増えているのだ．インターネットとウェブを活用して個々の家庭をつなげるホームスクールチャータープログラムの利点を活用することによって，彼らは公的資金を，以前は個人で支払わなければならなかった学校教育を支援するために使うことができるのである[26]．

しかし自分達の利益のためにホームスクールチャータープログラムの可能性を利用しているのは，保守的福音主義の親達だけではない．学区それ自身もそのようなテクノロジーを現在の就学人数を維持し，自分達の歳入を増やすために採用したり，ホームスクーリングを行っている親達にホームスクールチャーターへの参加を進んでに働きかけたりして，積極的に戦略化している．

たとえば，ホームスクールチャーターを創設することによって，カリフォルニアの財政的には貧しいある小さな学区は，その経済的問題の大部分を解決することができたのである．このプログラムの最初の2年間で，ある一つのチャータースクールは生徒数が80名から750名にまで増加した[27]．結果はとても興味深いものであった．

> 多くの新入生と共に，州からの補助金がこの小さな学区にどっと押し寄せた．学区予算は300％以上増加したのだ．（ホームスクールチャーターが）ホームスクール実践者に教材と授業支援を提供することでそういった家族を惹きつけたのである．こういった資源と引き替えに，家庭は毎月生徒の学習記録を学校に提出することになっている．学習記録は学校の生命線であり，二重の目的に役立っている．すなわち生徒によって学習された内容を明らかにすることと，（チャータースクールの）スタッフが平均出席者数を計算できるような出席簿としても活用されるからである．それゆえ，親による自己申告の出席データは，（学区にとって）州政府からの均等割補助金全額を受け取ることを可能とするのだ[28]．

このようにして，最低限の報告書を請求することを組み合わせることによって，保守派キリスト教徒の親は，自分達の意志のままに行動し，政府や世俗の影響から距離をおくことが可能なのだ．そしてまさにそれと同時に，学区は，公立学校教育の枠内にこういった家庭の子供達を留まらせ，世俗教育の要求に応えさせることを維持することが可能となっているのである．

もちろん，私達は「世俗」という言葉を使うときには十分な配慮をしなければならない．ホームスクールにおいては宗教関係の教材がたくさん使われているということが，親が提出する学習記録から明らかになっている．聖書講読，祈祷の練習，オンラインで直接購入できる道徳教育教材などが，学校によって提供される「世俗」教育の教材と親によって統合されているのが一般的である．「ルカ伝1：37を書き取り，読むこと，暗記すること，祈祷に関する雑誌」などは，親達によって提出された学習記録例の非世俗教育部分に多くみられる[29]．

そのような内容とこういったことに対するアカウンタビリティの欠如が，明らかに保守派の宗教目的に公的資金が使われることについて，重大な疑義を生じさせている．「学校に対する官僚支配を減じるという時代においてその権威を配置し直すという試みにより，共通善を追求することを公的当局が地域の家庭に委譲することで，州は共通善の追求を止めてしまっている」[30]．そのプロセスにおいて，技術的につなげられた家庭が「公的な」学校として再構築されたが，まさに公的であるという意味においての学校は，ラディカルに変容させられた．それゆえそれは保守派の宗教的様式と内容を反映しているのである．

ジェンダー化された労働としてのホームスクール

自分達の努力を支援するために国の資金を使うという戦略があるにせよ，ホームスクーリングはかなり辛い仕事である．しかしさらに進むために私達は一つの重要な疑問を呈する必要がある．すなわち，〈誰が〉その労働をするのかという問題である．この労働のほとんどは隠れている．教材を探し出し，組織化し，教授し，発達度を図式化し，「相応しい」環境を作り，維持し，子供を教えるのと同時に子育てもするという情緒的な労働もする．そしてこのリストはさらに増えていく．これらすべてのことがかなりの努力

を要求する．そしてこういった努力のほとんどが〈女性によって〉なされるのである[31]．

ホームスクーリングのそのほとんどが女性の仕事となっているので，それは，多大なる物理的，文化的そして情緒的労働が組み合わされるものとなっている[32]．それは家庭における女性の労働強化をもたらす．なぜならそれは女性が家庭ですでに行っている仕事に付け加わるからである．とくに，保守派の信心深い家庭であれば，男性は活動的であるかもしれないが，家庭という空間では主要な責任を果たす彼らの妻の「ヘルパー」としてみなされるというような，分業が行われているからである．そのような強化された労働への需要は，自分達の人生を扱うのにまったく独創的な方法に従事するように常に女性達をしむける．手間を省く工夫となるような新しいテクノジーは，そのような独創的対応において鍵的な役割を果たしてきた[33]．

女性達自身によって加えられてきたこの労働とその意味は，より大きなそして長い歴史とより大きな文脈の中に位置づけられる必要がある．多くの女性達は彼女達を支えている右派の宗教的社会的立場とその集団を，彼女達にとっては決定的に重要であり個人的関心事であるとみなしているもの，すなわち不道徳，社会的混乱，犯罪，家族そして学校について，直接それを中心的に取り上げている実践や言説の恐怖を感じる必要のない，おなじみの枠組みを提供してくれているものとしてみているのだと論じている人々がいる．個人的関心事という感情はそれでもまだ不十分である．「公」と「私」両方の空間において右派の行動は彼女達を女性として力を与えるものとなっている[34]．文脈によるが，彼女達は「必要とされている変化の尊敬できる無心のエージェント，あるいは独立した反逆者として位置付けられている」[35]．

歴史的には，すでにこれまで述べてきたように，右派の女性達は常に家族を賞揚してきた．家族は女性の自己実現と権力の特権的な場としてみなされてきた．しかし，内部及び外部の「他者」の群れによって脅かされているのである．社会の柱，神によって与えられている社会の安全，秩序，そして自然の序列の土台となるものこそが「まさにこの」家族なのである[36]．

通常，原理主義的福音主義者の女性は，本質的に，宗教的保守派の男性の到達目標に向かって自らも奉仕し，援助するものとして描かれている[37]．これはあまりにも単純化されている．むしろこのメッセージはもっと複雑で注目せざるをえないものだ．そして多くの女性の人生の現実についての明確な

理解というものと関連づけられている．福音主義運動の南部のルーツについて取り扱ったところでも論じてきた女性とよく似て，女性達は自分達の家庭生活において，またそれに影響を及ぼす世界に対して受動的ではなく，非常に行動的である．彼女達は「夫の行動を形付け，それを妨害するような家族の行動を変えようと」することができるし，そうしなければならない．この後者の課題は，とくにこのことがあまりに多くもの男性がしばしば女性や彼らに依存する子供達を貧困に追いやることで，家庭での彼らの責任を果たさないようなときにはとくに重要である[38]．さらに，「労働の世界」から男達が持ち込んできてしまうかなり競争的な規範や価値とプレッシャーを中和することができるのは強い女だけである．資本主義はおそらく「神の経済」であるかもしれない．しかしその規範が家庭を支配することを許すのは，真に破壊的である．女性達は，「責任ある」男性と共に，世界を平和なものに保ち，核心的な宗教的諸価値を守り，世俗の汚れきった世界という危険性に対抗して子供を武装させるための土台として家族を活用するのに必要な代案的なかつ補完的な価値を与えることができるのである．

　保守的宗教的な女性は，ある特定の規範によって導かれた厳格な人生を送っているように外部からみえるのであるが，内面はまったく異なるように感じているのである．それはまさに自分達の人生の進むべき方向性を指し示す能力を高めるし，他者との関係において自分達に力を与えるがゆえにまさに自ら喜んで取り入れるある一つのアイデンティティを提供する．それゆえこれまでの章で論じてきたように，宗教に熱心なことは，多くの女性にとってかなりの力の源となっているのだ[39]．

　保守的キリスト教徒の女性についての広範な調査に基づき，ブラッシャー（Brenda Brasher）は，この点について明らかにしている．彼女は以下のように述べている．

> （そのような女性が）妻と夫との関係は従順さにあると声高に強調するにも拘わらず，彼女達は常に，この従順さは，神に対する恭順からなされるのであって，男性に対してではないこと，そして相互的なものであるべきであると想定されていることを繰り返し宣言している．つまり一方が一方を従属させるのではなく，互いに納得した合理的規範なのである．（中略）従順は，婚姻関係における女性の力を減じるというよりは

増大させるのである[40].

　神による創造は，女と男は異なる存在であることを定めている．男と女は互いに補完し合うものではあるが，それぞれ異なる課題を与えられており，それを遂行しなければならない．そのような聖なるジェンダーの壁は障壁としては経験されず，女性の行動と力の場を与え，正統化するものとしてみなされている．そのような空間における行動と力に対して介入することは，また神の計画に介入することなのだ[41].

　この考えはほかの時代，別の国家においても見出すことができる．それゆえ，ファシスト英国ユニオン（British Union of Fascists），すなわち第二次大戦前の反ユダヤ，親ナチ集団のあるメンバーは，自分達の活動を振り返り，活動的なメンバーは自分達が常に「独立した，自由に思考する個人である」ということを誇示してきた[42]．独立についてのこの考え方，そして「対抗的ヘゲモニーの考え方」と呼ぶことができるかもしれないこういった考え方は，当時のみならず現在においても決定的に重要なものである．これは今日の保守的宗教的関心から動機づけられているホームスクーリングの実践者の間でみられる信念と結び付いており，それは世界と学校はあまりにも「PC（政治的に正しい）」となっているというものだ．保守的福音主義的宗教の支持を学校教育の根幹に再びもたらすために，世俗教育はヘゲモニックであるという立場をとるのである．このことは右派の女性にとって，彼女達自身の行動は，独立した自由意志のもとでの活動であるというように解釈できるようにするのである．しかし常に神に奉仕することではあるのであるが．このことをさらに詳しく説明しよう．

矛盾を解消する

　キリスト教右派をこのように社会運動において活動的にし，参加を促しているものは，福音主義プロテスタンティズムの内部組織の特異性に根ざしている．私達がみてきたように，福音主義は正統なキリスト教の信念と過度の個人主義とを組み合わせたものである[43].

　このことが他人からみれば終わりのないかなり大変な家庭内労働とみえるものが，家庭内でかなりの責任をすでに負っているうえに，ホームスクーリ

ングというやっかいな仕事を喜んでする保守的で宗教心の篤い女性の観点からすれば，まさに異なった方法で解釈されているその内容を理解するうえで鍵的要素となっているのだ．このような保守的イデオロギーの様式は，男性に従属するものとして，そして神のプランの一部として，神々しい「要塞としての家庭」を築き，守る責任を主に担っているものとして，女性をみているのだ．さらに，右派の宗教的，あるいはイデオロギー的運動に従事している女性を，ただ権威に従属しているものとしてのみみなすということも間違っているであろう．もう一度いおう．そのような「従属」はまた，女性としての自分達の義務から生み出された責務であるのである[44]．このことは〈活動家の無私〉としてみなされるのが一番よいかもしれない．これは自分の家庭，家族，子供達，そして神のプランを守る役割を積極的に果たすといった自己再生（self reemerges）の再現（submerge）というようなものだ．そのようなものとして再構成された公と私の空間において，人生は意味あるものとなり，満足できるものとなる．

　合衆国や宗教的活動や家庭を重視するその他の国においてこれは，長い歴史をもっている[45]．これらは公と私の空間を橋渡しする政治的境界線を越える動員を常にもたらすのである．コーベンとミッチェル（Koven and Michel）は以下のように書いている．

　　この動員に必要なことは，男性とは異なる女性を強調する家庭内部のイデオロギーを生じさせることだった．すなわち子供の人生と職業に関する人道主義的関心，福音主義やキリスト教社会主義，社会的カソリック主義，その他の社会福音運動を含むゴスペルの行動主義者的解釈の招来などである．女性の道徳観，情熱，養育する能力などが母親であることにますます結び付けられるのである[46]．

　政治的関与の強い要素を伴いつつ，しばしば道徳的崇高性の感覚によって導かれて，これは強力な力となる．マターナリズム（Maternalism：母親包容主義）は，しばしば進歩的であると同時に退歩的でもある．今日際立つようになってきたイデオロギー的改造の保守派的要素であるにも拘わらず，マターナリズム的様式はまた，現在ある進歩主義的プログラムや立法の多くに主要な衝撃を与えてきた[47]．

家庭生活と「女性的精神」の復古主義的なこの力は，女性に対する民主主義の原則と教育，そして機会への強力な関与と組み合わされることも可能である[48]．鍵となるポイントは，いかに民主主義が，意味がぶれる言葉として〈定義されているか〉ということであったし，いまでもそうだ．これは本書を通じて私が論じてきた中核となる問題である．

自分の子供を守り教育をすること，幼き者達の面倒をみたり，ますますもろくなっていっているコミュニティと家族生活のつながりを大切にしたり，個人の安全を心配したりすること，搾取的でしばしば無礼なこの社会における一切の事柄，こういったテーマが右派の活動領域だけでなく，女性の活動領域だけに留まることであってはならない．依然として私達は，これらのテーマによって，また誰によって，ある特定化できる人々がいかに動員されているのかということを問わねばならない．

「マターナリズム」的言説のこの種の使用と，「母親」としての女性の役割と，主要な責任が家庭と家庭内の事柄にあるとされている人に焦点をあてることは，公的な空間において女性が権力を行使することを妨げることを必ずしも意味しない．事実，それはそのような行為を強力に正当化するし，現に公的空間を〈再構成している〉．自分の子供を家庭で教育すれば，外にいる人々の生活と自分の生活を変容させることができるように子供に鎧を身につけさせることができる．社会制度のあらゆる場面において宗教心に動機づけられた倫理にかなう行動をとるために完全なモデルとしての家庭を築き上げるのである．この伝統，すなわち「社会のハウスキーピング」と呼ばれてきたものは，非家庭的な社会的空間に対しても責任があることを主張できるようにしてきたし，女性に対する理想化された母親としての役割を家庭の枠を越えて拡大させることもできるのだ．マリケ・ドゥ・トワ（Marijke du Toit）の言葉を使えば「政治的なものについての新しい，より包含的な定義」[49]をでっちあげるのにこれは使われてきたし，いまも依然として使われることが可能である．

そのようなマターナリズムは，歴史的に再定義された公的闘技場で直接的権力を獲得するための議論を女性達に可能としてきた．家庭の美徳を称讃することが可能であり，同時に家庭とみなされるものを拡大することも可能であった．それゆえ公的空間に存在する国家や多くの制度は，「秩序（とより良い社会）を作り出すにおいては女性が長けているスキルを発揮すべき

家庭」であった[50].

これらすべてのことが，目立っているホームスクール提唱者の多くが，自分達の注意をなぜ「母性の社会的カテゴリーに意味を与えること」に集中しているのかという理由を与えるのだ．権威主義的大衆主義的宗教的保守派にとって，「理想化された家庭関係をより拡大した脚本の」重要な部分として，「母親は，神のプランでは先導的役割を有している」のだ[51]．スティーブンスの言葉を再び借りよう．「ホームスクーリングが提供するもののうちの一つに，家庭の修復というものがある．24時間母親でいることは，教授の課題によって，またこれらの課題に伴う地位の幾つかによってより豊かなものへとなされているのだ」[52].

依然として，家庭内の作業だけがここでは重要なわけではない．ホームスクーリングは，女性の任務として外部からもみなされている．多くの事例で，ホームスクーリングは集団的プロジェクトなのである．知り合い関係と協同的活動（支援集団，遠足，遊び集団，母親が有している責任からの解放される時間の確保など）を作り上げるための，そして運動それ自身がその場でもまた地域でも輝き続けるようにするための組織的なスキルが要求される．ここでもまた，女性はその仕事のほとんどをする．このことが女性にとって，提唱者あるいは企画立案者としてのその他の機会を提供することになるのだ．それゆえ，最も人気あるカリキュラムの詰め合わせ，運営ガイド，自助と祈祷の教材などを開発し，販売することが女性達によってなされてきたのである．実際これらの教材は，ホームスクーリングが女性の仕事であるという事実を反映している．教科書とプロモーション用教材に表れる図は母親と子供が共に描かれているものがほとんどである[53]．福音主義に基づくホームスクーリングの全国的な提唱者の多くが活動的な女性である．

神を販売する

提唱することは一つのことであるが，提唱している政策を実践に移すことができるかどうかはまた別のことである．ホームスクーリングを実際に〈実践する〉ためには，より整然としたプランや教材，アドバイス，ときには慰めも利用可能としなければならない．「神の学校教育」は市場を作り出す．それはちょうど「誰も見捨てない（NCLB）」法が，企業に対し，学区

の運営を援助するためにマーケットの専門性や素材を次から次へと供給することによって利益の多い場を提供したのと，同様の方法によってである．あらゆる種類のホームスクーリングに対応する急激に発達した市場で，保守派福音主義者と原理主義者は，教育的なカリキュラムと宗教的カリキュラム（この分離はしばしばフィクションである），授業，本，そして霊感を与える教材などのほとんどを選んでいる[54]．そのような教材は，ホームスクーリングを実践している親達が行っている授業で増大しているのみならず，数学，識字，理科，社会，そしてその他教えられる科目すべての〈授業〉で使われるようになっている．この類いの教材はまた通常は実際の教材としてのみならず，テストや宿題にも含まれているのである．それゆえ，ホームスクーリングを実践している親達に対し，厳密に配列され，厳しく統制されている教育的経験の完全な宇宙を創造することを可能とし，外界からの望んではいない「汚染」を防ぐために，こういった教材は完全な「詰め合わせ」として組み合わされるか，一揃いで販売されるのである．

　ベッカ（Beka）社の本プログラムが明白な事例を提供している．ペンサコラキリスト教カレッジ（Pensacola Christian College）の一部として，同社は幼稚園から中等教育学校修了までの教材を販売している．同社はまたホームスクーリング実践者に対し，キリスト教の教えが知識のあらゆる側面に入り込んでいるカリキュラムを提供している．他の知識に対して残されているチャンスはほとんどない．就学前の子供達は聖書物語の絨毯画（flannelgraphs）を使って教育される．5歳になると，完全な「聖書カリキュラム」を習い始め，年齢が上がるにつれて，『今日の聖書の教え』*Bible Doctrines for Today* や『神のもとで生活をやっていこう』*Managing Your Life Under God* が教科書として使われるようになる．小学校のレベルの理科の教科書は『神の世界』*God's World* であり，これは聖書への揺るぎない信念をもったアプローチに基づくものであり，起源と創造について聖書を文字通り読むアプローチであり，そこでは進化論については一切ふれられていない．正しいことと間違ったことの違いは，聖書が教えていることについての言及を通じてのみ応えることができる[55]．

　ウェブ上での注文が簡単にできるので，その他の宗教関係出版社によって作成された教材も手に入れることができる．たとえば，ボブ・ジョーンズ大学出版（Bob Jones University Press），キリスト教自由アカデミー（Christian

Liberty Academy), アルファ・オメガ出版（Alpha Omega Publications), コノス (KONOS), ウィーバーカリキュラムシリーズ（the Weaver Curriculum Series), その他など．これらの教材の間には教授法などで違いがあるものの，すべて聖書のメッセージ，価値をカリキュラム全体を通じた訓練と結び付けることに深く注意を払っている．これらのほとんどが親達のある特定の聖書に基づく世界観を再生産しているだけではなく，「適切な学校教育」のある特定のビジョンに依存する教育的環境を作り出してもいるのだ．これは提示されている道徳的目的をもつ公式の授業というものを根幹にして組織化されているのだ．ビデオのような技術的資源は，ホームスクーリング実践者に対して，いかに教育がなされるべきか，そしていかにこういった資源がそれをもたらすのかといったモデルを提供するために販売されている[56]．

　ここで生産されている〈組織化された様式〉は，とても重要である．私がすでに論じたように，宗教的保守派のホームスクーリング運動の多くに純粋さと危険の感覚がみられる．そこでは，知識と教授法双方をもって組織が福音主義的宇宙を支えるイデオロギー的構造を具体化するように，世界のすべての要素が各個の持ち場をもっている．バーンシュタインが私達に想起させているように，このカリキュラムの様式において，最も根本的なレベルで私達の意識を組織する社会的結合が再生産されるのだ[57]．

　このカリキュラムの様式が明らかに幾つもの重要な点において集団的コードとなっているにも拘わらず，内容は部分的に統合されている[58]．プロジェクト方法はまた，多くの保守派ホームスクーリング実践において活用されている．たとえば，それと同時に親達はウィーバーカリキュラムシリーズから購入した詳細な一連のカリキュラムを一緒に教えている．なぜならば聖書の読み方にも言及する授業ができるからである．また同じ親達は，生徒のプロジェクトのために創造的思考を含む教材といったものも受け入れる．それゆえある母親は，バベルの塔についての勉強の一部分として子供に煉瓦造りをさせたのである．彼女はまた旧約聖書の系統図を，自分達の家系図を勉強する刺激として使った[59]．

　この種の統合はほとんどすべての教材にみられることだ．スティーブンスはこういった共通する状況について明快に記述している．

　　独創的な創作によって，カリキュラムの書き手達は聖書のメッセージか

ら幅広い授業を紡ぎ出した．言葉の一つひとつ，文言の一つひとつが，尊敬された登場人物の特徴のメタファーとなりうるのであるが，理科の授業の出発点となっている．この事例においては，山上の垂訓（マタイ伝）の第一節の第一行は，「雲を見ながら，彼は山を登っていった」とあるのだが，警戒するという美徳という性格について勉強するのと同様に，視覚，光，そして目の生物学的構造についての勉強としても始めるのである．（その親は以下のように記している．）「高校を通じて，子供達のカリキュラム全体はマタイ伝5，6，7となるでしょう」．授業の詳細なプランは様々な年齢の子供達のプロジェクトの概要と学習ガイドを提供する．したがって，家族全員が一度に同じ授業を行うことができる．「これについての私達の分担はここです」と母親は説明する．「このブックレットを読み通すこととなっています」[60]．

　強力な道徳的メッセージを心に染みこませる構造化された教育的経験の重要性という感覚は，ありとあらゆる罪，誘惑，そして危険で満ちている世俗世界という見方を前提とすれば，驚くものではない．したがって，子供達に強力な信念を身につけさせることを強調することは，〈訓練〉が決定的に重要な教育的技法であるという教育的信念を支えているのだ．子供達の関心は考慮されなければならないにも拘わらず，神の言葉が支配する世界に住むことができるよう子供達に準備させることと比べればそんなことはそれほど重要ではない．「正しい信念」の鎧を身につけさせるというこの関与が，「教材への需要を高めている」[61]のだ．カリキュラム，教材，ワークブック，授業プラン，バッチといった頑張った子供に与える褒賞，ビデオテープとCDその他の多くのもののマーケットは，ホームスクーリングをより可能なものとしているようにみえるのであるが，それは攻撃的なマーケットの戦略から生み出されただけでなく，そのようなマーケットにとって主要なメカニズムとしてのインターネットの活用からも生み出されたのである．しかしそれと同時にまた，この保守派福音主義のホームスクーリングの世界を生み出すのを助けた感情の構造を下支えするイデオロギー的かつ情緒的要素というものによっても，このマーケットは活発になったのである．

カリキュラムと教授の情緒的労働と日常生活

　もちろん，親達は操り人形ではない．親達は高度に構造化され，柔軟性に欠けた教材を購入したり，ダウンロードしているかもしれないが，ホームスクーリングそのものの本質として，親達は，常に自分達の子供の生活，退屈さ，移り変わる関心といったリアリティに直面させられているのだ．ここにおいてチャットルームやインターネットがもっと重要になってくる．いかに反抗的な子供を扱うのかといったことに対するアドバイスのマニュアル，祈祷，示唆，そして親であるという困難な仕事がいかに重要であるかということについての聖書によって誘発された精神的メッセージ，そして，こういったことをするのに必要な忍耐力をいかに養うのかなど，こういったことすべてがホームスクーリングが要求するかなりの量の教育的，そしてとくに〈情緒的〉労力をもたらす方法を提供するのである．

　テクノロジーは，ホームスクーリングに対する過度の責任から家に籠もりがちになるために孤独になりがちな女性達に，仮想の，しかしながら依然として親密な情緒的なつながりをもたらすことを可能としているのだ．それはまたホームスクーリング実践を行っている親によくみられる自分に対する考え方を裁可する何かスキルのようなものを必要とする．私達には「専門家」は必要ない．なぜなら，一生懸命に様々な手段を用いて，私達自身でまじめな規律ある教育を行うことができるからだ．それゆえ，テクノロジーは，慰めも与えてくれるのだ．互いの心理的傷と緊張を理解することによって．そして同時に，知的に価値のある人間，適切な知識と価値を賢く選択できる人間であるというアイデンティティを互いに強め合うのである．だから，反知性主義の様式のようにみえるものは，多くの点でまさにそれとは反対なのである．彼らは学校と国家の世俗的専門性を拒否するのである．それは究極的な源，すなわち神から知識をえてくる有能な親，とくに母親というビジョンに基づいているのだ．

　それゆえ，福音主義の影響を強く受けているウェブサイトで最も人気のあるものの一つは，『アリのチャートにいこう』 *Go-to-the-Ant Chart* を販売しているように，商品を売っているサイトだ．壁に掛けてあるチャートは，彼らに語りかけている聖書の文言やおなじみの状況を絵にしたものだ．このチャートがカバーするトピックのリストは，ホームスクーリング実践を行って

いる親達がしばしば直面する現実について語っている．すなわち神への奉仕，偉大さ，正直，忍耐力，従順，十全さ，責任，率先力，思慮，そして時間を大切にすることなどである．ホームスクーリング実践を行っている親が理解するのは言葉だけではない．それは次のように述べている．

> このチャートは「勤勉ではない」子供，あるいはすぐ注意が散漫になる子供に勉強させるため，聖書を活用させるためのものです．このチャートは考えられる限りの怠惰さについて論じてあります．さらに個々の問題について，貴女を激昂させてしまうような場合，簡単に聖書にある一節に言及できるようになっています．さあ，お子さんにこのチャートを渡して下さい．そして彼の怠惰な動きや態度を特定化し，神がそれについて何とおっしゃっているのか読み，神の強さに従順となるよう祈りなさい62)．

　インターネットは販売や運動を作り上げるうえで効果的手段であるばかりではなく，ちょうどいま私が記したように，ホームスクーリングが要求する情緒的，知的労働を扱うためにも有効であることを注記しておくことは重要である．重要であると同時に，提唱したりロビー活動したりするうえでもかなり強力な手段となりつつある．それゆえ，「ホームスクールを法的に守る協会（Home School Legal Defense Association：HSLDA）」は，ホームスクーリングのみならず，ワシントンの「ベルト地帯」の内外にわたってロビー活動を積極的に展開しているのである．HSLDA議会対策プログラムは，国会や州の法律に対して反対したり賛成したりする際の動員において，またその保守的立場の利害を守ることにおいて，インターネットのような道具がいかに強力でありすぐ反応することができるかということを証明してみせている63)．しかしながらここでも，もしも保守派に先導されたホームスクーリングと，この運動の鍵的要素であるより広い意味での権威主義的な部分とのより決定的な関係を私達が把握したいのであれば，そのようなホームスクーリングを，より大きな文脈に位置づけてみなければならない．そうするためには，私が前に注記していたことを思い出す必要がある．すなわち，ホームスクーリングの全国的に最も有名な活動家の一人は，マイケル・ファーリス（Michael Farris）であるということだ．ファーリスはHSLDAで決定的に重要なリーダ

ーシップを発揮しており，パトリック・ヘンリー・カレッジ（Patric Henry College）の校長でもあるのだ[64]．

　パトリック・ヘンリー・カレッジは，宗教的に保守派のホームスクーリング生達を多く受け入れており，それ自身一つの専攻，〈統治〉を有している．その教育的活動を活性化している原理は，次の記述において明確に表れている．

> パトリック・ヘンリー・カレッジのビジョンは，キリスト教徒の学生達を神と人類に対して，実直，正義，そして慈愛に対する情熱をもって奉仕するよう訓練することによって公共サービスに従事することと，文化的影響を通じてアメリカ社会を変革することを援助することである．

> パトリック・ヘンリー・カレッジは，実践的徒弟制の手法，ホームスクーリング学生を受け入れていること，財政的に独立していること，古典的リベラルアーツを基礎とする一般教育，キリスト教徒の学生に対するメンタリングと躾，価値，リーダーシップそして生涯を通じての神への，家族へのそして社会への強い関与を含んでいるのが特徴である．

> 統治学科のミッションは，一方で学生に対しては公共サービスや，唱道，市民のリーダーシップを身につけさせると共に，聖書に書かれてある原理と，アメリカ共和国成立の基礎となる史料的文書の元々の意図を実践的に応用していくことを推進していくことである[65]．

　これらの目的は，称讃に値するものである一方，気にかかるものだ．学生の人生とより大きな社会双方を改革することにおいて活動的な役割を果たすことを学生に学ばせるような環境を作るというのだ．しかし，彼らが作り上げたいと望む社会は，信じない者達による社会的批判に対してはまったく開かれていない原理を土台としているのだ[66]．彼らのある特別な神の考え方によって聖別されたこういった人々だけが，そしてこういった聖別された人々によって考えられたビジョンに基づいて建設された社会のみが正統なものである．他のものは皆罪深いのだ．

　それゆえ，テクノロジーの独創的活用や，「市場のニーズ」の理解と，い

かにそれを満足させるかということ，個人の犠牲，ほとんど女性によって担われている計り知れない労働（彼女達は実際にそれをしているのであるが），そして出版や独創的な動員戦略によって支援されることによってもたらされた急激な成長，ホームスクーリングのかなりの情報は，権威主義的大衆主義の言語でもって語られているのだ．そこには内部と外部が存在している．そして多くの権威主義的大衆主義者にとって，内部なるものを守る唯一の方法は，外部なるものを変化させることである．そうすれば，内部なるものの宗教的情熱や関与というものを反映するようになる．これをなすことは困難な政治的，教育的そして情緒的作業である．そして新しいテクノロジーは明らかにそのような個人的，そして社会的労働において増大しつつある役割を果たしつつあるのだ．

結論——子供達と「正しい/右派の」人生を送ること

　第6章と第7章で，私はサバルタン的地位を主張してきた急速に成長しつつある運動における文化的，政治的努力に含まれている幾つもの複雑な要因について検討してきた．これは，テクノロジーといった資源との一つの組み合わせ，すなわちインターネットを批判的に分析すること，またある特定のコミュニティ内部での，またそのコミュニティにおけるある特定の人々によるインターネットの活用を社会的文脈においてみることを含んでいた．そうしながら，私はこういったテクノロジーの社会的意味と活用について理解するためには，私達はこれらの活用に対して文脈を与え，その内部で構築されつつあるアイデンティティを与えるこの社会運動について検討する必要があることを示唆してきた．私はまた，ホームスクーリングを行う際に要求される労働の種類についても私達は批判的に分析する必要があるということも論じてきた．すなわち，〈誰が〉その労働を行っているのか，いかにそのような労働がそれを実行する行為者によって解釈されているのか，といったことである．この方法によってのみ，私達はテクノロジーが現実に解決する生きた問題を理解することができるのである．そしてまた，そのような「解決策」を生み出すための余地が，イデオロギー的な関心，そしてまた，あるいは商売的関心によってますます占められてきているということを指摘しておいた．こういった利害関係者達は，宗教的には保守派のホームスクーリング実践者

の「ニーズを満足させる」ために，マーケットに対応し，それを拡大していっているのである．

　私が焦点づけしてきたものの大部分が，母親の，すなわち「神のような女性」の仕事であった．すなわち，彼女達は自分達自身のための新しいアイデンティティを創り上げたのである（そして彼女達の子供や夫達に対しても）[67]．そして，毎日の生活の中で山積みとなっている困難な個人的また政治的問題に対する解決策をこういった新しいテクノロジーの中に発見してきたのである．そのような神のような女性達は，私達とそれほど異なるところがあるわけではない．しかし彼女達は「自分と自分の家族を守るために，余すところなく宗教的保守的な人生を送ることに自身を捧げているのだ」[68]．そして彼女らは尋常ではない犠牲と創造性をもってそれをしているのだ．

　私がここで提出している構図というものは，複雑なものだ．しかし，現実もまた複雑なのだ．一方で，私達が目にしているダイナミクスの一つは，社会的脱統合であり，それは私達をつなげると思われているある一つの支配的制度，すなわち共通の学校の正統性の喪失である．しかるにその一方で，そしてとても重要なことに，いま私達が目撃しているものとは，「脱伝統化された」社会としてのインターネットの活用ではなく，ここで私が検討してきたように，社会の〈再伝統化された〉部分としてのインターネットの活用である．しかしながら，この現象を単純に再伝統化と呼ぶことは，そのようなテクノロジーが伝統的な価値と感情の構造の中に根ざしているだけではないということを見失わせることになるだろう．彼女達はまた，より「現代的な」プロジェクトへも参加しているのである．このプロジェクトの一つとしては，自己実現的個人主義が社会的マターナリズムの歴史と交差するといったようなことがあげられるが，これはさらにそれ自身，男性性の再構成とも交差しているのである．

　しかしそのようなマターナリズムは積極的な側面と否定的な側面双方を有しているものとして，また家父長的関係の要素の部分的な復活という文脈においても——明らかにこの問題は無視されるべきではない——みられる必要がある．私達はホームスクーリングを実践している母親達の労働とかなりの自己犠牲を尊重する必要がある（そしてホームスクーリングを行っている家族においては，男性性もまた変容を迫られるという問題が重要なテーマとなっているので，父親に対してもそうである．そしてこの問題は私がここで補

足してきたような方法で焦点化される必要がある).これら宗教的に動機づけられた親達によってなされている試みの奥底に含まれている複雑さや矛盾に対して繊細に対応するということは,おそらくジーン・ハーディスティ (Jean Hardisty)の次の言葉に最善の形で見受けられるであろう.これはちょうど彼女が,一般的に大衆主義的右翼の運動について表現しているものだ.

> この運動の内部には,礼儀正しく,そして多大なる思いやり(caring)の能力のある人々,残酷なそして思いやりのない後期資本主義的環境の中でコミュニティを作り出し,実用的な生活へと導くことができる戦略を探し出して実践することができるような人々が存在しているということを,私は常に信じている[69]).

しかしながら,そのような思いやりや労働,犠牲,そしてそれらに伴うテクノロジーの独創的活用を認識しても,こういった労働や犠牲が生み出しているものについて,私達は目をつぶるべきではない.神のテクノロジー,神の学校教育,神へのアイデンティティは,個人的には満足されうるものであろう.そして個人的には,伝統が破壊されるか商品化されるような世界における人生を意味あるものとするかもしれない.しかし,このような人々が自分達の心の中で生み出したようにみえるのが明白なこのイデオロギー的ビジョンを分かち合わない人々にとってはどんな影響を与えるのだろうか.

前章の最後で私が論じたように,このようなことすべてを扱うことは,何がホームスクーリング実践者の動機となっているのかということについて真剣に理解することを要求する.しかしそれと同時に,子供達や,子供達でさえ売買されることが可能となるような世界,商品化され,売ることができる対象へと転嫁されないかぎり価値ある伝統を破壊してしまうような社会,こういったものに対する親達の心配にみられる部分的にしか物をみていない彼らの見方についても気をつけて耳を傾けなければならない.さらにそれは学校が地域社会に近づこうと常に努力すること,また学校が親達の不満を聞かないという態度を取らなくなることを要求する.私はこれについてロマンティックではない.それは簡単なことではないし,学校,政策,教師そしてカリキュラムに対する攻撃は,これによってなくなるわけでもない.彼らの後ろに隠れているであろうアジェンダは,とても強力な保守的宗教的な,そし

て経済的なものであるがゆえに，アジェンダそれ自身に対して私達の自由になる資源のすべてをもってして闘うべきなのであり，そのようなときにそれらを受け入れることはできないし，すべきではない．

さらに，私の議論は，テストの結果を公表すること，そしてNCLB法の嘆かわしい政策に限定されてしまわない形で，地域社会とつながることは，〈純粋なそして偽りのない〉方法において継続されるべき必要があるということを想定している[70]．これは，一つの「巧みな工作処理的」問題なのではない．しかしそれは，私が第4章の最後で指摘しておいた強力で実質的な公的討論と闘争への関与を含んでいるのである．

私達はここで新たに始めるわけではない．実際，これまでの章で示してきた民主的学校運動について指摘してきたように，まさにこの種のことをやっているモデルがすでにある．ロマンティックにはなりたくない一方，私は本書の終章で，地域社会の感情を配慮し，そして社会正義と公正さに関与し，教師と生徒がそこに居たいと望むような学校に基礎をおく教授とカリキュラムのモデルがあることについてさらに詳しく述べよう．もし学校がそうしなければ，多くの親達全部が反学校感情をもつようになるだろう．このことは公立学校制度にとっても，ますます脅威に晒されているすでに衰えつつあるコミュニティといった感情にとっても悲劇となるであろう．国家が支援する学校がしばしば，強力な社会的分離が部分的に再生産される闘技場として機能しているにも拘わらず，少なくとも合衆国では，そのような学校はまた，集団的行動の動員にとっての強力な場ともなってきたし，民主的闘争の真の可能性を秘めた場としても機能してきたのだ[71]．公的領域に留まっている数少ない制度の一つとして，学校をめぐる闘争は決定的に重要なものなのである．

私達がやらなければならないもの，それは明らかに綱渡りである．私達はどのようにして，真に公的な制度というものを展望するのかということと同時に，その機能についてきちんと批判をするということができるのであろうか．これこそが，合衆国において『デモクラティックスクール』や「全国教育活動家連盟（NCEA）」に集まった批判的教育者が自らに課した課題の一つである．彼らはとくに，保守的現代化の時代において，学校には矛盾する衝動と，学校に対するプレッシャーがあることを認識している．このような矛盾の中で実際に活動することは，あまりロマンティックなことではない．だ

から，これまでの，そして部分的には成功してきた闘争についての集団的記憶を失ってはならないのだ．私がどこかで「非改革者の改革（nonreformist reforms）」訳註15) と呼ぶことをするのもまた，ロマンティックではない．これは公共的制度において，対抗的ヘゲモニーとしての行動を可能とする空間を拡大していくということを目的とする改革である72)．さらに，これをするためには，そのような公的空間の公共的本質を擁護する必要がある．

レイモンド・ウィリアムズなら，自らを幻想をもたない楽観主義者と規定しつつ，社会的生活を導いてくれる意味と価値の成熟した決定の重要さについて私達に想起させるときに，これを最善の方法で表現してくれるかもしれない．「長い革命」への関与を表明している場面での彼の言葉は，思い出す価値のあるものだ．「私達は希望について語るべきだ．そのことが危険の本質を覆い隠さない限りにおいて」73)．私達が知っているとおり，公立学校教育において，ある特定化できる人々の集団にとっては特定化できる危険性が存在している．しかし私事化という代案はもっと悪いものとなるだろう．この現実と希望との間の緊張が，私の結論的章の内容となる．

9. 間違いをただし，右派を妨害すること

文化は重要である

本書における私の課題は，単に右派を酷評することではない．確かにそうすることは，少々愉快ではあるが．むしろ，各章において，私はまた，右派の連合の様々な派の中で見出されたセンスの悪いところだけでなく，センスの良い部分の要素を解明するよう心掛けてきた．第一，自分達の生活にとって保守的現代化の要素のある部分が適切であるとみなす人々は操り人形ではないということ．彼らはこの社会の「リアルな」関係をほとんど理解しない愚か者ではない．彼らをそうみることは「虚偽意識 (false consciousness)」というアイデアに基づいた初期の基底還元主義的（原因を経済的土台に求めること：訳者）分析の香りがする．私の立場は非常に異なっている．私は，この新しいヘゲモニックブロックの様々な派から出された論議の幾つかが受け入れられた理由は，それらが人々が経験しているリアリティの側面と結び付けられているからだと主張する．新自由主義者，新保守主義者，権威主義的大衆主義的宗教的活動家，そして専門的経営的新ミドルクラスからなる緊張をはらんだ連合は，日々の生活を送るときの人々の経験，恐れ，希望，そして夢と深く共鳴しあうテーマが独創的に結び付けられているがゆえに，うまくいっているのである．右派はしばしばこういったテーマを結び付けることにおいて非常に長けている．それは人種差別的生得説支持者の言説や経済的に支配的な理解の様式，そして「伝統」の問題のある感覚の中でこれらを統合している．しかしこの統合は，それらが人々のリアルな物質的文化的生活の理解に合うように組織されたときにのみ生じうるのである．

良いセンスと悪いセンスの間の緊張を私が強調する二番目の理由は，——これについてのアントニオ・グラムシの著作に対する私の深い尊敬の念はさておくとして——私達は多くの国において過去30年間以上にわたる主要な教育的成果を目撃しているという私の信念と関係している．あまりにもしばしば，私達は教育的文化的闘争は副次的なものだと想定している．真の闘争は賃労働の生産点において生じる，と．すなわち「経済」において．これは，経済とは何であるか（その焦点は無給の仕事ではなく有給の仕事にある．それはたとえば，学校のような文化的制度もまた賃労働がなされる場所でもあるという事実を無視している）1) ということについて著しく基底還元的な感覚であるばかりでなく，右派が現に行ってきたことも無視する．保守的現代化は急速に社会の常識を作り直した．それはあらゆる側面——経済，政治，そして文化——で，私達が制度や公的そして私的生活を評価するのに使う基本的なカテゴリーを変えるように働いている．それは新しいアイデンティティを確立している．それは国家で勝利するためには市民社会で勝利しなければならないということを理解している．そのような大規模な教育プロジェクトの成果は，多くの含意をもっている．それは文化闘争がいかに重要であるかを示すものであった．そして，奇妙なことに，それは希望をもつ理由を与える．それは私達に重要な質問を問うことに集中させる．右派にこれができるのに，なぜ私達にはできないのか．

　私はこれをレトリック上の問いとしていっているのではない．本書を通じて論じているように，右派は意味とアイデンティティをめぐる闘争がいかに強力なものとなりうるかということをみせているのだ．私達は右派の集団の頻繁なシニカルで操作的な過程を見習いたいと望むべきではないが，彼らがイデオロギー的傘下に人々を引き込むことにこれほどまでに成功したという事実は，多くのことを私達に教えている．保守的現代化の諸力と，この連合から生じた政策と実践によって生活が悲劇的にかえられてしまった人々との間には金と権力にみる現実的差異がある．しかし右派は30年前はいまほど強くはなかった．それは集団的に組織された．それは脱中心化された統一体を作り出した．その一つひとつが特別なアジェンダの幾つかをそれぞれの領域で押し進めるために犠牲を払い，それらを一緒にまとめあげたのだ．私達にはこれと同じことができないのか．

　私は，私達にもできると信じている．しかし，それは私達がロマンティッ

クではない方法で権力のダイナミクスとリアリティに向かい合うときにのみできるだろう．第3章で論じたように，批判教育学の書き手の中にもロマンティックな可能性追求主義者のレトリックを用いるものがいるが，彼らは最近の状況についての戦略的あるいは戦術的分析に十分基づいていないか，あるいは，いたる所で起きている言説と運動の再構築について十分に理解していないのである．それゆえ，私はキャメロン・マッカーシー（Cameron McCarthy）に従う．彼は賢くも私達に注意を喚起している．「私達は制約の中で可能性を考えなければならない．これこそが私達の時代の条件である」[2]．

　私が本書で示そうと奮闘してきたように，文化闘争は副次的なものではない．それは経済に対する働きかけの代替物ではない．しかしそれは重要である．そしてそれらは，社会の中のあらゆる制度において重要である．支配的集団が指導権を発揮するためには，ほとんどの経済力，政治力，そして文化的な力をもつ人々によって回覧されているリアリティの地図が，実際，その他の代案よりも賢いということを数多くの人に納得させなければならない．支配的集団はこの地図を人々がもつ良いセンスの諸要素とつなげることによって，また鍵的概念の意味そのものとそれに伴う私達の社会に対する希望，怖れ，そして夢の重大さの中心を提供する感情の構造を変えることによって，このことを行う．右派は左派よりも，こういったことをすることに成功してきている．部分的には――確固とした長期にわたる経済的，政治的，文化的努力を通じて――緊張をはらむが，依然として成功し続けている連合を作り出すことができたからである．この連合は，教育と経済的および社会的政策をめぐる主要な論争を自分達の地勢の中で行えるようにしてきたのだ．

　その証拠は私達の周りに幾らでも転がっている．私達が使う用語，私達が行う議論，そして実際，別の未来を想像するときに使う文化的資源の多くという点においてさえも．たとえば，私がこの初版本を仕上げているときだったが，ニューヨーク・タイムズ紙が公表したベストセラーの小説部門で上位に入っていたのはティム・ラヘイ（そうだ，あのティム・ラヘイだ）とジェリー・ジェンキンズ（Jerry Jenkins）の『内在するもの』 The Indwelling であった．これは「反キリスト」の人々に立ち向かう「真の信者」についてのシリーズ7巻目である[3]．想像された未来は，良き人々が天国に召されて，悪しき人々は永遠に続く地獄に落ちると宣言される「歓喜」のときである．これらの集団のアイデンティティは，私が前の三つの章で記述してきたこと

を前提とすれば，予見できる．それで，幾つかの方法で，権威主義的大衆主義者の「部外者」は事実，内部者となるように動く．彼らは，人々の日常生活と希望に意味を与える可能性の想像的空間や，「男性的（mascular）」でしかも繊細なキリスト教を作り出すのに，大衆冒険小説や科学小説のコードをいかに利用できるか，以前にもましてよく学んでいる[4]．

　これらの空間が想像された未来を作り出すのと同様に，それらはアイデンティティを作り出すことも助長する．新自由主義は，理想的市民を形作る所有的個人主義から，冒険心に富み，常に戦略を組むような起業家精神を具体化する政策と実践を生み出す．新保守主義は，想像され，安定した未来のための枠組みとして想像された過去を創出する．この場合の未来とは，新保守主義者自身が決定した知識と価値が「試練の時代にある」ということを知っている人々に，アイデンティティの基礎をおくものである．権威主義的大衆主義的宗教的保守派もまた，神の知識と価値に基づいた社会が，新自由主義の「選択」のイデオロギーと結び付き，神を社会に持ち込む神聖な方途としてみなす方法に則って行動することを可能とするアイデンティティを，男女に前もって与えるという想像された過去という考えをもっている．そして，経営主義は専門的管理職的新ミドルクラスのための新しいアイデンティティを確立する．このアイデンティティとは彼らの人生に新たなる意味を与え，彼らが価値あるものであり，有能であるという彼らの感情を再現することを可能とするものである．こういった複数の空間とアイデンティティ，葛藤，緊張，そして妥協から，彼らの相互関係が生まれ，政策が発展する．これらの政策で，このブロックにおける諸要素のたった一つから純粋に生まれたものはほとんどない．むしろいずれにせよ，できるだけ多くのテーマを保守的現代化の複数の力の内部で設定しなければならないという内容豊かなミックスをしばしば具体化するものだ．未だ右派のヘゲモニーの傘下に統合されてはいないものの，右派が自分達の指導権のもとに将来的に組み込みたいと思っている人々で，自分達は重要であると信じている集団を疎外することなしに．

　これは本当に困難な課題である．そしてそれは矛盾する衝撃によって満たされている．しかし，矛盾と緊張を抱えてはいるが，それは力のバランスを右派の方向にかなり引き寄せている．教育政策はこの動きの一部である．事実，教育はこれら右派の波の圧力によって翻弄されているばかりでなく，現

実には，これらの波を作り出すうえで主要な役割を果たしてさえいるのだ．保守派連合は教育——公式なものと非公式なもの双方——に対して関心を払っている．そして成果をあげてきている．第3章で示したように，多くの国における新自由主義，新保守主義，そして経営主義的政策と実践の効果を批判的に脱構築するという私の作業においてさえ，私達が従事する論争のアウトラインを与えているのは彼らの政策なのである．

矛盾する改革

　本書を通じて，私は，政策がしばしば驚くべき予期できない結果をもたらすということを示してきた．良識から出発する改革もまた，問題となる隠れた効果をもつ．新自由主義者と新保守主義者，そして新しいミドルクラスの経営者達のお好みの改革——たとえばバウチャープラン，全国あるいは州のカリキュラム，そして，全国あるいは州のテストなどがあげられるが——こういった改革の幾つかの効果は，ほとんど不平等を再生産する，あるいは，それを悪化させるということを示してきた．それゆえ私達は，一見称讃に値する意図であるかのようにみえるものを受け入れることについては，本当に注意深くなければならない．意図はあまりにもしばしば，改革が実践においてはいかに機能するかということによって裏切られるからだ．このことは教育政策と統治（governance）における長期にわたる変容にとってだけでなく，学校で行われるカリキュラムと教授方法をかえようとする動きにおいても明らかにあてはまる．

　こういった傾向を理解するために私が採用してきた枠組みは，文化理論においては，再位置取りの行為（the act of repositioning）と呼ばれているものに基づいている．これは本質的に，制度，政策，そして実践の一揃いが行うことを理解する最善の方法は，最も権力をもたない人々の見地からそれをみることだというものである[5]．すなわち，すべての制度，政策そして実践——そしてとくにいま教育とより大きな社会において支配しているそれら——は，ある声は聞かれるがその他の声は聞かれないという権力の関係を打ち立てる．最も明確に聞こえてくる声が最も経済資本，文化資本，そして社会関係資本をもっている人々のものであるということはあらかじめ定められてはいないものの，そうなることが最も多い．結局，私達は互角の闘技場にいるのでは

ない．多くの経済的，社会的，そして教育的政策は，それらが実践に移されたときにはすでに社会的に優位にあったものの利益となる傾向にある．

　これらの指摘は，明らかにレトリック上のものであり，あまりにも抽象的であるようにみえるかもしれない．しかし，不幸にもそれらの中にある真実はわずかばかりのものではないのだ．たとえば，教育改革をめぐる言説の多くが一方ではバウチャーと選択プランに焦点をあてられ過ぎており，他方では全国あるいは州のカリキュラム，水準，そしてテストが焦点となっている．私が本書を通じて明らかにしてきたように，いまや国際的に証拠が集められてきているが，それらの大部分がこのような政策は現実に，階級，ジェンダーそして人種の不平等を再生産したり，あるいはそれをさらに悪化させるということを示している．それゆえ，経済的かつ文化的な力の既存の構造はしばしば，一部の「教育者」あるいは「立法者」の物事をよくしようという気持ちから始まったかもしれないものを，最終的には社会の階層化のメカニズムのもう一つ別の組み合わせへの変更だけに終わらせるということがあまりにしばしば起こるといったような状況へと導くのである．

　人種，ジェンダー，階級，そして「能力」がこの社会における構造的リアリティとして動くという仕方の中で，こうした状況の多くが引き起こされるのだけれども，そのうちの幾分かは，教育はそれ自身が政治的活動であるという複雑な意味を十分真剣に取り上げることについての政策立案者の躊躇に関連している．これらのこういった政策とその背後に存在する構造的に生み出された不平等が，本書の組織原理を支える実質を提供する．

　教育政策と実践の政治に関する『政治的行為としての学習』Learning as a Political Act の最近号の序文的部分の最後の方で，編集者は，進歩派として自分達は「教育の闘技場の中心では沈黙を余儀なくされた集団の歴史と理念を暴露することを希求する知的結束に」[6] 関与してきたと表明している．この引用には，知的結束，暴露する，沈黙，といった幾つかの鍵的概念がある．各々は複雑な歴史を語り，各々のフレーズもまたこの本が書かれてきた立場について何かを語っている．これらはまた私が第1章で「キイワード」と呼んだものである．それらは市場についての言葉で表した行程表によって供給される伝統よりも，まったく異なる伝統から生まれている．それらは公式な知識の異なる政策について語っている．

　過去10年以上もの間に，学校カリキュラムが戦いの場であるということが

ますます明らかになってきた.「経済的に無用な知識」についての新自由主義の不平,そしていわれるところの「リアルな知識」の欠如と規律の喪失という新保守主義の悲嘆,そしていわれるところの神の与え給もうた「伝統的」価値の喪失からの宗教的権威主義的大衆主義の容赦ない学校への攻撃などから多くの刺激を受けて,学校で何が教えられるべきか,そしてそれはいかに教えられるべきかをめぐる論争は,いまや,私達の歴史の中のいかなる時代よりも激しいものとなっている.

　その証拠を探すのはそれほど困難ではない.ハーシュ(E. D. Hirsch Jr.)は,「事実」のカリキュラムに戻れという彼の繰り返される主張において,学校はルソーからデューイまでの進歩的教育者によって乗っ取られてきたと論じている7).この主張にはまったく実証的根拠はないし,いかにハーシュが学校の日常から懸け離れているかということを明らかに示すものである.合衆国のほとんどの学校はすでに事実主導になっている.さらに加えて,この国中の学区は,読み方,社会科,あるいは数学のプログラムが権威主義的宗教右派の力によって挑戦されないかと心配しながら,常に省りみている8).私が『文化の政治と教育』で示したように,ときには学校制度はそれ自身が,地域社会に対する自分達の関わりあいが民主的ではなかったために,右派の反学校運動を自分達の地域社会内部で成長させてしまう条件を作り出したのだが9).このような激しさのもう一つ別の証拠は,数学のカリキュラムの内容がニューヨーク・タイムズ紙の論説で最近論争となったという事実に表れている.そこでは構築主義と伝統的カリキュラムの代弁者達が角を突き合わせていた.もっと多くの事例が,カンザス州やその他の州においていまも続いている武勇伝を含めて引用されるだろう.そこでは進化論,「創造科学」,「インテリジェント・デザイン」,セクシュアリティに関する教育,「世俗的人道主義的」カリキュラム一般をめぐっての闘争が強力な方法で再び生じているのである10).しかし明らかに「どの知識が最も価値があるか」をめぐる論争は,多少などという以上に政治的な含みがある11).

　この問題をめぐる論争の多くはほとんど実証的な内実をもたずに進んでいる.たとえば,私達は数学を「伝統的な」方法で教えることに「戻る」べきだという議論は,明らかにイデオロギー的なものである.(私達は規律を復活させねばならない.生徒はあまりに自由を与えられている.「悪い」知識が「良い」知識を駆逐している.)しかしまたこれは,その帰結がより高度

の達成と，究極的にはより競争的経済を導くという主張に基づいている．ここでは，新自由主義と新保守主義の強調が権威主義的大衆主義者の児童中心主義への不信と一緒になる．（私が本書の序文でふれておいた危険書リストの高いランクにデューイの『民主主義と教育』が載っていたことを思い出して欲しい．）この領域こそ，最近のジョー・ボーラー（Jo Boaler）による数学のカリキュラムと教授に関する量と質についての豊かで詳細な比較研究が入り込んでいる領域なのだ[12]．

　ボーラーは決定的に異なる強調点をもつ二つの中等教育学校についての非常に行き届いた分析を行っている．彼女の本がイングランドからのデータに基づいている一方，第3章で私が取り扱った国際比較についての分析と同様に，その含意は，アメリカその他どこにおいてもカリキュラムと教授に関する論争にとって非常に意義深いものである．両校の生徒は共に労働者階級が圧倒的で，マイノリティとミドルクラスも少しく存在している．これらの生徒は，ともに伝統的な教授法が支配的であったアメリカのミドルスクールに対応する学校に在学していた．そして二校ともだいたい同じ程度の成績を修めていた．一つの学校は明らかにナショナルテストのための準備に焦点をあてていた．そのプログラムはほとんど全部が教師によって，ナショナルテストに連動する教科書に従って組織されていた．また能力別にグループ分けされており，コミュニケーションにおけるスピードと正確さ，そして数学的問題を取り扱うときの手続き上のルールを学習することが高く評価されるような方法で運営されていた．これらすべてのことは，伝統主義者がいうには，現在の数学の教授においては最近は行われていないことだ．さらに，数学内部の境界線，また現実世界と他の科目との境界は非常に強かった[13]．もう一つの学校は，能力によるグループ分けをしてはいなかった．それは生徒に対する態度（教師と生徒の間にはもっとリラックスしたコミュニケーションのスタイルがとられていた．また生徒による科目の選択が行われていた）において，また数学のプログラムにおいて，より明確に「進歩的」であった．この中等教育学校において，教授（instruction）はプロジェクト方式で，最小限の教科書による授業と最大限の生徒達による共同作業から行われていた．数学と「現実世界」の問題との境界線は弱いものであった．

　第一の学校は，静かで，作業に従事しており（on-task），よく秩序立っている．これはまさに保守的現代化のほとんどすべての要素の夢が具体化され

たものだ．第二の学校は，もっと騒々しいし，生徒はいつも完全に課題に取り組んでいるわけでもなく，スケジュールもかなり柔軟である．両方の学校とも熱心な教師ばかりだ．最終的な達成度という点と，生徒に対する指導の異なる成果という点においてみれば，結果における差異はかなりのものである．

より伝統的な学校は，テストに出そうなところを「カバーする教材」に対する強力な関心とともに，教科書の知識を強調し，一つのトピックから次のトピックに進む速度はかなりはやい．第二の学校のより生徒中心的なアプローチはカバーする範囲を幾分犠牲にしている．しかし，生徒にとっては教材について，より完全に理解することを可能とする．全般的に，第一の学校の生徒は，現実には，第二の学校の生徒よりも標準化されたテストの成績が悪かった．とくに，生徒に実際に数学的に考えることを要求するテストの出題部分だけでなく，もっと広い範囲で悪かったのである．なぜならば，彼らは，もっと多様な（時間が凄くかかるのではあるが）プロジェクトで自分達の数学を活用してきた第二の学校の生徒のようには，新しい文脈において一般化することができなかったからである．さらに——そして公正という意味では最も重要であるが——，第二の学校の女子生徒は，広い範囲をカバーするよりも理解とその活用を強調するより協力的環境において，常により良い成績だった．社会階級についても同じことがいえた．労働者階級の生徒は，伝統的な数学の授業の教科書とテストに基づくよりプレッシャーを感じるアジェンダにおいては，常に不利益を被っていた．

これは複雑な状況であり，ボーラーは，一般的な傾向をここで述べている．しかし彼女の最終的な結論は明確であり，データのとても優れた組み合わせによって支持されている．要約すると，伝統的な数学のプログラムへの回帰（ほとんどの数学の授業が依然としてチョークと話と教科書で行われているという事実を前提とすれば，これをもっと正確にいえば実際には継続）という主張は，批判者が生徒の数学的力量（competence）を増大させることや，生徒の数学的知識をさらに生産的なやり方で活用する能力をのばすということを望んではいないということなのだ．教室は静かで，生徒達は統制されているかもしれないが，それはまた若い女性達——ボーラーがみせたように，成績優秀な女性達を含む——と，経済的に不利益を被っている生徒達を制度的に不利益にするものとなるかもしれない．こういった結果は，私が第4章で取り上げたテキサスの事例とNCLB法に関して述べたことの多くをそのま

ま写し出している[14]．最後に，それはまた他の効果ももつかもしれない．すなわち生徒達の数学嫌いと自分達の将来には数学は何の役にもたたないという感情を強めてしまうことだ．もしこのことが数学にとってあてはまるのならば，自分達がすべての教科において「伝統」として構築してきたものへ，多分にロマンティックに，回帰しようと望む新保守主義的改革者によって提案されているもっと一般的な政策の隠れた否定的効果について考慮することは意味がある．

　もしボーラーの結論が部分的にさえ一般化できるものであるならば，そして私は十分そうなると思うが，ある特定の改革の運動の隠れた効果は，私達が思っているものにはならないかもしれない．カリキュラムに対するより厳しい統制，教師とカリキュラムがテストによって振り回されるという主客転倒，さらなるプレッシャー，さらなる数字還元的アカウンタビリティプラン，こういったことすべてが不公平な結果をもたらすのであって，より公平な結果をもたらすわけではない．退屈，疎外，そして増大する不平等は学校教育の理想的結果ではないはずだ．もう一度，私達の通常のすべてが限定された偏狭な境界線の外側をみることは実り多いことだ．ボーラーの研究を支える注意深い調査がある．それはエリック・ガットシュタイン（Eric Gutstein）の社会的に関与する数学のカリキュラムと教授に関する分析であるが[15]，私達の不平等な社会において，政策意図と政策結果の間に直接的な関係があると想定している人ならば誰でも真剣に受け取る必要がある．実際にはそうではないからだ．

　批判教育学の最も重要な課題の一つは，それゆえ，実証的なものである．ボーラーがまさにそうしたように，私達は，保守的現代化の政策の否定的効果だけでなく，より社会的そして教育的に批判的な代案がもつ積極的な効果についても重要なものとして，自分達の研究を公にする必要がある．この好例は，ウィスコンシンのセイジ・プログラム（SAGE Program）である．これは，歴史的には無産者の大部分に奉仕してきた学校で，たとえば，学級規模の大幅な縮小が，市場化やバウチャープランよりももっと着実な成果をあげたことを明らかにしているのである[16]．そしてまた，ガットシュタインによる社会正義のために数学を教えることについての興味深い調査が，同様の努力を示している[17]．これは支配的な言説と政策に対して邪魔立てをする一つの様式であり，こういったことがもっともっとなされる必要がある．しかし

ながら,こういうことをするときには,私達は証拠としてみなされるものについての支配的な様式に単純に依存することはできない.リンダ・タヒワイ・スミス(Linda Tuhiwai Smith)の言葉に,私達は「脱植民地化する方法論」[18]が必要だというものがある.代替的な政策と実践といったようなものを公にするという問題については,もう少し後で取り上げる.

教育改革に向けての「競走」

　　　　こういった後ろ向きの(右派の:訳者)運動に対してどのように邪魔立てすることができるだろうか.対立している差異化する権力のリアリティに直面することについて,そしてこれが何を意味するかということについて,まずは相対的に一般的に話そう.そのようなリアリティに直面するということは,私が本章の始まりの部分で論じたことに依存する.すなわち,位置取りを変更(repositioning)する行為,私達の仲間である市民の中で最も抑圧されている人々の目から世界を見ることである.

　他の幾つもの本において,私はこの社会を特徴づけている構造化された不平等の本質を表すデータも紹介してきた.私はここで,それらを繰り返そうとは思わない.私達が生きている社会を叙述するための明らかに個人化された言説にも拘わらず,階級,人種,そしてジェンダーの構造とダイナミクスは非常に重要な意義をもっている[19].これらの構造とダイナミクスは単なる抽象的なものではなく,私達の日常生活における最も世俗的な側面を屈折させる.あまりに多くの人々が階級の権力の分析を無視したり諦めたりするが,すなわち私が長年にわたって戦ってきたものを無視するということであるが[20],おそらく私のより一般的な論点の幾つかは,人種に焦点をあてることで最もよく把握できる.そうする際に,私が第4章で論じたことについて幾つか思い出そう.

　合衆国で機能している人種の言説についての幾つかの例外的な分析のうち,オミとウィナント(Omi and Winant)は,人種は,単に「付け加えられた」ものではなく,私達が最も日常の経験とみなしているもののうちの多くを真に構成するものであると論じている.この点こそ,私が本書を通じて論じてきた保守的現代化の要素として再三再四繰り返してきたものである.

合衆国において，人種はすべての制度，すべての関係，すべての個人の中に現存している．これは，社会が組織される方法——階層化という意味において，空間的，文化的等などにおいて——のみならず，また個人の経験の知覚と理解にとってもあてはまる．それゆえ，私達がロドニー・キング (Rodney King) が叩きのめされているビデオを見るとき，異なる地域の環境，潜在的顧客，隣人あるいは教師を判断するとき，失業対策事務所で列に並ぶとき，あるいはその他の山ほどの普通の仕事をするとき，私達は，人種的に考え，私達が社会化される人種的カテゴリーと意味の体系を使わざるをえない．誠実な忠告，偽りの忠告に拘わらず，「肌の色に無関心」になることは可能ではないし，望ましいことでさえないのだ[21]．

　肌の色に無関心になるのは可能ではないだけでない．彼らはさらに続けて「人種に反対することは，それを無視することではなく，人種について意識することを私達に要求する」といっている．人種について意識することによってのみ，「人間の経験を，歴史的あるいは社会的文脈をなんら考慮に入れず，すべての人に存在する本質へとこれまで以上に途方もなく還元する」ものに，私達は挑戦することができる．人種を私達の眼前にはっきりと取り上げることによって，現在において常に再生産される「過去から引き継いだ不平等と不正義という遺産と戦うために，私達は国家，市民社会の諸制度，個人としての私達自身に挑戦することができる」[22]．

　オミとウィナントは合衆国における人種のダイナミクスを分析しているのだが，私はいまでは彼らの主張は，こういった地理的境界線をこえて，英国やその他の国々にも十分あてはまるものだということが明らかになったと信じている．人種を自分の分析の中心的要素と位置づけることなしに，より多くの国々における教育政策の歴史，現状，そして多重的効果を理解することは不可能であろう[23]．

　人種を中心におくことは考えられているほど簡単ではない．なぜならその複雑さを認識して取り扱わなければならないからだ．人種は安定したカテゴリーではない．それが何を意味し，いかに活用され，誰によって，またそれが公的言説においていかに動員されているのか，そして教育政策やより一般的な社会政策においていかなる役割をもっているのか，こういったすべての

ことは偶発的で歴史的である．事実，一つの「それ (it)」として人種について話すことは誤った方向へと導くだろう．「それ」は，一つのもの，あたかも単純な生物学的存在であるかのように計ることができる具体化された一つの対象ではない．人種は一つの構築物であり，完全な一揃いの社会的関係である．不幸にもこのことが，単純化された方法で人々が人種について語ることを止めさせないのだ．それは異なる権力と歴史の現実を無視するような方法である[24]．さらに，複雑さもまたここでは認識される必要がある．人種のダイナミクスはそれ自身の歴史をもち，相対的に自律したものである．しかしそれらはまた，たとえば，階級，植民地的あるいはポスト植民地的現実などといったものを含むその他の相対的に自律したダイナミクスの一部であり，それを形成したり，それによって形成されたりするのである．これらすべてが人種に含意されたり，人種の社会的構築に関連しているのである．さらに，人種のダイナミクスは，そこに現れる登場人物の心の中で明白なものではないときにおいてさえ，とらえにくい強力な方法で作用することができる．

　私達はここで意図的な説明と機能的な説明を区別することができる．意図的な説明とは，私達の政策と実践を導く自覚的な目的である．他方，機能的な説明とは，政策と実践のみえない効果に関するものである[25]．私としては，後者の方が前者よりもより強力であると思う．

　本質的に，いわば，これは論理における発生学的虚偽 (the genetic fallacy) と呼ばれるものにまさしく転化する．もう少し特定化しよう．私達はこの発生学的虚偽をある特別な方法で考える傾向にある．私達は，いかなる立場であれ，その重要性と意味をもともとの発生の土台によってすべて決定されていると仮定するような書き手達を非難する傾向がある．たとえば，E・I・ソーンダイク (E. I. Thorndike)――教育心理学の祖の一人――が自覚的優性学者であったこと，そして「人種改良」プロジェクトに深く関わっていたこと，そして本質的に民主的ではない教育観を有していたことは明らかである．しかしながら，もし彼の（いまわしい）社会的信念によって彼の仕事のあらゆる側面がすべて「汚染された」と結論づけるとしたら，それは危うい判断である．ソーンダイクの研究プログラムは，認識論的にも，そして実証学的にも問題を抱えたものであったかもしれない．しかし彼はしばしば人種差別主義者であり，男女差別主義者であり，エリート主義者であったと，（正しい

けれども）単に主張する以上に，彼の研究のすべてを暴くためには異なる種類の証拠，より複雑な分析といったものが要求される[26]．実際，ラディカルな立場であるとみなされた，そしていまでもみなされるようなものを支持するためにソーンダイクの研究を引用する進歩的な教育者を見出すことは困難ではない．

　私達が人種差別主義や現行の政策における改革について語るとき，私達はこの発生学的虚偽に注意を向ける必要性がある．英国における新労働党の政策に対して，あるいは，合衆国のNCLB法に具体化されたバウチャープログラムや全国的あるいは州レベルのテストの確立といったような教育への提言や，これらに似たような提言に対する支援の明らかな動機は，人種についてでは（あるいはむしろ明白な人種差別主義者では）なかったからかもしれないし，そのような提案が「公平な闘技場」をすべての人々に与えることになるという仮定であったかもしれない．彼らの意図は自覚的には「称讃に値する（meritorious）」ものであったかもしれない．〔私が意識的にこの言葉（meritorious）を弄んでいることに注意してほしい．〕さらに，本書で繰り返し示してきたように，意識された動機は経済的，文化的，そして社会関係的資本の既存の不平等な関係，私達の社会における資本の一つの様式を他のものへと変える不平等な戦略を前提とすれば，いかに論議と政策が採用されるか，それらの多重なそして決定的な機能と効果がどのようなものになるか，最終的には誰の利益となるのか，そしてどのような差異化された利益の特定化できるパターンが生じるのかといった事柄を保証するものではまったくない．実際，人種はまさに隠されていることによってその力の大部分を獲得する．市場と水準の言説以上にこのことがあてはまるところはない．

　たとえば，「新自由主義によって構想された英国における競争的学校市場は，エスニック・マイノリティに対してそれがもつ含意というものを何ら考慮せずに創出された」[27]という，幾人かのコメンターは正しいかもしれないが，意識された意図のレベルでのみこれは正しいかもしれない．人種に関する話が市場の言説においては明らかに欠けているかもしれないが——正統性に関する話という形式を除いて[28]——，教育の市場化を支持するという関心と目的においては，私が信ずるに，完全に含意されていたはずの不在はそのままである．経済的そして教育的衰退という感覚，民は良くて官は悪いという信念などは，不明瞭な喪失感をしばしば伴う．この喪失感とは自分

の思う通りにならないという感覚であり，世界における「正しい居場所」の喪失（「帝国」はいまや衰退しつつある）という感覚と連関するアノミー的感覚であり，そして，「他者」の文化と身体への怖れである．「私」というものは円滑で効率的な組織空間であり，自律性と個人の選択の空間である．「公」というものは制御不能であり，厄介で，異種 (heterogenous) である．「私達」は，統制者あるいは「汚染者」（彼らの文化と身体は，異国風か，あるいは危険なものである）である人々から「私達の」選択を守らなければならない．それゆえ私は，市場と自由な個人についての新自由主義の見方，また水準と「卓越性」と衰退について明らかに懸念を表明する新保守主義者の関心，そしてホームスクーリングを導く権威主義的大衆主義者の懸念，そして，新興ミドルクラスの経営主義において多大なる役割を果たす確実性，テスト，そして統制の強調，この三者の間には密接な連関があると信じている．

　この点は，最近の状況のもとで，全国そして州の水準とカリキュラムがあまりにもしばしば反人種差別教育という点においては，現に後退を示しているという事例にもあてはまると私は信じている（私達はだからといってこれまでの状況を美化してはならないこと，残念なことに多くの反人種差別教育が現に行われてきていたわけではない）．これが，先に私が言及した標準化され，州によって強制されたカリキュラムとテストに向けた動きが——とくにアフリカ系アメリカ人とラテン系出身の生徒が非常に集中しているような学校に対して——もつ破壊的効果についてのリンダ・マックニイル (Linda McNeil) の重要な研究において明らかになっていることである．こういった生徒は，地元の文化，価値，そして知識に対して応答し，これらを尊重するようなカリキュラムと教授法を打ち立てることからえるものが非常に多いし，このようなカリキュラムと教授法はまた，生徒の成績もあげるし出席率もあげるのである[29]．脱中心化された支配的なナラティブの中でようやく獲得するものができてきたのに，「私達」が皆どのようなものであったのかということを——しばしば悲惨なほどに詳しく——特定化する全国的そして州単位のカリキュラム（そして全国的，そして州単位のテスト）を伴う「誰も見捨てない (NCLB)」法のような法という形式で支配が戻ってくるとは奇妙なことではないだろうか[30]．もちろん，私がすでに述べたように，ナショナルカリキュラムや全国的基準を設定しようと試みる多くの国は，「他者」の文化と歴史に単にふれること以上のことをするためには妥協を余儀なくされる．

（確かに，合衆国ではそうであったし，いまでもそうである．）そして私達が最も独創的で最善なレベルにおいて，ヘゲモニックな言説をみるのはまさにそのような妥協においてである．

　ここで繰り返すことを許してほしい．しかし私はすでに述べてきたこと以上にこれをよく表現できるとは思えない．これまでのところで取り上げてきた事例を再び取り上げたい．すなわち合衆国におけるこの新しい歴史の基準と教科書にみられる試みは，「私達を」共にまとめあげる多文化主義的ナラティブから「私達」をとらえどころのないものへと作り上げる多文化のナラティブの標準の創造への対応であるという事例である．注記したように，そのような言説は，幾つもの進歩的な香りのする要素をもちつつ，いかにヘゲモニー的なナラティブが歴史的記憶と，差異と抑圧の特定化を創造的に消し去るのかを明らかにしている．私達の学校で使われている多くの教科書が合衆国の歴史を「移民」の物語として構築しているが，この物語は存在していたまったく異なる状況を完全に誤って解釈しているのだ．私が述べたように，一部の移民達は鎖に繋がれて連れてこられ奴隷にされたし，何世紀も抑圧され，国家によって強制されたアパルトヘイトに直面させられていた．その他のものは死に追いやられ，公式の政策として強制的に囲い込まれた．そしてここにおいて，（一つの人工的な）「私達」の創造と，歴史的経験と記憶の破壊との間にまったく異なる世界が存在する．

　この破壊とそれがいかになされるかということは，再び，いかに人種が私達の社会において，不在するもの（少なくともある人々にとっては）として機能するかということに関係している．これは，私達の注意を，白人の不可視性に向けることによってより明確にすることができる．事実，保守的現代化の諸力への介入に深く関わり，同じく，白人のアイデンティティにもっと焦点をあてるように反人種差別的カリキュラムと教授を変えようと努力している人々の存在について私は示唆したい．

　これは不幸なことかもしれない．しかし，多くの白人が，有色人種ではなく白人であることによって社会的経費がかかると信じているということは依然として真実である．彼らにとって，白人は，合衆国はいまでは基本的には平等主義の，肌の色に関心をもたない社会であると想定されていると彼らが信じているような闘技場において「新しい敗者」であるのである．「誰にとっても厳しい時代」なので，「十分意見が反映されていない集団」を援助す

る政策——アファーマティブ・アクションといった政策——は,「非白人」を支援する不公平なものである.それゆえ,ちょうど保守的福音主義者が抑圧されていると主張するのとまさに同じ方法で,白人はいまや犠牲者であるという立場を主張することができる.保守的福音主義者の内のある部分には,南部におけるこの運動の初期にみられた支配的な人種的秩序の一部になるため,あまり統合された状態にならないようにという自覚的選択がどのようになされたのかということについて集団的記憶の喪失がみられる[31].こういった感情は合衆国でも,その他の国においても,教育政策の中で非常に重要なものである.保守的復古主義によってそれが形成されてきたので,明白な文化的生産物としての白人はそれ自身の生命を帯びるようになる.いまや強力に駆けめぐっている保守的言説についての論議においては,社会的平等と機会の均等に対する妨害物は除去されつつある.白人はしたがって,何ら特権を有していない.もちろんこれはほとんど真実ではない.権力の他のダイナミクスによって切り落とされたにも拘わらず,この社会では「白人であること」は依然としてかなり優位に働く[32].しかしながら,ここで問題となっているのはこういった主張が正しいか,間違っているかということではない.むしろ,後ろ向きの白人アイデンティティの生産であるということだ.

　こういったことすべての含意は,政治的にも文化的にも深遠なるものである.なぜならば,右派による人種的不安のどちらかというと皮肉なやり方での利用や,アメリカ魂 (U. S. psyche) とその他の多くの国におけるアイデンティティの形成に対する人種の歴史的な力を前提とすれば,これらの社会のメンバーの多くが彼らの「白さ」に基礎をおく結束を発展させるかもしれない.控えめにいっても,このことは,私達の主要な制度の意味,アイデンティティ,そして人格と統制をめぐる闘争において見当はずれであるということにはならない.

　私達はいかに,このようなイデオロギー的形成を妨害することが可能だろうか.いかに私達は,白人のアイデンティティを認識し,かつ,後ろ向きの形成へとは導かないような反人種差別的教育実践を発展させることができるだろうか.こういったことは複雑なイデオロギー的教育学的問題である.依然としてこういった問題は,私達が蠢いている教育の地勢によって創られてきた,そして創られつつある異なる権力関係に直接的に私達が焦点をあてない限り,取り扱うことはできない.そしてこのことは,国家の役割,国家の

政策，多くの国でみられる政府の政策と政党にみられる右傾化へのシフト，そして右派が成功裏に進めている常識の再構築に対して執拗なまでに焦点をあてることを要求する．

　もし私達が歴史的な記録において間違っていなければ，白人であることは明らかに私達がいま発見したものとは異なる．白人であることを活用する政治は，文化的差異，階級とジェンダー関係，そして自分達の最善の利害を越えて人々を統合する連合を形成するには，多大に，そしてしばしば恐ろしいほど効果的であった[33]．自覚的にせよ無自覚的にせよ，白人らしさの政治を核心的なダイナミクスとすることなしには，「私達の」経済的，政治的，法律的，健康的，教育的，実際上のすべての制度に関しての歴史について記述することは不可能であろう．もちろん，私はここで目新しいことをいっているのではない．批判的人種理論とポスト植民地派の理論の書き手達が報告しているように，人種の様式とアイデンティティは，私達の日常生活，想像されたそして現実の地域社会，そして文化的過程と生産物の構造のブロックを造り上げる要素であり続けた[34]．

　この状況をもっと詳しくみてみよう．範疇としての人種は通常「非白人」の人々に応用される．白人達は通常認識されず，名前もない．彼らは人類の規範として中心におかれる．「他者」は人種化される．すなわち「私達」は単なる人々である[35]．リチャード・ダイヤー（Riochard Dyer）は，彼の手ごたえのある本『白人』White でこれについて以下のように述べている．

> 「単なる」人類であること以上に強力な立場は，この世にはない．権力の要求は，人類の共通性について話すことを要求することである．人種化された人々はそうすることはできない．彼らは自分達の人種についてのみ語ることができる．しかし非人種化された人々はそれができる．なぜなら彼らは一つの人種の利害を代表していないからだ．白人を人種化することの要点は，それに続いて，不平等，抑圧，特権そして苦痛すべてとともに，世界について語り，行動し，働きかけるという権威を切除することによって，彼ら／私達を追い払うことによって，権力のある立場から彼ら／私達を追い払うことになる[36]．

　「私達の」言語そのものが，白人らしさについての私達の普通の話におけ

る権力関係の不可視性について語るものとなっている．「私達」は白紙を「ブランク」と呼ぶ．真っ白にペンキで塗られた部屋はおそらく，少し色が欲しい空間としてみなされる．他の例もまたたくさんあるだろう．しかし，中立さを示すものとして白をみるという考えは，それはないものをあるものとしてみることだが，「ごく普通の人」37)としてみなされるこの社会集団を名付けるには理想的なほどに適している．

　これにも拘わらず，不在として呼ぶことが一番あっているようなものであるにも拘わらず，決定的な政治的，文化的，そして最終的には教育的プロジェクトが白人らしさを奇妙なものとするのである38)．それゆえ，教育学と政治的覚醒と動員における私達の課題の一部は，アイデンティティとは歴史的に与えられるものであるということを私達自身に伝え，私達の学生達に教えることである．私達は，「主体は複数のアイデンティティを通じて生み出される」ことを認識する必要がある．私達のプロジェクトを，アイデンティティを物象化して考えるものではなく，差異化の進行するプロセスであり，並びに最も重要なことに，再定義，抵抗，そして変化によって影響を受ける対象としてみるべきなのである39)．もちろん，こうすることには危険が伴う．白人に白人らしさに焦点をあてさせることは，矛盾する効果を有することにもなる．この点について私達は，十分留意する必要がある．それは私達にとって，差異化する力とあらゆる人々の人種化された本質を認識することを可能とするものである．そしてこれはよいことなのだ．さらにそれはたとえば，白人の西洋という権威に挑戦するという目的以外の目的にも使えるだろう．私が『文化の政治と教育』で論じたように，それはこの社会では大変強力な所有的個人主義へと容易に逸脱してしまう危険性をもっている．すなわち，そのようなプロセスは，「あなたに関してはもう十分だ，今度は私についてあなたに教えよう」と単純にいう冷淡な機能にも奉仕する．私達が注意深く反省的でなければ，それは白人で，ミドルクラスの男女の自己顕示のための必要性を特権化することをさらに進めるものとなる．このことは，多くの人々において際限のないニーズのように思える．批判教育学コミュニティの学者であっても，こういった緊張についていつも免れているわけではないだろう．それゆえ私達は，白人らしさに焦点をあてることがより最近の支配的な声に対して，そして最近の搾取と支配の関係によって，夢や希望や生活，そして身体をも打ち砕かれてしまった集団の声と証言を無視するための言訳

をもう一つ付け加えることにはならないということを保証するように，ガードを固めるべきなのである．

　さらに，白人らしさおよび最近の「改革」において白人らしさが果たす複雑な役割について焦点をあてることは，単純に，白人の罪の意識，敵意，あるいは無力感を生じさせることを可能にしてしまう．それは現に，差異を越えて話し合い，支配的な文化的，政治的，経済的諸関係に挑戦する広範囲な同盟へと導くことができる「脱中心化された統合体」の創造を妨げることを可能にしてしまう．それゆえこれをすることは，かなりの繊細さ，いかなる状況においても複数の権力のダイナミクスが存在していることについての明確なセンス，そして微妙なニュアンスを有する（ときには危険性のある）教育学というものを要求する[40]．

　白人であるという問題は，読者の一部にとっては明らかに理論的なもののようにみえるかもしれない．あるいは，批判教育学的アジェンダに載っていそうなもう一つの「トレンディな」問題であるようにみえるかもしれない．それは重大な誤りである．「公式な知識」としてみなされるものは常に，人種が実質的な役割を担う緊張，闘争，そして妥協の痕跡を身にまとっているものだ[41]．さらに，スティーブ・セルデン（Steve Selden）が優生学と教育政策と実践の間の密接な関係の歴史に関する研究で非常に明確にしているように，教育における最近の支配的な実践のほとんどすべて——水準，テスト，制度化されたカリキュラム計画のモデル，優秀なもののための教育など——は，「人種改良」，「他者」への怖れなどといった関心に根ざしている[42]．そしてこういった関心はそれ自体意識されていない規範としての白人への注視に根ざしている．それゆえ，白人という問題は教育政策と実践の核心そのものに潜むものなのだ．それを無視することは，我々の責任であり危険でもある．

　もちろんこれは部分的には「アイデンティティ」の政治の問題であり，過去10年間で教育と文化研究ではアイデンティティを問うことにますます注目が集められている．しかしながら，アイデンティティ研究における主要な失敗の一つは，右派のヘゲモニー的政策の問題を十分に取り上げることに失敗したことである．私がここでも，また他のところでも明らかにしようと奮闘してきたように，保守的復古派は，活動的な主体的地位を築くことにおいて成功をおさめてきた．そしてこれは新しいヘゲモニー的連合の傘下に様々な集団を集めているのだ．それは人種化された「他者」への怖れが，国民，文

化，統制，そして衰退への怖れ——そして危機にある経済において自分達の子供の将来についての個人的な過度の怖れへと関連づけされている．こういったことすべてが緊張ある，しかし独創的で複雑な方法で一緒に編み上げられている．このことを前提とすれば，反人種差別的教育政策と実践に関与している私達や，既存の，そして新しく提案されている教育「改革」の現実の機能について自覚的な目撃者であろうとする人々は，自分達の注意を市場と水準の人種的効果のみならず，これらの政策は単に中立的なテクノロジーであるとして，（イギリスの労働党の指導者と合衆国の民主党の指導者を含む）多くの人々を説得する新自由主義と新保守主義（そして合衆国やその他の多くの国々，また権威主義的大衆主義的宗教的保守的）運動の独創的な方法についても関心を向けるように賢くなければならない．それらは単なる中立的なテクノロジーなどではない．

挑戦を公にせよ

この結論的章の最初の方で展開した私の論議は，相対的に一般的なレベルでのものであった．なぜなら，私はより大きな絵を見失いたくなかったからだ．それではこれから，もっと特別で戦略的なものへと進んでいこう．メディア，学術的専門雑誌，そして日常生活において，いま直ちに右派の主張を妨害することが重要であると私は確信しているからだ．

そのような介入の決定的な事例の一つは，ミルウォーキー市にあるウィスコンシン大学の「教育研究分析開発センター（Center for Education Research, Analysis, and Innovation）」主導の下でもともとは設置された「教育政策プロジェクト（Educational Policy Project）」においてみることができる．これは右派によって刊行された出版物についてすぐに対応することに従事している人々が組織化された集団をまとめあげることを含んでいる．この集団には，右派が自分達のイデオロギー的アジェンダを推進するのにメディアをうまく使っているということ，そして公衆に自分達のメッセージを届けるために莫大な資源を費やしていることに深く関心を払う著明な教育者や活動家が含まれる．たとえば，幾つかの保守系財団は，公衆の面前に保守の立場を明らかにし続けるために，たとえば全国的メディア，全国紙，そして一般によく読まれている雑誌に報告書の概要をファックスするために常勤のスタッフを雇

っている．進歩派はこれと比較すればほとんど成功していない．部分的には，彼らは熱心にこの課題に取り組んでこなかったし，部分的には，彼らは学術的レベルから大衆レベルまで同時に，多くの次元で働くことを学んでいなかったからである．これらを認識して，社会的にそして批判教育学的な教育者の集団は，ミルウォーキーで初めて会合を開き，それ以降，保守派の報告，論文，研究，そしてメディアに登場したものについて組織化された対応を行うために継続的に会合を行っている．

一人の常勤のスタッフが，保守系の素材に焦点をあて，どれに対応すべきか特定化し，この集団に属する個人によって書かれた応答を編集することを手助けするために雇われた．インターネット上のサイトももたれ，そこではより進歩的な研究と論議のオリジナル版やこういった集団の対応が掲載されている．先にふれたプロジェクトも，また「署名記事」，編集者への手紙，そしてその他同様な場に書かれているものや，メディアに対して利用可能とされているものすべてに焦点をあてている．これは，雑誌社，新聞社，ラジオ局やテレビ局とのつながりを確立することを要求する．これこそ右派がまさにやってきたことなのだ．私達は同じことができるし，しなければならない．それは多大なる努力を要求するが，「教育政策プロジェクト」は，私達がもっと多くの人々を巻き込みたいというより大きな努力となるであろうと私達が希望したものの始まりであった．読者は，アリゾナ州立大学の教育政策研究所のサイトを訪れることによって，どういったことがすでになされているかを見ることができる（http://epsl.asu.edu/epru/：2007年8月現在：訳者）．

ここで生産され，よく知られているものがどんなものであるのか，その一端をお知らせするために，私はゲリー・ローゼン（Gary Rosen）が保守系雑誌『コメンタリー』Commentary に掲載したバウチャーに関する彼の議論に対する私の反論を以下に載せておこう[43]．

バウチャーは本当に民主的か？
――ゲリー・ローゼン「学校バウチャーは非アメリカ的か？」への批判

マイケル・アップル
2000年2月

過去10年以上，保守系集団はとくに私立の宗教系学校に対する公費援助を

要求している．この運動の最先端に位置するのはバウチャープランである．バウチャーの提唱者達は学校を競争的市場に強制的に投げ込むことによってのみ，何らかの改善が生じると論じる．新保守主義系雑誌『コメンタリー』に掲載された論文において，ゲリー・ローゼンは，バウチャー擁護と公立学校と教師批判の論議を統合しようと試みている[1]．バウチャーの提案はそれだけでは存在していない．それは公的制度と公務員に対する別の広範囲に広がった攻撃とつながっている．ローゼンの立場を注意深くみると，このもっと広がったアジェンダ——しばしば精査を許すためには公表されてはいないもの——が姿を表してくる．

ローゼンは，宗教系学校へのバウチャーは合衆国憲法の政教分離の原則を犯すという論議と，バウチャーが公立学校を蝕む効果をもつかもしれないので，国民的アイデンティティと統合を掘り崩すかもしれないという論議とに反論しようとしている．公立学校パルチザンによってなされるこのような論議は自己の利益のためのものだ，とローゼンは断言する．私立学校は，市民教育においてよりよい仕事をするし，公立学校よりも人種的統合がなされていると，彼は主張する．私立学校へのバウチャーは，今日の都市部の公立学校から何ら準備もなく都市部の社会に送り出されているマイノリティの若者の数がますます増大しつつあるという傾向を，こういった生徒の何人かにもう一つ別の学校を与えることによって，そして残りの生徒のためには公立学校を改善するための刺激を与えることで，逆転させることができるのだと結論づける．「これ以上何か，もっと民主的——あるいはもっと，アメリカ的——なものがあるだろうか？」[2]．

バウチャーへの批判の論議から，自分に都合のよいものだけを選んでそれに答えながら，ローゼンは，都市部の生徒の生活を改善するための道具であると非常に単純化してバウチャーを描き出している．これがバウチャー提唱者の一部の目的であるかもしれないが，これはもっと大きなバウチャー運動の現実を無視するものである．この運動はもっと野心的なアジェンダを有している．ウィスコンシン州では，民主党のアフリカ系アメリカ人の議員であるポリー・ウィリアムズ（Polly Williams）が10年前に共和党知事と結託し，ミルウォーキーの都市部の貧困児童のみに限定するバウチャープランを創案した．彼女は，ローゼンが述べたように，その目的はアフリカ系アメリカ人と貧民に公立学校からの退出の権利を与えることであると考えた．ひとたび

僅差で州の最高裁がこの計画は合法であると判断した後，保守系のこの計画の推進者は，すべての親を含むよう拡大することを要求しだした．これは公立学校に対する明らかな直接的な攻撃である．なぜならば，公立学校から自分達の子供を引き上げさせたいと願う豊かな親にまで公費を与えることになるからである．ウィリアムズは低所得層のバウチャーについては依然として支援者であるが，昔の同盟者を，この政策の核心である彼女の選挙民には何ら関心をもっていないと糾弾した[3]．

　この問題はしかし，社会的信念の競合といった単純なものではない．それはまた，研究が実際にいっていることでもあるのだ．バウチャーの提唱者は自分達の議論を擁護するようなデータのみを取捨選択して使っている．そしてローゼンも彼の書いたエッセイにおいてみせたように，例外ではない．ローゼンは，ポール・E・ピーターソン（Paul E. Perterson）のバウチャーの「成功」についてのデータを指摘し，ジョン・ウィット（John Witte）によるこういったプログラムに関する最近の長期間にわたる調査から，さらに論議を支持するために引用する．しかし，ローゼンはウィット自身の結論，すなわちバウチャーは成績をあげることにおいては何も効果的であるとは限らないこと，彼の研究はバウチャーをまったく鮮明には支持するものではないということについては報告していない[4]．よくいって，利用可能な調査というものは依然として不明瞭である．それは響きわたるバウチャー是認のために使われることはできないのだ．

　ウィットの懸念はしかしながら，この点では彼一人のものではない．国際的に，学校の民営化と教育を市場主導の制度へと変える政策の影響について多くの研究が力強く示している．わずかな一部の生徒を除いて，学校を市場におくことは，単に既存のハイアラーキーを強め，さらに教育を階層化するということをこれらの研究は次々に明らかにしていった[5]．貧困家庭と労働者階級の子供達はいま以上に，周辺化される．有色の子供のわずかな部分が退出の権利を獲得した一方で，残りの大多数のものはいかなる利益もえられず，あるいは彼らと彼らの学校はこれまで以上に悪くなった状況の下におかれるようになった．

　こういったデータはまた，教師と管理者に与える問題のある影響というものも示している．ローゼンは，何ら根拠となるデータなしに，バウチャーは学校にとって何ら困難なことを新たに押し付けることはないと主張している

が，学校を競争的市場におくことについての国際的な研究の巨大な蓄積は，まったく反対の結論を引き出すことを可能とする．「良い」学校のイメージを維持することにより多くの時間が割かれ，教材研究に対して教師や管理者が費やす時間がますます減少している．その学校が「良い」か「悪い」かを決定するのが競争試験の点数となったため，このような数字還元的テストで良い点をとる子供達は歓迎されるようにみえる．そうでない子供達はしばしば諦めさせられたり，周辺化される．ここでもまた，そのような改革によって傷つけられた大多数の子供達は，ローゼンやその他の人が支援していると明言するまさにそういった子供達なのである．こういった条件を生み出したのは，すでに頑張っている教師達がもっと頑張らなかったからではないし，彼らが気を遣わなかったからでもない．そうではなくて，教育における市場が，過重労働，圧力，そして資源へのアクセスを改善するというよりは悪化させたからである．

教師の問題は重要である．ローゼンのエッセイは，自分にとって反証となるデータについてはほとんどふれていないばかりか，明らかに教師と教員組合への攻撃に満ちている．教師の「馬鹿馬鹿しい関心（mock concern）」や「不正直な」態度といった言葉や言い回しは，公務員に対する強力な反感を示している．これは不幸なことだ．毎日働いている労働者を軽蔑した非民主的な方法で処遇する制度はどのような制度も民主的とは思えないからである．

バウチャーを支持する文献の多くが，いわれるところの教育における衰退の根本的原因が準備不足の教師と明らかに官僚的な学校とに直接結び付いていると想定している．疑いもなく，準備を良くしていない教師もいるし，明らかに官僚的な学区も存在する．批判の鉾先を教師と学校にのみ向けることは，しかしながら，私達の都市部での公共サービスをほとんど破壊したより大きな構造的現実を無視している．私達が正直に学校教育を悪化する貧困とにつなげない限り，教育において何が起こっているのかを簡単に理解することはできない．過去数十年において最も矛盾のない研究成果の一つは，所得の不平等とその他の社会的経済的要因――学校のタイプではない――が学校の成功を決定するうえで最も強力な力をもっているということである[6]．このことは，社会移動を高めることにおける学校の役割を無視するのではなく，私達に真正直であれと求めるものである．私達の都市においてそれなりの給料をえることができるきちんとした職が大量に消えつつあるのは学校のせい

ではない．こういった事態が親や子供の世代に未来に対する信念が揺らぐ危機的状況を生み出したのだ．工場が世界の組合のない低賃金の地域に移っていったように，資本の流出は学校のせいではない．そして，都市部において家族，ヘルスケア，きちんとした住居といったものを故意におろそかにしてきたのも学校ではない．このことで教師を責めるのは，現実から切り離された世界に（自分は：訳者）住んでいるということになるだろう．

　しかし，学校教育と不平等経済との間の不幸な関係を前提としても，何かできることがあり，すでに機能することが証明されている．効果的な学校は，私達の学校を市場に投げ出すことを必然的に意味するわけではない．その他の，すでに証明された選択がある．この国のいたる所で成長しつつある民主的学校運動は，いかに教育者と地域コミュニティがともに応答的で効果的な教育を作り上げることができるかということを示している．それは子供達，教師，そしてコミュニティの生活を本当に変えるものだ．ニューヨーク市のセントラル・パーク・イースト（Central Park East）校，ミルウォーキーのフラットニー・ストリート・スクール（Fratney Street School），そしてボストン地区のリンジ・スクール・オブ・テクニカル・アーツ（Rindge School of Technical Arts），これらすべては教師，生徒，地域コミュニティを敬意をもって処遇し，取り扱う公立学校の生きた事例を与えている[7]．テネシーとウィスコンシンの学級規模を縮小するプログラムは，バウチャープランについての報告のどれよりも良い成果をあげている[8]．

　バウチャーに関するデータベースのほとんどが，一つの問題をめぐって集められている．すなわち，標準化されたテストで点数をあげたかどうかということだ．しかしながら，無視されてはならないもっと決定的に重要な問題がある．バウチャープランは，その他すべての市場主導の民営化モデルと同様に，もっと大きなまったく攻撃的なイデオロギー的運動の一部だということだ．この運動は私達が私達の社会をどうみるか，そして私達のそれへの参加をどうみるかということを変えようとするものである．それらは疑うことなく，公的なものとはその定義において，悪いものであり，私的なものはその定義において，良いものだと想定している．私達の制度を集団的に作り上げたり再建する代わりに，バウチャープランは市民性（citizenship）の意味そのものを変えようとする，保守派によるもっと大きな努力の一部なのである．

バラバラの個人は，それがそれ以外の社会にどのような影響があるのか考えることなしに，自分の人生についての選択をする[9]．民主主義を利己的な個人主義に還元することは，事実，非アメリカ的なものかもしれない．私はこれが社会としての，私達が望むものであるということだとするには疑いを抱いている．

註

1) Gay Rosen, "Are School Vouchers Un-American?", *Commentary*, vol.109, No.2, February 2000, pp.26-31.
2) *Ibid.*
3) 次のこともまた理解しておくことが重要である．すなわちバウチャープランのためのキャンペーンに対して金銭的支援を行っている同じ財団の多くが，リチャード・ハーンシュタインとチャールズ・マリの『ベル・カーブ』(New York: Free Press, 1994)のような本を財政的にも物理的にも支援しているのだ．科学の世界では信頼がおけないものと広くみなされているが，この本は，アフリカ系アメリカ人は全体としてヨーロッパ系アメリカ人よりも知性が劣っていると主張する．これはバウチャーを擁護する論議すべてを信頼がおけないものとするわけではないが，それはいかにバウチャープランが提唱者の多くを導くこのより大きな社会的関与にフィットしているということについて，私達を非常に注意深くさせるものである．
4) John Witte, *The Market Approach to Education: An Analysis of America's First Voucher Program* (Princeton, N. J. : Princeton University Press, 2000).
5) 以下を参照のこと．
   Geoff Whitty, Sally Power, and David Halpin, *Devolution and Choice in Education* (Philadelphia : Open University Press, 1998).
   Hugh Lauder and David Hughes, *Trading in Futures : Why Markets in Education Don't Work* (Philadelphia : Open University Press, 1999).
   David Gillborn and Deborah Youdell, *Rationing Education : Policy, Practice, Reform, and Equity* (Philadelphia : Open University Press, 2000).
   Sharon Gewirtz, Stephen Ball, and Richard Bowe, *Markets, Choice, and Equity in Education* (Philadelphia : Open University Press, 1995).
6) Grace Kao, Marta Tienda, and Barbara Schneider, "Race and Ethnic Variation in Academic Performance," *Research in Sociology of Education and Socialization*, 11 : 263-297, 1996.
7) Michael Apple and James A. Beane, eds., *Democratic Schools* (Washington, DC : Association for Supervision and Curriculum Development, 1995).
8) *Educational Evaluation and Policy Analysis* (21-2) (Summer 1999) は全巻を学級規模を縮小した様々な計画を評価することに使っている．

9) Michael Apple, *Cultural Politics and Education* (New York : Teachers College Press, 1996).

　これは私達が知っていることを，もっと大衆受けする形で公衆に知らせようという一つの戦略の一例に過ぎない．他の多くの例がインターネット上に掲載され，報告，雑誌への回答，編集者への手紙，署名記事といった形で出版されている．このプロジェクトは相対的に新しいものであるが，展望はかなり明るい．これとの組み合わせで，ラジオでのトーク番組や電話で参加する番組を利用するといった，またこれに似たようなメディア戦略が，複数の言語で取り組まれている[44]．こういった活動は，右派によって提案されている「解決策」そのものに危険性が潜んでいるということ，そしてそれに対する可能な対案はどのようなものとなるだろうかということに人々の注意をもっと喚起させようというより大きな戦略の一部である．教育的介入をメディアに対するもっと大きな焦点と結び付けることが，絶対的に決定的だ[45]．エア・アメリカのようなリベラルなラジオのトーク番組の存在がそのような興味深い現象であるというのは，まさに理由の一つである．

他の国から学ぶこと

　　これまで何度か私はブラジルでパウロ・フレイレと共に働いていてきたが，そんなあるとき，彼が繰り返し私に，教育は批判的対話から始めなければならないといっていたのを思い出す．この批判的対話という言葉は彼にとって決定的に重要であった．教育は，教育とより大きな社会における私達の支配的な制度において，厳しい発問を通じて行われるべきであり，そして同時にこの発問は，こういった制度がいま機能している方法では最も利益をえることのない人々を深く巻き込まなければならない．これら両方の条件が必要であった．なぜなら，第二の条件なしに第一の条件だけでは，教育を民主化するという課題にとっては単に不十分であるからである．

　もちろん，活動をしてきた多くの教育者はすでに，教育政策と実践の変容——あるいは私達の学校と地域コミュニティが獲得してきた民主的成果を守ること——は，本質的に政治的であるということを知っている．事実，右派

の運動が教授とカリキュラムを何年にもわたって一斉に行われた攻撃の的としてきたという事実の中に常に，記録されていることである．これら右派の諸力の主張の一つは，学校は親や地域社会の「手の届くところにはない」というものである．そのような批判にはみるべきものがある。私達は私達の教育上の努力を地域コミュニティと結び付ける道を探す必要がある．とくに，そのコミュニティの構成員がより力のない場合にはそうだ．これは，右派によって描かれるものよりも真に民主的なものである．第1章で私は，他の国の経験は新自由主義と新保守主義の政策と実践の影響が現実にどのようなものであったのか，ということについて学ぶには有効であることについて述べた．さらに私達は他の国における闘争からももっと多くのことを学ぶことができる．たとえば，ブラジルのポルト・アレグレ（Porto Alegre）では最近，参加型予算編成（participatory budgeting）の政策が，全国レベルでの新自由主義運動の力のますますの増大に直面しながらも，より進歩的で民主的な政策への支援を形成するのに役立っている．労働者党（Workers Party）（そこではPTとして知られている）は，それまではもっと保守的な教育計画や社会計画を主張していた政党に投票していたような人々の中で次第に多数派を獲得するのに成功しつつある．なぜならば，これは政策を考案するときに地域の市民の最も貧しい部分にさえも自分達で政策を考案させ，いかに，そしてどこに予算を配分するかということについても参加させることを可能としたからである．集団的な参加についてのもっと実質的な様式に注意を払うことによって，そして同じくらい重要なことに，そのような参加を奨励するために資金を使うことによってポルト・アレグレは，経済的危機と新自由主義的政党と新保守主義系新聞からのイデオロギー的攻撃を同時に経験したときでさえ，豊かな民主主義を実現することが可能であるということを示している．「市民学校（Citizen School）」といったようなプログラムと「ファヴェラス（favelas：スラム）」に住んでいる人々と本当の権力を分かち合うこととが，新自由主義の下で作られてきた骨抜きにされた民主主義の貧しい見方に対する現実的な対案を豊かな民主主義が提供するということについての十分な証拠を提供する[46]．まさに重要なことは，これらのプログラムの教育的機能である．それらは人々の間に，自分達の生活を民主的に管理し，統制することに継続的に従事することを可能とするような集団的能力を発展させたのである[47]．これは非常に時間が必要である．しかしそのようなことに時間をかけ

ることは，後々，劇的に実り多いものとなることがいまや証明されたのだ．

ブラジルのもう一つ別の場所についても似たような物語を語ることができる．ベレム（Belem）では，「若者参加予算（Youth Participatory Budget）」が制度化された．それはどのようなプログラムが若者のニーズのために発展させられる必要があるか，いかに予算が費やされるかについて，そして若者に自分達のニーズや願望を公にするために利用可能な政治的フォーラムを創出することなどについて考える際に，何千もの若者を参加させるための資源と空間を提供した．これは若者を資源としてではなく「問題」としてみなす多くの国における若者を取り扱う方法とはまったく異なるものである[48]．似たような事例がニュージーランドでもみられる．そこでは，もともと「マオリと先住民の教育に関する国際研究所（International Research Institute on Maori and Indigenous Education）」のリーダーシップの下，若者がどのように自分達の現実をみているのかということについて，また，こういった現実を扱うためのさらに進んだ提案について公の場で討論するために，複数の人種から構成される若者の集団が地域社会に形成されている[49]．そうすることで，人種，階級，そして年齢を越えた連帯が創られつつある．これらはしたがって，私達がそこから学ぶことができる真の意味での参加モデルである．そしてそれはまた，現実的に「私達の自由を謳歌する」もっと実質的な活動的なモデルを前面に押し出すことによって，新自由主義者によって進められている骨抜きにされた民主主義の見方に対して挑戦する真の意味での参加モデルである．問題はこのようなモデルの存在ではなく，こういったモデルを広く目に見える形にすることを保証することだ．

異端のように考える

対抗的ヘゲモニーの同盟を作り上げるため，私達はこれまで以上に独創的に考えなければならない．そして事実，ほとんど異端といってよいような考え方をしなければならないかもしれない．例をあげよう．私は思考実験（thought-experiment）に従事したいと思う．私は，右派は多くの人々が大事に思っているある要素を取り上げ，それを仮にこういった問題があまり政治化されなかったら「自然には」普通は起こらないかもしれないやり方で，その他の問題につなげていくことができたと確信している．それゆえたとえ

ば，大衆主義的宗教集団が右派の連合に引き入れられた一つの理由は，そのような集団が，国家が自分達の人生にとっては意味を与える価値を完全に否定していると信じているからである．彼らは，右派の言説のその他の要素が自分達の言説にゆっくりと関連づけることができるような連合につなぎあわされた．それゆえ彼らは，国家は反宗教的であると信じている．他の者達はまた，有色の人々に「特別な扱い」を与えることによって，そして貧しい白人を無視することによって，白人労働者階級の親に国家の意志を押しつけようとしているのだという．これら二つの要素は組み合わされる必要性のないものである．しかしそれらは，徐々に同じこととしてみなされるようになっている．

　たとえば，右派の混合体から宗教だけを取り上げることによって，右派に対して集団的アイデンティティを最近見出した宗教的コミュニティのある部分が，もしもっと宗教的内容が学校で見出せていたら，そのような右派の呼び掛けにさほど敏感に対応しなかったかもしれないということは可能であろうか．もし宗教に関する勉強が，学校のカリキュラムにおいてもっと中心的な位置を占めていたら，なぜ自分達がここに存在しているのかということに対する究極的な答えを宗教に見出す人々が，国家に対する不信感を柔らげるということになっただろうか．公的なものは悪く，私的なことは良いといった立場にさほど惹き付けられることはなかっただろうか．私はそういったことになるとは確信がもてない．しかし私は，私達はこの可能性を考慮する必要があると信じる．

　どうか誤解しないでほしい．私は，私達は私立の宗教系学校のためにバウチャーを利用するべきだという立場でもなく，権威主義的大衆主義的宗教的右派に迎合するべきだといっているのでもない．そうではなくて私は，第1章で引用したワラン・ノードによって支持された立場と同様の立場をとっているのだ．カリキュラムにおける宗教教育に対する明らかな場というものを提供しなかった私達の失敗は，私達を「非リベラル」なものにしてしまう．さらに私はノードの立場に終わりたくない．むしろ私は，これを出発点としてみたい．これまで書いてきた本やここにおいても，私は人々がときには「保守化する」ことを論じてきた．なぜならば，生活の中心である意味と関心に対して公的制度が応答的ではないからである．ノードの言葉によれば，宗教のためではなく，宗教についての勉強をもっとすることは，私達をさら

に「リベラル」にするだけではない．それはまた，反公共的アイデンティティの形成を妨害するかもしれない．これは重要な含意をもつ．なぜならそれは，保守的現代化の傘下にいる多くの人々の統合に対抗することが可能となるような戦略的運動を指向することができるかもしれないからだ．

別のところで述べたように，人々はしばしば地域レベルでは保守的になる．それは右派の集団による企みによってではなく，地域内の問題と感情からそうなる．学校を宗教的感情に対してもっと応答的にすることは，簡単なことのようにみえるかもしれない．しかし，自分達も宗教的である一部の大衆主義的集団が，右派の学校と公共空間に対する攻撃の傘下に自分達の進む道を見出しているその主要な理由の一つを切り捨てることになるかもしれないがゆえに，これはまた深遠なる反響をもたらすであろう．

私はこれについてはロマンティックではない．私はそれには危険性があるし，宗教的右派によって利用されるかもしれないと思っている．結局，彼らの一部は「それを教えること（teaching about）」にはほとんど興味がなく，いずれも構築され，「他者」を受け入れる余地をまったくもたないキリスト教徒およびその他の宗教の立場を保持するものとなるかもしれない．しかし，宗教的感情を中心とすることが，新自由主義の方向に彼らを追いやるという必然性はない．（事実，幾つかの国にいたときに，私は宗教的な復活を目の当たりにした．そしてまれに，深く信仰をもち，「原理主義者」とみなされるかもしれない人々が，新自由主義的政策に対抗する闘いに身を投じることもあるようなとき，イスラム，ユダヤ教，キリスト教，そしてヒンドゥ教の原理主義において，それはたいきょして押し寄せるのだ．原理主義と攻撃的な福音主義の危険性をロマンティックにみてはならない．しかし，そのようなことを行っている人々には，地球規模での資本主義的関係の現実を洞察する力がないのだとみなしてはならないのである．）宗教的感情については，公立学校と教師は完全に宗教的な人々と敵対しているので，市場化と民営化が唯一の回答であるという信念とつなぎあわされる必要もない．

それゆえ，いまは保守派連合の傘下にいることがわかっている人々が実際にそのことを疑い，彼らがもっている良いセンスゆえに傘下から離れる可能性について，私は真剣に——そして注意深く——考えてみたい．私は深刻な問題に導かれてこういうことをいっているのだ．どうすれば，宗教的関与を社会的に進歩的な目標のために動員することができるだろうか．公共空間に

おける宗教的影響についての私達の（しばしば正当化できる）心配が，深く宗教的に関わっている人々やそうでなくてもそういった闘争に関わっている人々を疎外することによって，そのような動員を妨害するという目に見えない影響力をもっているかもしれない．もし多くの福音主義者が，たとえば，資本主義を「神の経済」としてみることから離れて，また，「救済に値する貧民」のみを助けるということから離れて，より大きな社会的経済的変容に向けてそれをつなぎあわせるようにしながら，貧民救済に一生懸命になったら．それはたとえば，反世界貿易機構（anti-WTO）運動への宗教団体の参加という最近の歴史を研究することは，これをよく理解するうえで意味があるように思える．まさに，少なくとも私達は，あたかも社会的そして教育的正義についての宗教的信念が進歩的活動の範囲外であるかのように活動することはできない．多くの教育者はすでにそうしている．慎重さ，開放性，そして独創性がここでは求められる．

さらに，通常は，この新しいヘゲモニー的連合内部でのその他の要素によって制度化されつつある特定の政策やプログラムに対抗するために異なるアジェンダをもっている人々の間で共有されている良いセンスという利点を活用するもう一つ別の事例がある．すなわち，共同行動の重要な場を提供する保守的現代化内部の現実的な緊張が存在しているということだ．

この可能性はすでに認識されている．それゆえたとえば，今日では幾つかの本当に奇妙な政治的組み合わせが生まれつつある．大衆主義的右派と大衆主義的左派双方が，ときには，学校に対する新自由主義的襲撃の幾つかに対抗して戦略上の同盟を結んで戦っているのだ．たとえば，ラルフ・ネーダー（Ralph Nader）率いる集団である「コマーシャル警告（Commercial Alert）」とフィリス・シュラフリイ（Phylis Schlafly）の組織「イーグル・フォーラム（Eagle Forum）」は，第一チャンネルに対抗して同盟を作り上げている．それらはともに学校にいる生徒を，コマーシャルを嫌でも見なければならない視聴者として売ることと熱心に戦っているのだ．彼らだけではない．「南部バプチスト会議（Southern Baptist Convention）」は，第一チャンネルに反対する決議を採択している．ドナルド・ワイルドマン（Donald Wildmon）の「アメリカ家族協会（American Family Association）」，そしてそれ以上に重要な，ジェームズ・ドブソン（James Dobson）の強力な組織である「家族に焦点を当てる会（Focus on the Family）」もまたネーダーの集団とともに第一チャンネ

ルを学校から排除するためにともに戦っているし，まだ導入されていない学校でもそれを阻止するために戦っている．この戦術的な同盟はまた幾つかの州においてギャンブル反対のイニシアチブを一緒に支援し，教育において急速に成長しつつあるコマーシャル用のテクノロジーに関するイニシアチブの一つ——「ザップミー！コープ（ZapMe! Corp）」にともに反対している．この「ザップミー！」は生徒達の人口動態的データを集める経費のかわりにコンピュータを学校に無償で配付するもので，こういった子供達をとくに念頭においた商戦のために利用するのである[50]．

戦術的な合意はしばしば異なるイデオロギー的立場のうえになされる．進歩的立場が強力な反企業的なものである一方，保守派の立場は，伝統的な価値の破壊，「利潤のために子供を搾取すること」への嫌悪に根ざしている．また成長しつつある右派の大衆主義者は，企業の下す決定はアメリカにおける「真の国民（real folks）」のことを考えていないという緊張に根ざしている．この感情は，右派の大衆主義者と白人保護主義者のパット・ブキャナン（Pat Buchanan）が，何年も戦ってきたものである．「家族に焦点を当てる会」に属する研究者であるロン・レノ（Ron Reno）の言葉では，私達は，「一ドル稼ぐためにアメリカの人口を搾取している一握りの個人」と戦う必要がある．

特定の原因からこのようにチームを組むことは，ご想像の通り，両方の側を注意深くするようなものである．ラルフ・ネーダーは次のようにいう．「あなたはとても注意深くなければならない．なぜならば，あなたは自分の立場を抑えるところから出発することもできるからだ．あなたは十分に気を使わなければならない．あなたは，自分自身の言葉で中に入り，去らなければならない．あなたは彼らに告げる．『これが私達がしていることだ．もし私達に加わりたいならそれもよし．加わりたくないならそれもよし』と」．

フィリス・シュラフリイは，彼女自身の理由を以下のように言い表した．「（ネーダーと私は）公立学校は商業的目的で使われるべきではないということに合意した．嫌でも見なければならない視聴者である生徒を利潤のために売るべきではない．私はそれに同意した．ニュースの内容に対して彼が反対したことはなかったと思う．その内容は，多くの保守主義者を憤慨させるものであった」[51]．シュラフリイのコメントは，ここでは右派と左派における類似性と同様に差異について示している．この二つの陣営双方の多くの人々

にとって，自分達の子供を商品として売ることに対する強力な嫌悪感が存在する一方，分断は他の領域では再び現れる．一つの集団にとって，問題は，適切な道徳的価値をもたない「一握りの個人」である．他の集団にとって，それは，私達の経済をして，子供達を嫌でもみなければならない視聴者として売ったり買ったりするような圧力を作り出すこの構造的な力である．保守派にとって，第一チャンネルのニュースの内容はあまりにも「リベラル」である．それはドラッグ，セクシュアリティ，その他同様のトピックを扱う．そう，私が主要なメディアや第一チャンネルのニュースとして何が扱われているかということに関して行った私自身の分析においてみせたように，たとえそこには幾らか論争的な問題に対する慎重な取扱いがみられるものの，内容とニュースとしてみなされるものをコード化しているものは，保守的であり，支配的な解釈を強化する以上のものである[52]．

　こういった差異は私の基本的な要点を減じるものではない．戦略的同盟は依然として可能である．とくに，大衆主義的衝動と反企業感情が重なりあうところでは．しかしながら，これらに対してはきわめて注意深く接近しなければならない．右派の人気のほとんどの理由がまた，人種差別的白人保護主義にあるからである．これは殺人を引き起こしてきた恐ろしく危険な傾向である．ここに存在している反企業の傾向を認識することは，しかし，重要である．なぜならこれはまた，一般に保守的現代化の幾つかの側面を支援する連合に楔を打ち込み，権威主義的大衆主義それ自身の普通のメンバー内部での同様の亀裂をもたらすからだ．たとえば，ラルフ・リードが第一チャンネルのイメージをよくするために雇われたという事実は，権威主義的大衆主義の普通のメンバーの間に緊張をもたらしたのだ[53]．

　そのような連帯にとって機が熟しているもう一つ別の領域は，全国そして州のカリキュラムとテストである．大衆主義的右派も，大衆主義的左派もそのような政策は，自分達が深く関わってきた正統な知識の見方，文化，歴史のために余地を残すものではなかった．そのような知識のある特定の内容は，これらの集団各々によってかなり決定的に異なってはいるものの，一般に反エリート主義的立場とそこでのプロセスそのものが反民主的であったという事実については合意が形成され，それはこういったプロセスそのものだけではなく，経営主義のさらなる学校への侵入に対抗するブロックとしても戦術的同盟に対して余地を提供するものとなった．加えて，この社会に最近存在

しているイデオロギー的分離を前提として，そのような集団とともに（注意深く）活動することは，彼らがもっているかもしれない（そしておそらく私達ももっているかもしれない）ステレオタイプを縮小していくという利点をもっている．それは大衆主義的右派が，進歩主義には事実，複数の指導の下での大衆主義的運動においてあまりにも苦痛であった深刻な問題に解決策を提供するかもしれないという可能性を生み出しているのである．この利点を減じてはならない．

　私のここでの立場はしたがって，二重の戦略を具体化することである．私達はそれが可能であるところでは，またそれが相互に利益となるところでは，——さらにそのような同盟が進歩主義的信念と価値の核心を危険に晒すことがないところでは，戦術的同盟を作り上げることができるし，作り上げなければならない．同時に，私達は私達の核心的メンバーの間で，階級，人種，ジェンダー，セクシュアリティ，能力（ability），グローバリゼーション，そして経済的搾取，さらに環境といった問題について，もっと進歩主義的な同盟を作り続ける必要がある．そのような二重の戦略が，すでに存在している同盟の中で，そして差異を越えて働くような組織を作るために利用することができるということは，シアトル，ワシントン，そして世界中の幾つかの都市での反WTO動員において明らかとなった．

聖と俗の分断を越えて同盟を打ち立てることは可能か

　　そのような同盟の可能性と，そのときに宗教が果たす役割についてさらにもう少し述べる必要がある．本書を通じて，私は，社会を右傾化させる背景に存在していた複雑な連合と保守的現代化の独創的な方法について批判的に分析してきた．これの効果の一つは，現在，右派の支配的な言説は，かつては発言できなかった人々に対して記録をとるのは困難なほどの多くの場において，いまや発言できるようにさせたことである．それゆえたとえば，いまや胸をはってアメリカ「帝国」を主張できる時代が到来したということだ．ウィリアム・クリストル（William Kristol）は公然と，「もし人々が我々は帝国的権力をにぎったといいたければ，それもよし」と宣言している[54]．問題とされていないのは「私達が一番である」という正直な信念と，それゆえ他の地域へ私達が一番と信じているものをもたらす義務を担っているとい

うことだ．しかしそれが，「神は我々と共にある」（他の誰でもない），そして本質において私達は神のご意志を実現しているのだという信念と結び付いたとき，そしていまがそうであるのは明白だが，これは傲慢以外の何ものでもない．神学は合衆国の支配という国内および国際的なイデオロギーを支持するために利用される．そしてそれは誤った神学でもあるのだ55)．ジム・ウォーリス（Jim Wallis）が私達に想起させている．「神がアメリカを祝福する（God bless America）」という文言は聖書の中にはどこにもないのだ56)．

そのような帝国主義的野望と主張が一緒になると，世界中の，そして合衆国においても，多くの人々が抵抗しがたい深遠なる意味をもつものとみる宗教について非常に危険な立場をとることになる．イスラムは強力な事例となる．多くの右派の福音主義運動の指導者達は，何人かのイスラム原理主義者の行動という意味において，また，その宗教的確信という意味においても，イスラムは悪魔が具体化したものとしてみなしている．このことはとても傲慢であるだけでなく，イスラム内部とイスラムの寛容および社会正義に対する関与の例外的な歴史における数ある伝統についての無知から，あまりにもしばしば起こっていることなのだ57)．

しかし，宗教的運動は，帝国主義的かつ保守主義的である〈必要はない〉．合衆国における社会変革をめざす最も強力な運動の多くは，進歩主義的宗教上の情熱によって進められてきた58)．聖書の複雑な政策と使われてきた様々な方法は，南部の奴隷所有者が自分達の囚人達に聖書を与え，その結果，奴隷達がこの世での苦境に目を向けず，天国を夢見るだろうと思ったからだという事実の中にみることができる．依然として，同じ聖書が，奴隷にされている人々にモーゼやイエスを見つけ出すことを可能にし，解放闘争の土台の一つとなってきたのである59)．聖書についてのこの後者の見方こそ，今日とても強力になっている支配と被支配の関係に挑戦するときに強みとなるものであり，それを福音主義者が見出したのである．

進歩的福音主義コミュニティの最も頭脳明晰なメンバーの一人であるジム・ウォーリスの言葉を全文引用するのは価値があるだろう．

今日，私達は二つの関係した見通しについて問題を抱えている．一つは，公共生活についての見通しの欠如である．しかし，もう一つは，政治的指導者達が明確な見通しをもっているとき，しかし誤った見通しをもっ

ているときである．政治が，より多くの機会を開放するというよりも，富と権力を擁護するような見方によって形成されるとき，また包摂的というよりは排他的であるとき，家族やコミュニティを不安定にさせるような政策を追求するとき，共通善よりも上位に私的利害を賞揚するとき，単にあまりに多くの人々を置き去りにするとき，国際的な平和と正義よりも国内あるいは集団の利害を追求するとき，あるいは葛藤を減じるよりは増大させるとき，そのような政治的見通しは，なんら見通しをもっていないのと同じである．（中略）十分でもない．そして，私達の最善の宗教的そして民主的伝統双方を含み込むような公的な見通しを強制することについても誠実であるわけでもない[60]．

ウォーリスのような人々にとって，「何が宗教的な問題であるのかということを決定することを右派に許すことは，道徳的にも政治的にも悲劇となる」のだ[61]．それゆえ，たとえば，「富めるものの利益となるような棚ぼた式に基礎をおく予算や，貧しい家庭や子供達にとっての厳しい削減は，非聖書的予算である」[62]．ニューヨーク市のリバーサイド教会のある有名な牧師は，このようにいっている．「貧者からの推薦状なしに天国に昇るものは誰もいない」[63]．貧困の悪化，健康保健サービスのない何百万もの人々，薬を買うか，食べ物を買うかという選択を迫られている高齢者，イラクやアフガニスタンでの「私達の」戦争から帰国してきた何千もの傷痍退役軍人のための医療サービスはかなりの予算不足であるがほとんど論議されていない．「公共」とか公共善についての私達の観念に対する攻撃と破壊，こういった事柄すべてが道徳的でありかつ宗教的な問題なのだ．それゆえ私達は，予算とは単に数字や表についての，あるいはコストと利益の比例といった問題ではないということを思い出す必要があるのだ．それらは〈道徳〉に関する報告書なのである．合衆国における最も裕福な人々への減税によってもたらされた記録的赤字があるとき，私達の中で最も不利な人々への社会的関与として承認されている教育，保健，保育，住宅そしてその他の多くのプログラムのための予算を削減するということは破壊的であるということを戦費が意味するとき，これらの報告書は政府の倫理的関与というものを顕示しているのである[64]．ウォーリスの言葉を再び借りれば，そのような財政的優先順位は，これもまた現に「非聖書的」である．彼ならばそういったであろうように，私達は信

念に基礎をおくイニシアチブを本当に必要としている．しかし，それらは貧民を攻撃するような予算に対しては反対するようなイニシアチブでなければならない65)．

　ウォーリスによってなされた主張の一つは，真剣に検討されるべきものであるが，それは，社会的位置づけはしばしば，聖書の解釈を決定するということである66)．人種的分離がかつてないほど高まっているような地理的関係を有している社会では，都市部経済の破綻，白人の逃撃，門扉によって囲まれたコミュニティ，「繭化」，「うちの庭では止めてくれ（not in my backyard）」式の政治など，多くの右派の福音主義者が最も意義深い方法で，貧民から距離をとっている．彼らは相互関係ももたない．そして私が前に指摘したように，比較的に福音主義者がますます豊かになっているということを前提とすれば，階級的立場はときどきは，聖書のテキストを読むことに影響をもっているかもしれない67)．

　ウォーリスやその他の人々において，私達は「天職」の本当に異なるセンスをみる．それは，聖書の命令が，右派によって提唱されたものとはかなり異なった方向で受け止められている「天職」である．それゆえ，こういった宗教上の有名人にとって，政府がいかに貧困を取り扱うかということは宗教的問題なのだ．貧しい勤労家族を助けることに失敗した政府は，宗教的にも失敗したと呼ばれるべきものなのだ．同じことが，環境政策についてもいわれるべきだ．なぜならば，環境の無視や破壊は，私がもう少し詳しく述べようと思う世話役としての役割（stewardship）の否定となるからである68)．

　ウォーリスの挑戦とは以下のようなものである．進歩派は宗教的言説と「神の話」を避けてはならない．しかし，すべてのアメリカ人が経済的な安定，保健サービス，教育の機会をもつべきであるという道徳的かつ宗教的土台にたって論議すべきである．「真の信仰」は，社会の中で周辺化されてきた人々に対する深く根ざした情熱ある関心を含むべきである．そしてそれはそういった関心が単なるレトリック上のものではないということを示すような一連の政策を要求するのだ69)．

　右派に対抗して同盟を作ることを妨害するようなステレオタイプが存在する．それゆえ，すべての宗教的に覚醒した集団が布教するための場として国家をみているわけではないということ，そして教会と国家との境界線を破壊することが必要であるとしているわけではないことを示している宗教的に関

与している人々の声に注意深く耳を傾けよう．彼らの大部分が，学校における国家によって認められた祈祷を支持しているわけではないし，この国のすべての裁判所の前に十戒を刻んだ花崗岩の大きな碑が必要だとみているわけでもない70)．このことを前提とすれば，改宗させようという計画や国家のメカニズムを宗教的に乗っ取るといったいま生じているようなことではなく，共通善に関する関与がある限り，宗教的に関与している集団や個人をして，これらの関与を公的な闘技場に持ち込み，公的な論争に従事させるということは，批判的な，そしていつも動いている民主主義にとっては健全なことである．それゆえ，宗教的な人々は〈市民〉として参加することができるのだ．市民とは，「自分達の深遠なる道徳的信念を，私達の社会を形作る最も重要な価値や方向性に関して民主的に話し合うための公的な空間に持ち込む」権利を有しているものなのだ71)．社会的，人種的正義とジェンダー的公正に関する信念を持ち込むこと，愛の力と同性の関係を尊重すること，環境，平和，国際協調，教育のニーズと制度に関する十全な予算について配慮すること，こういったことすべてが公的闘技場では決定的に重要な資源となる72)．そして，もしもそういったことが深い宗教的理解と感情から生まれてくるならば，それらは，この社会において抑圧された状態におかれている多くの人々について，実際，同様の直感をもっているかもしれない人々を分離している現在の分断の幾つかを打ち破ることに力を与えることができる．同様の点は，ジーン・アニヨンによっても，彼女が合衆国における最も強力な人種的正義を求める運動の幾つかの歴史を跡づけするときに，含意されている73)．

　事実，キリスト教福音主義者の幾つかのコミュニティの中には，ユダヤ教やイスラムのコミュニティと同様に（そしてここでは，コミュニティが複数であることが重要であるが），貧困の減少，総合的な経済的正義，HIV / AIDs との闘い，貧困と人種の密接な関係を取り扱うこと，その他似たような事柄を自分達のアジェンダの中心において闘う，宗教心ある人々がいる，そんな集団があるのだ．彼らの道徳的宗教的関与は，福音主義的右派のアジェンダの大部分と比べればきわめて奇妙なものである74)．このことが地球温暖化に反対する福音主義者コミュニティ内部にみられる最近の努力というものに，証明されている．彼らにとって，地球温暖化はキリスト教の問題なのだ．なぜならば，聖書は「神の創造の世話人（stewardship）」となることを命じているからである．「全国福音主義協会（National Association of Evangelicals）」

政治部門副代表であるリッチ・シジック（Rich Cizik）牧師は，これについて明言している．彼は次のように述べる．「私は神がいかに地球を創ったかどうか私達にお尋ねになるようなことをするとは思えない．しかし，神は彼が創り給もうたものに私達が一体何をしたのかとお尋ねになるだろう」75)．このことはまた，こういった福音主義者の集団の中には貧困に対して真剣にますます取り組もうとする動きがあることにもつながっている．福音主義環境ネットワーク（Evangelical Environmental Network）のジム・ボール（Jim Ball）牧師は，このことを次のようにいっている．「キリストは申された．『あなたが最も貧しいものになすことは，私になすことなのだ』．だから地球温暖化の脅威を減らすことによって貧者を思いやることは，イエス・キリストを思いやることなのだ」76)．

　私達はこのことがすべての問題で，世俗主義者と福音主義者の間で同意が生まれるということを意味しているなどと仮定するべきではない．そしてこれこそなぜ，福音主義者のこの部分に対して適切な注意をもっていま論じている可能性へアプローチすることを私が力説するのかという理由なのだ．依然として政府の介入と規則，そして世俗性一般に対する根強い不信はここでも働いている．さらにこの新たに生まれ出した環境主義としばしば保守的運動の刻印となるようなものとの間の関係は，依然として明白である．たとえば，シジック牧師の「私達は，堕胎といったような行動に関する罪について政府の命令による規制には反対はしない．私達はそれを制限しようと試みる．もし私達が人間の生命の尊厳を守るための社会的鋳掛屋ならば，なぜ環境を守るための鋳掛屋にはならなくてもいいのか」77) という発言には，複雑さと緊張が明白に表れている．さらに付け加えて，これら福音主義者の集団の多くはまた，「親ビジネス環境派」であり，分断を越える他の問題について同盟を組むには困難を感じるものでもある78)．

　ここでさらにこの点について述べよう．現在の福音主義者の世界においてはあまりにも顕著な断層が存在しているが，福音主義者の中にも，たとえば『国民の健康のために──市民の責任に対する福音主義からの呼びかけ』*For the Health of the Nation : An Evangelical Call to Civic Responsibility* 79) といった文書の公刊を通じて，これを乗り越えようとする試みがある．

　これは一つの機会でもあるが，これはまた分断を生み出してもいる．この文書を論議するために開催されたワシントンでの昼食会で，「家族に焦点を

当てる会」の副代表が，地球温暖化に焦点をあてることには反対であると述べた．彼にとって，「結婚問題，妊娠中絶合法化反対といった問題こそが，今日私達が論議すべき問題である」[80]．何人かのより「進歩的」福音主義活動家達は，これには妊娠中絶には反対ではあるが，貧困と人種差別に明確に焦点をあてて欲しいと望んでいたアフリカ系アメリカ人の報告者を含んでいたが，そのような問題に対して福音主義者が一致して行動できるように，到達すべきコンセンサスが必要であると感じていた．他の人々にとっては，しかしながら，宗教的右派と宗教的左派とがこういった問題に対して合意に到達するという可能性があるとは思えなかった．進歩派による宗教的左派を動員するというようないかなる試みも，失敗するように運命づけられていた．なぜなら，「宗教的左派は，政治的な煙幕であり，鏡である」[81]から．

しかし，宗教的保守的集団によって進められている優先順位のリストにおいては相対的に低いところにしかあげられていないような問題全般がいまではさらに顕著になってきたし，これに対して何かしなければならないという感情が徐々にわき起こってきているという事実は依然として存在する．もし私達が，保守的現代化の，とくに新自由主義のアジェンダに対してそれを妨害したいと思うならば，進歩派に対して，もっともっとよく考えられた，ステレオタイプではない独創的な働きかけというものが要求されるのだ．

たとえば，次のような質問を考えてみよう．本質に権威主義的ではない異なる宗教的大衆主義というものは可能であろうか．私達の家族や，私達の福祉という感覚，人間関係，私達の時代への関与，「もっと手に入れよう」とか「人より先んじよう」といったこと以外の目的感覚の喪失，こういった私達の経済の（不）道徳の効果と経済的に駆り立てられた物質主義が与える影響が，日曜学校やモスクや寺院でのカリキュラムや討議の中心的関心事となることは可能だろうか．民間企業の賃金スキャンダルや，まさに同じ企業の社会への，そしてコミュニティへの責任感のなさ，これらのコミュニティ内部でより不平等を生じさせる税政策，財政キャンペーン，市民的自由の曲解と喪失，その他諸々の事柄への関心を，こういった宗教的制度における宗教的論議の中心的課題とすることができるだろうか[82]．私はこれらのことが自然に起こると楽観してはいない．しかし，もしウォーリスや彼と同じような人々がある部分だけでも正しいとしたら，私はそうであろうと思うのだが，いまは宗教的衝動が右派に引っ張られているような状況に亀裂を見始めるこ

とになるかもしれない[83]．そしてまた，私達は，いまや私達を分断している世俗主義と宗教との間の断層を越えて，戦略的な同盟を打ち立てることができるような条件が生まれてくるのをみることになるかもしれない．

　それゆえ，これらは環境政策の領域での可能性かもしれないけれども，NCBLなどの改革においてみられる教育政策をめぐっても同様の戦略的同盟が生まれるかもしれないのだ．アカウンタビリティとテスト，ますます介入を強める国家という強力な枠組みは，あきらかに，権威主義的大衆主義的宗教的保守派が好ましいと思うものではない．互いに（文字通り）避け合ってきた批判的教育者と宗教的集団が，ここで協働することができるのではないのか．これは考慮する価値のあるものだ．私や，フィリス・シュラフリイに関わったような人々が，すでに学校における第一チャンネルに挑戦するということを一緒にやってきたという事実は，こういったことをより可能とする．

　こういうことをいっているからといって，認知された宗教的枠組みや制度の内部に自らの倫理的政治的感覚の土台をもってはいない，合衆国その他の国々の何百万もの人々のことを排除しているわけではない．宗教的コミュニティ自身がとるべき責任の一つは，宗教的テキスト以外の土台に強力な倫理的政治的立場をもつということを強力に正当化することが可能であるということを認識することである．この認識の欠如は，またここでも傲慢であるということができるし，しばしば実際にそうなのであるが，それはまた，無礼の一つの要素である．これは対面道路なのだ．私は，左派は宗教に関する見方や信念について，もう少し考える必要があると論じたいのであるが，宗教的に関与している人々もまたこれに報いるべきなのだ．

　私は二つの同盟について話してきた．一つは原理を共有するものであり，もう一つは「単に」戦略的なものである．ひとたび戦略的同盟の問題が，とくに教育において登場したならば，チャータースクールを無視することはほとんど不可能である．左派と右派の一部の人々にとって，チャータースクールはそれぞれの集団の要求の幾つかを満足させることができる妥協であるとみられている．ここで，しかしながら私は，もっと注意を呼びかけたい．これらの学校についての論議の大部分は非常にロマンティックなものであった．そこでは「脱官僚化」のレトリックが受け入れられ，多様性は現実のものとされた．しかし，エイミー・スチュワート・ウェルズ（Amy Stuart Wells）と彼女の同僚達が明らかに示したように，チャータースクールはしばしば，あ

まり誉められたものではない目的に奉仕することができるし，実際そうしている．私が第8章で示したように，それらはイデオロギー的にも教育的にも問題のあるプログラムに対して，ほとんど公共的なアカウンタビリティなしに公的資金を供給するように巧妙に操作されうる．それらが生み出すと想定されている人種的平等に関する統計の裏で，「ホワイト・フライト（白人の逃避）」を激化させることもありうるし，自分達にとって「他者」と想定される人々の未来や文化にほとんど関心を払わないような集団によって乗っ取られるかもしれないのだ．チャータースクールは，合衆国中の学校に在籍する大多数の子供達のための公立学校に対する攻撃において，そこでは何がなされるべきかということから注意を逸らせることによって，「合法的な外観」として使われるのだ．それゆえチャータースクールは，都市部そして農村部の学校に対する十分な資源と支援を与えるための私達の取り組みがなされていないことから注意をそらすようにすることができるし，現にそうしている．そして多くのやり方で，それらはバウチャープランに対しても道を開くものとなるという危険性がある[84]．

　しかしながらそういいつつも，私はチャータースクールが消滅するとは信じていない[85]．事実，私がラテンアメリカやアジアの国々で教育的そして政治的活動をしたり，講演し始めてからの長い間に，チャータースクール運動にはかなりの関心がもたれていることが，私にははっきりしてきた．それはとくに，強力な国家とカリキュラム，教授法，そして評価に関する強力な中央統制の長い歴史をもっている国や，国家が非常に硬直していて，高度に官僚化しており，非応答的な国の場合である．この状況を考えれば，チャータースクールの地勢は，保守派連合内部の諸力によって占領されるべきではないということが絶対的に決定的だ．もしチャータースクールが，それらが脅しているように，主に大多数の生徒が通う学校から注意を逸らせるというように機能するような場になってしまったら，もし，チャータースクールが，バウチャーを「カモフラージュする」ために利用されることを許したら，もしチャータースクールが教師とその他の教育者に対する協調した攻撃を正統化するのに奉仕したとしたら，その効果は合衆国だけに限定されるものではないだろう．これは世界規模の悲劇となる．こういった様々な理由から，チャータースクールがいまよりも進歩する傾向のある一揃いの可能性になるということを保証するように，我々の経験的，教育的，政治的エネルギーの一

部を注ぐことが決定的なのだ．我々は，運動における良いセンスの要素を，保守的現代化の傘下に統合されることによって失わないように運動する必要がある[86]．

批判教育学的実践を実践的にすること

　私が最後の段落で私達のエネルギーの「一部」といったことに気づいたであろう．もう一度いおう．チャータースクールのような「代案」に私達のエネルギーを費やすことについては，十分注意深くなければならない．私達は戦術的に現実的な可能性そのものを高めてはいない．進歩主義者が自分達の関心をそれらに多く費やしてしまうと，大多数の学校における活動が二の次になってしまう．ここでもまた私達は，こういったことに非常に慎重でなければならないのだ．私が指摘してきた戦術的かつ戦略的焦点すべてが重要である一方，私はある一つの領域がとくに教育者としての私達の関心の中心にあるべきだと信じている．すなわち，教育における現実的な実践的問題に対するリアルな答えを提供すること．私はこのことについて第4章で注記しているが，もう一度強調しておく必要がある．現実の学校と現実の地域社会において，今日の現実の教師と生徒とともに，批判的で民主的な教育を打ち立てる闘争の成功例を示すことによって，チャータースクールのみならず，地域社会にある地域の小学校，ミドルスクール，そして中等教育学校に対しても注意が払われる．それらは，私達のほとんどが生活を送っているような地域社会であり，学校である．それゆえ，批判教育学を作るそのような「幾つかの物語」を公にすることは，教育における「批判理論家」によって夢見られた単なるユートピア的見通しではなく，現実に「実行可能なものである」．

　この理由そのものによって，私が本書を通じて何度も繰り返して強調してきたように，よく読まれ多くの国で翻訳された『デモクラティックスクール』や，ますます影響力を持ち出した『学校再考』といった雑誌のような政治的／教育的介入が，さらに重要になってくる[87]．第3章と第4章で明らかにしたように，もし私達が実際に右派を妨害しようとするならばこれは決定的に重要だ．なぜならば，右派は「常識」と「普通のアメリカ人主義」——そして人々の常識はそれ自体にセンスの良いものと悪いものの要素を有してい

る——という利点を有しているので，私達もまた，こういった進歩主義的傾向のある要素を，教育実践に関してリアルで重要な問題とは何であるかということに対する答えをもっているのは右派ばかりではないのだということをみせるために，利用することができる．

たとえば，カリキュラムと教授法が有給の職と経済に社会的に進歩的な方法で関係しているある特別な職業教育と学術的教育プログラムが，ボストン地域のリンジ・スクール・オブ・テクニカル・アーツで採用されているが，それは，自分達の経済的な将来に多大なる関心を（正当にも）もっている親や生徒が自分達の疑問に対する実践的回答をえるのに，新自由主義的政策に従わなくてもよいということを非常によく表している[88]．私はこれ以上重要な例を思いつかない．保守的現代化の諸力は，「私は月曜に何をしようか」といった疑問に対する回答を与えることとともに実践のための空間を植民地化してきた．それは，部分的には右派が回答のすべてをもっていたという理由からではなく，左派があまりにもしばしばこういった空間から疎開してしまったという理由からだ．

ここでもまた，私達は右派から多くを学ばなければならない．私達は，たとえば，E・D・ハーシュの進歩的模倣者を必要としているのではないが，私達は，私は何を教えるか，私はいかに教えるか，私はその成功をいかに評価するかといった真剣に受け止めるべき問題——本質的には，人々が聞く権利を有しており，理にかなった回答をえる権利をもっているこれらの実践的疑問のすべて——を問うますます猜疑心が強まった人々，教師，地域社会の成員に対して回答を実際に与えようと試みるという点でもっともっと行動的である必要がある．これがなされない場合，右派が常識のみならず，常識を生み出す手伝いをする学校をも再構築する間，私達は横目でそれをみているだけになるだろう．

これこそ批判的傾向をもつわずかな教育実践家によって行われているそういった仕事が本当に重要であるということを示すものである．ニューヨークのセントラル・パーク・イースト校とボストンのミッション・ヒル・スクールのデビー・メイヤー（Debbie Meier）と彼女の同僚達，ミルウォーキーのフラットニー・ストリート・スクールのボブ・ピーターソン（Bob Peterson）とリタ・テノリオ（Rita Tenorio）及び彼らの同僚達，リンジ・スクールのスタッフ，そしてその他全国の似たような学校における多くの教育者達が私が

注記したような日々の疑問への批判的回答のモデルを提供している．彼らはまた，新自由主義者，新保守主義者，そして権威主義的大衆主義者によってなされた議論へも直接に応答している．彼らはこのことを，真の公立学校（彼らはそのような防御を先導することには長けているにも拘わらず）というアイデアそのものを守ることによってのみならず[89]，彼らの多様な生徒達に対する高い期待と，彼らと彼らの親，地域社会の文化，歴史，そして経験を非常に尊重するということ双方に基づいた有効な代替案をみせることによっても成し遂げているのだ[90]．こうすることによってのみ，この新しい連合の新自由主義と新保守主義，そして管理部門を学校のレベルで切り崩すことが可能となる．

資源としての希望

右派を妨害し，有効な代替案を作り上げることについては多くのことがいえよう．しかし一冊の本でできることはどんな本でも限度がある．私はこの本を，私達の教育制度の目的と手段について，そしてより大きな制度と権力関係とのそれらのつながりについての現在進行している重要な論争に貢献したくて書いてきた．そのような論争を常に活発なものとして維持することは，「死者のカリキュラム」に挑戦する最善の道の一つである．そのような論議を刺激するために，私は『公式な知識』で始めた実践を続けたいと思う．ここでの私の論議への疑問や，あるいはこれを肯定する意見，あるいはいまや教育において強力になった保守化傾向を妨害することに成功したあなた自身の物語を私に教えてもらうために，私の住所やメールアドレスを教えよう．次の住所に連絡してほしい．

Michael Apple, the University of Wisconsin, Department of Curriculum and Instruction, 225 North Mills Street, Madison, WI 53706, USA
apple@education.wisc.edu．

真に民主的かつ批判的教育を作り上げ，守ることは集団的なプロジェクトである．私達は互いに多くのことを学びあわなければならない．
困難なときに常に私が念頭におき続けている言葉でこの本を締めくくろう．

すなわち，たゆまぬ政治的文化的変革は，「私達が，原則においてまた概要において，想像できるより良い社会という希望なしには」[91] 不可能であるということ．私の希望の一つは，この本が，教育における新自由主義者と新保守主義者によって過去10年以上もまき散らされている「リアリティ」と「民主主義」の狭い概念の堅い枠を緩めようと戦っている，より大きな運動に貢献することである．第1章で示したように，この限定的なそしてますます偽善的な民主主義の概念，これは不幸なことに，多くの国で社会民主政党によってさえ（「第三の道」というラベルのもとに）受け入れられつつあるものであるが，この民主主義の概念に対する代案が歴史的に存在している．パニッチとリーズ (Panitch and Leys) の言葉に，私達は「いま手に入るもの以上に，豊かでより完全な民主主義に固執する必要がある．集団的なものは何でも『非現実的』であると見下す流行を拒否し，平等主義的社会的経済的計画の必要性と同様に道徳的にも実践的にも正当であることに固執する必要がある」．彼らは続けていう．このことは「そういったものを窒息させるか，矮小化するよりも，一層豊かなものにしていくような大衆的民主主義的能力の発展と，構造を要求する」[92]．『右派の／正しい教育』で分析した（右派の：訳者）運動は「正しいもの」ではなく，「誤った」ものであろう．それらは事実，共通善に基づく民主主義の見解を「窒息させるか，矮小化」するものだろう．しかし，それらは明らかに，私の前の生徒であったジョーセフだけでなく，世界中の何百万もの人々にとって，多大な影響を与えるのだ．私達の子供達，私達の教師達，私達の地域社会はもっと良いものをもつに値するのだ．そしてそういうことに深く関与している人々は，多くの皆さんのように，「嫌な奴」でも「アメリカ合衆国の恥さらし」でもないのだ．事実，この社会を真剣に，単に理論的だけではなく取り扱うことと，私達の子供に対する責任や，今日あまりにも明白となっている不平等の構造に挑戦することを要求する彼らの，そして皆さんの行動は，彼らを，そして皆さんを，真の愛国者とするのだと私達は断言してもいいと思う．

註

第二版日本語版序文
1 アップル（Apple：1993；2000），アップル（1996）．
2 ブルデュー（Bourdieu：1996）．
3 アニヨン（Anyon：2005）．
4 アップル（1995）．
5 リップマン（Lipman：2004），マックニール（McNei：2000）．
6 スミス他（Smith, et al.：2004）．
7 リップマン，前掲書，マックニール，前掲書，ギルボンとユーデル（Gilborn and Youdell：2000）．
8 ヴァレンズエラ他（Valenzuela, et al.：2005）．
9 これについて詳しくはアップル（2003）参照．
10 アップルとビーン（Apple and Beane：1995）．『デモクラティックスクール』も参照．より拡張された論議については第二版（近刊）を参照せよ．
11 たとえばガットステイン（Gutstein：2006）参照．
12 アップルとビュラス（Apple and Buras：2006）．

第二版への序文
1 アップルとビーン，前掲書．
2 アップル他（Apple, et al.：2003）．
3 私が「アメリカ人」という言葉を「　」に入れているのには特別な理由がある．おそらく，私が長い間中央および南アメリカでの教育政策と実践を民主化する運動に関わってきたからであろう．私にとって，それらもまた「アメリカ」であることは明らかであった．アメリカ人という言葉がアメリカ大陸に現実的に存在している多くの国々のうち，たった一つの国によって独占されているという事実は，何かしら傲慢とでもいうべきものであろう．
4 アップル（1979；2004）．
5 「19世紀と20世紀の最も有害な図書10冊」『事件』2005年5月31日号．このリ

ストの存在を教えてくれたキャサリン・バーナードに感謝する．
6 　アップル（2004），とくに第九章を参照．
7 　スマイリー（Smiley : 2004 : 4）．
8 　これに関する多くの事例のうちの一つについては，ダオ（Dao : 2005）を参照．またバインダー（Binder : 2002）も参照．カソリック内部の保守派リーダー達は，近年，「インテリジェント・デザイン」と進化論に関する論争において，インテリジェント・デザインを「真なるもの」として公けに支援することを申し出るなど，活発になってきている．ディーン（Dean : 2005）を参照．
9 　コーエンとヒル（Cohen and Hill : 2001）参照．
10 　このプロセスについての人気のある雄弁な分析についてはフランク（Frank : 2004）を参照のこと．
11 　アップル（1996）参照．
12 　ウィリアムズ（Williams : 1989 : 19）．
13 　同上，322頁．
14 　アニヨン（2005），ガットシュタイン（2006），ウォルフ＝マイケル・ロスとバートン（Wolff-Michael Roth and A. Barton : 2004），アップル他（2003），アップルとビュラス（2006）参照．

第1章

1 　これについて，および音声学と言語全体とのこの二項対立を使うことの問題についての議論は，コールズ（Coles : 1998）参照．
2 　私はこれらのつながりを何度も示してきた．たとえば以下を参照のこと．アップル（2004 ; 1995 ; 1988 ; 2000），ローエン（Loewen : 1995）参照．
3 　これについてはボール（Ball : 1994）参照．
4 　これらの関係についての正確で思慮に富む分析はアニヨン（1997）によるものである．またカオ他（Kao, et al. : 1996 : 263-97）も参照のこと．
5 　これについてはアップル（1996 : 68-90）においてかなり詳細に論じてある．
6 　ワイアット（Wyatt : 1999）．
7 　同上．
8 　同上．
9 　ローティ（Rorty : 1998 : 14）．
10 　たとえばアップルとビーン（1995 ; 1999）参照．
11 　チョムスキー（Chomsky : 1999 : 145）．
12 　たとえばウィリアムズ（1983）参照．
13 　ホブズボウム（Hobsbawm : 1994 : 3）．
14 　フォナー（Foner : 1998 : 4）．
15 　同上．
16 　同，4頁．
17 　同，7-8頁．
18 　同，8頁．

19 同，9頁．またフレイザーとゴードン（Nancy Fraser and Linda Gordon : 1994 : 309-36）参照．
20 フォナー，前掲書，10頁．
21 同上，p.xx. フォナーの本は自由とは何を意味するのか，いかにそれは私達の日常生活において具体化されてきたかということをめぐる継続的な闘争に興味のある人にとっては絶対に必読書である．
22 同，264頁．
23 同，269頁．
24 同，308-309頁．
25 バーネット他（Bennett, et al. : 1999）およびバーネット（1988）．
26 フォナー，前掲書，310-311頁．
27 フランク（Frank : 2004）．
28 フォーナー，前掲書，317-318頁．
29 C・W・ミルズは注意深くも，私達の経済的，政治的，文化的／教育的制度は，今日においても過去においても，有色人種を周辺化する彼が呼ぶところの「人種的契約」によって下支えされていると論じている．ミルズ（Mills : 1997）参照．
30 マックチェズニー（McChesney : 1999 : 7）．
31 同上，8頁．
32 アップル（1996）．
33 マックチェズニー，前掲書，11頁．
34 チョムスキー，前掲書，39頁．
35 スミス（Smith : 1976 : 709-710）．
36 ホール（Hall : 1996 : 40）．
37 これについてさらに詳しくは，アップル他（2005）を参照．
38 ホール，前掲書，37頁．
39 アップル（1996），とくに68-90頁参照．
40 ラレイン（Larrain : 1996 : 68）．
41 いまでは「文明への脅威」としてみているような幾つかの運動を支援するうえで合衆国が果たしている役割に対するより複雑な感情について，および西欧における多様なイスラムの傾向についてより良いセンスを獲得するためにはケペル（Kepel : 2002 ; 1997）を参照のこと．
42 フォナー，前掲書，119頁．
43 同上，121頁．
44 同，134頁．
45 私はこれについてアップル（2004）でかなり詳しく論じている．
46 もちろんヨーロッパにおいてもこのような強制された連盟は長い歴史をもっている．たとえば，ジャネット・リーブマン・ジェイコブス（Jacobs : 2002）参照．
47 フォーナー，前掲書，26頁．
48 同上，26-27頁．

49　ノード（Nord：1995：8）．
50　同上．
51　宗教系学校教育（faith-based schooling）の提唱者の観点からこの問題をさらに論じたものとしてブライホフ（Vryhof：2004）を参照のこと．
52　ノード，前掲書，32頁．
53　マルクスとエンゲルス（K. Marx and F. Engels：1959：10）．これがマルクス個人に対して有した意味についてさらに詳しくはウィーン（Wheen：1999）参照．
54　この問題についての著作は多くあり，実証的理論的論争がいっぱいつまっている．簡単にまとめたものとしては，たとえば，ベックフォード（Beckford：1989）を参照のこと．
55　ノード，前掲書，50頁．
56　同上，51頁．
57　同，65頁．
58　同．
59　同，67頁．
60　ベックフォード，前掲書，25頁．
61　同上，18頁．
62　同上，6-7頁．
63　同上，85-105五頁．
64　フーコー（Foucault：1982：215）．
65　ベックフォード，前掲書，132-133頁．
66　同上，142頁．その他 ホールとグロスバーグ（Hall and Grossberg：1996：142）も参照．
67　クラークとニューマン（Clark and Newman：1997：27-28）
68　同上，93頁．
69　ジー，ハルとランクシャー（Gee, Hull and Lanksher：1996）の経営主義的言説についての分析を参照．
70　クラークとニューマン，前掲書，76頁．クラークとニューマンは，企業のミッションは，効率性の単なる追求から，「卓越性」の追求と継続的な改善の達成へと移行していると論じている．彼らの言葉を使えば，「品質の流行」がみられるということになる．もちろん品質を追求することに何ら問題があるわけではない．しかしこのことが意味するのは，専門的言説が企業モデルで植民地化されているということであり，このモデルの究極的関心は，品質ではなく，利潤なのである．
71　同上，30頁．
72　ジェニファー・デリル・スレック（Jennifer Daryl Slack：1996：113）．
73　同上．

第2章

1　アーノット（Arnot：1990）．

2 グライダー (Greider : 1997).
3 アップル (1996), アップル (2000).
4 ここではデール (Dale : 1989/1990 : 4-19) に依拠している. 合衆国の規模と複雑さゆえ, 私は現在論争されていたり, 実行されつつあるすべての政策問題とイニシアチブに焦点をあてることはできない. これについて詳しくは, ピンクとノブリット (Pink and Noblit : 1995) における政策研究の章を参照されたい.
5 アップル (1990).
6 最近新自由主義者によってこのことが強調されていることを前提とすれば, ボールズとギンタスの教育と資本主義の間の関係についての本『アメリカ資本主義と学校教育』は, それが初めて登場した1976年においては基底還元的であり, 経済主義的で本質主義的であった. しかし奇妙にも, 今日ではもっと正確に現状を捉えているようにみえる. ボールズとギンタス (Bowles and Gintis : 1976). 彼らの立場に対する批評については, アップル (1988), アップル (1995), コール (Cole : 1988) をみよ.
7 アップル (1990).
8 ボール (Ball : 1994), アップル (1996).
9 アップル (1988 : 31-78), エッカー (Acker : 1995 : 99-162). 教育と経済において新自由主義がジェンダーに与えるより広い含意については, ブライアン (Brine : 1992), アーノット他 (Arnot, et al. : 1999) をみよ.
10 チャブとモー (Chubb and Moe : 1990). またハウス (House : 1998) も参照のこと.
11 これらの論議についての議論は, ブラスとアップル (Buras and Apple : 2005 : 550-64) を参照のこと.
12 ウェルズ (Wells : 1993), ヘーニック (Henig : 1994), スミスとマイアー (Smith and Meier : 1995), フラー他 (Fuller, et al. : 1999), ウィット (Witte : 2000) 参照.
13 ウィッティ (Whitty : 1997 : 17), チャブとモー, 前掲書, 26-31頁.
14 ウィッティ, 前掲書からの引用.
15 たとえば ウィッティ他 (Whitty, et al. : 1998), ローダーとヒューズ (Lauder and Hughes : 1999) を参照.
16 アップル (1996), とくに第四章. 最近の多くの社会政策および教育政策がしばしば人種的ギャップを広げている方法について言及している.
17 ウィッティ, 前掲書.
18 ヘーニック, 前掲書, 22頁.
19 ウィッティ, 前掲書, ローダーとヒューズ, 前掲書, アップル (1996).
20 しかしながら, 多くの場合, これらのイニシアチブは実際には「補助金なしの命令」である. すなわち, こういった要求は命令としてなされているが, それらを遂行するための追加的資金は与えられないのである. こういった状況の結果, 教育制度のすべてのレベルにおいての教師の労働強化は顕著である. 雇用のための教育の歴史については, クリーバード (Kliebard : 1999) を参照のこと. 高等

教育に対するその他の影響についての明確でかつ思慮深い分析としてはホワイト（White：2000），スローターとレスリー（Slaughter and Leslie：1997）を参照のこと．
21　学校における商業主義の強力な諸力についてのさらなる議論については，モルナー（Molnar：2005）を参照．
22　私は第一チャンネルについてのさらに詳しい分析を行っている．アップル（2000：89-112）．またモルナー（Molner：1996）も参照のこと．学校の生徒の人口動態的情報を与える見返りとして無償でコンピュータを与えるZapMe!に関する金銭的トラブルについての格好の事例についてもふれられている．もちろん，第一チャンネルのような目論見に対する抵抗の歴史も存在している．アンプラグ（UNPLUG）は学生主導の集団であるが，学校の商業化に抵抗する前線を形成している．さらに，最終章で論じたように，保守派も進歩派も第一チャンネルに反対することでは一致協力している．
23　アップル（1996：68-90），グライダー，前掲書．
24　同上．その他またクック（Cook：2000：13-19）も参照．
25　フレイザー（Fraser：1989：168）．
26　同上，172頁．社会生活のある一つの局面における利益がいかにその他の局面に「輸送される」かということについては，ボールズとギンタス（Bowles and Gintis：1989）とアップル（1988）を参照．ヘルスケアについての同様の歴史については，オプダイク（Opdycke：1999）を参照．
27　フレイザー，前掲書，172頁．
28　デール（1989）．
29　残余と新興のイデオロギーの様式について，さらに詳しくはウィリアムズ（Williams：1977）を参照．
30　ハンター（Hunter：1988），アップル（1996）．
31　たとえば，ハーシュ（Hirsch：1996）．ハーシュの立場に対する優れた批判についてはビュラス（Buras：199：67-93），またオハニアン（Ohanian：1999）も参照のこと．
32　ベネット（Bennet：1994）．
33　ベネット（1988：8-10）．
34　ウェルズ（Wells：1999）．
35　ダグラス（Douglas：1966）．
36　たとえばマッカーシーとクリッチロウ（McCarthy and Crichlow：1994）を参照．
37　たとえば，ラビッチ（Ravitch：2000）を参照．ラビッチへの私の返答についてはアップル（2001：7-36）を参照．
38　この問題はより詳しくアップル（1990）で取り上げている．
39　レビン（Levine：1996：20）．
40　同上．
41　同上，15頁．またアップル（1996），クリーバード（Kliebard：1995）も参照

のこと.
42 レビン,前掲書,15頁.
43 コーンブレスとウァオ（Cornbleth and Waugh : 1995）.
44 合衆国の歴史についての対抗的物語についてはツィン（Zinn : 1999a）を参照のこと.またツィン（1997），ツィン（1999b）も参照のこと.
45 これはテキストやカリキュラムが女性や「マイノリティ」による貢献を示す材料を含んでいる場合には「言及する（mentioning）」というプロセスを通じてしばしば行われる.しかし読者に対して抑圧された集団の目から世界を見ることを許すわけではない.あるいは,「私達はすべて移民である」という言説にみられる場合と同様に,妥協が行われ,その結果,歴史的類似性という神話が,集団間の経済的分断がますます悪化するのと同時に構築されるのである.アップル（2000 : 42-60）を参照.
46 ラビッチ（Ravitch : 1995）.
47 歩調をあわせた批判をしつつ,NCTMは最近公式に伝統的な数学的関心と教授方法を強調することへ戻ることを,投票によって決定した.ハートコリス（Hartocollis : 2000 : A16）をみよ.
48 これについて詳しくはアップル（1996），オハニアン（Ohanian : 1999）を参照.
49 この区別はデール（1989）でさらに詳しく展開されている.
50 このことがカリキュラム,教授そして評価に対してもつ効果に対しての詳しい批判はマックニール（McNeil : 2000）を参照.
51 アップル（1995），アップル（1988），エッカー（Acker : 1995）を参照.ジェンダーと階級に関する明白な反感がここでは働いている.これには長い歴史がある.これらのダイナミクスに対して人種が交差し,この歴史と教授の労働過程を構築するのを助ける方法についての分析はあまり行われてこなかった.しかしながら,現在フォスター（Michelle Foster）とフルツ（Michael Fultz）によって行われている研究はこの点に関して最も役にたつものとなるだろう.
52 ハーンシュタインとマリ（Herrnstein and Murray : 1994）.
53 オミとウィナント（Omi and Winant : 1994），セルデン（Selden : 1999）.とくにセルデンの本は,人種の最も優勢な構築が,たとえば,人気のあった優性学的運動といったものに参加した個人や多くのプログラムを含む教育政策と実践の幅広い範囲の中でいかに存在していたかということが,ほとんど知られていなかったことを明らかにしている.
54 同上.またダイヤー（Dyer : 1997）とウエスト（West : 1994）も参照.
55 クラッチ（Klatch : 1987）.とくにハーンシュタインとマリによって提唱されているこれらの立場に対する批判についてはキンチェロー他（Kincheloe, et al. : 1996）を参照.
56 さらなる論議についてはアップル（1996）参照.
57 ハンター（Hunter : 1988）.
58 同上からの引用,57頁.

59 同.
60 テキストの権力とその矛盾する衝撃についてはアップル（1988），アップル（2000）をみよ．教科書をめぐる闘争が保守派活動家の動員を手助けする方法についての検討はアップル（1996：42-67）を参照．
61 デルファトーレ（Delfattre：1992）．
62 同上，139頁．
63 公的な知識の定義づけと教科書における国家の役割の歴史と影響力については，以下の文献でさらに詳しく検討されている．アップル（1988），アップル（2000）．またコーンブレスとウァオ（Cornbleth and Waugh：1995）も参照のこと．
64 ディミックとアップル（Dimick and Apple：2005）参照．
65 デルファトーレ（Delfattore：1996），デットワイラー（Detwiler：1999）．
66 アニタ・オリバー（Anita Oliver）と私はこれについての具体的な事例を分析した．アップル（1996：42-67）を参照．
67 ベネディクト・アンダーソン自身は「想像の共同体」として国家に関する論議を限定しているにも拘わらず，私は彼のメタファーを特質の多くが同じであるという理由から宗教的共同体まで拡大している．アンダーソン（Anderson：1991）を参照．
68 フレイザー（Fraser：1989：172-73）．
69 バジル・バーンシュタインは，新ミドルクラスのこの部分を国家のために働くものと民間部門で働くものとに分けるという重要な区分を行っている．彼らは異なるイデオロギー的そして教育的関心をもつであろう．バーンシュタイン（Bernstein：1990）参照．「中間（intermediate）」階級とその階級の幾つかの分派が世界を操作し解釈する方法について，さらに詳しくはライト（Wright：1985），ライト（1997），ブルデュー（Bourdieu：1984）を参照せよ．
70 ブルデュー（1988），ブルデュー（1996）．
71 バーンシュタイン，ライト，そしてブルデューの研究を組み合わせることが，この階級を理解するうえで役にたつであろう．この階級について風刺の効いた，しかし依然として興味深い分析が保守派コメンテーターのデビッド・ブルックスの著作にみられる．ブルックス（Brooks：2000）参照．
72 アップル（1996：22-41）参照．
73 とくにアップルとビーン（Apple and Beane：1995），アップルとビーン（Apple and Beane：1999），スミス（Smith：1993）参照．またこの点についてかなり興味深いものとしてオークスによる脱能力別学級編成（de-tracking）と教育改革に関する研究がある．オークス他（Oakes, et al.：2000）参照．
74 シュタインバーグ（Steinberg：2000：A1, A22）．これが成長するかどうかについては今後の経緯を見守ることになる．さらにまた貧民と文化的かつ経済的に公民権を剥奪されている者の子供達がこれに広く関わることになるかどうかということについても不明である．結局，豊かな子供達が〈選択肢をもっており〉，テストを受けないことを補うことができるのだ．この社会が「他者」と呼ぶ人々の

子供達にはこのことはあてはまらないだろう.
75 たとえば,『学校再考』という雑誌を参照せよ.この雑誌は,教育における進歩的闘争,政策,そして実践についての最もよい指標の一つである.問い合わせ先は,Rethinking Schools, 1001E.Keefe Avenue, Milwaukee, WI 53212, USA. ホームページ〈www.rethinkingschools.org〉.

第3章

1 ウィッティ (Whitty : 1974 : 112-137).
2 ブルデュー (Bourdieu : 1984).
3 クリーバード (Kliebard : 1995).
4 ルリーとミレル (Rury and Mirel : 1997 : 49-110), アップル (1997 : 49-110), タイテルバーム (Teitelbaum : 1996), セルデン (Selden : 1999).
5 アップル (2000), アップル (1996).
6 ハーンシュタインとマリ (Herrnstein and Murray : 1997).
7 アップル (1996 : 22-41).
8 ランソン (Ranson : 1995 : 427).
9 ギルボン (Gillborn : 1997 : 2).
10 マカロック (McCulloch : 1997 : 80).
11 ハーシュ (Hirsch : 1996) 参照.
12 マカロック,前掲書からの引用.78頁.
13 同上.
14 同.
15 チャブとモー (Chubb and Moe : 1990), ウィッティ (Whitty : 1997 : 3-47).
16 ギルボン,前掲書,357頁.
17 アップル (1999), アップル (1988). もちろん,批判教育学の文献における「明解さ」の問題については,バーバルズ (Burbules),ジルー (Giroux),レザー (Lather),ギトリン (Gitlin),私,その他の人々からなされた賛否両論のかなり多くの著作がある.この点についての私自身の立場は,このような論争は必要不可欠であるということ,そして明確にしようという私達の試みにおける言葉の豊かさや魅力と理論的な洗練さを犠牲にするという危険性があるものの,批判教育学の仕事の複数のコミュニティ内部でだけ通用する放漫で本当に感傷的で単なるレトリックだけの文章というものがまだたくさん存在する.明らかに,複雑な事柄に対応する必要がある.しかしまた共感を寄せる読者を周辺化しないという必要性もあるのだ.
18 ギルボン,前掲書,353頁.
19 同上.
20 ハーンシュタインとマリ (1997).
21 デールの言葉.メンター他 (Menter, et al. : 1997 : 27) からの引用.
22 同上.
23 ウィッティ (Whitty : 1997), ウィッティ他 (1993), アップル (1996) 参照.

市場と標準と業績指標の統合については，スターンズとハーベイが明らかにしている．スターンズとハーベイ（Sterns and Harvey : 2000）．この本は「平易な話し方」の興味深い例となっているし，一方では「民主主義」のためのその提案の中心に経済と効率性の必要性を置きながら，大衆主義者の一連の覚え書きを攻撃しようとしているものである．
24 チャブとモー（1990）．
25 パワー他（Power, et al. : 1994 : 27）．
26 先の総選挙で保守党に対する「新労働党」の勝利を前提とすれば，この点に関してかなりの変化がみられるかどうかは，依然として疑問である．新自由主義的政策と新保守主義的政策のある幾つかの局面はすでに労働党によって受け入れられている．たとえば，先の保守党政権によって課せられた支出に対する厳しいコスト統制や，厳正な業績指標を伴った「水準の上昇」に焦点を集中することなど．この点については，たとえばギルボン（Gillborn : 2000）を参照．
27 パワー他，前掲書参照．
28 ボール他（Ball, et al. : 1994 : 39）．
29 同上，17-19頁．
30 オールセン（Olssen : 1996 : 340）．
31 パワー他（2003），ボール（Ball : 2003）参照．
32 ボール他（1994），前掲書，19頁．
33 人種差別国家に関する論議についてはオミとウィナント（Omi and Winant : 1994）をみよ．また人種と代表制については，マッカーシーとクリッチロウ（McCarthy and Crichlow : 1994），マッカーシー（McCarthy : 1998）をみよ．
34 ブルデュー（Bourdieu : 1984）．
35 ボール他，前掲書，20-22頁．
36 ファインとワイズ（Fine and Weis : 1998），ドューネイアー（Duneier : 1999）．
37 ブルデュー（1996），スワーツ（Swartz : 1997）．
38 アップル（1988），アップル（2000 : 113-36）．
39 ウィッティ他（Whitty, et al. : 1998 : 12-13）．
40 同上，36頁．
41 オールセン（1996）．
42 ウィッティ他，前掲書，37-38頁．経営主義と国家についてはクラークとニューマン（Clark and Newman : 1997）を参照．
43 さらに詳しくはアップル（1995）．
44 オミとウィナント（Omi and Winant : 1994），エプシュタインとジョンソン（Epstein and Johnson : 1998），ミドルトン（Middleton : 1998）を参照．
45 ウィッティ他，前掲書，60-62頁．
46 この点について最良の研究はフレイザー（Fraser : 1989），フレイザー（Fraser : 1997）である．
47 ウィッティ他，前掲書，63頁．
48 同上，67-68頁．またギルボンとユーデル（Gillborn and Youdell : 2000）も参

照のこと.
49 ギルボンとユーデルの『教育の配給』は,このことを明らかに示している.ここで重要なもう一つのことは,既存の不平等を変えるためにこのような政策を利用しようという公然の試みにおいてさえ,このことは常に生じているということだ.ウィッティ他,前掲書,119-120頁も参照のこと.
50 ウィッティ他,前掲書,80頁.
51 同上.またギルボンとユーデル,前掲書,ゲワーツ他(Gewirtz, et al.:1995)も参照のこと.私達は,こういったデータをアジアの生徒の「モデル的少数派」を正統化するために採用することには細心の注意を払う必要がある.リー(Lee:1996)も参照.
52 ローダーとヒューズ(Lauder and Hughes:1999:2).
53 同上,29頁.またブラウン(Brown:1997:736-749)も参照.
54 ローダーとヒューズ,前掲書,101頁.
55 同上,132頁.
56 アップル他(2003:109-47)参照.
57 私達の社会のような社会で,ほとんどすべての社会的取り決めを下支えしている人種的契約という問題については,ミルズ(Mills:1997)を参照のこと.私は,国家はそれ自身「想像の共同体」に土台をもっているというベネディクト・アンダーソンの立場からもヒントを得ている.アンダーソン(Anderson:1991)参照.
58 たとえば,新自由主義におけるジェンダーのダイナミクスについての分析は,アーノット他(Arnot, et al.:1999)を参照せよ.新保守主義的政策がセクシュアリティと身体に対して,およびそれらを通じて働くその方法については,エプシュタインとジョンソン(Epstein and Johnson:1998)がうまく記述している.
59 ウィッティ他,前掲書,98頁.またウェルズ(Wells:1999)も参照せよ.
60 ウィッティ他,前掲書,112-113頁.
61 同上,14頁.
62 同,42頁.
63 ヘーニック(Henig:1994:222).またエンゲル(Engel:2000)にみられる幾つかのコメントを参照せよ.
64 アニヨン(Anyon:2005).
65 この問題における国家の役割に関する議論は,とくにブルデュー(1996)を参照せよ.
66 ウァクァント(Wacquant:1996)のブルデューの著作(1996)に対する序文.
67 ブルデュー(1996:273).
68 ボール他(1994:24).
69 メンター他(1997:8).
70 同上,57頁.こういった変容の地球規模での効果,とくに教師に対する効果についてのロバートソン(Robertson:2000)の研究は傑出している.
71 メンター他,9頁.

72 同上，24頁．
73 同上．
74 アップル（1996：22-41）．
75 ボール他（1994：23）．
76 パワー他（Power, et al.：1994：38）．
77 ランソン（Ranson：1995：436）．
78 同上．またチョとアップル（Cho and Apple：1998：269-290）も参照．
79 ランソン，前掲書，437頁．
80 ランソン，前掲書，ハッチャーとトロヤナ（Hatcher and Troyna）の引用，438頁．
81 同上．
82 オーヒィア（O'Hear：1994：66）．
83 同上，55-57頁．
84 同，68頁．
85 同，35-66頁．
86 ジップスとマーフィー（Gipps and Murphy：1994：204）．
87 バーンシュタイン（Bernstein：1990），バーンシュタイン（Bernstein：1996），アップル（2000：61-88）．
88 エヴァンズとペニー（Evans and Penney：1995：27-44）．アップル他（2003：81-107）．
89 エヴァンズとペニー，前掲書，41-42頁．
90 たとえば，リン（Linn：2000：4-16），オークス（Oakes：1992：12-21），オークス他（Oakes, et al.：1997：482-510）．ウェルズ他（Wells, et al.,：1999：172-204）．
91 たとえば，アップルとビーン（Apple and Beane：1995）参照．
92 これに関するさらなる議論については，リップマン（Lipman：2004），スミス他（Smith, et al.：2004）参照．
93 ギルボンとユーデル，前掲書．
94 たとえば，グールド（Gould：1981），セルデン（Selden：1999）を参照．
95 ギルボンとユーデル，前掲書，194頁．
96 同上，195頁．
97 マックニール（McNeil：2000）．
98 リップマン，前掲書．
99 ウイルソン（Wilson：2000），モーゼス（Moses：2000），スミスとハイネッケ他（Simith, Heinecke, et al.：1999：157-91）．
100 セルデン，前掲書，165-166頁．
101 ルーク（Luke：1995：vi-vii）．
102 『学校再考』は批判的研究者，小学校，ミドルスクール，高校の教師，児童・生徒，そして地域の活動家達がエリート的ではない方法で一緒に活動することができる方法の最善の事例の一つである．これに関する情報は以下に問い合わせさ

れたい．Rethinking Schools, 1001E. Keefe Avenue, Milwaukee, WI 53212, USA. ファックスならば（USA）414-964-7220．ウェブサイトは〈www.rethinkingschools.org〉．フレイレの仕事と，学校でそれを実践に移す場合の複雑さとを関連づけた議論については，オカディーツ他（O'Cadiz, et al. : 1998）を参照のこと．しかしながら，フレイレの仕事は，合衆国ではあまりにもしばしばレトリックとして，あるいはまた脱政治化された方法で乱用されている．この点に関する私の議論については，アップル（1999）参照のこと．
103 アップルとビーン（1995）．
104 同書は日本，アルゼンチン，ブラジル，スペイン，ポルトガルなどで翻訳，出版されている．英国のコモンウェルス，オーストラリア，ニュージーランドその他の国々でも最近出版された．アップルとビーン（1995）をみよ．だから，「月曜日には何をしようか」という目下の問題に対して批判的な回答を与えることは，多くの国で決定的に重要なことのようにみえる．
105 アップル（1988），アップル（1999）．
106 カールソンとアップル（Carlson and Apple : 1998 : 1-38）．
107 ジルー（Giroux : 1992 : 219）．
108 社会的行為者の日常生活における生きた文化と，批判的理論的かつ実証的仕事をつなげる重要性を認識することは，倫理上，そして政治的なディレンマを抱え込むことになる．これについての最も明解な議論については，ファインとワイズ（Fine and Weis : 1999 : 264-288），カールソンとアップル，前掲書，リンダ・タヒワイ・スミス（Smith : 1999）を参照のこと．

第4章

1 ジェニングス（Jennings : 2003 : 291-309）．
2 ここでの私の記述は，ジェニングスのNCLBの主要な要素に関する明解な説明に負っている．同上，299-309頁．
3 メアリー・リー・スミス他（Smith : 2004）．
4 ディロン（Dillon : 2005c : A19）．
5 マイヤーとウッズ（Meier and Woods : 2004）．
6 ディロン（Dillon : 2005a : 21），ディロン（2005b : A14）．
7 マイヤーとウッズ，前掲書，バーリナー（Berliner : 2005 : 205-13）．
8 アップル（2000）．加えて，同法の些細な局面の一つに，コリン（Ross Collin）が目下取り組んでいる研究が示しているように，学校をさらなる軍隊化に向けて進めようとするものがある．この註の10を参照のこと．
9 ヴァレンズエラ（Valenzuela : 2005）．またマックニール（McNeil : 2000）とリップマン（Lipman : 2004）も参照せよ．
10 マジソンのウィスコンシン大学におけるロス・コリンの進行中の研究は，そのような学校関連のプログラムとその問題についての分析としては，秀逸である．たとえば，コリン（Collin : 2005）を参照せよ．
11 アップル「NCLBに関して，私達がテキサスから何を学ぶことができるか」

『教育政策』Educational Policy（近刊）.
12　ヴァレンズエラ，前掲書，263-294頁．
13　パディラ（Padilla : 200 : 257）．
14　ヴァレンズエラ，前掲書．
15　同上，1頁．
16　同，2頁．
17　マックニールとヴァレンズエラ（McNeil and Valenzuela : 2001 : 127-150），マックニール（McNeil : 2005 : 57-111）．
18　ヴァレンズエラ，前掲書，4頁．
19　マックニール（2005）．
20　デ・ベラスコ（de Velasco : 2005 : 48-49）．
21　マックニール（2005 : 58）．
22　同上．
23　同．
24　同，91-92頁．
25　同，92頁．
26　NCBLの背景にあるレトリックの大部分が，有色の貧しい子供達に対する公正さについてのものである．しかし，この法がもたらす諸政策に対する補助金なしの命令の本質と，さらなる貧困化と不平等を生み出している新自由主義的経済と社会政策のもとでのその他の補助金交付上の優先順位と減税などを前提とすれば，この言い分は部分的に不正直である．これらの結果はしばしば右派によって為されるその他のレトリックの働きによって隠蔽されてしまう．たとえば，郊外の学校はその地域の有色の貧しい子供達に焦点をあてるよう圧力をかけられるというやり方をNCBLは提案しているのだというように．これはスローガンとしてならいえるかもしれない．しかしそうであったとしても，それがほかの経済政策や社会政策と〈関連づけられたとき〉いかにそれが機能するのかという現実は，ほとんど噴飯ものだ．NCBLと郊外地域を正当化する発言は，フォーダム財団の保守派副代表の目から見たものとしてなされたものだ．ペトリーリ（Petrilli : 2005 : A21）参照のこと．
27　アニヨン（Anyon : 2005），アップル（1995）．
28　ジェソップ（Jessop : 2002）．
29　リーズ（Leys : 2003）．
30　チャブとモー（1990）．スローターとレスリー（Slaughter and Leslie : 1999），スローターとローデス（Slaughter and Rhoades : 2004）参照．またローデスとトレス（Rhoads and Torres : in press）は大学に対する市場化と競争的経済的プレッシャーについて有意義な議論を展開している．
31　リーズ，前掲書，4頁．
32　同上．
33　これが教育を市場化しようとする計画においていかに機能し，あるいは機能しないかについてはヴァン・ダンクとディックマン（Dunk and Dickman : 2003）

を参照.
34 アップル (2000), リーズ, 前掲書, 4頁.
35 リーズ, 同上.
36 ハーバーマス (Habermas : 1971).
37 ジェソップ, 前掲書, アップル (2003).
38 リーズ, 前掲書, 35-36頁.
39 同上, 42頁. カッツ (Katz : 2001), シップラ (Shipler : 2004).
40 オーセン (Olssen : 1996 : 340).
41 リーズ, 前掲書, 70頁.
42 同上.
43 同, 71頁.
44 同, 73頁.
45 リストンとジークナー (Liston and Zeichner : 1991), ジョンソン (Johnson : 2005) 参照.
46 クラークとニューマン (1997).
47 もちろんこれは差異化された経験である. アメリカ合衆国では, スーパーマーケットは, 有色の人々が多く住む都市部ではそれほどあるわけではない.
48 アンドレ＝ベシェリー (Andre-Bechely : 2005) は, 貧しい親達にとっては, 情報が同じように手に届いているわけではないし, 学校選択プランを実質化するために, また情報を解読するための労働量も異なっているということについて示唆に富んだ論議を行っている.
49 ボール (Ball : 1994).
50 リーズ, 前掲書, 108頁.
51 アップル (1995), アップル (2000).
52 リップマン, 前掲書.
53 アップル (2000), ホーガン (Hogan : 1983). 人種が常に決定的なダイナミクスであったその在り方についてはミルズ (1997), マッカーシー他 (2005), ラドソン＝ビリングスとギルボン (Ladson-Billings and Gillborn : 2004), ファイン他 (Fine, et al. : 2005) 参照.
54 リーズ, 前掲書, 211-212頁.
55 アップル (2000).
56 この点に関してバーチが現在行っている研究はとくに重要である. バーチ (Burch : in press : 34) 参照のこと.
57 同上.
58 マーカンド (Marquand : 2000 : 212-13).
59 スコークポル (Skocpol : 2003).
60 カッツ, 前掲書.
61 フレイザー (Fraser : 1989), ケリー (Kelly : 1993 : 75-112), アップルとペドローニ (Apple and Pedroni : 2005 : 2068-2105). しかしながら, いかに抑圧された人々が消費者としての主体的立場を戦略的にとろうとし, それをさらに自分達

の集団的利害と結び付けようとしているかということが問題である．
62 リーズ，前掲書，220頁．
63 アップル他（2003）．
64 スコークポル，前掲書．
65 たとえばアップルとケンウェイ他（Apple and Kenway, et al.：2005）．
66 バーンシュタイン（Bernstein：1996）．
67 アップル（2000）．
68 クラークとニューマン（1997）．
69 ブルデュー（1984）．
70 同上．ブルデュー（1988），（1996）．
71 パワー他（Power, et al.：2003），ボール（2003）．
72 ギルボンとユーデル，前掲書，マックニール，前掲書，リップマン，前掲書，アップル（1995），（2000）．これらのものが他のものより効果的であるかどうかについてはベンベニステ他（Benveniste, et al.：2003）参照．
73 ボール（2003）．示唆に富んでいるものとしてパワー他（2003）参照．
74 ミルズ（1994）．
75 ラドソン＝ビリングス（Ladson-Billings：2004：51）．
76 ギルボンとユーデル，前掲書．ウィッティ他（1998）．
77 この部分の素材のほとんどはペドローニとの共同研究である．アップルとペドローニ（2005）．幾つかの概念と経験的主張がさらに発展させられているのがペドローニの批判的研究である．ペドローニ（2003）．
78 アメリカ合衆国における「プログレッシブ」な伝統は，このような人種化や人種の論理から免れてはいなかった．たとえば，セルデン（1999）参照．
79 それは，たとえば，幾つかのアフリカ系アメリカ人の集団である．これらは目立った保守派の運動と同盟を組んでいるのであるが，そういう集団が存在しているのだ．そして彼らは教育におけるプログレッシブな研究者と活動家達の間に，ある魅力あるアイデンティティ・ポリティクスについてとても重要なことをいっているのだ．アイデンティティについて論じているものは，アイデンティティ・ポリティクスとは，「良いこと」であり，人々はナンシー・フレイザーならば承認の政治と呼ぶであろうものを追求するというように進歩的な方向をめざすしかないのだとしばしば（間違って）想定している．フレイザー（1997）を参照のこと．しかし，右派の運動についての真摯ないかなる研究も，アイデンティティ・ポリティクスは，たとえば怒りや後退的様式を取ることもあるのだということを証明している．すなわち，反ゲイ，人種差別主義的先住民保護，反女性などなど．これらの多くの人々にとって，「私達」は新しく抑圧された人々であり，この「私達」には有色の人々，フェミニスト，「性的逸脱者」，移民などは含まれていないのだ．しかしながら，私が以前に注記したように，これら「蔑まれた人々」の集団の中にいる人々でさえ，そのような後退的アイデンティティをもっているかもしれないのだ．こういった問題についてのさらなる議論に関しては，アップルとビーン（2006）を参照のこと．

80 たとえば，モー（Moe：2001）を参照のこと．
81 ヴァレンズエラ（Valenzuera：2005：263-94）．
82 ウィリス（Willis：1990）．
83 ハーンシュタインとマリ（1994）．
84 この点に関しては，ペドローニのBAEOおよび類似の集団に関する現在進行中の研究がかなり重要である．ペドローニ（2003），アップルとペドローニ（2005）．
85 ルイス（Lewis：1993；2000）．
86 ペドローニ，前掲書．
87 ディラード（2001）．
88 ホーガン，前掲書，アップル他（2003）．
89 ボール，前掲書．
90 アップル（2000）．
91 ギルボンとユーデル，前掲書．リップマン，前掲書．マックニール，前掲書．ヴァレンズエラ（2005）．
92 アニヨン（2005），アップル（2000）．
93 同上．アンジェラ・ディラード（Angela Dillard）は，そのような支持がどのような含意をもっているものかということについてきわめて公平な評価を下している．彼女は，彼女が焦点をあてた人々の議論と論理に矛盾が存在していることを鮮やかに描き出している．そうしながら，彼女は公的空間の維持と民主主義との関係についての説得力ある分析をする一方で，市民になるということはどういうことであるのかということについてさらに広がったかつ豊かな理解というものを提供している．彼女の議論を読めば，フォナーのすばらしい本『アメリカの自由の歴史』*The Story of American Freedom* にみられるような私達の自由，民主主義そして市民性といった概念の意味をめぐる歴史的闘争と彼女の議論がつながっていることがよくわかるであろう．ディラードの議論は，実質的であり役に立つものである．フォナー（Foner：1998），ディラード（2001）．
94 ヴァン・ダンクとディックマン（Van Dunk and Dickman：2003）．
95 アップルとペドローニ，前掲書．
96 カッツ，前掲書．
97 ボール，前掲書，パワー他，前掲書，ギルボンとユーデル，前掲書．
98 グリフィスとスミス（Griffith and Smith：2005）．
99 アフリカ系アメリカ人のナショナリスト活動家や研究者によるバウチャープランの危険性批判がいくつかある．ブッシュ（Bush：2004）をみよ．黒人行動主義と消費者の闘争の方法が，圧倒的に白人が統制している経済と政治機構内部において，また黒人の動員内部にもまた同様に，積極的効果をもたらしていることについては，シューウェル（Sewell：2004：135-51）を参照のこと．
100 アップルとペドローニ，前掲書．
101 これについてのさらなる議論についてはヴァレンズエラ（2005），アップル（近刊）参照．

102　ヴァレンズエラ，前掲書，12頁．
103　アップル他（2003）．
104　ヴァレンズエラ，前掲書，13頁．
105　同上，17頁．アップルとビーン（1995），ガットシュタイン（Gutsein：2006）参照．
106　ランソン（Ranson：2003：470）．
107　フレイザー（1989），ミルズ（1997）．
108　フレイザー（1997）．
109　ウィリアムズ（Williams：1989）．
110　ランソン，前掲論文，476頁．
111　同上．これを単純な「熟慮 deliberation」のリベラルなモデルとしてみなすことには幾分か注意を払う必要がある．これについては，エイヴィス（Avis：2003）を参照のこと．
112　大学生活と仕事の核心部分をこういった関心を中心に組織しようとする継続的試みについての説明は，アップル（2000）を参照のこと．
113　アップル他（2003）．
114　教育分野内部では，『教育を教えること』*Teaching Education* という雑誌が教員養成課程，および大学院課程での批判的教授に関する研究を継続的に発行することによってこの課題を制度化しようという試みが為されてきている．これに関して決定的となるさらなる素材については註117を参照．
115　ラドソン＝ビリングス（1994）．
116　アップルとビーン（1995）．
117　ガットシュタイン（Gutsein：2006），ガットシュタインとピーターソン（Gutstein and Peterson：2005），ロスとバートン（Roth and Barton：2004），マイヤー（Meier：1995），マイヤー（2002）を参照．
118　マクドナルド（MacDonald：in press）．

第5章

1　デルファトーレ（Delfattore：1992：93）．
2　ベラック（Belluck：1999：A1, A13）．当該教育委員会はミクロレベルの進化論について教えることは許可した．すなわち同一種族内での遺伝子の操作，自然淘汰について．マクロレベルの進化論，すなわち種の起源については除かれた．
3　ベラック，前掲書，A13．
4　ディーン（Dean：2005：D1）．
5　同上，D6．
6　ベラック，前掲書．
7　同上．
8　出版に関する政治経済学についてのさらなる議論については，アップル（1988），アップル（2000）．
9　デルファトーレ，前掲書，120頁．

10　ナンバーズ（Numbers：1998：8-10）．
11　同上，10頁．
12　ディーン，前掲書，D6．
13　ナンバーズ，前掲書，9頁．
14　同上，9-11頁．ナンバーズとステンハウス（Numbers and Stenhouse：in press），ナンバーズ（未刊）参照．
15　このような立場についての歴史的ルーツについて詳しくはナンバーズ（1992）参照．
16　ナンバーズ（1998），109頁．
17　同上，2頁．
18　同．
19　同，3頁．
20　この時代とそれをもたらす葛藤についてさらに詳しくは，ルードルフ（Rudolph：2002）を参照のこと．
21　ナンバーズ，前掲書，4頁．
22　同上，5-6頁．
23　たとえば『文化の政治と教育』で，私は，いかに教科書をめぐる闘争が，地方レベルでの右派の運動をたんに反映しているだけでなく，それを形成するのを手助けしているのかを示した．アップル（1996），42-47頁．
24　ナンバーズ（1998），6頁．
25　同上，55-56頁．
26　ラーソン（Larson：1989）を参照せよ．
27　このスコープス裁判についての鋭く詳細な分析は，ラーソン（1997）参照．追加的資料がナンバーズ（1998）にある．
28　ナンバーズ（1998），74頁．
29　私はこれについて詳しく論じている．アップル（2000）を参照．
30　ナンバーズ（1998），91頁．
31　ワトソン（Watson：1997：27）．
32　バーク（Berke：1999：A19）．
33　グッドシュタイン（Goodstein：1999：A1）．
34　アップル（2000），第2章．
35　ハイネマン（Heineman：1998：265）．
36　デルファトーレ，前掲書，4頁．
37　同上，14頁．
38　同，21頁．
39　同，32頁．
40　同，82頁．
41　同，6頁．
42　ロバートソン（Robertson：1982：44）．
43　ガース他（Guth, et al.：1997：2）．

44 ワトソン（Watson：1997：20）．
45 同上，3頁．
46 同，12-13頁．
47 スミス（Smith：1998：1）．
48 同上，2頁．
49 同．
50 同．
51 同，3頁．
52 同．
53 同，5頁．
54 同，7頁．
55 同，6頁．
56 同．
57 同，8頁．
58 同．
59 ワトソン，前掲書，17頁．原理主義者達は聖書における聖なる千年間を確立するためにキリストはすぐに戻ってくることを示す証拠をみつけた．同，20頁．
60 同上，17頁．
61 マーズデン（Marsden：1991：1）．
62 同上，14頁．しかしながら，原理主義者にみられる主要な感覚は，ブライアンと反ダーウィン主義者の理由が完全に彼等の敵対者を打ち負かしたというものである．たとえば，ナンバーズ（1998）参照．
63 スミス（Smith：1998：10）．
64 同上，10-11頁．
65 同，12-13頁．
66 ハイアマン（Heyrman：1997：6）．
67 同上，33頁．
68 同，61頁．
69 同，73頁．
70 同，41頁．
71 同，6頁．アフリカ系アメリカ人の教会内部における社会的そして宗教的進歩的傾向について，歴史的に文化的に議論したものにウエスト（West：1982）がある．
72 ハイアマン，前掲書，46-53頁．
73 同上，56頁．
74 同，68-69頁．
75 同，76頁．
76 同．
77 同，155頁．
78 同，158頁．

79 「家庭生活崇拝」に関して役にたつ文書は，コット（Cott：1972）にみられる．もちろん，こういった立場は，階級と人種特有のものであり，受動的に受け入れられたのではなかった．それらは常に媒介され，競わされ，きわめて複雑で矛盾するやり方で女性によって他の目的のために利用されたのである．スミス＝ローゼンバーグ（Smith-Rosenberg：1985），ケスラー＝ハリス（Kessler-Harris：1982）参照．
80 ハイアマン，前掲書，159-160頁．これもまた階級と人種特有である．クリントン（Clinton：1982）もみよ．
81 ハイアマン，前掲書，160頁．
82 同上，166頁．
83 同，173頁．しかしながら，このことが男性の間に男性の権威をめぐる緊張関係をもたらした．同，189頁も参照せよ．
84 たとえば，クラッチ（Klatch：1987）参照．
85 ハイアマン，前掲書，214頁．
86 同上．また232-239頁．
87 同，248-252頁．
88 同，254-255頁．

第6章

1 たとえば，ヴァン・ヴァウト（Van Vught：1991）を参照．
2 ガース他（Guth, et al.：1997：13-14）．この道徳改革の公的アジェンダは，もちろん，新しいものではない．賭け事，飲酒，売春，そして教育に焦点をあてることは，歴史的に，より進歩的な理由から活動する人々と同様に，保守的宗教活動家達を常に特徴付けてきた．
3 同上，46頁．
4 同，63-65頁．
5 同，20頁．
6 ワトソン（Watson：1997：6）．
7 スミス（Smith：1998：23-24）．スミスはまた，福音主義者の間にはなんら世代での差異がみられないことも発見した．若い福音主義者は同様に正統派であった．26頁をみよ．
8 同上，84頁．
9 同，31頁．
10 同．
11 同，206-210頁．
12 同，127-129頁．
13 同，39頁．強調はママ．
14 同，39-43頁．「リベラル」なキリスト教徒にみられる行動主義の相対的〈欠如〉は，この比較において顕著である．43頁もみよ．
15 これはまた軍隊においてもますます目立つようになりつつある．そこでは，

保守的福音主義者がそれ以外の信教や信念を有している人々に対し，非寛容の雰囲気を作り出しているとの理由から糾弾されている．たとえば，グッドシュタイン（2005：A1, A20）を参照のこと．

16　スミス，前掲書，132-133頁．
17　同上，34-35頁．
18　ガース他，前掲書，59頁．
19　同上，54-55頁．福音派の聖職者と若者の間のこのつながりは新しいものではない．たとえば，ハイアマン，前掲書，77-116頁を参照．
20　ガース他，前掲書，59頁．
21　同上，112頁．もちろんこれは双方に進むことができる．幾つかの教会内部ではよりリベラルな社会的信念に向かう動きも同様にみられる．同上，121頁．
22　同上，143-144頁．
23　同，183頁．
24　ダイヤモンド（Diamond：1989：3）．
25　同上，4頁．
26　同，10頁．
27　同，12頁．
28　ロバートソンの伝記について詳しくはワトソン（Watson：1997）を参照．
29　同上，13頁．
30　同，20頁．
31　同，17-18頁．
32　キンツ（Kintz：1997：106）．
33　ワトソン，前掲書，91頁．もちろん，多くの新保守主義的評論家はこれこそ「キリスト教国家だ」というこの大衆主義的権威主義者の立場を共有しているのだろう．新保守主義的ユダヤ教徒の評論家にとって，これは公開性，文化的多元主義，経済的に「それをなすこと」の歴史であり，この歴史こそ合衆国をまさに特別な国として例外視する理由なのである．たとえば，ポッドヘレーツ（Podheretz：2000）を参照．
34　スミス，前掲書，136-140頁．
35　ロバートソン（Robertson：1995：17）．
36　ワトソン，前掲書，107頁．
37　リード（Reed：1994：79）．
38　スミス，前掲書，140-143頁．
39　リベラル派によってメディアは支配されていると前提されている「事実」は，保守派の専門家やスポークスマンによって繰り返し論議されている．エリック・オルターマン（Alterman：2003）を参照せよ．
40　シュラフリイ（Schlafly：1984：1），プロベンゾ（Provenzo：1990）も参照．
41　スミス，前掲書，44頁．
42　同上．
43　同，50頁．

44　ハイアマン，前掲書，21頁．
45　ロバートソン（1993），227-228頁．
46　ロバートソン（1990），174-175頁．
47　スミス，前掲書，136頁．
48　ロバートソン（1993），239頁．
49　同上．
50　ハイアマン，前掲書，21頁．
51　ガース他，前掲書，166頁．もう一つの興味深い発見は，ドブソンの強調に対するかなりの支援があまり保守的ではない聖職者の間にもみられるということである．明らかに，自分の子供の将来に対する不安は，宗教的右派よりも広く人々の間に浸透しているのだ．
52　クラークソン（Clarkson：1997：viii）．
53　同上，39頁．
54　ロバートソン（1993），233頁．
55　ロバートソン（1991），250頁．
56　ハイアマン，前掲書，100頁．
57　ファイン他（Fine, et al.：1997），ダイアー（Dyer：1997），アップル（1999），9-16頁．
58　ワトソン，前掲書，171頁．
59　ロバートソン（1993），144頁．ロバートソンはまた，ユダヤ人の抑圧にも言及し，ナチの下でのユダヤ人の迫害と現在の福音主義者の経験を重ね合わせている．しかし，彼の書いた物の中には反ユダヤ的な言外の意味合いが見受けられる．
60　リード（Reed：1993：28）．
61　ハイアマン，前掲書，146頁．
62　ワトソン，前掲書，59頁．
63　同上，63頁．
64　同，64頁．
65　同．
66　同，64-65頁．
67　ロバートソン（1992），60頁．
68　ワトソン，前掲書，175頁．
69　アンダソン（Anderson：1991）．
70　ウィリアムズ（Williams：1977）．幾らかこれはブルデューのハビタスの概念に似ている．ブルデュー（1984）参照．
71　キンツ（Kintz：1997：3）．
72　同上，6頁．
73　ピーグルズ（Pagels：1995：18），オリアリー（O'Leary：1994）．
74　キンツ，前掲書，9九頁．
75　同上，18頁．
76　同，30頁．

77　ワトソン，前掲書，77頁．
78　ダイヤモンド（Diamond：1989：104-105）．
79　ラヘイ（LaHaye：1986：35,38）．
80　キンツ，前掲書，37頁．
81　同上．
82　クリステーバ（Kristeva：1981：13-35）．
83　キンツ，前掲書，39-40頁．
84　同上，41頁．
85　マーシュナー（Marshner：1990：2）．
86　ロバートソン（1991），241頁．キンツ，前掲書，43頁．
87　キンツ，前掲書，219頁．
88　ノバック（Novak：1992：33）．
89　ノバック（1981：34）．
90　キンツ，前掲書，44頁．
91　私が『文化の政治と教育』で論じたように，有給の仕事をもつことは，白人の母親でもない限り，この社会で完全な市民権をもっていることを特徴付ける印である．アップル（1996）参照．
92　ディミックとアップル（Dimick and Apple：2005）．
93　アップル（1996），99頁．
94　ダイヤモンド，前掲書，102頁．
95　同上，103頁．
96　キンツ，前掲書，22頁．
97　ハーツキ（Hertzke：1992：xv）．
98　キンツ，前掲書，185-186頁．
99　レドーフ（LeDoeuff：1991：313）．
100　キンツ，前掲書，271頁．
101　ケリー（Kelly：1972）．
102　同上，85頁．
103　同，87頁．
104　スミス，前掲書，89頁．
105　同上，91頁．
106　ブルデュー（1984），スミス，前掲書，96-97頁．
107　同上，121頁．
108　私は，虚偽意識（false consciousness）のようなアイデアを概念的にそして政治的に活用することに対して，とくに反論するために多くの時間を割いてきた．たとえば，アップル（1996），アップル（2000）を参照．
109　スミス，前掲書，117頁．
110　同上，103頁．
111　同，104頁．
112　ワトソン，前掲書，146頁．

113 たとえばマックラーレン（McLaren: 1997）参照.
114 ワトソン, 前掲書, 148頁.
115 スミス, 前掲書, 100頁.
116 同上.
117 ワトソン, 前掲書, 38頁.
118 そのような人種差別的, そして武闘派のグループに含まれる人々についての詳しい描写は, エジキール（Ezekiel: 1995）をみよ.
119 クラークソン（Clarkson: 1997: 78-79）.
120 同上, 78頁. この運動における最も重要な人物は, 以下の通り. ローザス・ジョン・ラッシュドーニィ（Rousas John Rushdoony）, 教科書的テキストである『聖書の法注釈書』*The Institutes of Biblical Law*（1973）の著者. キリスト教経済学研究所（the Institute for Christian Economics）のゲリー・ノース（Gary North）. 再構築派出版社アメリカン・ビジョン社長のゲリー・デ・マール（Gary De Mar）. この出版社は, キリスト教系学校とホームスクーリングのための教科書を主に出版している. ラッシュドーニィは, アメリカ極右の納税者党（Taxpayer Party）の背後に存在する指導的イデオロギー的諸力の一人であり, ハワード・フィリップスの保守派会派（Conservative Caucus）の委員会のメンバーである. 一方における税金と民営化への揺るぎない支援をめぐる右派の政治的動員と, 極右の宗教的集団との間には隠された関係があるということを認識することは重要である.
121 クラークソン, 前掲書, 8頁.
122 同上, 17頁.
123 同, 119頁.
124 セーバーン（Therburn: 1986: 171-172）.
125 クリッカ（Klicka: 1992: 109）.
126 たとえばワトソン, 前掲書, 109-119頁.
127 同上, 37頁.
128 同, 112頁.
129 バロン（Barron: 1992: 144-146）.
130 ロバートソン（1990）, 64頁.
131 ワトソン, 前掲書, 121頁.

第7章

1 私達は公立学校は一つの勝利であったし, 現在もそうであるということを思い出すということが重要である. 公立学校は, 階層化された社会で, 昇進と価値ある文化資本へのアクセスを拒否されてきた大多数の人々にとっての利益を構成した. このことは, 公立学校が差別的な効果をもっていなかった, そしていまももっていないということを主張することではない. 事実, 私は公式の教育と不平等の再創造との間のつながりを暴露するために多くの本を書き記してきた. 公立学校は, 闘争の場であるが, しかしまた, 一般の人々によって主要な勝利の場であ

り続けたのでもある．だから，もし公立学校が，それに結合された幾つかの進歩的傾向をもっていなかったならば，保守派はこれほどまで学校を憎まなかっただろう．敗北と同様にその他の勝利について詳しくはリース（Reese：1986）を参照せよ．学校教育の内容とプロセスをめぐって多くの人々が戦い続けているが，その方法については，トリイテルバーム（Treitelbaum：1996）をみよ．

2　「全国家庭教育研究所」についてと，ホームスクーリングについてのさらなる情報については，次のホームページを参照のこと．〈www.nheri.org〉

3　合衆国では，たとえばイギリスとは異なり，「公立」学校という用語は，国家によって組織され，資金を与えられ，統制される学校にだけ使われる．その他すべての学校は，「私立」か「宗教系」と考えられる．異なる音声学的意味は，言語が歴史的闘争に動員される方法についての重要な洞察を与える．ウィリアムズ（Williams：1985）を参照のこと．

4　アップル（1996），フレイザー（Fraser：1997）．

5　たとえば，アップルとビーン（1995），アップルとビーン（1999）を参照．

6　デットワイラー（Detwiler：1999），レイ（Ray：1999）．

7　私は権威主義的大衆主義的ホームスクーリング実践者に焦点をあてるものの，ホームスクーリング実践者の間の多様性を認識することは重要である．自分達の子供にホームスクーリングを選択している親達の間には，過剰に標準化され，創造的ではないカリキュラムについて関心をもつリバタリアン，環境主義者，進歩主義者もいれば，学校における人種差別的な破壊的な影響から子供を守りたいと願う有色の親達，その他が存在している．

8　デットワイラー，同上，キンツ（Kintz：1997）．ある部分，宗教的に動機付けられた親達を惹き付けるホームスクーリングの魅力は，また，アメリカやその他の国々でみられる学校間の構造的差異のせいでもある．歴史的に，時には神話のようでもあるが，国家によって賄われる学校と，公式の国家宗教との分離は，ここでは教育の際立った特徴である．だから，学校においてある特定の種類の宗教教育の欠如は，多くの集団間の緊張の源であり続けたし，反学校的感情を引き起こしてもきた．ノード（Nord：1995）参照．宗教的に下位の層が存在する——ほとんどが白人で「主流の」プロテスタントである——というアイデアがコリンズ（Collins：1979）の著作において興味深い方法で展開されている．

9　ピーグルズ（Pagels：1995）．

10　同上，49頁．

11　キンツによる引用．キンツ，前掲書，80頁．

12　グライダー（Greider：1997）．

13　ここでは第一チャンネルのことを想定している．これは利益追求型の商業テレビチャンネルで，私達のミドルスクールと中等教育学校にますます進出している．この「改革」において，生徒は囚われた視聴者として，学校にいる私達の子供に自分達の製品を売ろうとしようとしている企業に売られている．アップル（2000），モルナー（Molnar：1996）をみよ．

14　もちろん，「公的」と「私的」空間の間のまさにこの区別が家父長的仮説の歴

註 351

史と強力につながっている．フレイザー（Fraser：1989）を参照．
15　キンツ，前掲書，97頁．
16　これは家族のある〈特別な〉構成である．クーンツがアメリカの家族の歴史の研究で示したように，それはまさに，核家族を含む多様な形式をもっていたのだった．核家族は保守的形成にとっては大変重要であるが，単に多くの形式のうちの一つに過ぎない．クーンツ（Coonz：1992）参照．
17　キンツ，前掲書，106頁．
18　同上．
19　同，108頁．
20　もちろん，幾つかのグループにとって「繭化」がよいというそれ相当の理由があるかもしれないということを認識しておくことが重要である．先住民や植民地化された人々の例を取り上げてみよう．抑圧された人々の文化（と身体）の破壊を前提とすれば，彼らの多くにとって家庭が文化と言語を保持するために残された方法の一つである．支配的グループがすでに文化的そして経済的権力を所有しているので，抑圧された人々の相対的に欠如したそのような権力は守られるべきニーズというものを生み出す．だから，こういった場合，繭化（家庭逃避：訳者）がもっと積極的な意味をもつ覆いとなるかもしれないのだ．
21　シャピーロ（Shapiro：1999：168）．
22　同上．
23　キンツ，前掲書，168頁．
24　同上，186頁．
25　スミス（Smith：1998）．
26　クラークとニューマン（Clarke and Newman：1997）．
27　同上，5-7頁．
28　同，8頁．
29　アップル（2000），第二章．
30　貧困者と労働者階級の複雑さと闘争を示すもっとステレオタイプではない図としては，ファインとワイズ（Fine and Weis：1998）を参照．
31　クラークとニューマン，前掲書，15頁．
32　このことがいかに学校教育とカリキュラムに関する論争に影響を与えてきたかということについてはデルファトーレ（1992）を参照のこと．
33　反教師という言説には長い歴史がある．とくにアメリカではそうだ．それはしばしば中央集権化された標準化されたカリキュラムと州内の教科書について中央集権的に決定することを正統化するために利用されてきた．たとえば，州単位の教科書採択政策の発展についての私の議論をみよ．アップル（2000）．
34　アップル（1996），68-90頁．
35　アメリカでは，マスコミによく取り上げられた学校での銃撃事件の多くがここ数年間に起こっている．最もよく知られているのはコロラド州の比較的裕福な地域で起こったコロンバイン高校事件である．その事件では，疎外された2人の生徒が一人の教師と12人の生徒を殺害した．そして鉄パイプ爆弾を建物至る所

に埋めていたのだった．この事件の後，郊外の学校での発砲事件が続いた．最初の事件よりもやや貧しい地域で起こった最近の事件はミシガンで起こったが，6歳の少年が6歳のクラスメイトであった少女を，校庭での口論ののち，殺害したものである．暴力の脅威は，アメリカ全土の学校でまさに現実に起こる可能性があるものとしていまではみなされている．象徴的そして肉体的暴力は，地域，とくに貧困地域では，〈毎日〉行われているということを認識することが決定的である．失業，ヘルスケアの欠如，壊れた住宅，育児サービスが貧困であるかあるいはほとんどない状態などなどによって家族と地域社会全体が破壊されるとき，この社会は，それが暴力が爆発したとして公的に認められるまで，このことを無視しがちである．こういった暴力の「非公式の」形式によって何百万もの人々の人生が影響を受けている．しかしそれがどうにかして「中和され」るので，私達は，社会として，これに対して真剣に，そして長期的に取り込みたくないようにみえる．

36 テクノロジーとそれに具体化される矛盾をめぐるより大きな問題については，ブラムリーとアップル（Bromley and Apple：1998）参照．
37 これら変化する人口動態的特徴については，スミスがより詳細に取り上げている．スミス，前掲書．
38 これと同じような資料については，「家庭で教育すること」のホームページを参照のこと．〈http：//www.teachinghome.com/qa/why/htm〉
39 家庭を支えるジェンダー関係の見方について，詳しくはキンツ（1997）を参照のこと．
40 国家内部での階級ダイナミクスは，本当に込み入っている．ブルデュー（1996）参照．国家内部とその政策におけるジェンダー特性についてはアーノット他（Arnot, et al.：1999）とフランズウェイとコンネル（Franzway and Connell：1989）を参照．
41 フレイザー（1997），13頁．
42 同上，14頁．
43 その他の最近のデータについては，ビュラスとアップル（Buras and Apple：2005：550-64）を参照．
44 ウィッティ他（Whitty, et al.：1998）．
45 アップル（1996）．
46 ウィッティ他，前掲書，ローダーとヒューズ（Lauder and Hughes：1999）参照．
47 ウェルズ（Amy Stuart Wells）との会話．チャータースクールがそのようなメカニズムを提供していることについて詳しくはウェルズ（Wells：1999）参照．
48 リエム（Re'em：1998）にはこの内容のいくつかについての興味深い分析がある．
49 この点については以下の本においてかなり詳しく検討してある．アップル（1996），アップル（1999）参照．
50 サバルタンの立場を主張する政治をめぐる議論についてさらに詳しくは，ア

ップルとビュラス（Apple and Buras：2006）を参照．

第8章

1 私はヘンリー・ブリッグハウス（Henry Brighouse），カート・スクワイア（Kurt Squire）そして金曜セミナーの参加者に本章についてのコメントをしていただいたことに感謝している．本章の草案は，2003年10月6日にウィスコンシンのマジソンで開かれた新しいテクノロジーに関するウィスコンシン・ロンドン・メルボルン合同セミナーで提出された．
2 多くの点で，これらの章はまた，教育社会学者は自分達の教育と権力の関係分析において，もっと社会の宗教に関する側面に注目すべきであるというジェラルド・グレース（Gerald Grace）の明確な呼びかけに応えるものである．グレース（Grace：2004）を参照のこと．
3 たとえば，ブラムリーとアップル（Bromley and Apple：1998），キューバン（Cuban：2001），ゴドウィン（Godwin：2003），ハッケン（Hakken：1999），ジョーダン（Jordan：1999）など．
4 スレヴァイン（Slevin：2000：ix）．
5 カステルス（Castells：1996：199）．
6 スレヴァイン，前掲書，5頁．
7 同上，5-6頁．
8 右派はインターネットを活用することについて，関心ある鍵的問題について既存のメンバー間でのつながりを作るという意味においてのみならず，先端を行っている．若者がインターネットを一番利用しているということを知っているので，保守派組織は，そのようなテクノロジーを，洗練されたサイトを，若者に受けるような様式や内容で作るのに独創的に活用しているのだ．ハーディスティ（Hardisty：1999：46）を参照．
9 スティーブンス（Stevens：2001：4）．
10 ホームスクーリングとその宗教的頑固さについて相対的に無批判の支援が大衆的な雑誌によく記事として登場している．たとえば，『親たち』Parents に掲載されたデューガンとクーパー（Dugan and Cooper：2003）を参照．この記事について教えてくれたデニス・オエン（Denise Oen）に感謝したい．
11 同上，4-7頁．
12 ムーア（Moore：1999：109）．
13 スティーブンス，前掲書，11頁．
14 スミス（Smith：1998）．
15 スティーブンス，前掲書，53頁．
16 同上．
17 またバインダー（Binder：2002）も参照．
18 グリーン（Green：2000：2）．
19 スミス，前掲書．
20 ジューニュイ（Giugni：1999：xxi-xxiii）．

21　アメンタとヤング（Amenta and Young : 1999 : 34）．
22　マックアダム（McAdam : 1999 : 186）参照．
23　マイヤー（Meyer : 1999 : 186）．
24　アメンタとヤング，前掲論文，30頁．
25　フエイタ（Huerta : 2000 : 177）．
26　同上，179-180頁．
27　同，180頁．
28　同．
29　同，188頁．
30　同，192頁．
31　スティーブンス，前掲書，15頁．
32　学校選択と「母親かつ世話をする人」としての女性の労働双方のジェンダー関係と現実についての私達の想定についてどのように考えるのが最善なのかという最も思索に富んだ議論については，ステムバックとデヴィッド（Stembach and David : 2005 : 1633-58）の論文を参照のこと．その他の宗教的様式と同様に，女性は，伝統，とくにいま常に脅威に晒されていると思われているものを伝達する人としてみなされている．たとえば，ジェイコブス（Jacobs : 2002）参照．
33　実際，これらのテクノロジーの多くが，事実，究極的には労働力の支出を抑えることには〈ならなかった〉．カウエン（Cowen : 1983），ストラーサ（Strasser : 1982）参照．
34　いかにこれらの概念それ自身がジェンダー化された現実や，差異的な権力そして闘争の歴史の中に完全に含意されていることについては，フレイザー（1989）参照．
35　バチェッタとパワー（Bacchetta and Power : 2002 : 6）．
36　同上，8頁．
37　ブラッシャー（Brasher : 1998 : 3）．
38　同上．
39　同，4-5頁．
40　同，6頁．
41　同，12-13頁．
42　ゴットリブ（Gottlib : 2002 : 40）．
43　グリーン（Green : 2000 : 2）．
44　エンダース（Enders : 2002 : 89）．
45　これに関わる文献の多くが，しかしながら，〈白人の〉女性の経験に基づいて書かれている．黒人女性における家庭の意味と母性についての言説は支配的な集団の観点からでは理解できない．この決定的な点についてのさらなる言及は，ボリス（Boris : 1993）参照．右派のホームスクーリング実践者の大多数が実際上〈白人〉なので，私は彼女らの経験に基づいた著作からこういった事柄を引用してきた．しかしながら，有色の人々に関しての研究がもっともっと為されるべきである．このことは，人種に関する言説が常に白人のコミュニティ内部では不在

を示しているという理由から，ホームスクーリングを実践する親達の言説だけでなく，専門家の言説などについて，これらを批判的に検討すべきではないということを意味するものではない．たとえば，ブリッグス（Briggs：2000：246-73）参照のこと．この点について指摘してくれたリマ・アップル（Rima D. Apple）に感謝しておきたい．

46　コウベンとミッシェル（Koven and Michel：1993：10）参照．
47　同上．またケスラー＝ハリス（Kessler-Harris：2001），ラッド＝テイラー（Ladd-Taylor：1994）も参照のこと．
48　コウベンとミッシェル，前掲書，17頁．
49　デュ・トワ（du Toit：2002：67）．
50　同上．私はこの節に対するリマの適切なコメントに感謝しておきたい．
51　スティーブンス，前掲書，76頁．
52　同上，83頁．
53　同，83-96頁．母親であることがビジネス界と専門家によって「市場化される」方法に関しての詳細な検討についてはリマ・アップル（Apple：2006）を参照のこと．
54　スティーブンス，前掲書，54頁．
55　同上，55頁．
56　同，56頁．
57　バーンシュタイン（Bernsein：1977）．
58　同上．
59　スティーブンス，前掲書，58頁．
60　同上，58-59頁．
61　同，60頁．
62　http://doorposts.net/go-to-ant.htm.参照
63　スティーブンス，前掲書，178-179頁．HSLDAの最も強力な人物の一人は，マイケル・ファリス（Michael Farris）である．彼は，保守派のホームスクーリング実践者のための公式のスポークスマンであると同時に，国中の裁判で合法性を主張するものとしても活躍している．ファリスは右派の活動家としては長い経験を有している．彼は1993年に保守派が目立つ陣営からヴァージニア州の副知事選に出馬している．興味深いことに，彼はその他の保守派キリスト教徒グループからも，またもし支援が受けられたら投票者がかなり動かされ，右派の結果に悪影響を及ぼすであろうとおぼしき有名人物らからも寄付を受けなかった．ロウゼルとウィルコックス（Rozell and Wilcox：1996）参照のこと．
64　グリーン他（Green, Rozell and Wilcox：2000）参照．
65　http://www.phc.edu/about/FundamentalStatements.asp.参照．
66　パトリック・ヘンリー・カレッジのインターン達がホワイトハウスのカール・ローブ（Karl Rove）のオフィスで働いているというあまり知られていない事実から，合衆国では学生がいかに権力の座に接近しているかということがわかる．ロージン（Rosin：2005：44-49）を参照．

67 私はここで規範的な男女愛の家族を想定しているのではない．ゲイとレズビアンのホームスクーリング実践者に関する文献はまったくないのだ．保守派福音主義者の大多数がセクシュアリティの問題を取り上げるというイデオロギー的立場を前提とすれば，私は彼らの彼ら自身の仮説を単純に反映させているのだ．
68 ブラッシャー，前掲書，29頁．
69 ハーディスティ，前掲書，2-3頁．
70 強力な事例についてはアップル他（2003），とくに第八章を参照のこと．
71 アニヨン（Anyon : 2005），リース（Reese : 1986）参照．
72 アップル（1995）．
73 ウィリアムズ（Williams : 198 : 322）．

第9章

1 アップル（Apple : 1988）．
2 マッカーシー（McCarthy : 2000）．未公刊．
3 ラヘイとジェンキンズ（LaHaye and Jenkins : 2000）．ティム・ラヘイはベバリー・ラヘイの夫である．私が前の章で注記したように，彼らはともに極右の政治的かつ文化的運動に深く関わっている．
4 もちろん，人々はあらゆる種類の物語を読む．そしてその教えに従うことを強制されはしない．だから，人々は，男女の探偵がしばしば暴力的報復手段に訴えるようなハードボイルドの探偵小説を読むことができるのだ．これは読者がそのような行為を好んでいるということを意味する必要はない．娯楽の政策は，それ自身相対的に自律的ロジックに従う．「悪事の愉しみ（guilty pleasures）」と呼ばれているものに従事し，『内在するもの』Indwelling のような本を読むというようなことはほとんどの人にあてはまるだろう．しかし，この本が全国的にベストセラーであるという事実は，依然として，かなり重要である．
5 この立場と立場論的認識論との間にみられる類似の関係は明らかにされるべきだ．しかしながらこの主張は，フェミニストの言説の中でもっと微妙な立場が発展させられる前より遥か前に遡ることができるほど長い歴史をもっている．ハーディング（Harding : 1971）を参照のこと．
6 シガーラとコブレス（Segarra and Cobles : 1999 : xiii）．
7 ハーシュ（Hirsh : 1996）．またハーシュへの強力な批判としてはビュラス（Buras : 1999）参照．
8 ハーシュと私の間の論争については，ラビッチ（Lavitch : 2005）を参照．
9 アップル（1996）．
10 ディーン（Dean : 2005 : D1, D6）．ディーンは多くの科学者がカンザスやその他の地域でのヒアリングに参加することを拒否したことを示している．なぜなら彼らはヒアリングに参加することにより，創造科学説の立場をそれが有している価値以上に高めてしまうことになると信じているからである．私が思うに，これは自滅であり，戦略的にもとってもまずい対応である．宗教心のある親やその他の親が進化について最善の科学的議論に実際晒されてきたと想定すべきではない．

これらのヒアリングは科学者にとって機会を提供するものである．彼らが参加しないことは，親や公衆が聞くであろうことすべて創造科学説や「インテリジェント・デザイン」を提唱するものの意見ばかりとなるだろう．私達は権力関係のシフトを真剣に取り扱う必要がある．さもなければ，私達は科学の闘争場では勝つことができたとしても，学校では負けることになるだろう．
11 もちろん，カリキュラムと教授の内容と様式は，現実においては，常に政治的問題であり続けた．アップル（2000）を参照．最近におけるイングランドとウェールズのカリキュラム闘争については，ハッチャーとジョーンズ（Hatcher and Jones : 1996）を参照．
12 ボーラー（Boaler : 1998）．
13 バジル・バーンシュタインの用語を使えば，私達は，このカリキュラムと教授は，この場合，強い分類と強い枠組みをもっていたということができる．バーンシュタイン（Bernstein : 1977）．
14 若者を「管理下におく」ということに焦点をあてることは，若者に対する恐れと，彼らにはいつも規則が必要であると彼らをみるという長い歴史と関係がある．この歴史についての洞察力に飛んだ議論については，レスコ（Lesko : 2001）を参照．
15 ガットシュタイン（Gutstein : 2006）参照．
16 モルナー他（Molnar, et al. : 1999），モルナー（Molnar : 2000）参照．
17 ガットシュタイン，前掲書．
18 スミス（Smith : 1999），ギトリン（Gitlin : 1994）参照．
19 多量のデータが以下の本にあげられている．アップル（1996），68-90頁．
20 たとえば，アップル（1999）．階級分析といかにそれがなされるべきかということについての議論は，ライト（Wright : 1989），ライト（Wright : 1997）においてみられる．
21 オミとウィナント（Omi and Winant : 1994 : 158-159）．
22 同上，159頁．
23 ギルボン（Gillborn : 2005 : 485-505）参照．
24 ここではハーンシュタイとマリの『ベルカーブ』を想定している．
25 リストン（Liston : 1988）参照．
26 たとえば，グールド（Gould : 1981），ハラウェイ（Harraway : 1989）参照．
27 トムリンソン（Tomlinson : 1998）．
28 たとえば，バウチャーは，アフリカ系アメリカ人が「真の」教育の可能性を獲得する唯一の方法であると論じることによって，ゲリー・ローゼンによってバウチャー制度擁護論が進められた．ローゼン（Rosen : 2000 : 26-31）参照．
29 マックニール（McNeil : 2000）．リップマン（Lipman : 2004）．
30 さらに詳しくはヴァレンズエラ（Valenzuela : 2005）参照．
31 ギャラガー（Gallagher : 1995 : 194）．
32 白人であることの歴史的優位性について，そしてとくにたとえば，アフリカ系アメリカ人であることの歴史的不利性については，カッツ他（Katz, et al. :

2005 : 75-108)，リップシッツ（Lipsitz : 1998）を参照．
33　ダイヤー（Dyer : 1997 : 19）．
34　これに関しては多くの著述がある．たとえば，オミとウィナント，前掲書，マッカーシーとクリッチロウ（McCarthy and Crichlow : 1994），テイト（Tate : 1997 : 195-247），ファイン他（Fine, et al. : 1997），マッカーシー（McCarthy : 1998）．ここであげたのはわずかである．
35　ダイヤー，前掲書，1頁．
36　同上，2頁．
37　同，47頁．
38　同，4頁．
39　スコット（Scott : 1995 : 11）．
40　キンチェローとシュタインバーグ（Kincheloe and Steinberg : 1998）参照．
41　アップル（2000）．
42　セルデン（Selden : 1999）．
43　ローゼン「学校バウチャーは非アメリカ的か」．編集された私の回答は，その他ローゼンに対する批判と一緒に，次の号に掲載されている．アップル（2000a : 20）．
44　たとえば，シアトルとワシントンでの反WTOへの動員を準備するのに私も参加した「ティーチ・イン」の一つにおいては，スペイン語の新聞，テレビ，ラジオと，インターネットを，この反対運動のために統合しようと考えついた人はほとんどいなかった．しかし，これらは合衆国で急速に発達しつつあるメディアである．そしてそれらはグローバリゼーションと経済的搾取の影響から深刻な打撃を受けている聴衆に届くのである．
45　メディアが統制される方法が不平等であることの分析と，これらのプロセスを再構築する提案については，マックチェズニー他（McChesney, et al. : 1998）を参照のこと．またケルナー（Kellner : 1995）もみよ．進歩的目的でラジオをいかに利用するかということについての役にたつガイドとしてラトナー（Ratner : 1997）を参照せよ．「公的知識人（public intellectuals）」がここで果たすことのできる役割についての議論は多様である．より興味深い最近の議論については，ブルデュー（1998）を参照．もちろん，ラジオでの参加型トーク番組だけではない．ふたたび，インターネットの独創的使い方も，大変役にたつ．たとえば，「公的正確さに関する研究所（the Institute for Public Accuracy）」は，進歩的報告，メディア，活動の非常に多くを繋げあうセンターのような活動を行っている．問い合わせ先は，institute@igc.orgである．
46　これはポルト・アレグレ市教育担当官の『形成のサイクル：市民学校のための政治的―教育的提案』*Cycles of Formation : Politic-Pedagogical Proposal for the Citizen's School* に描かれている．*Cardernos Pedagogicos* 9（April 1999 : 1-111）．
47　エルソン（Elson : 1999 : 67-85）．社会化された市場に対して採用されるべき基準に関するエルソンのエッセイ全体は，とても思慮に富んでいる．

48 たとえば,レスコ,前掲書参照.
49 これに関する資料は,ニュージーランドのオークランド大学にある「マオリと先住民の教育に関する国際研究所」からえられる.
50 コニフ(Coniff:2000:12-15).
51 同上,13頁.
52 アップル(2000),89-112頁.
53 コニフ,前掲書,13頁.
54 ウォーリス(Wallis:2005:138).
55 同上,143頁.
56 同,4頁.
57 この部分で読むことができる序文が,ドゥ・パーキュエィ(Du Pasquier:1992)にある.
58 ウォーリス,前掲書.
59 同上,66-67頁.
60 同,29頁.
61 同,61頁.
62 同,12頁.
63 同,16頁.
64 同,222-242頁.
65 同,250頁.
66 同,211頁.
67 この分析においては還元的な要素はほとんどないが,コレノは幾つかの福音主義的,原理主義者的様式には階級を基礎とした本質を有しているものがあるという幾つか興味深い証拠を提供している.コレノ(Coreno:2002:335-60)を参照.
68 ウォーリス,前掲書,59頁.
69 同上.
70 同,70頁.面白いことに,十戒を刻んだこれらの「大きな花崗岩の塊」の多くが,逆説的な歴史をもっている.セシル・B・デミルの壮大な映画『十戒』が封切られたころ,デミルは,素晴らしい宣伝計画を立てた.「映画館主によって設立された市民感覚のクラブの全国組織」である「ワシの友愛的結社(Fraternal Order of Eagles)」[訳註16]と協力して,彼は,映画の宣伝のために,国中に数千もの十戒の記念碑を作ってばらまいたのだ.ユル・ブリンナーやチャールトン・ヘストンを含むこの映画に出演した何人ものスター達も多くの記念碑の除幕式に参加した.中でも最もこれらの碑が政治的な論議を招いたのは,オースティンのテキサス州議会議事堂に建てられたものであったが,そこにデミルの宣伝キャンペーンの本意があったのである.リッチ(Rich:2005:AR1,AR30)を参照せよ.
71 ウォーリス,前掲書,71頁.
72 同上,74頁.

73 アニヨン（Anyon：2005）．
74 ウォーリス，前掲書，83頁．
75 グッドシュタイン（Goodstein：2005：A14）．
76 同上．
77 同．
78 同．
79 全国福音主義協会，「国民の健康のために：市民の責任に対する福音主義からの呼びかけ」は，http：//www.nae.net/images/civic_responsibility2.pdfで入手できる．
80 グッドシュタイン，前掲記事．
81 同上．
82 ウォーリス，前掲書，269頁．
83 興味深いことに，福音主義者の集団間でフェミニズムに対する反対の中に亀裂がありそうな証拠が幾つか生じ始めている．これもまた，集団的仕事のための空間を提供するかもしれない．ギャラガー（Gallgher：2004：451-472）を参照せよ．
84 これらの，そして他の興味深い議論については，ウェルズ他（Wells, et al.：1999：172-204）を参照せよ．たとえば，アリゾナにおけるチャータースクールと，学校財務に関する「改革」が，機能している方法についての最近の研究は，レトリックと現実との関連性に対して，私達を非常に用心深くするものである．たとえば，モーゼス（Moses：2000），ウィルソン（Wilson：2000）をみよ．
85 幾つかの学区において，チャータースクールへの関心が新たに高まってきている．そして，とくにバウチャーを惹き付けるために作られた幾つかの学校では，自らをチャータースクールに改組しているものもある．ディロン（Dillon：2005c：A23）を参照．
86 ショウア（Schorr：2000：19-23）には幾つか興味深い論点がみられる．チャータースクールが現におかれている保守的文脈を克服する進歩的可能性を支持するショウアの論に対して，私はいまでも完全に納得しているわけではない．しかしながら，ショウアの指摘は，真剣に受け取られるべきであり，無責任に否定されるべきではない．
87 アップルとビーン（1995），アップルとビーン（1998）．この本はスペイン，ポルトガルそして日本を含む幾つかの国で翻訳されているし，多くの国におけるより民主的実践のための焦点となり続けている．
88 ローゼンストックとシュタインバーグ（Rosenstock and Steinberg：1995：41-57）参照．
89 たとえば，マイヤー他（Meier, et al.：2000），レバイン他（Levine, et al.：1995），ロウとマイナー（Lowe and Miner：1996），ロウとマイナー（1992）も参照．
90 これらの実践についての説明は，アップルとビーン『デモクラティックスクール』，ラドソン-ビリングス（1994）を参照せよ．またマイヤー他（Meier, et al.：2000）も参照のこと．

91　パニッチとリーズ（Panitch and Leys：1999：vii）.
92　同上, viii.

訳註
1　保守的現代化（conservative modernization）. 日本においては明治期の公教育制度成立の際に「近代化」という用語を充てているため, ここでの意味とはかなり異なる. そのため「現代化」をあてた.
2　No Child Left Behind法. 改正初等中等教育法の別称. 日本では「落ちこぼれ防止法」といった訳も見受けられるが, 本書では「誰も見捨てない」法と訳出した.
3　populism：通常大衆迎合主義とも訳出されている. しかし, 迎合という意味合いをそのままとっていいのかどうか, 判断に迷いがあった. そこには大衆衆愚論的ニュアンスがあるように思われたからである. 人民主義という訳語も見受けられたが, 人民戦線のことを考えるとこの populism というのとはやはり異なる感じがある. そのため大衆主義と訳出した.
4　アップルの説明によれば, 「社会的に自覚している全国的政府と地域的政府」とは以下のことを意味している. 進歩的グループは様々な事柄について闘争している. 中でも重要なものの一つに, 全国（連邦）レベルと地方（州）レベルの政府に対して圧力をかけることである. そうすることによって, 二つのレベルの政府が社会的に自覚した（合衆国の場合は社会民主主義的）政策や法律をとるようになるのだ. たとえば, より良い年金, より良い住宅, ヘルスケアなどがあげられる. だから, 社会的に自覚している国家とは, もっと多くの支援とサービスを要求する人々のニーズが, 単に資本のニーズよりももっと決定的となっている政府に対しての言及である.
5　fast capitalism（強固な資本主義）. 文化人類学者ダグラス・ホームズの用語. ヨーロッパ統合の動きの中で生じた参加国の内部での文化的, 経済的, 道徳的軋轢を理論的に分析する際, 逆に明らかになってきた超国家的資本主義を表す言葉として使われている. 彼によれば「（既存の）社会の根本的な道徳観, 社会的区分や, 物質的分配の在り方を転覆させることによって, 『社会』の概念とその関連する権力に変容を加える, 腐食性のある「生産的」体制のこと」と定義されている（Holmes, D., *Integral Europe : Fast-Capitalism, Multiculturalism, Neofascism*, Princton University Press, 2000, p.5）. これはたとえば, 世界のフラット化といった表現とも重なっているといえよう. ホームズも1989年のポール・ラビナウの著作（*Interpretive Social Science*）で使われていたフラット化という言葉と同じようなものだと説明している（同）. ホームズの著作が2000年に公刊されてから, この言葉がキイワードのなった教育関係書もみられるようになっているが, どちらかというとfastを速度の速いといった意味で使っているものもみられる. 実際, どちらでもいいのかもしれないが, 今回は確固としたという意味を採用した.

6　アップルの説明によれば，多くの権威主義的大衆主義的宗教的保守派は資本主義を神の経済としてみている．そしてまた現代資本主義の様式は部分的に富と地位の個人的蓄積に基づいているとみている．さらに重要なことに，人々が「選択」を有する市場に基づいているとみている．ますます強力になりつつある保守派福音主義運動において，選択は一つの決定的な要素である．個人は〈個人的な〉選択を，「自分達の人生をキリストに捧げるために」行う．すなわち，イエスと神の意志を世界のあらゆる面においてみる．彼等の生活のあらゆる面で彼らが信じて従っているものは，聖書の保守的な教えである．そして他の人々を福音主義に改宗させることである．この聖書の教えに従ってなされるこの個人的選択は，「もう一度生まれ直す（再生）」ことと呼ばれている．個人の選択は再生することであると強調する宗教的イデオロギーは，まさに市場と選択を強調する資本主義の強調と似ている（反映している）．そして，新自由主義と新保守主義が提案している教育改革は，これら宗教的保守派の心情としては「神の改革」であるものとして正当化されている．なぜならそれは，彼等の個人的選択が「再生」であるのと同様に，この改革が，保守的価値と個人の選択を強調するこの宗教的保守派の強調を反映しているからだ．そしてこれらの保守的宗教的立場と，資本主義イデオロギー擁護の間のこれらのつながりは，この組み合わせが保守的現代化のもとで提案されている教育改革を正当化するような方法で独創的に一緒にまとめられている．この正当化と改革は，学校とより広い社会に対して効果を及ぼしている．

7　アファーマティブ・アクション（affirmative actions：積極的差別是正措置）．イギリスではポジティブディスクリミネーション（積極的差別化政策）とも呼ばれている．これは，たとえば，高等教育の機会均等原則が実現されたとしても，既存の社会構造の中では，実質的には文化的，経済的，社会的に優位にあるものが，高等教育を独占する傾向があり，差別が解消されない．そのために，社会的に不利におかれている特定の民族，階級，女性が結局大学進学や社会進出といった場面で不利益になっていることを問題視し，彼らに対して優遇措置を制度上講じることによって，結果的に平等を促進するというものである．具体的には，入学定数の一定の割合をこのような不利益を被っている人々に割り当てるやり方などがとられる．現在ではこの政策をめぐっては賛否両論あり，とくにブッシュ政権はこの政策は基本的に違憲であるとの立場をとっている．

8　ワークハウス（workhouse）．イギリスの改正救貧法（1832年）によって有名になった救恤貧民の収容施設のこと．とくに「劣等処遇」政策や，大人と子供，あるいは男女を分離して収容したことで，非人道的福祉政策の代名詞のようなものである．

9　学校評議会（governing body）．通常学校理事会と訳出されることが多い．イギリスの公立学校はそのモデルを私立学校においている．また私立学校への公費援助を行うことによって公立学校の枠内に統合してきたという経緯があり，公立学校の中には，もともと私立学校だったものも含まれている．そういう学校の場合，もともとの私立学校であったときの理事会（foundation body）が存在して

おり，そこから学校評議会へ代表が送り込まれるという構図となっている．したがって理事会と訳出することは誤りであり，両者は明確に区別する必要がある．

10　初等中等教育法（通称「誰も見捨てない法」）第一部「社会的不利益を被っている人々の学業達成を改善すること」に盛り込まれている規定を示す．同法全文は教育省のホームページからダウンロードできる（http://www.ed.gov/policy/elsec/leg/esea02/index.html）．同法は1967年の初等中等教育法の改正で，タイトルワンは連邦政府の教育政策とそれに関連する補助金が盛り込まれている箇所として知られている．

11　ティーチャー・エイズ（Teacher aids）．補助教師．日々の授業などにおいて教師を補佐し，援助するために配置される教師．以前は正式に教師に採用される前の学生教師だったり，ボランティアの保護者が教室で教師の補助を行っていたが，現在は，多忙化する教師の労働軽減のために必要な教師として固定化されているとみなされつつある．しかしながら資格，給与の面でも一般の教師よりも劣っているため，この職で生活することは不可能であり，新たな問題が生じている．

12　社会福音運動．Wikipediaによれば，プロテスタントの知的運動で，19世紀と20世紀初頭に最も盛んとなったもので，社会問題に対してキリスト教原理を適用させることを主眼とするものであった．とくに貧困，飲酒，薬物，犯罪，人種間の緊張，スラム問題，不潔な環境，貧困な学校，戦争の危険性などに対して闘った．前千年王国説を批判し，人間の努力によって社会悪と闘わなければ，キリストは再来しないと説いていた．主要な理論家としてジェシー・ジャクソン，マーティン・ルーサー・キング・Jr.らがいる．

13　the followers of Chrisitan Identity．ウィキペディアによれば，これは人種差別的神学に基づくキリスト教徒の緩やかな運動体をさす．主要な特徴が二つあり，一つはアングロ・イスラエル主義で，基本的にはヨーロッパ白人中心主義で，ユダヤ人もまた神に選ばし人種として考える．もう一つは，過激な人種差別的キリスト教信仰グループが含まれており，これらは小規模であるが原理主義者集団であるとされ，人種差別，性差別，反共産主義，反ゲイを明確に主張．合衆国のクゥ・クラックス・クラン（KKK）が有名である（Wikipedea，オンタリオ宗教的寛容のためのコンサルタンツHP（http://www.religioustolerance.org/cr_ident.htm）参照）．

14　the Order．合衆国における非合法のネオナチ団体（1983-84）（Wikipedea参照）．

15　「非改革者の改革」．スタン・ラガー（Stan Luger）によれば，もともとはアンドレ・ゴルツが1974年の著作，『労働のための戦略：ラディカルな提案』の中で，「改革者の改革」と「非改革者の改革」という区分を使用したことに由来している．ラガーによれば，前者は構造変革と共に権力関係の変革を追求するものであり，後者は権力関係の変革までは伴わないものであった（Luger：25）．その後，この用語は広く社会運動の中で取り上げられており，たとえばアップルもよく引用するナンシー・フレイザーもその一人である．彼女によれば，この「非改革者の改革」は，既存の体制を変えはしないが，将来の発展に向けての準備をおこなうためのもの，すなわち社会正義を実現するために，現在の社会の不正義に対す

る根源的な闘争ともいえるものである．ただし，この改革が行われる政治的文脈によって期待できる効果はかなり異なることを指摘することも忘れてはいない．

　Stan Luger, *Coporate Power, American Democracy, and the Automobile Industry*, Cambridge University Press, 2000.

　Nancy Fraser and Axel Honneth, *Redistribution or Recognition? A Political-Philosophical Exchange*, Verso 2003.

16　「ワシの友愛的結社」．1898年2月6日に6人の映画館主が，音楽家達のストライキについて話し合うために，ワシントン州シアトルで会合をもったのが大本になって設立されたクラブ．その目的は，「病気や害悪を減じ，平和，繁栄，感謝，希望を促進することによって，人生をより望ましいものにしていく」ことであった．イギリスの友愛組合のようなもので，メンバー及び家族には無料の保健，医療サービス，病気になったときには手当が，また葬式代などが給付されるものであった．10年後には合衆国ばかりではなく，カナダやメキシコにまでその支部が作られ，会員は35万人にもなった．詳しくはhttp : //www.phoenixmasonry.org/masonicmuseum/fraternalism/eagles.htmを参照されたい．

参考文献

Aasen, Petter. "What Happened to Social Democratic Progressivism in Scandinavia? : Restructuring Education in Sweden and Norway." Unpublished paper, Department of Education, Norwegian University of Science and Technology, Trondheim, Norway, 1998.

Acker, Sandra. "Gender and Teachers' Work." In *Review of Research in Education Volume 21*, ed. Michael W. Apple, 99-162. Washington, D.C. : American Educational Research Association, 1995.

Alterman, Eric. *What Liberal Media? The Truth About Bias and the News*. New York : Basic Books, 2003.

Amenta, Edward, and Michael P. Young. "Making an Impact : Conceptual and Methodological Implications of the Collective Goods Criterion." In *How Social Movements Matter*. eds. Marco Guigni, Doug McAdam, and Charles Tilly, 22-41. Minneapolis : University of Minnesota Press, 1999.

Anderson, Benedict. *Imagined Communities*. New York : Verso, 1991. ベネデクト・アンダーソン著, 白石隆・さや訳『想像の共同体：ナショナリズムの起源と流行』リブロポート, 1987年.（増補版, NTT出版, 1997年）

Andre-Bechely, Lois. *Couldn't It Be Otherwise? Parents and the Inequalities of Public School Choice*. New York : Routledge, 2005.

Anyon, Jean. *Ghetto Schooling : A Political Economy of Urban Educational Reform*. New York : Teachers College Press, 1997.

——. *Radical Possibilities*. New York : Routledge, 2005.

Apple, Michael W., ed. *Cultural and Economic Reproduction in Education*. Boston : Routledge, 1982.

——. *Teachers and Texts : A Political Economy of Class and Gender Relations in Education*. New York : Routledge, 1988.

——. *Ideology and Curriculum*. 2d ed. New York : Routledge, 1990. マイケル・W・アップル著, 門倉正美他訳『学校幻想とカリキュラム』日本エディタースクー

ル出版部，1986年（初版本）.
―. *Education and Power*. 2d ed. New York : Routledge, 1995. マイケル・W・アップル著，浅沼茂・松下晴彦訳『教育と権力』日本エディタースクール出版部，1992年.
―. *Cultural Politics and Education*. New York : Teachers College Press, 1996.
―. *Power, Meaning and Identity*. New York : Peter Lang, 1999.
―. "The Absent Presence of Race in Educational Reform." *Race, Ethnicity, and Education* 2（March 1999）: 9-16.
―. *Official Knowledge : Democratic Education in a Conservative Age*. 2d ed. New York : Routledge, 2000. マイケル・W・アップル著，野崎与志子他訳『オフィシャル・ノレッジ批判：保守復権の時代における民主主義教育』東信堂，2007年.
―. "Are School Vouchers the Answer : A Response to Gary Rosen." *Commentary* 109（June 2000）: 20.（2000a）.
―. "Standards, Subject Matter, and a Romantic Past." *Educational Policy* 15（May 2001）: 7-36.
―. et al. *The State and the Politics of Knowledge*. New York : RoutledgeFalmer, 2003.
―. *Ideology and Curriculum*. 25th Anniversary 3rd Edition. New York : Routledge, 2004.
―. "What Can We Learn from Texas About No Child Left Behind?" *Educational Policy*. in press.
Apple, Michael W., and James A. Beane, eds. *Democratic Schools*. Alexandria, Va. : Association for Supervision and Curriculum Development, 1995. マイケル・W・アップル，ジェームズ・A・ビーン編，長尾彰夫解説，澤田稔訳『デモクラティックスクール：学校とカリキュラムづくりの物語』アドバンテージサーバー，1996年.
―. *Democratic Schools : Lessons from the Chalk Face*. Buckingham, England : Open University Press, 1999.
Apple, Michael W., and Kristen Buras, eds. *The Subaltern Speak*. New York : Routledge, 2006.
Apple, Michael W., Jane Kenway, and Michael Singh, eds. *Globalizing Education*. New York : Peter Lang, 2005.
Apple, Michael W., and Thomas Pedroni. "Conservative Alliance Building and African American Support for Voucher Plans," *Teachers College Record*, 107（September 2005）: 2068-2105.
Apple, Rima D. *Perfect Motherhood : Science and Childrearing in America*. New Brunswick, N. J. : Rutgers University Press, 2006.
Arnot, Madeleine. "Schooling for Social Justice." Unpublished paper, Department of Education, University of Cambridge, 1990.

Arnot, Madeleine, Miriam David, and Gaby Weiner. *Closing the Gender Gap*. Cambridge, Mass. : Polity Press, 1999.
Avis, James. "Re-thinking Trust in a Performative Culture : The Case of Education." *Journal of Education Policy* 18 (May-June 2003): 315-332.
Bacchetta, Paola, and Margaret Power. "Introduction." In *Right Wing Women*. eds. Paola Bacchetta and Margaret Power, 1-15. New York : Routledge, 2002.
Ball, Stephen. *Education Reform : A Critical and Post-Structural Approach*. Buckingham, England : Open University Press, 1994.
――. *Class Strategies and the Education Market*. London : RoutledgeFalmer, 2003.
Ball, Stephen, Richard Bowe, and Sharon Gewirtz. "Market Forces and Parental Choice." In *Educational Reform and Its Consequences*. ed. Sally Tomlinson, 13-25. London : IPPR/Rivers Oram Press, 1994.
Barron, Bruce. *Heaven on Earth? The Social and Political Agendas of Dominion Theology*. Grand Rapids, Mich. : Zondervan, 1992.
Beckford, James A. *Religion and Advanced Industrial Society*. New York : Routledge, 1989.
Belluck, Pam. "Board for Kansas Deletes Evolution from the Curriculum." *New York Times*, August 12, 1999, A1-A13.
Bennett, William. *Our Children and Our Country*. New York : Simon & Schuster, 1988.
――. *The Book of Virtues*. New York : Simon & Schuster, 1994. ウィリアム・J・ベネット編著，大地舜訳『魔法の糸：こころが豊かになる世界の寓話・説話・逸話100選』実務教育出版，1997年．
Bennett, William, Chester E. Finn Jr., and John T. E. Cribb Jr. *The Educated Child*. New York : Free Press, 1999.
Benveniste, Luis, Martin Carnoy, and Richard Rothstein. *All Else Equal : Are Public and Private Schools Different?* New York : RoutledgeFalmer, 2003.
Berke, Richard. "Conservatives Look for Believers Amid G.O.P. Presidential Field." *New York Times*, February 4, 1999, A19.
Berliner, David. "The Near Impossibility of Testing for Teacher Quality," *Journal of Teacher Education* 3 (May/June 2005): 205-213.
Bernstein, Basil. *Class, Codes, and Control, Volume 3*. 2d ed. London : Routledge, 1977. バーンスティン著，萩原元昭訳『教育伝達の社会学：開かれた学校とは』明治図書出版，1985年．
――. *The Structuring of Pedagogic Discourse*. New York : Routledge, 1990.
――. *Pedagogy, Symbolic Control, and Identity*. Bristol, PA : Taylor & Francis, 1996. バーンスティン著，久冨善之他訳『〈教育〉の社会学理論：象徴統制，「教育（ペダゴジー）」の言説，アイデンティティ』法政大学出版会，2000年．
Binder, Amy. *Contentious Curricula : Afrocentrism and Creationism in American Public Schools*. Princeton, N. J. : Princeton University Press, 2002.

Boaler, Jo. *Experiencing School Mathematics*. Philadelphia : Open University Press, 1998.

Boris, Eileen. "The Power of Motherhood : Black and White Activist Women Redefine the 'Political.'" In *Mothers of a New World*. eds. Seth Koven and Sonya Michel, 213-245. New York : Routledge, 1993.

Bourdieu, Pierre. *Distinction*. Cambridge, Mass. : Harvard University Press, 1984. ピエール・ブルデュー著，石井洋二郎訳『ディスタンクシオン : 社会的判断力批判』（1・2巻）新評論，1989年.

―. *Homo Academicus*. Stanford, Calif. : Stanford University Press, 1988. ピエール・ブルデュー著，石崎晴己・東松秀雄訳『ホモ・アカデミクス』藤原書店，1997年.

―. *The State Nobility*. Stanford, Calif. : Stanford University Press, 1996.

―. *Acts of Resistance*. Cambridge, Mass. : Polity Press, 1998.

Bowles, Samuel, and Herbert Gintis. *Schooling in Capitalist America*. New York : Basic Books, 1976. S・ボウルズ，H・ギンタス著，宇沢弘文訳『アメリカ資本主義と学校教育 : 教育改革と経済制度の矛盾』（I・II）岩波書店，1987年.

―. *Democracy and Capitalism*. New York : Basic Books, 1986.

Brasher, Brenda. *Godly Women*. New Brunswick, N. J. : Rutgers University Press, 1998.

Briggs, Laura. "The Race of Hysteria : 'Overcivilization' and the 'Savage' Woman in Late Nineteenth-Century Obstetrics and Gynecology." *American Quarterly* 52 (June 2000): 246-273.

Brine, Jacky. *Under-Educating Women : Globalizing Inequality*. Philadelphia : Open University Press, 1999.

Bromley, Hank, and Michael W. Apple, eds. *Education/Technology/Power*. Albany : State University of New York Press, 1998.

Brooks, David. *Bobos in Paradise*. New York : Simon & Schuster, 2000. ディビッド・ブルックス著，セビル楓訳『アメリカ新上流階級ボボズ : ニューリッチたちの優雅な生き方』光文社，2002年.

Brown, Phillip. "Cultural Capital and Social Exclusion." In *Education : Culture, Economy, and Society*. ed. A. H. Halsey, Hugh Lauder, Phil Brown, and Amy Stuart Wells, 736-749. New York : Oxford University Press, 1997. A・H・ハルゼー他編，住田正樹他編訳『教育社会学 : 第三のソリューション』九州大学出版会，2005年.

Buras, Kristen L. "Questioning Core Assumptions : A Critical Reading of and Response to E. D. Hirsch's The Schools We Need and Why We Don't Have Them." *Harvard Educational Review* 69 (Spring 1999): 67-93.

Buras, Kristen L., and Michael W. Apple. "School Choice, Neoliberal Promises, and Unpromising Evidence," *Educational Policy* 19 (July 2005): 550-564.

Burch, Patricia. "The New Educational Privatization : Educational Contracting and

High Stakes Accountability." *Teachers College Record.* in press.
Bush, Lawson. "Access, School Choice, and Independent Black Institutions." *Journal of Black Studies* 34 (January 2004): 386-401.
Carlson, Dennis, and Michael W. Apple. "Critical Educational Theory in Unsettling Times." In *Power/Knowledge/Pedagogy.* eds. Dennis Carlson and Michael W. Apple, 1-38. Boulder, Colo. : Westview Press, 1998.
――, eds. *Power/Knowledge/Pedagogy.* Boulder, Colo. : Westview Press, 1998.
Castells, Manuel. *The Rise of Network Society, Volume 1.* New York : Oxford University Press, 1996.
Cho, Misook K., and Michael W. Apple. "Schooling, Work, and Subjectivity." *British Journal of Sociology of Education* 19 (Summer 1998): 269-290.
Chomsky, Noam. *Profit Over People : Neoliberalism and the Global Order.* New York : Seven Stories Press, 1999. ノーム・チョムスキー著, 山崎淳訳『金儲けがすべてでいいのか：グローバリズムの正体』文藝春秋, 2002年.
Chubb, John, and Terry Moe. *Politics, Markets, and America's Schools.* Washington, D.C. : The Brookings Institution, 1990.
Clarke, John, and Janet Newman. *The Managerial State.* Thousand Oaks, Calif. : Sage, 1997.
Clarkson, Frederick. *Eternal Hostility : The Struggle Between Theocracy and Democracy.* Monroe, Maine : Common Courage Press, 1997.
Clinton, Catherine. *The Plantation Mistress : Woman's World in the Old South.* New York : Pantheon Books, 1982.
Cohen, David, and Heather Hill. *Learning Policy : When State Education Reform Works.* New Haven, Conn. : Yale University Press, 2001.
Cole, Mike, ed. *Bowles and Gintis Revisited.* New York : Falmer Press, 1988.
Coles, Gerald. *Reading Lessons : The Debate Over Literacy.* New York : Hill & Wang, 1998.
Collin, Ross. "Symbolic Struggles : The Junior Reserve Officer Training Corps, the Los Angeles Uprising of 1992, and the 1992 Presidential Election." unpublished paper, Department of Curriculum and Instruction, University of Wisconsin, Madison, 2005.
Collins, Randall. *The Credential Society.* New York : Academic Press, 1979. R・コリンズ著, 新堀通也訳『資格社会：教育と階層の歴史社会学』有信堂高文社, 1984年.
Coniff, Ruth. "Left-Right Romance." *The Progressive* (May 2000): 12-15.
Connell, Robert W. *Masculinities.* Cambridge, Mass. : Polity Press, 1995.
Cook, Christopher. "Temps Demand a New Deal." *The Nation*, March 27, 2000,13-19.
Coontz, Stephanie. *The Way We Never Were.* New York : Basic Books, 1992. ステファニー・クーンツ著, 岡村ひとみ訳『家族という神話：アメリカン・ファミリーの夢と現実』筑摩書房, 1998年.

Coreno, Thaddeus. "Fundamentalism as a Class Culture." *Sociology of Religion* 63, no.3 (2002): 335-360.

Cornbleth, Catherine, and Dexter Waugh. T*he Great Speckled Bird*. New York : St. Martin's Press, 1995.

Cott, Nancy, ed. *Roots of Bitterness : Documents of the Social History of Women*. New York : E. P. Dutton, 1972.

Cuban, Larry. *Oversold and Underused*. Cambridge, Mass. : Harvard University Press, 2001. L・キューバン著，小田勝己他訳『学校にコンピュータは必要か：教室のIT投資への疑問』ミネルヴァ書房，2004年.

Dale, Roger. *The State and Education Policy*. Philadelphia : Open University Press, 1989.

――. "The Thatcherite Project in Education : The Case of the City Technology Colleges." *Critical Social Policy* 9 (Winter 1989/1990): 4-19.

Dao, James. "Sleepy Election is Jolted by Evolution." *New York Times*, May 17, 2005, A12.

Dean, Cornelia. "Opting Out in the Debate On Evolution." *New York Times*, June 21, 2005, Dl, D6.

――. "Scientists Ask Pope for Clarification on Evolution Stance." *New York Times*, July 13, 2005, A18.

Delfattore, Joan. *What Johnny Shouldn't Read*. New Haven, Conn. : Yale University Press, 1992.

Della Porta, Donatella. "Protest, Protesters, and Protest Policing." In *How Social Movements Matter*. eds. Marco Giugni, Doug McAdam, and Charles Tilly, 66-96. Minneapolis : University of Minnesota Press, 1999.

Detwiler, Fritz. *Standing on the Premises of God*. New York : New York University Press, 1999.

Diamond, Sara. *Spiritual Warfare : The Politics of the Christian Right*. Boston : South End Press, 1989.

Dillard, Angela. *Guess Who's Coming to Dinner Now?* New York : New York University Press, 2001.

Dillon, Sam. "President's Education Law is Finding Few Fans in Utah." *New York Times*, March 6, 2005, 21. (2005a).

――. "Utah Vote Rejects Parts of Education Law." *New York Times*, April 20, 2005, A14. (2005b).

――. "Teachers' Union and Districts Sue Over Bush Law." *New York Times*, April 21, 2005, A19. (2005c).

――. "For Parents Seeking a Choice, Charter Schools Prove More Popular Than Vouchers." *New York Times*, July 13, 2005, A23. (2005d).

Dimick, Alexandra S., and Michael W. Apple. "Texas and the Politics of Abstinence-Only Textbooks." *Teachers College Record*, May 2, 2005.

Douglas, Mary. *Purity and Danger : An Analysis of Concepts of Pollution and Taboo*. London : Routledge and Kegan Paul, 1966. メアリ・ダグラス著, 塚本利明訳『汚穢と禁忌』思潮社, 1995年 (新装版).

Dugan, Michelle with Andrea Cooper. "Count Our Blessings." *Parents*, September 2003, 161-164.

Duneier, Mitchell. *Sidewalk*. New York : Farrar, Straus & Giroux, 1999.

DuPasquier, Roger. *Unveiling Islam*. Cambridge, Mass. : The Islamic Texts Society, 1992.

du Toit, Marijke. "Framing Volksmoeders." In *Right-Wing Women*. eds. Paola Bacchetta and Margaret Power, 57-70. New York : Routledge, 2002.

Dyer, Richard. *White*. New York : Routledge, 1997.

Elson, Diane. "Socializing Markets, Not Market Socialism." In *Necessary and Unnecessary Utopias*. eds. Leo Panitch and Colin Leys, 67-85. New York : Monthly Review Press, 1999.

Enders, Victoria. "And We Ate Up the World." In *Right-Wing Women*. eds. Paola Bacchetta and Margaret Power, 85-98. New York : Routledge, 2002.

Engel, Michael. *The Struggle for Control of Public Education*. Philadelphia : Temple University Press, 1999.

Epstein, Debbie, and Richard Johnson. *Schooling Sexualities*. Philadelphia : Open University Press, 1998.

Evans, John, and Dawn Penney. "The Politics of Pedagogy : Making a National Curriculum in Physical Education." *Journal of Education Policy* 10 (January 1995): 27-44.

Ezekiel, Raphael. *The Racist Mind : Portraits of American Neo-Nazis and Klansmen*. New York : Penguin, 1995.

Fine, Michelle, and Lois Weis. *The Unknown City : Lives of Poor and Working Class Young Adults*. Boston : Beacon Press, 1998.

Fine, Michelle, Lois Weis, Linda Powell, and L. Mun Wong, eds. *Off White : Readings on Race, Power, and Society*. New York : Routledge, 1997.

——. *Off White*. 2d ed. New York : Routledge, 2005.

Foner, Eric. *The Story of American Freedom*. New York : Norton, 1998.

Foucault, Michel. "The Subject and Power." In *Michel Foucault : Beyond Structuralism and Hermeneutics*, ed. Herbert Dreyfus and Paul Rabinow, 208-26. Chicago : University of Chicago Press, 1982. H・L・ドレファイス, ポール・ラビノウ著, 山形頼洋他訳『ミシェル・フーコー:構造主義と解釈学を越えて』筑摩書房, 1996年.

Frank, Thomas. *What's the Matter With Kansas : How Conservatives Won the Heart of America*. New York : Metropolitan Books, 2004.

Franzway, Suzanne, Diane Court, and R. W. Connell. *Staking a Claim : Feminism, Bureaucracy, and the State*. Boston : Allen & Unwin, 1989.

Fraser, Nancy. *Unruly Practices : Power, Discourse, and Gender in Contemporary Social Theory*. Minneapolis : University of Minnesota Press, 1989.

―. *Justice Interruptus : Critical Reflections on the "Postsocialist" Condition*. New York : Routledge, 1997. ナンシー・フレイザー著，仲正昌樹監訳『中断された正義：「ポスト社会主義的」条件をめぐる批判的省察』御茶ノ水書房，2003年.

Fraser, Nancy, and Linda Gordon. "A Genealogy of Dependency." *Signs* 19 (Winter 1994): 309-36.

Fuller, Bruce, ed. *Inside Charter Schools*. Cambridge, Mass. : Harvard University Press, 2000.

Fuller, Bruce, Elizabeth Burr, Luis Huerta, Susan Puryear, and Edward Wexler. *School Choice : Abundant Hopes, Scarce Evidence of Results*. Berkeley and Stanford : University of California, Berkeley and Stanford University, Policy Analysis for California Education, 1999.

Gallagher, Charles. "White Reconstruction in the University." *Socialist Review* 24, nos. 1 and 2 (1995): 165-187.

Gallagher, Sally. "Where are the Antifeminist Evangelicals?" *Gender and Society* 18 (August 2004): 451-472.

Gee, James P., Glynda Hull, and Colin Lankshear. *The New Work Order : Behind the Language of the New Capitalism*. Boulder, Colo. : Westview Press, 1996.

Gewirtz, Sharon, Stephen Ball, and Richard Bowe. *Markets, Choice, and Equity in Education*. Philadelphia : Open University Press, 1995.

Gillborn, David. "Racism and Reform." *British Educational Research Journal* 23 (June 1997): 345-60.

―. "Race, Nation, and Education." Unpublished paper, Institute of Education, University of London, 1997.

―. "Education Policy as an Act of White Supremacy : Whiteness, Critical Race Theory and Education Reform." *Journal of Education Policy* 20 (July 2005): 485-505.

Giliborn, David, and Deborah Youdell. *Rationing Education : Policy, Practice, Reform, and Equity*. Philadelphia : Open University Press, 2000.

Gipps, Caroline, and Patricia Murphy. *A Fair Test? : Assessment, Achievement and Equity*. Philadelphia, Open University Press, 1994.

Giroux, Henry. *Border Crossings : Cultural Workers and the Politics of Education*. New York : Routledge, 1992.

Gitlin, Andrew, ed. *Power and Method*. New York : Routledge, 1994.

Giugni, Marco. "How Social Movements Matter : Past Research, Present Problems, and Future Developments." In *How Social Movements Matter*. eds. Marco Giugni, Doug McAdam, and Charles Tilly, xiii-xxxiii. Minneapolis : University of Minnesota Press, 1999.

Godwin, Mike. *Cyber Rights*. Cambridge, Mass. : MIT Press, 2003.

Goodstein, Laurie. "Coalition's Woes May Hinder Goals of Christian Right." *New York Times*, August 2, 1999, A1.

――. "Evangelicals are a Growing Force in the Military Chaplain Corps." *New York Times*, July 12, 2005, A1, A20.

Gottlieb, Julie. "Female 'Fanatics." In *Right-Wing Women*. eds. Paola Bacchetta and Margaret Power, 29-41. New York : Routledge, 2002.

Gould, Steven J. *The Mismeasure of Man*. New York : Norton, 1981. スティーブン・J・グールド著, 鈴木善次・森脇靖子訳『人間の測りまちがい：差別の科学史』河出書房新社, 1998（1989）年.

Grace, Gerald. "Making Connections for Future Directions : Taking Religion Seriously in the Sociology of Education." *International Studies in Sociology of Education* 14, no. 1 (2004): 47-56.

Green, John. "The Christian Right and the 1998 Elections." In *Prayers in the Precincts*. eds. John Green, Mark Rozell, and Clyde Wilcox, 1-19. Washington, D.C. : Georgetown University Press, 2000.

Greider, William. *One World, Ready or Not*. New York : Simon & Schuster, 1997.

Griffith, Alison, and Dorothy Smith. *Mothering for Schooling*. New York : Routledge, 2005.

Guth, James L., John C. Green, Corwin E. Smidt, Lyman A. Kellstedt, and Margaret Poloma. *The Bully Pulpit : The Politics of Protestant Clergy*. Lawrence, Kans. : The University of Kansas Press, 1997.

Gutstein, Eric. *Reading and Writing the World With Mathematics*. New York : Routledge, 2006.

Gutstein, Eric, and Bob Peterson, eds. *Rethinking Mathematics : Teaching Social Justice by the Numbers*. Milwaukee : Rethinking Schools, 2005.

Habermas, Jurgen. *Knowledge and Human Interests*. Boston : Beacon Press, 1971.

Hakken, David. *Cyborgs@Cyberspace*. New York : Routledge, 1999.

Hall, Stuart. "The Problem of Ideology : Marxism Without Guarantees." In *Stuart Hall : Critical Dialogues in Cultural Studies*. ed. David Morley and Kuan-Hsing Chen, 25-46. New York : Routledge, 1996.

Hall, Stuart, and Lawrence Grossberg. "On Postmodernism and Articulation : An Interview with Stuart Hall." In *Stuart Hall : Critical Dialogues in Cultural Studies*. ed. David Morley and Kuan-Hsing Chen, 131-50. New York : Routledge, 1996.

Haraway, Donna. *Primate Visions : Gender, Race, and Nature in the World of Modern Science*. New York : Routledge, 1989.

Harding, Sandra G. *Whose Science? Whose Knowledge? : Thinking from Women's Lives*. Ithaca, N.Y. : Cornell University Press, 1991.

Hardisty, Jean. *Mobilizing Resentment*. Boston : Beacon Press, 1999.

Hartocollis, Anemona. "Math Teachers Back Return of Education to Basic Skills." *New York Times*, April 15, 2000, A16.

Hatcher, Richard, and Ken Jones, eds. *Education After the Conservatives*. Stoke-on-Trent, England : Trentham Books, 1996.

Heineman, Kenneth J. *God Is a Conservative : Religion, Politics, and Morality in Contemporary America*. New York : New York University Press, 1998.

Henig, Jeffrey R. *Rethinking School Choice : Limits of a Market Metaphor*. Princeton, N. J. : Princeton University Press, 1994.

Herrnstein, Richard, and Charles Murray. *The Bell Curve : Intelligence and Class Structure in American Life*. New York : Free Press, 1994.

Hertzke, Allen D. *Echoes of Discontent : Jesse Jackson, Pat Robertson, and the Resurgence of Populism*. Washington, D.C. : Congressional Quarterly Press, 1992.

Heyrman, Christine L. *Southern Cross : The Beginnings of the Bible Belt*. New York : Knopf, 1997.

Hirsch, E. D. Jr. *The Schools We Need and Why We Don't Have Them*. New York : Doubleday, 1996.

Hobsbawm, Eric. *The Age of Extremes : A History of the World, 1914-1991*. New York : Pantheon, 1994. エリック・ホブズボーム著，河合秀和訳『20世紀の歴史：極端な時代』（上・下）三省堂，1996年．

Hogan, David. "Education and Class Formation." In *Cultural and Economic Reproduction in Education*. ed. Michael W. Apple, 32-78. Boston : Routledge, 1982.

Honderich, Ted. *Conservatism*. Boulder, Colo. : Westview Press, 1990.

House, Ernest. *Schools for Sale*. New York : Teachers College Press, 1998.

Howe, Irving. *World of Our Fathers*. New York : Harcourt Brace Javanovitch, 1976.

Huerta, Luis. "Losing Public Accountability : A Home Schooling Charter." In *Inside Charter Schools*. ed. Bruce Fuller, 177-202. Cambridge, Mass. : Harvard University Press, 2000.

Hunter, Allen. *Children in the Service of Conservatism : Parent-Child Relations in the New Right's Pro-Family Rhetoric*. Madison, Wisc. : University of Wisconsin, Institute for Legal Studies, 1988.

Jennings, Jack. "From the White House to the School House." In *American Educational Governance on Trial*. eds. William Lowe Boyd and Debra Miretzky, 291-309. Chicago : University of Chicago Press, 2003.

Jessop, Bob. *The Future of the Capitalist State*. Cambridge, Mass. : Polity Press, 2002. ボブ・ジェソップ著，中谷義和監訳『資本主義国家の未来』御茶ノ水書房，2005年．

Johnson, Dale, et al. *Trivializing Teacher Education*. New York : Rowman and Littlefield, 2005.

Jordan, Tim. *Cyberpower*. New York : Routledge, 1999.
Kao, Grace, Marta Tienda, and Barbara Schneider. "Racial and Ethnic Variation in Academic Performance." In *Research in Sociology of Education and Socialization, Volume 11.*, ed. Aaron Pallas, 263-97. Greenwich, Conn. : JAI Press, 1996.
Katz, Michael B. *The Price of Citizenship*. New York : Metropolitan Books, 2001.
Katz, Michael B., Mark J. Stern, and Jamie J. Fader. "The New African American Inequality," *The Journal of American History* 92 (June 2005): 75-108.
Kearns, David T., and James Harvey. *A Legacy of Learning : Your Stake in Standards and New Kinds of Public Schools*. Washington, D.C. : The Brookings Institution, 2000.
Kelley, Dean M. *Why Conservative Churches Are Growing : A Study in Sociology of Religion*. New York : Harper & Row, 1972.
Kellner, Douglas. *Media Culture*. New York : Routledge, 1995.
Kelly, Robin D.G. "We Are Not What We Seem : Rethinking Black Working Class Opposition in the Jim Crow South," *The Journal of American History* 80 (June 1993): 75-112.
Kepel, Gilles. *Allah in the West : Islamic Movements in America and Europe*. Stanford, Calif. : Stanford University Press, 1997.
―――. *Jihad : The Trial of Political Islam*. Cambridge, Mass. : Belknap Press of Harvard University Press, 2002. ジル・ケペル著，丸岡高弘訳『ジハード：イスラム主義の発展と衰退』産業図書，2006年.
Kessler-Harris, Alice. *Out to Work : A History of Wage-Earning Women in the United States*. New York : Oxford University Press, 1982.
―――. *In Pursuit of Equity*. New York : Oxford University Press, 2001.
Kincheloe, Joe L., and Shirley R. Steinberg, eds. *White Reign : Deploying Whiteness in America*. New York : St. Martin's Press, 1998.
Kincheloe, Joe L., Shirley R. Steinberg, and Aaron D. Greeson, eds. *Measured Lies : The Bell Curve Examined*. New York : St. Martin's Press, 1996.
Kintz, Linda. *Between Jesus and the Market : The Emotions That Matter in Right-Wing America*. Durham, N.C. : Duke University Press, 1997.
Klatch, Rebecca E. *Women of the New Right*. Philadelphia : Temple University Press, 1987.
Klicka, Christopher. *The Right Choice : The Incredible Failure of Public Education and the Rising Hope of Home Schooling*. Gresham, Ore. : Noble Publishing Associates, 1992.
Kliebard, Herbert M. *The Struggle for the American Curriculum*. 2d ed. New York : Routledge, 1995.
―――. *Schooled to Work*. New York : Teachers College Press, 1999.
Koven, Seth, and Sonya Michel. "Introduction : 'Mother Worlds.'" In *Mothers of a New World*. eds. Seth Koven and Sonya Michel, 1-42. New York : Routledge,

1993.

———, eds. *Mothers of a New World*. New York : Routledge, 1993.

Kristeva, Julie. "Women's Times." *Signs* 7 (Autumn 1981): 13-35.

Ladd-Taylor, Molly. *Mother-Work*. Urbana : University of Illinois Press, 1994.

Ladson-Billings, Gloria. *The Dreamkeepers : Successful Teachers of African American Children*. San Francisco : Jossey-Bass, 1994.

———. "Just What is Critical Race Theory and What is it Doing in a Nice Field Like Education?" In The *RoutledgeFalmer Reader in Multicultural Education*. eds. Gloria Ladson-Billings and David Gillborn. New York : RoutledgeFalmer, 2004.

Ladson-Billings, Gloria, and David Gillborn, eds. *The RoutledgeFalmer Reader in Multicultural Education*. London : RoutlegeFalmer, 2004.

LaHaye, Beverly. "Women Restoring Righteousness." In *Judgement in the Gate : A Call to Awaken the Church*. ed. Richie Martin, 34-42. Westchester, Ill. : Crossway Books, 1986.

LaHaye, Tim, and Jerry B. Jenkins. *The Indwelling*. New York : Tyndale, 2000.

Larrain, Jorge. "Stuart Hall and the Marxist Concept of Ideology." In *Stuart Hall : Critical Dialogues in Cultural Studies*. ed. David Morley and Kuan-Hsing Chen, 47-70. New York : Routledge, 1996.

Larson, Edward. *Trial and Error : The American Controversy Over Creation and Evolution*. New York : Oxford University Press, 1989.

———. *Summer of the Gods : The Scopes Trial and America's Continuing Debate Over Science and Religion*. New York : Basic Books, 1997.

Lauder, Hugh, and David Hughes. *Trading in Futures : Why Markets in Education Don't Work*. Philadelphia : Open University Press, 1999.

LeDoeuff, Michèle. *Hipparchia's Choice : An Essay Concerning Women, Philosophy*. Etc. Cambridge, Mass. : Basil Blackwell, 1991.

Lee, Stacy. *Unraveling the Model-Minority Stereotype*. New York : Teachers College Press, 1996.

Lesko, Nancy. *Act Your Age!* New York : Routledge, 2001.

Levine, David, Robert Lowe, Bob Peterson, and Rita Tenorio, eds. *Rethinking Schools : An Agenda for Change*. New York : New Press, 1995.

Levine, Lawrence W. *The Opening of the American Mind : Canon, Culture, and History*. Boston : Beacon Press, 1996.

Lewis, David Levering. *W.E.B. DuBois : Biography of a Race, 1868-1919*. NewYork : Henry Holt, 1993.

———. *W.E.B. DuBois : The Fight for Equality and the American Century*. New York : Henry Holt, 2000.

Leys, Colin. *Market-Driven Politics : Neoliberal Democracy and the Public Interest*. New York : Verso, 2003.

Linn, Robert L. "Assessment and Accountability." *Educational Researcher* 29

(March 2000): 4-16.
Lipman, Pauline. *High Stakes Education.* New York : Routledge, 2004.
Liston, Daniel. *Capitalist Schools.* New York : Routledge, 1988.
Liston, Daniel, and Kenneth Zeichner. *Teacher Education and the Social Conditions of Schooling.* New York : Routledge, 1991.
Loewen, James W. *Lies My Teacher Told Me : Everything Your American History Textbook Got Wrong.* New York : New Press, 1995.
Lowe, Robert, and Barbara Miner, eds. *False Choices : Why School Vouchers Threaten Our Children's Future.* Milwaukee, Wisc. : Rethinking Schools, 1992.
——. *Selling Out Our Schools : Vouchers, Markets, and the Future of Public Education.* Milwaukee, Wisc. : Rethinking Schools, 1996.
Lukas, Gyorgy. *History and Class Consciousness.* Cambridge, Mass. : MIT Press, 1971.
Luke, Alan. "Series Editor's Introduction" to Jay Lemke, *Textual Politics.* Bristol, PA : Taylor & Francis, 1995.
Marquand, David. *The Progressive Dilemma.* London : Phoenix Books, 2000.
Marsden, George. *Understanding Fundamentalism and Evangelicalism.* Grand Rapids, Mich. : Eerdmans, 1991.
Marshner, Connie. *Can Motherhood Survive?* Brentwood, Ind. : Wolgemuth & Hyatt, 1990.
Marx, Karl, and Friedrich Engels. "Manifesto of the Communist Party." In *Marx and Engels : Basic Writings on Politics and Philosophy.* ed. Lewis S. Feuer, 1-41. New York : Anchor Books, 1959. マルクス，エンゲルス著，大内兵衛・向坂逸郎訳『共産党宣言』岩波文庫，1971年．
McAdam, Doug. "The Biographical Impact of Activism." In *How Social Movements Matter.* eds. Marco Giugni, Doug McAdam, and Charles Tilly, 119-146. Minneapolis : University of Minnesota Press, 1999.
McCalman, Janet. *Struggletown.* Melbourne : Hyland House, 1998.
McCarthy, Cameron. *The Uses of Culture.* New York : Routledge, 1998.
——. Unpublished lecture at the International Sociology of Education Conference. University of Sheffield, Sheffield, England, January 2000.
McCarthy, Cameron, and Warren Crichlow, eds. *Race, Identity, and Representation in Education.* New York : Routledge, 1994.
McCarthy, Cameron, Warren Crichlow, Greg Dimitriadis, and Nadine Dolby, eds. *Race, Identity, and Representation in Education.* 2d ed. New York : Routledge, 2005.
McChesney, Robert. "Introduction" to Noam Chomsky, *Profit Over People : Neoliberalism and the Global Order.* 7-16. New York : Seven Stories Press, 1999. ノーム・チョムスキー著，山崎淳訳『金儲けがすべてでいいのか : グローバリズムの正体』文藝春秋，2002年．
McChesney, Robert, Ellen M. Wood, and John Bellamy Foster, eds. *Capitalism and*

the Information Age. New York : Monthly Review Press, 1998.

McCulloch, Gary. "Privatizing the Past? History and Education Policy in the 1990s." *British Journal of Educational Studies* 45 (March 1997): 69-82.

McDonald, Morva. *Teacher Education for Social Justice*. New York : Routledge, in press.

McLaren, Peter. *Revolutionary Multiculturalism : Pedagogies of Dissent for the New Millennium*. Boulder, Colo. : Westview Press, 1997.

McNeil, Linda. *Contradictions of School Reform : Educational Costs of Standardization*. New York : Routledge, 2000.

———. "Faking Equity : High-Stakes Testing and the Education of Latino Youth." In *Leaving Children Behind : How "Texas-style" Accountability Fails Latino Youth*. ed. Angela Valenzuela, 57-111. Albany : State University of New York Press, 2005.

McNeil, Linda, and Angela Valenzuela. "The Harmful Impact of the TASS System of Testing in Texas : Beneath the Accountability Rhetoric." In *Raising Standards or Raising Barriers : Inequality and High-Stakes Testing in Public Education*. eds. Gary Orfield and M. Kornhaber, 127-150. Cambridge, Mass. : Harvard Civil Rights Project, 2001.

Meier, Deborah. *The Power of Their Ideas*. Boston : Beacon Press, 1995.

———. *In Schools We Trust : Creating Communities of Learning in an Era of Testing and Standardization*. Boston : Beacon Press, 2002.

Meier, Deborah, Theodore Sizer, Linda Nathan, and Abigail Thernstrom. *Will Standards Save Public Education?* Boston : Beacon Press, 2000.

Meier, Deborah, and George Wood, eds. *Many Children Left Behind : How No Child Left Behind is Damaging Our Children and Our Schools*. Boston : Beacon Press, 2004.

Menter, Ian, Yolanda Muschamp, Peter Nicholl, Jenny Ozga, and Andrew Pollard. *Work and Identity in the Primary School*. Philadelphia : Open University Press, 1997.

Meyer, David S. "How the Cold War Was Really Won : The Effects of the Antinuclear Movements of the 1980s." In *How Social Movements Matter*. eds. Marco Giugni, Doug McAdam, and Charles Tilly, 182-203. Minneapolis : University of Minnesota Press, 1999.

Middleton, Sue. *Disciplining Sexualities*. New York : Teachers College Press, 1998.

Mills, Charles W. *The Racial Contract*. Ithaca, N.Y. : Cornell University Press, 1997.

Moe, Terry. *Schools, Vouchers, and the American Public*. Washington, D.C. : Brookings Institution, 2001.

Molnar, Alex. *Giving Kids the Business : The Commercialization of America's Schools*. Boulder, Colo. : Westview Press, 1996.

———. *Vouchers, Class Size Reduction, and Student Achievement*. Bloomington,

Ind. : Phi Delta Kappan Education Foundation, 2000.
――. *School Commercialism.* New York : Routledge, 2005.
Molnar, Alex, Philip Smith, John Zahorik, Amanda Palmer, Anke Halbach, and Karen Ehrle. "Evaluating the SAGE Program." *Educational Evaluation and Policy Analysis* 21 (Summer 1999): 165-177.
Moore, Kelly. "Political Protest and Institutional Change." In *How Social Movements Matter.* eds. Marco Giugni, Doug McAdam, and Charles Tilly, 97-115. Minneapolis : University of Minnesota Press, 1999.
Moses, Michele, S. "The Arizona Tax Credit and Hidden Considerations of Justice." Unpublished paper presented at the annual meeting of the American Educational Research Association, New Orleans, April 2000.
National Association of Evangelicals. "For the Health of the Nation : An Evangelical Call for Civic Resposibility." Available online at http ://www. nae.net/images/civic_responsibility2.pdf.
Nord, Warren A. *Religion and American Education : Rethinking a National Dilemma.* Chapel Hill : University of North Carolina Press, 1995.
Novak, Michael. *Toward a Theology of the Corporation.* Washington, D.C. : American Enterprise Institute, 1990.
――. *This Hemisphere of Liberty : A Philosophy of the Americas.* Washington, D.C. : American Enterprise Institute, 1992.
Numbers, Ronald L. *The Creationists.* New York : Alfred A Knopf, 1992.
――. *Darwinism Comes to America.* Cambridge, Mass. : Harvard University Press, 1998.
――. "Creationists and Their Critics in Australia." Unpublished paper, Department of the History of Medicine, University of Wisconsin, Madison.
Numbers, Ronald L., and John Stenhouse. "Antievolutionism in the Antipodes : From Protesting Evolution to Promoting Creationism in New Zealand." *British Journal for the History of Science,* in press.
Oakes, Jeannie. "Can Tracking Research Inform Practice?" *Educational Researcher* 21 (March 1992): 12-21.
Oakes, Jeannie, Karen H. Quartz, Steve Ryan, and Martin Lipton. *Becoming Good American Schools : The Struggle for Civic Virtue in Education Reform.* San Francisco : Jossey-Bass, 2000.
Oakes, Jeannie, Amy Stuart Wells, Makeba Jones, and Amanda Datnow. "Detracking : The Social Construction of Ability, Cultural Politics, and Resistance to Reform." *Teachers College Record* 98 (Spring 1997): 482-510.
O'Cadiz, Maria del Pilar, Pia L. Wong, and Carlos A. Torres. *Education and Democracy : Paulo Freire, Social Movements, and Educational Reform in Sao Paulo.* Boulder, Colo. : Westview Press, 1998.
Ohanian, Susan. *One Size Fits Few : The Folly of Educational Standards.* Portsmouth, N.H. : Heinemann, 1999.

O'Hear, Philip. "An Alternative National Curriculum." In *Educational Reform and Its Consequences*. ed. Sally Tomlinson, 55-72. London : IPPR/Rivers Oram Press, 1994.

O'Leary, Stephen D. *Arguing the Apocalypse : A Theory of Millennial Rhetoric*. New York : Oxford University Press, 1994.

Olssen, Mark. "In Defense of the Welfare State and of Publicly Provided Education." *Journal of Educational Policy* 11 (May 1996): 337-62.

Omi, Michael, and Howard Winant. *Racial Formation in the United States : From the 1960s to the 1990s*. 2d ed. New York : Routledge, 1994.

Opdycke, Sandra. *No One Was Turned Away*. New York : Oxford University Press, 1999.

Padilla, Raymond. "High-Stakes Testing and Educational Accountability as Social Construction Across Cultures." In *Leaving Children Behind : How "Texas-style" Accountability Fails Latino Youth*. ed. Angela Valenzuela, 249-262. Albany : State University of New York Press, 2005.

Pagels, Elaine. *The Origin of Satan*. New York : Random House, 1995. エレーヌ・ペイゲルス著，松田和也訳『悪魔の起源』青土社，2000年.

Panitch, Leo, and Colin Leys. "Preface." In *Necessary and Unnecessary Utopias*. ed. Leo Panitch and Colin Leys, vii-xi. New York : Monthly Review Press, 1999.

Pedroni, Thomas. *Strange Bedfellows in the Milwaukee "Parental Choice" Debate*, unpublished Ph.D. dissertation, University of Wisconsin, Madison, 2003.

Penning, James, and Corwin Smidt. "Michigan 1998 : The 'Right Stuff.'" In *Prayers in the Precincts*. eds. John Green, Mark Rozell, and Clyde Wilcox, 163-185. Washington, D.C. : Georgetown University Press, 2000.

Petrilli, Michael J. "School Reform Moves to the Suburbs." *New York Times*, July 11, 2005, A21.

Pink, William, and George Noblit, eds. *Continuity and Contradiction : The Futures of the Sociology of Education*. Cresskill, N. J. : Hampton Press, 1995.

Podheretz, Norman. *My Love Affair with America : The Cautionary Tale of a Cheerful Conservative*. New York : Free Press, 2000.

Porto Alegre City Secretariat of Education. "Cycles of Formation : Politic-Pedagogical Proposal for the Citizen's School." *Cadernos Pedagogicos* 9 (April 1999): 1-111.

Power, Sally, Tony Edwards, Geoff Whitty, and Valerie Wigfall. *Education and the Middle Class*. Buckingham : Open University Press, 2003.

Power, Sally, David Halpin, and John Fitz. "Underpinning Choice and Diversity." In *Educational Reform and Its Consequences*. ed. Sally Tomlinson, 26-40. London : IPPR/Rivers Oram Press, 1994.

Provenzo, Eugene F. Jr. *Religious Fundamentalism and American Education : The Battle for the Public Schools*. Albany : State University of New York Press,

1980.

Ranson, Stewart. "Theorizing Education Policy." *Journal of Education Policy* 10 (July 1995): 427-448.

――. "Public Accountability in the Age of Neo-Liberal Governance." *Journal of Education Policy* 18 (September-October 2003): 459-480.

Ratner, Ellen. *101 Ways to Get Your Progressive Issues on Talk Radio*. Washington, D.C. : National Press Books, 1997.

Ravitch, Diane. *National Standards in American Education : A Citizen's Guide*. Washington, D.C. : The Brookings Institution, 1995.

――. *Left Back*. New York : Simon and Schuster, 2000.

――. ed. *Brookings Papers on Education Policy 2005*. Washington, D.C. : Brookings Institution, 2005.

Ray, Brian. *Home Schooling on the Threshold*. Salem. Ore. : National Home Education Research Institute, 1999.

Reed, Ralph. "Putting a Friendly Face on the Pro-Family Movement." *Christianity Today*, April 1993, 28.

――. *Politically Incorrect*. Dallas : Word Publishing, 1994.

――. *After the Revolution : How the Christian Coalition Is Impacting America*. Dallas : Word Publishing, 1996.

Re'em, Moshe. "Young Minds in Motion : Teaching and Learning About Difference in Formal and Non-formal Settings." Unpublished doctoral dissertation, University of Wisconsin, Madison, 1998.

Reese, William. *Power and the Promise of School Reform : Grassroots Movements During the Progressive Era*. Boston : Routledge and Kegan Paul, 1986.

Rhoads, Robert, and Carlos Alberto Torres, eds. *The Political Economy of Higher Education in America*. Stanford, Calif., Stanford University Press, in press.

Rich, Frank. "The God Racket, From DeMille to Delay." *New York Times*, March 27, 2005, AR1, AR30.

Robertson, Pat. *The Secret Kingdom*. Nashville, Tenn. : Thomas Nelson Publishers, 1982.

――. *The New Millennium*. Dallas : Word Publishing, 1990.

――. *The New World Order*. Dallas : Word Publishing, 1991.

――. *The Turning Tide*. Dallas : Word Publishing, 1993.

――. "Law Must Embrace Morality." *Christian American* 6 (April 1995): 16-17.

Robertson, Susan L. *A Class Act : Changing Teachers' Work, the State, and Globalization*. New York : Falmer Press, 2000.

Rorty, Richard. *Achieving Our Country : Leftist Thought in Twentieth-Century America*. Cambridge, Mass. : Harvard University Press, 1998. リチャード・ローティ著, 小澤照彦訳『アメリカ未完のプロジェクト：20世紀アメリカにおける左翼思想』晃洋書房, 2000年.

Rosen, Gary. "Are School Vouchers Un-American?" *Commentary* 109 (February 2000): 26-31.

Rosenstock, Larry, and Adria Steinberg. "Beyond the Shop : Reinventing Vocational Education." In *Democratic Schools*. ed. Michael Apple and James Beane, 41-57. Alexandria, Va. : Association for Supervision and Curriculum Development, 1995.

Rosin, Hanna. "God and Country." *The New Yorker*, June 27, 2005, 44-49. マイケル・W・アップル，ジェームズ・A・ビーンズ編，長尾彰夫解説，澤田稔訳『デモクラティックスクール：学校とカリキュラムづくりの物語』アドバンテージサーバー，1996年.

Roth, Wolff-Michael, and Angela Barton. *Rethinking Scientific Literacy*. New York : RoutledgeFalmer, 2004.

Rozell, Mark, and Clyde Wilcox. *Second Coming*. Baltimore : Johns Hopkins University Press, 1996.

Rudolph, John. *Scientists in the Classroom : The Cold War Reconstruction of American Science Education*. New York : Palgrave, 2002.

Ruiz de Velasco, Jorge. "Performance-Based School Reforms and the Federal Role in Helping Schools that Serve Language-Minority Students." In *Leaving Children Behind : How "Texas-style" Accountability Fails Latino Youth*. ed. Angela Valenzuela, 33-55. Albany : State University of New York Press, 2005.

Rury, John, and Jeffrey Mirel. "The Political Economy of Urban Education." In *Review of Research in Education, Volume 22*. ed. Michael W. Apple, 49-110. Washington, D.C. : American Educational Research Association, 1997.

Rushdoony, Rousas John. *The Institutes of Biblical Law*. Phillipsburgh, N.J. : Presbyterian and Reformed Publishing, 1973.

Schlafly, Phyllis. "Fact and Fiction About Censorship." Washington, D.C. : National Defense Committee, National Society, Daughters of the American Revolution, 1984.

Schorr, Jonathan. "Giving Charter Schools a Chance." *The Nation*, June 5, 2000, 19-23.

Schwartz Cowan, Ruth. *More Work for Mother*. New York : Basic Books, 1983.

Scott, Joan. "Multiculturalism and the Politics of Identity." In *The Identity in Question*, ed. John Rajchman, 3-12. New York : Routledge, 1995.

Seddon, Terri. "Markets and the English." *British Journal of Sociology of Education* 18 (June 1997): 165-85.

Segarra, Jose, and Ricardo Dobles, eds. *Learning as a Political Act : Struggles for Learning and Learning from Struggles*. Cambridge, Mass. : Harvard Educational Review Reprint Series No. 33, 1999.

Selden, Steven. *Inheriting Shame : The Story of Eugenics and Racism in America*. New York : Teachers College Press, 1999.

Sewell, Stacy Kinlock. "The 'Not-Buying' Power of the Black Community." *Journal of*

African American History 89 (Spring 2004): 135-151.
Shapiro, Andrew L. "The Net That Binds." *The Nation*, June 21, 1999, 11-15.
Shipler, David. *The Working Poor*. New York : Knopf, 2004. ディヴィッド・K・シプラー著, 森岡孝二他訳『ワーキング・プア：アメリカの下層社会』岩波書店, 2007年.
Skocpol, Theda. *Diminished Democracy*. Norman : University of Oklahoma Press, 2003.
Slack, Jennifer D. "The Theory and Method of Articulation in Cultural Studies." In *Stuart Hall : Critical Dialogues in Cultural Studies*. ed. David Morley and Kuan-Hsing Chen, 112-127. New York : Routledge, 1996.
Slaughter, Sheila, and Larry L. Leslie. *Academic Capitalism*. Baltimore : Johns Hopkins University Press, 1997.
Slaughter, Sheila, and Gary Rhoades. *Academic Capitalism and the New Economy*. Baltimore : Johns Hopkins University Press, 2004.
Slevin, James. *The Internet and Society*. Cambridge : Polity Press, 2000.
Smiley, Jane. "Stable Relationships," *The Guardian Review*, October 16 : 4-6.
Smith, Adam. T*he Wealth of Nations*. Oxford : Clarendon Press, 1976. アダム・スミス著, 大内兵衛訳『国富論』岩波文庫その他.
Smith, Christian. *American Evangelicalism : Embattled and Thriving*. Chicago : University of Chicago Press, 1998.
Smith, Gregory A. *Public Schools That Work : Creating Community*. New York : Routledge, 1993.
Smith, Kevin B., and Kenneth J. Meier, eds. *The Case Against School Choice : Politics, Markets, and Fools*. Armonk, NY : M. E. Sharpe, 1995.
Smith, Linda Tuhiwai, *Decolonizing Methodologies*. New York : Zed Books, 1999.
Smith, Mary Lee, Walter Heinecke, and Audrey Noble. "Assessment Policy and Political Spectacle." *Teachers College Record* 101 (Winter 1999): 157-91.
Smith, Mary Lee, with Linda Miller-Kahn, Walter Heinecke, and Patricia Jarvis. *Political Spectacle and the Fate of American Schools*. New York : RoutledgeFalmer, 2004.
Smith-Rosenberg, Carol. *Disorderly Conduct : Visions of Gender in Victorian America*. New York : Oxford University Press, 1985.
Stambach, Amy, and Miriam David. "Feminist Theory and Educational Policy : How Gender Has Been 'Involved' in Family School Choice Debates." *Signs* 30 (Winter 2005): 1633-1658.
Stearns, David, and James Harvey. *A Legacy of Learning : Your Stake in Standards and New Kinds of Public Schools*. Washington, D.C. : The Brookings Institution, 2000.
Steinberg, Jacques. "Blue Books Closed, Students Boycott Standardized Tests." *New York Times*, April 13, 2000, Al.

Stevens, Mitchell. *Kingdom of Children*. Princeton, N. J. : Princeton University Press, 2001.

Strasser, Susan. *Never Done*. New York : Pantheon, 1982.

Swartz, David. *Culture and Power : The Sociology of Pierre Bourdieu*. Chicago : University of Chicago Press, 1997.

Tate, William. "Critical Race Theory and Education." In *Review of Research in Education, Volume* 22. ed. Michael W. Apple, 195-247. Washington, D.C. : American Educational Research Association, 1997.

Teitelbaum, Kenneth. *Schooling for Good Rebels*. New York : Teachers College Press,1996.

Therburn, Robert. *The Children Trap : Biblical Principles for Education*. Fort Worth, Texas : Dominion Press and Thomas Nelson, 1986.

Tomlinson, Sally, ed. *Educational Reform and Its Consequences*. London : IPPR/ Rivers Oram Press, 1994.

———. "New Inequalities : Educational Markets and Ethnic Minorities." Unpublished paper presented at the symposium on Racism andReform in the United Kingdom at the annual meeting of the American Educational Research Association, San Diego, April 1998.

Valenzuela, Angela. "Accountability and the Privatization Agenda." In *Leaving Children Behind : How "Texas-style" Accountability Fails Latino Youth*. ed. Angela Valenzuela, 263-294. Albany : State University of New York Press, 2005.

———. "Introduction : The Accountability Debate in Texas." In *Leaving Children Behind : How "Texas-style" Accountability Fails Latino Youth*. ed. Angela Valenzuela, 1-32. Albany : State University of New York Press, 2005.

———. ed. *Leaving Children Behind : How "Texas-style" Accountability Fails Latino Youth*. Albany : State University of New York Press, 2005.

Van Dunk, Emily, and Anneliese Dickman. *School Choice and the Question of Accountability*. New Haven, Conn. : Yale University Press, 2003.

Van Vught, Johannes. *Democratic Organizations for Social Change : Latin American Christian Base Communities and Literacy Campaigns*. New York : Bergin & Garvey, 1991.

Vryhoff, Steven C. *Between Memory and Vision : The Case for Faith-Based Schooling*. Grand Rapids, Mich. : William Eerdmans Publishing Co., 2004.

Wacquant, Loic. "Foreword" to Pierre Bourdieu, *The State Nobility*, ix-xxii. Stanford, Calif. : Stanford University Press, 1996.

Watson, Justin. *The Christian Coalition : Dreams of Restoration, Demands for Recognition*. New York : St Martin's Press, 1997.

Wells, Amy S. *Time to Choose : America at the Crossroads of School Choice Policy*. New York : Hill & Wang, 1993.

———. *Beyond the Rhetoric of Charter School Reform*. Los Angeles : University of

California at Los Angeles, Graduate School of Education and Information Studies, 1999.
Wells, Amy S., Alejandra Lopez, Janelle Scott, and Jennifer Holme. "Charter Schools as Postmodern Paradox : Rethinking Social Stratification in an Age of Deregulated School Choice." *Harvard Educational Review* 69 (Summer 1999) : 172-204.
West, Cornel. *Prophesy Deliverance! : An Afro-American Revolutionary. Christianity.* Philadelphia : Westminster Press, 1982.
———. *Race Matters.* New York : Vintage Books, 1994.
Wheen, Francis. *Karl Marx : A Life.* New York : Norton, 1999. フランシス・ウィーン著, 田口俊樹訳『カール・マルクスの生涯』朝日新聞社, 2002年.
White, Geoffrey, ed. *Campus, Inc.* New York : Prometheus Books, 2000.
Whitty, Geoff. "Sociology and the Problem of Radical Educational Change." In *Educability, Schools, and Ideology.* ed. Michael Flude and John Ahier, 112-137. London : Halstead Press, 1974.
———. "Creating Quasi-Markets in Education." In *Review of Research in Education, Volume 22.* ed. Michael W. Apple, 3-47. Washington, D.C. : American Educational Research Association, 1997.
Whitty, Geoff, Tony Edwards, and Sharon Gewirtz. *Specialization and Choice in Urban Education.* London : Routledge, 1993.
Whitty, Geoff, Sally Power, and David Halpin. *Devolution and Choice in Education : The School, the State, and the Market.* Philadelphia : Open University Press, 1998. S・ウィッティ, S・パワー, D・ハルピン著, 熊田聰子訳『教育における分権と選択：学校・国家・市場』学文社, 2000年.
Wilcox, Clyde, and Mark Rozell. "Conclusion : The Christian Right in Campaign '98.'" In *Prayers in the Precincts.* eds. John Green, Mark Rozell, and Clyde Wilcox, 287-297. Washington, D.C. : Georgetown University Press, 2000.
Williams, Raymond. *Marxism and Literature.* New York : Oxford University Press, 1977.
———. *Keywords : A Vocabulary of Culture and Society.* New York : Oxford University Press, 1985. レイモンド・ウィリアムズ著, 椎名美智他訳『完訳キーワード辞典』平凡社, 2002年.
———. *Resources of Hope : Culture, Democracy, Socialism.* New York : Verso, 1989.
Willis, Paul. *Common Culture.* Boulder, Colo. : Westview Press, 1990.
Wilson, Glen Y. "Effects on Funding Equity of the Arizona Tax Credit Law." Paper presented at the annual meeting of the American Educational Research Association, New Orleans, April 2000.
Witte, John F. *The Market Approach to Education : An Analysis of America's First Voucher Program.* Princeton, N. J. : Princeton University Press, 2000.
Wong, Ting-Hong, and Michael W. Apple. "Rethinking the Education/State Formation Connection." Unpublished paper.

Wright, Erik O. *Classes*. New York : Verso, 1985.

———. *Class Counts : Comparative Studies in Class Analysis*. New York : Cambridge University Press, 1997.

———, ed. *The Debate on Classes*. New York : Verso, 1998.

Wyatt, Edward. "Investors See Room for Profit in the Demand for Education." *New York Times*, November 4, 1999, A1.

Zinn, Howard. *The Zinn Reader : Writings on Disobedience and Democracy*. New York : Seven Stories Press, 1997.

———. *The Future of History : Interviews with David Barsamian*. Monroe, Maine : Common Courage Press, 1999.

[解題] マイケル・アップルの教育批判と批判教育学
◆ 黒崎　勲

問題の所在

　教育改革の進行はこれまでの教育理論の枠組みに根本的な反省を迫っている．先進諸国の教育改革政策の展開過程を比較研究したウィッティは，この間の教育改革の動向に対する批判的言説のあり方を批判して，次のように問題点を指摘している．

　特定の類型のコモンエデュケーションを選好する社会民主主義的アプローチはすでに正統性を失っており，増大する専門性と社会的多様性に応える方途を発見する必要がある．しかしながら，左派は，我々がこれまで研究者として，社会的不平等を再生産し，正当化してきたと批判の対象とした教育とは根本的に異なるような公教育の概念を発展させる努力をほとんどしていない（Whitty, G., et.al., *Devolution and Choice in Education*, Open University Press, 1998.）．

　右派と左派という区別には有効性があるのかと問われるような状況ではあるが，アップルは自らを左派の立場に位置づけることに躊躇することはない．そして，これまでの左派による右派の理論的動向に対する把握には根本的な欠如があると指摘するのである．私達の多くが「自然なもの」としてみなしている，たとえば社会保険といった社会的プログラムの多くが，基本的人権の否定に対抗する進歩的運動によってもたらされたのであるというのは左派の従来からの感覚である．しかしながら，「右派はこの世の中に何か変化が

必要なものがあるとは決して思わない」(ローティ) といった右派に対する非難について，アップルはその根拠は薄弱であり，現実に合致していないと言う．なぜなら，右派の多くの部分がラディカルな改革に積極的に関わっており，ここ20年から30年以上，右派は左派がつくりあげてきた社会的プログラムに対して集中砲火を浴びせてきたというのがアップルの理解である．公共圏のすべてが問題とされている．公的制度に対する攻撃は教育に限定されたものではなかったが，教育制度は右派の批判の中心に位置していた．本書はこうした事態の下で，「右派の教育に対する信念，提案，そして計画，また現実世界にそれらが与える影響の分析」(本書11頁) を行うものである．

新自由主義と新保守主義の連合：ヘゲモニックプロジェクト

ここで重要なことは，「右派とは統一された運動ではない．多くの異なる主張をもつ諸力の連合なのだ．幾つかの主張は重なりあい，幾つかの主張は相対立している」(本書11頁) というアップルの視角である．その諸力の連合とは，第一集団は新自由主義者，第二の集団は新保守主義者で，第三の集団は権威主義的大衆主義者と呼ぶもので，宗教的原理主義者と保守的福音主義者で，最後の集団のメンバーは管理職と専門職といった新しい中産階級のある特定集団である．本書の目標は，それらの矛盾の緊張関係がいかに独創的な方法で解決され，そしてこの社会を実際にある特定の方向に向けて〈変える〉のかということを示しながら，この運動内部の様々な矛盾について検討することである．

教育改革をめぐる新自由主義と新保守主義のイデオロギー上の対立，葛藤については我が国の批判的教育理論においても注目されてきた．それらはたとえばサッチャー政権における教育改革が一方でナショナルカリキュラムを実現し，他方でバウチャー制度を志向したものであることについて，政権内部の改革理念の矛盾，葛藤として把握し，サッチャー政権の教育改革政策が全体としては完成度の低い，粗雑なものであると非難することをもって終わるという傾きがある．これに対してアップルはまったく別のアプローチを示すのである．つまり，多くの異なる主張をもち，対立する利害をもつ諸力が統一された連合として登場していることの意味を重視し，「それぞれ生命を吹き込まれた右派の多様な断片から生まれでた一見矛盾しあう政策」が「い

かに独創的な方法で一緒になり，これら右派のアジェンダの多くを前進させる」(本書14頁)ことに成功したか，逆に左派がそのような諸力の連合にいかに失敗したのかという理由を明らかにしようとしているのである．

　右派のなかの矛盾する諸力が連合し，一緒になって右派のアジェンダを前進させるという一例として，アップルは進化論の授業に反対する宗教右派の主張がなぜこれほどまでに広がりをみせているかということについて，次のように説明している．アップルによれば，元来創造論的な信念を有していない人々が，自らの子どもに教えられるべき教育内容を自分たちとは関係のないエリートたちが決定づけているという危機感を背景に，創造論者に対して同情票を与えているのである．

　右派の連合の形成はヘゲモニー闘争における勝利であり，そうしたヘゲモニーの確立に左派は失敗しているというのがアップルの把握である．アップルは，かつては「社会におけるその他の多くの集団からの支援を引き出し，階級を超えた同盟を形成した」(本書iv頁)のは左派の運動であったと論じる．右派の社会運動は他の社会運動から学んでいるというのが鍵であるとアップルは論じる．今では「多くの保守派は現に，進歩的運動の戦術を『盗んだ』のであり，進歩主義的諸力によって獲得された財産を攻撃するのにそれらを使っている」(本書iv頁)．左派はなぜ右派から学ばないのか．「右派の諸力が何年も前に学んだことについてもっと学ぶこと」(本書viii頁)というのが本書の主要なメッセージであるとアップルは述べる．アップルは，こうした批判理論の課題は二重の戦略を具体化することであると主張する．「私達はそれが可能であるところでは，またそれが相互に利益となるところでは，(中略)戦術的同盟を作り上げることができるし，作り上げなければならない．同時に，私達は私達の核心的メンバーの間で，階級，人種，ジェンダー，セクシュアリティ，能力，グローバリゼーション，そして経済的搾取，さらに環境といった問題について，もっと進歩主義的な同盟を作り続ける必要がある」(本書312頁)．

　アップルは明瞭に，「教育に対する右派の提案について私は根本的に反対しているが，いまある学校を無自覚に支援するということはおろかなことだということを認識することも重要なことである．右派の批判に何人もの人々が注意深く耳を傾ける一つの理由は，学校制度に問題が〈存在している〉からだ．事実，これこそ幾つかのより批判的なかつ民主的な教育改革に劣らず

（右派の改革に）人気がある理由なのだ」（本書11頁）と述べている．批判理論が二重の同盟を作り上げることができるかどうか．それは「学校制度に問題が〈存在している〉」という事態を直視することができるかどうかにかかっている．右派の教育改革に反対することがともすれば現状維持を旨とする議論に止まり，また，現在進行中の分権化と選択を基調とする教育改革政策に対して，これを依然として中央教育政策当局の側の主導的，計画的な政策決定であると理解することに帰着する我が国の批判的教育理論の現状を考えるならば，アップルの批判教育学の独創性と適切性がどれほど優れたものであるかわかるであろう．

理論と実践の課題

教育改革の動向を観察し，評価することに留まらず，これにかかわるさまざまな関係者のそれぞれの目的意識的な実践の可能性を拡大するために，主体的，能動的にこれに関与することが批判的教育理論の課題であろう．教育を単に現象として対象化するのではなく目的意識的な営みとして教育に接近するところに教育学理論の本来の特性があるというのが私の年来の主張である．アップルの批判理論はそうしたものの典型であるように思われる．アップルはすでに1982年の著作 Education and Power において，当時アメリカ合衆国において提唱されていた教育バウチャー制度について，早くからこれを資本蓄積と正統性の維持との間での支配階級のジレンマに発するものと把握していた．分権化と選択を基調とする教育政策は，資本主義生産様式を基礎とする経済体制を維持する国家の政策として，その階級的性質を失うものではない．しかし，分権化と選択とは，それが権限の移譲であり，選択の自由である限り，直接的な，あるいは官僚制の指令（bureaucratic fiat）による支配とは異なって，国家の階級的な意図とは別の実践の舞台となる可能性を否定し得ない．たしかに，分権化と選択による教育政策は，教育の危機を国家にとっての政治危機とさせないための戦略であり，「学校の自治と（選択の自由などの）父母の権利の保障は紛争を教育制度の下級段階に放出し，より上級のレベルの行政を紛争の埒外に，すなわち攻撃の外におく」（Education and Power）ことを可能にする．しかし，それは同時に，国家を階級的利益の擁護のために利用することを妨げ，さらには，政策の意図とは別の

可能性を展開させる危険をも放置せざるをえないことを意味するのである．アップルが，この政策を支配階級のジレンマと把握したのはこのためである．そしてこうしたジレンマにかかわって常に被支配階級の利益の拡大のための具体的な行動を行おうとするところにアップルの議論の神髄があり，それが同じマルクス主義に依拠した批判理論を志向するなかでもアップルとボールズおよびギンタスの理論を分けているのである．

　本書においても，公立学校改革の切り札のように取りざたされているチャータースクールについて，アップルはこれを無視することはもはや不可能であるとし，「右派と左派の一部の人々にとって，チャータースクールはそれぞれの集団の要求の幾つかを満足させることができる妥協であるとみられている」（本書319頁）と認識している．チャータースクールは批判理論の本筋からいえば，「都市部そして農村部の学校に対する十分な資源と支援を与えるための私達の取り組みがなされていないことから注意をそらすようにすることができるし，現にそうしている」（本書320頁）として，また宗教教育への公的資金援助に道を開くものとして，批判の対象となるべきものであった．本書でも，アップルは「私は，もっと注意を呼びかけたい．これらの学校についての論議の大部分は非常にロマンティックなものであった」（本書319頁）と警告している．しかしながらそういいつつも，アップルは，「チャータースクールが消滅するとは信じていない．事実，私がラテンアメリカやアジアの国々で教育的そして政治的活動をしたり，講演し始めてからの長い間に，チャータースクール運動にはかなりの関心がもたれていることが，私にははっきりしてきた．それはとくに，強力な国家とカリキュラム，教授法，そして評価に関する強力な中央統制の長い歴史をもっている国や，国家が非常に硬直していて，高度に官僚化しており，非応答的な国の場合である」（本書320頁）と論じている．ここで国家が強力な中央統制の長い歴史をもつ国として日本が意識されていることは明らかである．

　アップルはチャータースクールに対する戦略を「いまよりも進歩する傾向のある一揃いの可能性になるということを保証するように，我々の経験的，教育的，政治的エネルギーの一部を注ぐことが決定的なのだ」（本書320-321頁）としている．公立学校の現状の問題点を見据えるならば，チャータースクールに反対を唱えるだけの対応では「チャータースクールの地勢は，保守派連合内部の諸力によって占領される」（本書320頁）ことになり，これを避

けるべきことが絶対的に決定的だというのがアップルの結論である．

　公教育の理念を基礎づける，学校を通しての民主的な社会の再生産という要請に対する今日の最大の危機は，富裕な階層あるいは有利な条件に恵まれた人々による社会からの自発的被排除（自己分離）の問題である．ギデンズは「社会の最上層部の人々による自発的被排除は，公共空間や社会的連帯を脅かすのみならず，最下層の排除を誘発する」と述べて，この言葉で，イギリス社会に広がる階層間の分離状況を今日の最大の問題として注意を喚起している．新労働党の政策綱領にも深い影響を与えた彼の『第三の道』は，こうした事態に立ち向かう新しい社会民主主義の行動理念を自立的で活動的な市民に求め，多元化する社会において個人の価値の尊重と社会の連帯を調和させる包摂社会の重要性を説くものであった．アップルは，これと同じ問題がアメリカ社会に広がっていることを指摘して，その傾向を「繭化」現象と名付けている．

　高い不動産価格に裏付けられた富裕な階層のみなからなるゲートとフェンスに囲まれた特権的なコミュニティを形成する防塞都市の光景は，その象徴である．自らの隔離されたコミュニティの中での安全で，快適な生活空間の維持にのみ関心を集中し，その外の空間において起こることについてもはや関心をもたなくなる人々の姿は，現代社会の公共性にとっての最大の危機である．こうした人々にとっては「民間は何であれ善であるべきものであり，公的なものは何であれ悪であるべきものである．学校のような公的な（すなわち，公的な資金をえる）制度は，金が注ぎ込まれ，そして消えてしまうようにみえる，しかも十分な結果を何一つもたらさない『ブラックホール』」（本書42頁）であるとされ，攻撃される．公立中学校を忌避して私立中学校に進学する生徒の比率が30％にも達するほどになっている大都市圏における公立学校と私立学校の関係は，すでにこうした問題がわが国にも広がりつつあることを示している．

　斉藤純一は啓発に富む著作『公共性』の中で，それまで多くの人々にとって否定的な響きをもっていた公共性という言葉が，1990年代を迎える頃から「立場を異にするさまざまな論者によって肯定的な意味で，しかも活発に用いられるようになってきた」と述べている．斉藤はこうした事態を「国家が『公共性』を独占する事態への批判的認識の拡がり」と理解している．しかし，こうした公共性の概念の問題状況の背景にはこうした社会の富裕層の自

己分離という状況があった．そして，アップルがいうように「国家の役割が，公と私の境界をラディカルに再定義するその線にそって，変更されてきた」(本書32頁)．しかし，その動向は「国家権力の後退でもないし，私達の社会の最も虐げられている人々に対して現実に『権限付与』することでもない」(本書34頁)．斉藤は，「国家は公共性のある限定された次元を担うにすぎず，そのすべてを包含するわけではない」として，「人々の〈複数性〉を何らかの同一性に還元しないために，共同体―同一性に代わるものとして公共性―複数性という概念装置を意識的に用いる」と説く．しかし，上述のように問題を把握するならば，教育の公共性概念の再審というテーマで我々が迫られているものは，教育における公私の区分の如何というような言説をめぐる問題でも，あるいは国家的公共性と市民的公共性の概念の異同などでもないといえよう．

　こうした問題状況において我々が解決を迫られているのは真に力のある公立学校制度を再構築するという課題である．教育における公私をめぐる問題の検討から我々が導きださなければならない示唆は，公立学校と私立学校の間の関係についての特定のパタンではない．教育に対する国家の関与の特定の在り方の探求でもない．今日，教育の公共性の概念が問われ，教育における公私の境界が問われるのは，社会の再生産に不可欠で，有効な公立学校制度の再構築はいかにして可能であるのかを，それぞれの社会の固有の文脈において解明する力動的な探求のためでなければならない．

展　望

　「官僚制の拡大とより高度の専門性の介在によって正統性を回復させてきた従来の試みが，今ではむしろ問題の解決ではなく，問題の原因とみなされてきた」結果であるという見方にたつのはウィッティだが，それはアップルの立場でもある．そしてそのような見地に立てば，分権化と選択を基調とする教育政策のもとでは，そこになお国家支配の装置が配置されていることを暴くことに満足しているわけにはいかない．支配体制がジレンマとして保証せざるを得ない自由を，いかに教育の自律性の展開の可能性へと転換させうるかということが，教育の理論と実践の課題となる．

　教育における現実的な実践的問題に対するリアルな答えを提供することが

批判理論の課題であるとアップルは主張する.「現実の学校と現実の地域社会において，今日の現実の教師と生徒とともに，批判的で民主的な教育を打ち立てる闘争の成功例を示すことによって，チャータースクールのみならず，地域社会にある地域の小学校，ミドルスクール，そして中等教育学校に対しても注意が払われる」(本書321頁). 成功例を示すことが鍵であるというのはイーストハーレムで学校選択制度による公立学校改革が進められたときにコミュニティ学区教育委員会が採用した戦略であった. 公立学校の希望が失われたかのような地域で公立学校改革に成功するためには成功例を提示することが鍵となった. そこでは公立学校の成功例を目に見える形で示し，成功した学校を公立学校のネットワークの中で継続的に存在させるための戦略的な装置として学校選択制度が採用された.

　この地域のもっとも成功した学校として名声を得ることになったセントラル・パーク・イースト学校の責任者デビー・マイヤーは学区教育委員会の学校選択制度を擁護して,「教育学が賢明に推奨するラディカルな, 新しい教育学的実践を実験に移すことができる学校を創り出す唯一の道を提供するからである」と述べていた. 力のある公立学校の成功例を網羅し, 実際に示すためにアップルが著した『デモクラティックスクール』にはマイヤーの学校も紹介されている.

　力のある公立学校の成功例を描き出すという課題に応えることのできる批判理論の構築が教育改革のヘゲモニーを右派からとりもどすことになるだろう. 批判理論が右派の教育改革言説の不整合と弊害についての非難に終始し, 現状の学校制度に現に存在する問題を直視しなければ, 教育改革のヘゲモニーを取り戻すことはできない. 本書でアップルが試みているのは右派がいかにして左派のこれまでの運動を「盗む」ことに成功したか, 対立する利害を超えていかに独創的な方法でこれらを連合に形成し得たのかを分析することである. これらの分析を通して, 今度はいかに右派の方法を「盗み」, ヘゲモニー闘争を勝利に導くかが, 批判理論の課題である.

　アップルは本書でポルト・アレグレの成功例に大きな示唆を受けていることを明らかにしている. またアメリカ国内でも教育者と地域コミュニティが協同して応答的で効果的な教育をつくりだすことができるということをニューヨーク, ミルウォーキー, ボストン, テネシー, ウィスコンシンなどの実例を通して強調している. 日本の公立学校制度の固有の状況と文脈に即して

どのようにして力のある，効果的で応答的な公立学校制度を再構築していくか．本書においてアップルが示す理論のスタンスと方法，そしてヘゲモニックブロックとして教育改革に関わる諸グループ間の利害を分析し，解明する内容から学ぶことはきわめて大きいのである．

訳者解説
◆
大田直子

　本書はマイケル・アップル著　*Educating the "Right" Way : Markets, Standards, God, Inequality*, 2nd edition, Routledge Falmer, 2006. の全訳である．

　本書初版本は2002年に東京都立大学で開催された日本教育行政学会大会の国際シンポジウムでアップル教授がされた報告のもととなった本である．訳者は国際シンポジウム企画担当者としてアップル教授の招聘と通訳を行った関係で，本書の日本語での出版をお願いした．アップル教授と私の出会い，そしてシンポジウム開催に至った事情については『多元化社会の公教育：国際シンポジウム：新しいタイプの公立学校の創設と教育の公共性』（第37回日本教育行政学会大会実行委員会編，日日教育文庫，2003年）を参照されたい．また本書の意義については黒崎勲氏による解題があるのでそちらを参照されたい．

　翻訳の作業それ自体は一気に仕上げたのだが，その後所属する大学の大改組問題などが起こってしまい，出版にこぎ着けるまで思いのほか時間がかかってしまった．この間アップル教授には何度もお詫びを申し上げ，ここまで待っていただいた．予定が遅れた分，アップル教授とは密な連絡がとれたうえ，イギリスでの再会もできたので，内容に関して十分話し合う時間もとれたことがけがの功名であったともいえよう．

　しかし，初版の翻訳ゲラが三校になったときに，突然ラウトリッジ社から第二版が出されることになったとの連絡が入った．急遽世織書房の伊藤晶宣さん，またアップル教授ともご相談した結果，やはり最新のものを翻訳すべきであるという結論に達し，第二版を訳出することに決めた．もちろんアッ

プル教授はすでにほぼ出来上がっていた翻訳作業のことを考えて，初版は初版なりにまとまっているものであり，無理をすることはないと言ってはくださったのではあるが，もう少し時間がかかることを改めてお詫びして，第二版の翻訳に取りかかったのである．

　初版本との違いは，まず2章（本書の第4章と第8章にあたる）が新たに付け加えられたのと，その他の部分でも，修正や加筆された部分があることである．とくに最終章は，かなり手が加わっている．初版本が出されたのが2001年であるから，わずか5年後に第二版が出されるというほど，この本の価値があること，世界中で読まれていることなどが推察される．それは，現在，先進国で進行中の新自由主義・新保守主義を出自とする教育改革の問題が，多くの人々の関心を引いていることの証であると思われる．そして，それ以上に，この一連の教育改革が，アップル教授も指摘されるように，イギリス労働党政権のもとで「第三の道」改革とつながることによってまた新たな展開を迎え，訳者が呼ぶところの「品質保証国家」の教育改革をいかに考えるのかといった理論的課題に対して，本書が与えてくれる方向性，私達への示唆というものが魅力的であるからであろう．この新労働党の教育政策が「称賛に値する（meritorious）」（本書290頁）ものであるかどうかを明確にするのは訳者のもう一つの研究課題であるが，アップル教授がその後すぐに付け加えた「私が意識的にこの言葉を弄んでいることに注意してほしい」という指摘については，十分承知しているつもりである．

　この本を訳出するにあたり，一番困ったのが英語の right の訳であった．「右派」，「権利」，「正しい」などこれらすべてがこの一言に込められていることは読者は既におわかりだと思う．しかしこれに対応する一言の日本語がないのだ．日本の翻訳文化の結果ではあるが，西洋社会との違いをつくづく考えさせられた問題でもあった．アップル教授にもご相談したが，思いもしないことだったのだろう．日本語でも何かあるはずだといわれ，私が思い至ることを期待されていた．私としてもなにかないだろうか，とずっと思い悩んでいた．

　思えば，右派（右翼）とか左派（左翼）とかということはフランス革命の国民公会のときに与党側が議長からみて右側に，野党が左側に陣取ったところから派生したといわれているが，あたかも権力を握っているものがなにが「正しい」かを決定できるというところから right という言葉が使われるよう

になったかのような印象も与える．あるいは現在の議会制民主主義の下では多数派が「正しい」という多数決原理が機能しているということなのかもしれない．そしてその根拠は基本的人権（ごく一般に普通の権利でもいいのだろうが）なのだろうか．

しかしOEDによれば，いわゆる「権利」や「正しい」にあたるrightの使用は非常に古くからみられるが，右翼（右派）にあたるrightの使用は19世紀（1825年初出）になってからであった．たまたまジロンド派が右側に座ったという歴史の偶然が，「正しい」のと「右派」とを重ねてしまったのだということのようだ．そういうこともわかったので，なにか言葉を探すことを断念し，『右派の/正しい教育』というタイトルで切り抜けることとした．どなたかよい訳語があったら教えていただきたいと思う．

日本でも新自由主義・新保守主義の用語に倣った教育改革がここ数年進行しつつある．とくに最近，自民党および民主党の一部の国会議員の間で，イギリスの教育改革を日本の教育改革モデルとするよう喧伝がなされている．これにはイギリスが1944教育法を改正して，1988教育改革法を制定し，その結果，教育改革が成功したのだという点を強調し，日本の教育基本法「改正」を正統化するという目論見があるのだが，そのような低俗なレベルではなく，多くの人々によって否定され始めている公教育制度の再生に向けて，本格的な改革が求められていることは事実であろう．

そして英米の教育改革の中には，これまでの中央集権的な教育行政制度を変えていく「センスの良い」ものも含まれている．たとえば学校の自律性を高める契機や，親と学校の関係を見直す契機が含まれている．他方この間，公立離れは以前にもまして進行している．自ら学校に背を向ける子供達も増えているし，格差問題もクローズアップされるようになってきている．問題は，「どのようにして，真の公的な制度というものを展望するのかということと同時に，その機能についてきちんと批判をするということができるのであろうか」（本文274頁）ということである．私達はこの「綱渡り」をしなければならないし，親達の期待に表れている「センスの良いもの」を右派に乗取られないようにしなければならないのである．アップル教授の批判は，たんに右派に向いているだけでなく，左派にも向けられている点が重要なのだ．

それにしてもアップル教授のあふれんばかりの情熱とバイタリティが眩しい．本書を読んでいただくことで見えてくる課題はたくさんある．それと同

時に少しでも元気と希望を感じていただければ幸いである．

　なお第二版の翻訳中に，本書の一部が「市場と測定」というタイトルで，日本教育社会学会紀要『教育社会学研究』第78集の特集「転換期における教育社会学の課題」の巻頭に山本雄二氏の手によって翻訳され，本書でも登場しているユーデルらとともに掲載されている．時間的関係で参考にできなかったが，読者は是非これも参考して頂ければと思う．

　最後に出版の機会を下さった世織書房の伊藤晶宣氏にお礼申し上げる．

2007年12月8日

索 引

▶ア行

アーカンソー（進化論教育の禁止）　159
アーチャー（Archer, G.）　173
愛国心　25, 51, 165
愛国心的宗教　216
アイデンティティ・ポリティクス　11, 256, 296,（註4-79）
アカウンタビリティ　33, 62, 81, 91, 110, 112, 129, 148
　　階級と人種の差異　143
　　公的資金　245
　　水準政策　96
　　その要求の結果としての市場化　126
　　テキサス　112
　　ホームスクーリング　258
　　マイノリティ集団　141
悪魔　153, 176
悪魔の脅威　198
アジア　320
　　アジアにおける科学的創造説の人気　157
　　アジア人生徒　ステレオタイプのモデルとして　82,（註3-51）
新しい地球説　160
アファーマティブ・アクション政策　49, 293
アフリカ系アメリカ人コミュニティ　299,（註4-79）

アフリカ系アメリカ人のキリスト教　176
　　進歩的要素　（註5-71）
　　選択政策支援　135, 140
　　バウチャー支援　（註9-28）
アメリカ合衆国憲法　231
アメリカ家族協会　167, 200, 309
アメリカ社会
　　福音主義の効果　186
　　分裂　232
　　キリスト教化　185
アメリカ主義，普通の人の　215, 321
アメリカ人，市民権所有者という意味での　（註序-1）
アメリカに関心ある女性達の会　167, 224
アメリカの価値を復活させる委員会　164
アメリカ文化の輸出　212
アメリカン・ビジョン　（註6-120）
アラバマ（進化論の教授）　156
アリゾナ州立大学教育政策研究所　298
アルファ・オメガ出版　266
アンプラグ（UNPLUG）　（註2-22）

イーグル・フォーラム　167, 200, 309
「イエス・キリストの祝福を告知すること」（HCJB）　190
「家で教える」　239
威信　95
イスラム　208, 245, 308, 313
イスラムに関する感情　167

イスラム的傾向　（註1-41）
偉大なる反転　172
一日一時代理論　158
逸脱拡大　237
イデオロギー的枠組み　22
遺伝子操作　（註5-2）
意図的な説明　289
移民　24, 54, 83, 170, 292
インターネット　250
　　ホームスクーリングの手段　238, 268
　　右派　（註8-9)
　　進歩的目的のため　（註9-45）
インターネット活用のためのロビー活動　269
インターネットを利用する仕事の提唱（ファーリス）　269
インテリジェント・デザイン　156, (註1-8), (註9-10)

ウィーバーカリキュラムシリーズ　266
ウィスコンシン　154
　　セイジ・プログラム　286
ウェイリッチ（Weyrich, P.）　164
ウェールズの教育政策→英国の教育政策を見よ
ウェブサイト
　　教育における真の改革のための連合　144
　　教育政策研究所（アリゾナ大学）　298
　　全国家庭教育研究所　227, (註7-2)
　　学校再考　（註2-75）
　　家庭で教える　（註7-38）
ウォーリス（Wallis, J.）　313
ウォルトン（Walton, R.）　224
ウッドソン（Woodson, C.）　148
右派の教育的信念　11
　　効果　10
　　妨害する　297
上澄み取り　81

エア・アメリカ　304
英国（連合王国）

1993年教育法　74
教育政策　40
教育改革　89
新労働党　40, 290
英語限定運動　52
永続的な応答性　84
HIV/AIDS──神の罰としての　215
HCJB（イエス・キリストの祝福を告知すること）　190
A-C経済　95
エジソン・スクール　122, 125
エスニシティとテスト　108
FEBC（極東放送会社）　190
エリート主義　18, 146, 237
エリート主義──権威主義的大衆主義者による批判　215
エレクトロニック聖職者　251
エレクトロニック牧師　189

大ばくちの試験　14, 62
公に物語ること　149
オケンガ（Okenga, H.）　173
音声学　4, (註1-1)

▶カ行

カーター（Carter, J.）　168
カーネル（Carnell, E.）　173
海外ミッショナリーフェローシップ　174
改革　144, 145　→教育改革も見よ
改革の矛盾　281
非改革者の改革　275
階級　35, 47, 77, 131, 141, 201, 282
　　A-C経済　96
　　分析　287, (註9-20)
　　敵意　（註2-51）
　　監査文化　107
　　消費者の労働　123
　　自由の定義　16
　　差異　143
　　分断と学校教育
　　不平等　80
　　ダイナミクス　（註7-40）

南部のダイナミクス　162
　　　新経営主義　128
　　　生徒中心主義　284
　　　福音主義と　184
階級的特権　86
階層化　177, 243
解放闘争　193
画一性　233
核家族　211,（註7-16）
学習賃　57
舵取り　88
課税反対運動　243
仮想コミュニティ　232
家族　12, 33, 175,（註7-16）
　　　キリスト教右派の見方　58
　　　核家族　211
家族調査協議会　224
家族に焦点を当てる会　167, 199, 309
家族の価値　178
カソリック　26,（註1-8）
価値　12, 92
　　　正統性　50
　　　伝統的　51, 283
　　　卓越した　18
学区
　　　ホームスクーリングと　257
学校
　　　宗教教育の欠如　（註7-6）
　　　商業化　（註2-22）→第一チャンネル
　　　　もみよ
　　　福音主義の布教　198
　　　連邦補助金　109
　　　公対私（民間）　41
学校改革　11, 78, 85, 96, 149
　　　保守派の言説　55
　　　A-C経済の効果　96
「学校から仕事へ」プログラム　44
学校教育
　　　内容とプロセス　（註7-1）
　　　目標　125
　　　神の　264, 273
　　　市場化された　9

　　　役割　8
学校教育と経済との関係　8
学校教育と不平等経済　302
学校再考　66, 321,（註2-75, 3-102）
『学校再考』　100, 149
学校財務　8
　　　学校財務改革　（註9-84）
学校税　61
学校成績のリーグテーブル　64, 95
学校選択と社会的に不利な人々
学校での祈祷→学校祈祷師を見よ
学校での祈祷　168, 200, 238, 316
学校での銃撃事件　199,（註7-35）
学校の軍隊化　（註4-8）
学校の有効性に関する調査　84
合衆国市民を表すアメリカ人　（註序-1）
活動的正統派　173, 195
家庭生活　178,（註8-45）
　　　家庭生活崇拝　（註5-79）
　　　家庭生活と宗教的行動主義　60
過度の官僚化　241
可能性追求主義者のレトリック　279
家父長的権威　179
可変的蓄積　23
神　12, 34, 153, 168, 176, 183, 206, 267,
　313
　　　神を社会に持ち込む　280
　　　家族との関係　231
　　　販売する　264
神の望む学校教育　57
神の経済→資本主義を見よ
神の声　238
神の創造物
　　　ジェンダーの役割　261
神の不在　237
　　　神の不在の脅威　198
神の道　198
カリキュラム開発と指導協会　101
カリキュラム
　　　学問を基礎とする　159
　　　キリスト教右派の挑戦　200
　　　州　88, 281, 311

集権化と標準化　(註7-33)
　　　保守派の議論　4
　　　保守派キリスト教徒組織　265
　　　多様化　81
　　　エリート主義　237
　　　歴史　53
　　　論争史　68
　　　宗教を含むこと　307
　　　学校管理による統制の欠如　81
　　　命令・強制　51
　　　市場化の効果　73
　　　全国的（ナショナル）　64, 87, 311
　　　中立　8
　　　政策　92
　　　テスト準備　117
　　　教科書　60
カリスマ的キリスト教徒　222
カルバン派（Calvinism）　28
環境主義者　(註7-7)
監獄　23
カンザス教育委員会と進化論教育　154
監査文化　35, 107, 121, 132, 139, 142, 196
　　　監査文化の成長　118
監視　76, 87
感情の構造　206
寛容　225
管理国家　234, 246
　　　管理国家の予測性　234
管理サービス会社　126
官僚的定型化　235

起業家精神　52
技巧化　122
擬似教会　174, 187
技術的援助　108
規制緩和　88
規制された自律性　55
犠牲者　202
規制的提案　99
機能的識字　39
機能的な説明　289
ギャップ理論　158

キャメロン（Cameron, P.）　214
教育　126, 279
　　　中央統制　62, 129
　　　変化　92
　　　キリスト教右派の見解　57
　　　批判　101　→批判教育学もみよ
　　　文化戦争と　166
　　　分権化　111
　　　平等　17
　　　利潤追求　9
　　　補助金　108
　　　不平等　117,（註7-1）
　　　改革に関する国際的な観点　34
　　　市場化　14　→市場化もみよ
　　　人種の構築と実践　(註6-53)
　　　私事化　83　→民営化もみよ
　　　キリスト教徒が支持する厳格な政策　203
　　　経済のアジェンダへの再統合　40
　　　政治　75
　　　公的　246　→公立学校もみよ
　　　資本主義との関係　(註2-6)
　　　世俗　199, 319
　　　戦略的同盟　319
　　　緊張　40
教育オプションのための黒人同盟　135,（註4-84）
教育改革　7, 37, 70, 72, 145,（註2-73）
　　　保守派の立場　53
　　　社会問題　117
教育学的な類似性　99
教育研究分析開発センター　297
教育産業（ビジネス）　3, 118, 126
教育進展度全国査定（National Assessment of Education Progress tests）　108
教育心理学　289
教育政策　99, 281
　　　優生学　296
　　　主導権　65
　　　人種化　77, 288
　　　英国と米国　132
教育の再私事化　61

支持　138
教育政策プロジェクト　297
教育的介入　304
教育における卓越性のための市民の会　167, 200, 224
教育における真の改革のための連合　144
『教育の配給』(Gillborn and Youdell)　94
教員資質（Teacher Quality）　109
教会と国家　25
　（政教）分離　222, 299
教会としての家庭　178
教科書　(註5-23)
　キリスト教右派の挑戦　200
　原理主義者　244
　関連法　60
共産主義　193
教師
　新保守主義的政策の効果　55
　エリート主義　237
　教師教育　150
　保守派の攻撃　301
教授方法
　成功の尺度　111
　規制　53
教条的正統性　71
強制された連盟　(註1-46)
業績（成績：パフォーマンス）
　評価　76
　指標　80, (註3-26)
　生徒のニーズ　74
強制的テスト　90　→テストもみよ
競争　32
　国際競争と教育　41
　水準政策と　96
　地球規模　60
　圧力のもとの大学　(註4-30)
競争的個人主義　87
共通善　13
共通文化　14, 39, 69
共和主義　15
虚偽意識　277
極右武闘派　(註6-118)

キリストのための若人　174
キリスト教アスリートフェローシップ　174
キリスト教　14, 170, 308
　危機にあるキリスト教　168
キリスト教右派　25, 57, 61
　公立学校制度への敵意　197
　キリスト教右派の地方政治活動　203
キリスト教経済学研究所　(註6-120)
キリスト教原理主義者　159, 171, 183
　→保守派キリスト教もみよ
キリスト教再構築主義　222
キリスト教自由アカデミー　265
キリスト教的道徳的価値　18, 57
　進化論と　158
キリスト教徒アカデミーの創設　200
キリスト教徒的価値　193
キリスト教徒のアイデンティティ　221
キリスト教徒の道徳的価値観　18
キリスト教徒の旗　224
キリスト教武闘派　208
キリスト教報道キャスター　189
キリスト教放送ネットワーク　191
キリスト教ホームスクール実践家　253
　→ホームスクーリングもみよ
キリスト教連盟　165, 200, 202
キリスト教連盟有権者　203
キリストのための大学十字軍　174
規律　283
規律の欠如　39
キング（King, M. L. Jr.）　192, 202, 249
禁欲　213

組合　13
　教員　65
グラムシ（Gramsci, A.）　31, 153, 278
グラント（Grant, G.）　224
クリーバード（Kliebard, H.）　68
グレアム（Graham, B.）　173
グローバリゼーション（地球規模化）212, (註9-44)
　緊張　250

軍隊における福音主義者 (註6-15)
軍隊への勧誘 111
訓練 267

経営主義 32, 61, 79, 80, 88, 107, 128, 143, 150, 281
経済 12, 35, 278
　　学校教育との関係 8
　　学校教育と不平等 302
経済のアジェンダ——教育との再統合 40
経済改革 60
経済化戦略 48
経済人 76, 121
経済的安定 17
経済的合理性 42
経済的搾取 (註9-44)
経済(的)資本 77, 130
経済的資本——ホームスクーリングのための動員 238
経済的自由 28
経済的周辺化 242
経済的自立 16
経済的衰退への怖れ 24
経済的不安定 23
経済的変容 309
　　南部の 176
経済と宗教 27
経済力 7, 279
経済力と選択 84
経済力の階層化 243
ゲイのアジェンダ 213
ゲイの結婚 214
ゲイの権利 168
刑罰政策 203
ケインズ (Keynes, J. M.) 27
結束の巡回 216
決定の過剰 93
ケネディ (Kennedy, D.) 224
権威主義的大衆主義 13, 19, 32, 57, 66, 69, 105, 134, 153, 163, 180, 195, 229, 271, 277, 280, 297, 307, (註6-33, 7-7)

文化的アイデンティティ 198
エリート主義に対する道徳的批判 215
逆説 234
感情の構造との関連 206
サバルタンの地位 202, 249, 271
検閲 195
嫌悪 216
厳格な選抜 91
言及する (註2-45)
権限付与 34
言語全体方法 4, (註1-1)
言語的マイノリティへのアカウンタビリティ 114
ケンタッキー州の進化論教育 156
原理主義 172, 308
　　絶対主義 217
権力 278, 281
　　差異 287
権力関係 12, 78, 242
権力のダイナミクス 293
言語的マイノリティ 114
言論の自由 192
　　キリスト教と 192

効果 121
郊外化 231
効果的学校 81
『公式な知識』 165, 323
公式な知識 55, 60, 111, 166, 296
公私の分離と対立 197, 243, (註7-14)
洪水地質学 156, 158
構造化された不平等 287
構造的変容 186
構築主義 283
公的機関 127
　　価値を貶められた 123
公的資金に対する公的なアカウンタビリティ 246 →公的資金もみよ
公的資金(補助金)
　　ホームスクーリング 244, 257
　　宗教教育カリキュラムの購入 245

公的正確さに関する研究所 （註9-45）
公的な責任 32, 228
行動主義 196
公民権庁 115
公民権運動，キリスト教右派によって利用された 192, 202
公民権法 231
合理性 253
公立学校（公教育） 236, 247, 274, 299,（註7-1)
　　課題 246
　　キリスト教的価値 186
　　文化の参照の場として 233
　　神の不在 197
　　ニューライトの見方 58
　　承認の政治 242
　　再構築主義者の攻撃 223
　　失敗 110
　　価値を貶める 122
効率性 34, 42, 48, 74
　　管理（経営） 88
コーラル・リッジ・ミニストリーズ 224
国際競争（アメリカの教育と） 41
黒人行動主義 （註4-99）
個人主義 12, 261
　　競争的 87
個人の選択 13, 18, 220
個人の道徳 186
国家介入 234
国家主義 197
国家的サービス 119
国家統制 33, 90, 165
国家と教会の分離 25, 223
国家の諸制度改革 120
古典的リベラリズム 16, 75
『子供達を見捨てて Leaving Children Behind』 113
コノス（KONOS) 268
コマーシャル警告 309
『コメンタリー』 298
雇用の安定の喪失 23
雇用の創出 9
雇用のための教育プログラム 44
娯楽の政治 （註9-4）
コロンバイン高校 （註7-35）
『根源的洪水』（ウィッカムとモリス） 158
『今日のキリスト教』 199
コンピュータ活用ホームスクーリング 244

▶サ行

サービス 126
再位置取りの行為 281
再階層化 81, 131
　　メカニズム 63
差異化された権力 287
再構築主義運動 222
財産の神聖さ 18
再私事化の言説 50, 64
再生産 92
再中央集権化 122
再配置 92
再分配 211
再分配の政治 242, 244
再文脈化 92
採用人事（ジェンダー化され人種化された） 143
搾取 242, 295
　　第一チャンネル、ザップミーによる搾取 310
作品展示 144
　　生徒の評価のための活用 144
サタン（悪魔） 175, 184, 229
雑種文化 24
ザップミー！コープ 310,（註2-22）
参加型予算 145
産児制限 17
算術的個別主義 43, 64

ジェファソン（Jefferson, T.） 26, 175
ジェンキンズ（Jenkins, J. B.） 279
ジェンダー 19, 166, 282
　　敵意 （註2-51）

自由の定義　16
強固な資本主義が機能するやり方における不均等　23
分業に対する新自由主義的政策の効果　43
理想化された役割　206
ニューライトの見方　58
政治　36
学校教育と　8, 80
賃労働における分離　49
ジェンダー関係　35, 143, 178, 208,（註8-32）
ジェンダー上の役割　175
キリスト教右派の考える役割　260
ジェンダー化された労働　141
ホームスクーリング　258
資格　62
競争　130
シカゴ公立学校改革批判　98
識字教育　4
資源の平等　242
資源配分に対する市場化の効果　74
自己管理の学校　79
仕事賃　57
仕事場をキリスト教化する　186
自己を後悔する　176
シジック（Cizik, R.）　317
死者のカリキュラム　323
市場　12
政治的本質　119
社会化（註9-47）
規制されない　18
市場（化）　7, 9, 14, 19, 42, 47, 60, 64, 69, 72, 88, 99, 112, 127, 140, 187, 243
マイノリティへの影響　81
大学の　（註4-30）
市場化が労働者に与える効果　83
社会生活　23
マイノリティ　141
市場経済　28
自然的自由　15
自然淘汰（註5-2）

自然の家族　178
実験（デューイ）　167
失敗　4
NCLB法の下での　108
失敗者を辱める行為　110
児童中心主義への不信　284
支配的な人種的秩序　293, 296
資本主義　27, 212, 260, 309
強固な資本主義　23
教育との関係（註2-6）
市民学校　127, 145, 149, 305
市民性　126, 302
理想の変容　219
意味（註4-93）
シモンズ（Simonds, B.）　167, 224
社会
再伝統化　272
脱伝統化　250, 272
社会移動　129, 201, 241
学校の役割　301
社会運動　271
解体　139
ホームスクーリング　252
進歩的　118
資源と成長　250
右派の　11
理解する　255
社会改革（social reform）　85, 188
社会関係　12
社会経済的地位と教育の市場化　83
社会経済的不正義　242
社会関係資本　77, 141, 281
社会主義　193
社会正義　10, 17, 100, 274
ホームスクーリングの影響　244
社会政策　249
キリスト教右派の見方　58
新保守主義　51
社会ダーウィニズム　69
社会的安定　206
社会的関与　133
社会的コード　141

社会的脱統合　251
社会的動員　140
社会的内省　122, 250
社会的に不利な人々と選択プランの影響　85
社会的不平等　228
　　　　教育改革　35
社会的分断　44
社会的変容　206, 309
社会的保守主義　172
社会と自由市場　120
社会の再伝統化　272
社会の脱伝統化　250, 272
社会のハウスキーピング　263
社会福音運動　170
社会問題の集団的解決　139
自由　12
　　　競われた　14
　　　意味　233, (註1-21, 4-39)
　　　政治的　16
　　　宗教的　14
　　　権利として　16
　　　精神的定義　15
自由企業　212
銃規制　165
宗教　165, 201
　　　カリキュラムへの追加　307
　　　経済と　27
　　　学校における　27
　　　合衆国における力　153
　　　社会的意味　30
　　　理解　30
宗教系学校　134, 232, 307, (註1-51)
　　　公的資金の提案　44
　　　非課税措置　201
宗教的活動　183
　　　家庭と　262
宗教的寛容　16
宗教的原理主義者　13, 69
宗教的動員　219
宗教的保守　19, 134, 153, 184, 195, 277, 280, 297

承認の要求　245
宗教の自由　14
「十代の挑戦（Teen Challenge）」　174
収奪された者たち（親たち）　132　→貧困もみよ
　　　バウチャーと　135, 142
集団的アイデンティティ　218
集団的自由　13
集団的動員（コミュニティ規模の動員）　139
集団的な対応　101
集団の記憶　143
州の教科書関連法　60
十戒　226, 316
出版社の自己規制　59
種の起源　（註5-2)
シュラフリイ（Schlafly, P.）　164, 167, 195, 309, 319
準市場（解決策）　44, 79, 81
準市場解決策による社会的分断　44
障害　166
正直　52, 186
常識（コモンセンス）　68, 80, 99, 122, 321
　　　構築　12, 118
　　　再構築　72, 87
　　　保守的現代化による作り直し　278
情緒的労働　268
承認　242
　　　承認の政治　228, 242, 245, (註4-79)
消費者　23, 42
　　　市場文化　133
　　　選択　12, 42, 64
　　　労働　123
　　　文化17, 133, 139
商品化　140, 142, 273
ジョージア州の進化論問題　156
職業上のスキルの定義　50
女性
　　　保守的キリスト教徒　259, 271
　　　役割の福音主義的信念　178
　　　新自由主義的政策の効果　43
　　　労働　（註8-32)

テキストにおいて言及する （註2-45）
　　無私　209
女性嫌い　180
女性的精神　263
女性の権利　17
初等中等教育法　107　→NCBLもみよ
所有的個人主義　139, 206, 280, 295
私立学校　299
　　NCLB法による公費援助　111
　　補助金の申し出　44
自律性　79
　　教師の　55
ジルー（Giroux, H.）　103
白さ　293
神学的衝動　153
神学　313
進化論　154, 170, 201, 210,（註序-8, 9-10）
　　教授　5
進級——テキサスの事例の否定的結果として　114
人格　24
　　教育　24, 52
新自由主義　13, 19, 32, 36, 42, 57, 63, 69, 73, 79, 84, 105, 107, 121, 129, 131, 136, 147, 150, 227, 229, 236, 243, 277, 280, 297, 318,（註2-9, 3-58）
　　特徴の定義　75
　　民主主義の定義　139
　　市場の提案の効果　99
人種改良　289
人種差別主義　213, 222, 289, 318,（註6-118）
　　ホームスクーリング　（註7-7）
人種差別的生得説支持者　277
人種的ギャップ　（註2-15）
人種的契約　84, 133
人種的正義　17, 316
人種的分離　134
人種的優越性　176
人種による階層化　177
人種のダイナミクス　142, 288
人種（問題）　19, 35, 74, 166, 175, 201, 282,（註2-51, 4-53, 8-45）
　　A-C経済　96
　　監査文化　107
　　権威主義的大衆主義的宗教的活動家の見方　201
　　構築　（註2-53）
　　消費者の労働　123
　　自由の定義と　16
　　言説　287
　　強固な資本主義の与える不均等　23
　　分断と学校　8
　　アカウンタビリティ　113
　　教育政策　77
　　市場文化と　133, 139
　　政治　105, 111
　　先入観　97
　　学校教育　83
　　労働力における分離　49
身体を管理する権利　17
人道主義　166
真の信仰　315
新福音主義運動　174
進歩主義　71
新保守主義　13, 18, 32, 51, 63, 78, 80, 82, 105, 107, 121, 129, 131, 136, 147, 150, 192, 218, 227, 277, 280, 297,（註3-58）
進歩的社会運動　118
進歩的正統性　70
進歩的批判　10
進歩派　298, 315, 318
　　ホームスクーリング　（註7-7）
新ミドルクラス　13, 61, 129, 280,（註2-69）
　　公的資金への影響　132
人民大学　148
信頼　148
真理　18, 28, 186, 217, 220
神律　223, 225
水準／標準／基準　4, 12, 51, 69, 93
　　発展　54
　　効果　7
　　欠如　39

全国的　79
州　89
数学（教育）　283,（註2-47）
　　社会的に関与する　286
　　批判的　150
数学教師全国協議会　54
数字還元的テスト　91, 111　→テストもみよ
スコープス（Scopes, T.）　162
スコープス裁判　162, 172
ステレオタイプ　36, 82, 97, 166, 242
　　同盟　317
　　知能理論　56
スミス（Smith, A.）　22
スミス（Smith, W.）　173

性教育　213
税金　61
　　金持のための減税　314
　　宗教系学校の免税廃止　200
正義　214
政策　12
　　人種の構築（註2-53）
　　効果　14
　　形成　89
　　不平等（註2-4）
　　英米の教育政策　40
政策問題（註2-4）
生産　92
生産管理　62
生産者によって囚われている　42, 55, 87
政治　13, 174
　　牧師　187
　　アイデンティティ　296
　　ナショナリスト　137
　　再分配と承認　146
政治的権力　7
　　学校選択　84
　　分権化　17
　　階層化　243
『政治的行為としての学習』　282
政治的行動主義　188

政治的自由　16
政治的説教　189
政治的保守主義　172
セイジ・プログラム（ウィスコンシン）　286
聖書　28, 154, 189
　　政策　313
　　権威　27, 58, 240
　　証明　189
　　世界観　223
　　無謬　28, 163, 168, 185, 208
聖書の無謬に関するシカゴ表明　28
聖書の教え　60, 265
精神の戦い　209
成績不振者　96
聖と俗の同盟　312
性的分離　49
生徒
　　人的資本として　42
　　価値　96
正統な知識　59, 68, 80, 111, 128, 143, 311
　　統制　55
正統性（legitimation）　50, 290
正統性（orthodoxy）　174, 185
　　活動的　195
生徒中心的アプローチ　285
生徒による展覧会　144
政府　16, 35
　　介入と無神　159
　　限定された　17
　　侵入の政策観　196
生物科学カリキュラム研究（BSCS）　159
西洋の伝統　18, 41, 51
世界福音主義フェローシップ　174
世界貿易機構　20
セクシュアリティと身体の政治（註3-58）
セクシュアリティの教育　283
セクシュアル・ハラスメント　49
世俗化　169
世俗教育　199, 229, 258
世俗主義　195
世俗的人道主義　166, 195, 200, 218, 239,

240
世俗的人道主義に対抗するアカデミー 201
絶対主義 167
絶対的な真理 18
全国科学協会（National Academy of Sciences） 115
全国家庭教育研究所 227
全国教育活動家連盟 65, 100, 274
全国合法基金 167
全国宗教報道キャスター協会 174
全国的水準の発展 54
全国福音主義協会 173, 224, 316
潜在的能力 144
センスの正統性 50
前千年王国主義 171, 225
選択 12, 108, 280
　マイノリティ 141
　選択プラン 43, 60, 64, 84, 88, 134, 198, 282, (註8-32)
　不平等目に見えない効果 243, (註4-48)
前提主義（presuppositionism） 222
戦闘的キリスト教 175
セントラル・パーク・イースト校 302, 322
全米教育協学会 (註3-99)
　へのキリスト教右派の敵意 197
専門家の言説 (註1-70)
専門的自由裁量（自律性） 55, 79
専門的ミドルクラス 61, 79, 130, 246 →新ミドルクラスもみよ
戦略的同盟 311, 319

操作可能な人間 76, 121
創世記 155
創造科学と進化科学のバランスのとれた取り扱いに関する法律 154
創造科学とセブンス・ディ・アドヴェンティスト（再降臨派） 158
創造研究協会 162
想像された過去 71, 280
創造的破壊 27
想像の共同体 (註2-67, 3-57)
ソーンダイク（Thorndike, E. L.） 289
測定 62
卒業（テキサスの事例に見る問題として） 114
ソビエト連邦 159

▶タ行

ダーウィニズム 155, 172, 201
ダーウィン 153
第一チャンネル 46, 125, 309, 319, (註2-22, 7-13)
退役軍人のための医療 314
大学間キリスト教フェローシップ 174
大学に対する競争的経済の圧力 (註4-30)
対抗的言説 49
対抗的ヘゲモニー 65, 99, 103, 275, 306
第三の道 324
大衆主義（populism） 105, 309 →権威主義的大衆主義もみよ
　反政府 19
大衆主義的宗教批判 36, 307
大衆文化 240
　政治 8
大統領候補への質問 164
タイトルワンの学校 108
妥協 54
卓越した価値 18
多元主義 169
多国籍資本主義 212
他者 52, 77, 83, 134, 139, 213, 232, 291, 320, (註2-74)
　道徳 237
堕胎 165, 168, 196, 317
立場論的認識論 (註9-5)
脱官僚化 319
脱植民地化する方法 287
脱能力別学級編成 81, (註2-73)
達成 147
達成のバーをあげる 55
脱政治化戦略 73

脱中心化された統一体　101
脱能力別学級編成　81，(註2-73)
多文化主義　205
　　攻撃　51
誰も見捨てない法（NCLB）　33, 35, 55, 64,
　　107, 132, 142, 145, 196, 237, 274, 285,
　　290, 291, (註4-2)
　　正統化の概念　128
　　正当化　(註4-26)
　　利潤を生む機会　126
男性化　80
男性らしさ（福音主義の）　180

地域社会に基礎をおいた運動　185
地域の統制の欠如　110
地球温暖化　316
地球規模の競争　60
知識　235
　　適切化と再文脈化　92
　　正統　55, 59, 68, 79, 111, 166, 296
　　中立　8
　　公式な　55, 60, 111, 166, 296
　　標準化と合理化　129
　　リアルな　13, 39, 142, 240, 283
知能に関する理論　56
知能に対する人種差別的ステレオタイプ
　　56
知的多様性　232
地方教育当局（LEA：英国）　74
地方政治とキリスト教右派の政策　204
チャータースクール　52, 84, 109, 132,
　　198, 244, 252, (註7-47, 9-84)
　　独立学習　244, 257
中央集権化　111
中央集権化されたカリキュラム　(註7-33)
中央集権化された基準　64　→標準化も
　　みよ
中央統制　62
忠誠の誓い　224
中立的知識　8
中立的道具　62, 129
超自然主義　175

超保守的宗教集団　222

罪　14
強い国家と新保守主義　51

デ・クウェール（Quayle, D.）　224
デ・マール（De Mar, G.）　(註6-120)
TWR（トランスワールドラジオ）　190
定型化　234
帝国主義　313
テキサス　131, 145, 285
　　州の強制的な改革　98
　　アカウンタビリティ実践の失敗　113
　　NCLBのルーツとして　112
適切な制度　12
テクノロジーとホームスクーリングの成長
　　251　→インターネットもみよ
テスト　4, 61, 131, 281, 311
　　生徒の排除　114
　　大ばくちの　14, 62
　　強制の効果　6
　　参加の拒否　65
　　全国　87
　　成績　33
　　ボイコット　(註2-74)
　　標準化された　39
　　州　89
テスト準備　117
テネシー州の進化論教育禁止　162
テネシー州スコープス裁判　162
デモクラティックスクール　102, 149, 274,
　　321
デューイ（Dewey, J.）　167, 283
デューガン（Dugan, B.）　224
デュボイス（Du Bois, WEB）　148
天地創造説　154, (註9-10)
　　復活の理由　160
伝統　250, 277
伝統的な内容　4, 99, 283
伝統的価値　51, 283
伝統主義　81

動員　63
道具的合理性　253
統合　134
同質性　206, 233
同性愛　166, 213
同性愛嫌悪　166
到達度テスト　8, 33, 110,　→テストもみよ
　　それによって作られる不平等　116
　　点数を上げるための圧力　95
道徳改革　196,（註6-2）
道徳経済　216
道徳（性）　12, 18, 185
　　豊かな　103
　　貧しい　87, 92, 99
道徳的自由　15
道徳的崇高性　187
道徳的選択　167
道徳的相対主義　185
道徳的退廃　193
「道徳的多数派」（Moral Majority）　199, 203
透明性　34
時を超越する価値　18
徳性　24
　　教育　24, 51
特別ニーズを持つ生徒　75
独立学習チャータースクール　244
都市部経済の破綻　315
ドブソン（Dobson, J.）　167, 184, 199, 309,（註6-51）
富の移転　19
取り出し（delocation）　92
ドリルそして殺す　114
奴隷　177
ドロップアウト率　39
　　テキサスの事例　113

▶ナ行

『内在するもの』（La Haye and Jenkins）　279
仲間からの圧力　199, 240

ナショナリストの政治　137
ナショナルカリキュラムとテスト（英国）　90
七百人クラブ　190
ナンバーズ（Numbers, R. L.）　160
南部　175
　　進化論教育の禁止　171
南部バプチスト会議　309

ニーズと生徒の成績　75
ニーズの暴走　49
ニーズ言説　49
『ニューイングランド入門書』 New England Primer　28
ニュージーランド　306
　　教育政策　78
ニューライト　58, 70
認可された自律性　55
『人間：学習指導要領』　159
妊娠中絶反対派（pro-family）　204

ネーダー（Nader, R.）　309
ネオナチ　222

納税者党　（註6-120）
能力（ability）　282
能力ある生徒　81
ノース（North, G.）　223,（註6-120）
ノバック（Novak, M.）　212

▶ハ行

ハーシュ（Hirsch, E. D. Jr.）　71, 283, 322
ハーバーマス派の理論　104
バーンシュタイン（Bernstein, B.）　92
ハイアマン（Heyrman, C. L.）　176
排除　81
バイリンガリズム　51
バウアー（Bauer, G.）　224
バウチャー（プラン）　4, 14, 17, 43, 50, 56, 60, 64, 88, 118, 134, 142, 198, 281, 298, 320
　　アフリカ系アメリカ人の支持　（註9-

28)
　　　見えない効果　243
剥奪　242
バス通学　134, 168
発生学的虚偽　289
パトリック・ヘンリー・カレッジ　270
バプチスト　26
ハビタス　78, 86,（註6-70）
ハリソン（Harrison, E.）　173
反エリート主義　163, 220, 311
反学校感情　238,（註7-8）
反学校戦略　238
反教師言説　301,（註7-33）
反キリスト教信仰　200
反国家主義　234, 237
犯罪防止　126
反人種差別教育　291, 293
反政府的感情　201
反知性主義　253
反帝国主義　193
反ユダヤ主義　（註6-59）

非改革者の改革　275
（美化された）ロマンティックな過去　24, 27, 69
非寛容　（註6-15）
ビジネスとしての教育　3
ビジネスとホームスクーリング　254
非承認　242
ビッグバン理論　155
非難の輸出　43
批判教育学　35, 66, 81, 85, 92, 99, 101, 221, 279, 286, 321,（註3-17, 4-114）
　　　ポストモダンの影響　103
批判的科学教育　150
批判的人種理論　294
批判的数学教育　150
批判的多文化主義者　220
批判的理解　122
批判理論　221
ヒューイット（Hewitt, A.）　24
評価　127

評価国家　79
標準化　128
　　　強制　62, 130
標準化されたカリキュラム　（註7-33）
標準化されたテスト　39, 78, 110
標準到達目標（SAT：UK）　90
平等の教育　17
平等主義　40
平等の権利のための修正　168
評判　95
費用便益分析　42, 48
『非論理的地質学』　158
品位のための全国連合→アメリカ家族協会をみよ
貧困・貧民　64, 314, 317
　　　テストの成績　96
　　　教育上のアカウンタビリティと　112
　　　選択プランの影響　84
　　　学習に与える効果（ジョーセフの物語）　5
　　　人種差別化する言説と　56
　　　学校教育と増大する貧困　301
　　　暴力　（註7-35）
貧困化　23,（註4-26）
品質　（註1-70）
ヒンドゥ教　308

ファーリス（Farris, M.）　269,（註8-63）
フィリップス（Phillips, H.）　（註6-120）
フェニックス大学　125
フェミニズム　193, 208, 231,（註9-83）
フォルウェル（Falwell, J.）　184, 201
ブキャナン（Buchanan, P.）　310
布教　170
　　　新約聖書の命令　190
福音主義　168, 175, 185, 219
　　　求道者にやさしい教会　217
福音主義運動　169
福音主義環境ネットワーク　317
福音主義出版協会　174
福音主義海外ミッションフェローシップ　174

福祉　236
　　　弊害　18
　　　厳格な　203
不敬　242
不正義　242
普通のアメリカ人主義　215, 321
普通の人　295
復古的アジェンダ　194
復古的原則　93
不平等　12, 74, 112, 116, 281,（註4-26）
　　　非難　80
　　　構造化された　287
普遍的なエゴイズム　76
不法移民　52
フラー（Fuller, C.）　173, 189
フラー（Fuller, H.）　135
ブライアン（Bryan, W.）　172
プライス（Price, G. W.）　158
ブラジル　145, 149, 304
　　　教授法イニシアチブ　127
フラットニー・ストリート・スクール　302, 322
ブラッドリー財団　136
フリードマン（Friedman, M.）　17
プリマスロック財団　224
古い地球説　160
フレイレ（Freire, P.）　100, 148, 304
プロテスタンティズム　28, 30, 169
文化　12
　　　共通性　41
　　　破壊　（註7-20）
文化資本　62, 77, 98, 130, 141,（註7-1）
　　　社会移動戦略　85
　　　豊かさ　77
『文化政治と教育』　283, 295
文化戦争　166
文化的汚染　142
文化的葛藤　143
文化的脅威　41
文化的権力　243
文化的支配　242
文化的多元主義　（註6-33）
文化的多様性　232
文化的秩序の復活　23
文化的復古　84, 205
文化的マイノリティとアカウンタビリティ　114
文化闘争　278
文化の政治　164
文化の選別と分配メカニズム　124
文化理論　281
分権化　111, 122

平易な話し方　（註3-23）
ベーカー（Baker, K.）　40
ヘゲモニックな言説　292
ベッカ本プログラム　265
ベネット（Bennet, W.）　18, 51, 71
『ベル・カーブ』（ハーンスタインとマリ）　56, 69, 136,（註3-6）
ヘルスケア　117, 126, 141, 302
変換戦略　130
ペンサコラキリスト教カレッジ　265
ヘンリー（Henry, C.）　173

法人企業の行為　186
法人資本主義　212
包摂的ホームスクール実践家　253　→ホームスクーリングをみよ
法と秩序　18
法律　4, 89, 154
　　　チャータースクール　244
　　　公民権　231
　　　教科書　60
暴力　（註7-35）
　　　メディアにおける暴力支配　241
ポートフォリオ　144
ホートン（Horton, M.）　148
ホームスクーリング　36, 52, 110, 134, 197, 223, 227
　　　チャータースクール　244, 257
　　　保守的キリスト教福音主義　251
　　　参加者の多様性　（註7-7）
　　　隠れた効果　245

母性と　264
　　動機　273
　　支持（註8-10）
　　インターネットの活用　238
　　学区　257
ホームスクールを法的に守る協会　269,
　（註8-63）
ボール（Ball, Rev. Jim.）　317
牧祭権力　31
　　美化された過去　72
牧師と政治　187
保守主義　206
保守的キリスト教徒　187
　　科学的創造説　157
　　抑圧された　202
保守的現代化　7, 41, 62, 73, 84, 88, 128,
　142, 163, 219, 228, 277, 284, 308, 318,
　321
　　分析　34
　　不平等の創出　98
　　プロセスと効果　99
　　再階層化の要素　131
保守的福音主義　13, 19, 36, 57, 168, 175,
　184, 217, 238, 251, 257
　　言論の自由　192
　　世代間の差異の欠如　（註6-7）
　　道徳的崇高性　187
　　脅威　194
保守的復古　219, 246, 293
保守派プロテスタンティズム　169
保守派アジェンダ　10
保守派会派　（註6-120）
保守派宗教運動　31,(註6-2)
保守派宗教運動とメディア　189
保守派集団　4
保守派連合　51, 61, 63, 308
ポスト千年王国　225
ポストモダニズム　221
ポストモダン的消費　43
ポストモダン理論の批判教育学への影響
　103
母性　2110, 264,（註8-45）

ボブ・ジョーンズ大学　244, 265
ホワイト・フライト　44, 83, 320

▶マ行

マイノリティ　141, 201　→人種もみよ
　　市場化の効果　82
　　バウチャープランの効果　44
　　NCLBの失敗　113
　　言及すること　（註2-45）
　　ステレオタイプ的モデル　（註3-51）
マオリと先住民の教育に関する国際研究所
　306
マクロ進化論　（註5-2）
貧しい子供達　→貧困をみよ
貧しい道徳性　87, 92, 99
マターナリズム（母親包摂主義）　262
マッキンタイヤー（McIntire, C.）　173
『マックグーフィーリーダーズ』　29
魔法　200
繭化　232, 241, 246, 315,（註7-20）

見えざる手理論　76
ミクロ進化論　（註5-2）
ミシシッピー州の進化論教育禁止　162
ミッション・ヒル・スクール　322
ミドルクラスと教育の市場化　77
南太平洋における科学的創造説の人気
　157
民営化・私事化　21, 32, 60, 83, 125, 127,
　133, 139, 231, 243, 275, 302,（註6-120）
　　連邦の統制と介入　111
　　マイノリティ　141
民主主義　12, 122, 324,（註3-23）
　　理想の変容　219
　　経済的概念　43
　　新自由主義政策の効果　50
　　喪失　120
　　意味　（註4-93）
　　新自由主義と　20
　　豊かな民主主義　15, 20, 98, 103, 150,
　　　247
　　理解　139

『民主主義と教育』 284
民主的中道主義 101

矛盾する改革 281
無神論 195

命令 4, 89
　　補助金無し（註2-20）
命令（団体名） 222
メイン州の試み 145
メディア
　　――統制（註9-45）
　　キリスト教報道キャスターによる利用 189

黙示録のナラティブ 207
モダニズム 171
モデル的マイノリティステレオタイプのアジア人学生 （註3-51）

▶ヤ行

約束の守り手 181

優生学運動 289
　　優生学と教育政策 296
『有徳の書』 51
誘惑 237
豊かな道徳性 103
豊かな民主主義 15, 20, 98, 103, 150, 247
ユダヤ教 26, 208, 308
　　抑圧（註6-59）

良いセンス 277, 321
要塞としての家庭 262
ヨーロッパのホームスクーリング 252
ヨーロッパにおける科学的創造説の人気 157
読み方第一 109
弱い国家と新自由主義 42

▶ラ行

ライト（Wright, J. E.） 173
ラヴィッチ（Ravich, D.） 71
ラジオ・トーク 304
　　活用（註9-45）
ラッシュドーニィ（Rushdoony, R. J.）（註6-120）
ラテンアメリカ 320
　　地域社会に基礎をおく運動 185
ラドソービリングズ（Ladson-Billings, G.） 133
ラヘイ（LaHaye, B.） 167, 184, 209, 224, 230, （註9-3）
ラヘイ（LaHaye, T.） 184, 279, （註9-3）
ラム（Ramm, B.） 173

リアリティ 324
リアルな知識 13, 39, 142, 240, 283
リーグテーブル 64, 95 →試験も見よ
リード（Reed, R.） 192, 203, 311
利潤 125, （註1-70）
　　追求の効果 21
利潤追求型教育 9
リバタリアンホームスクール実践家（註7-7）
リバタリアン保守主義 17
リベラリズム 16, 195
リベラルアーツと聖職者 188
リベラルなキリスト教徒 （註6-14）
リベラルな市場 120
リベラルな市場経済 120
留年 6, 114
リンジ・スクール・オブ・テクニカル・アーツ 302, 322
リンセル（Lindsell, H.） 173
リンボウ（Limbaugh, R.） 191

ルソー（Rousseau, Jean-Jacques） 283

隷属の構造 216
歴史カリキュラム 54, 291
レッドネック 162
連邦教育省 115

連邦補助金　108

労働
　　標準化と合理化　129
　　分業　21
労働過程　119
労働強化　79
労働権　17
労働市場
　　将来像　47
労働者党（ブラジル）　305
ローゼン（Rosen, G.）　298

ロバートソン（Robertson, P.）　168, 184, 190, 203, 221,（註6-59）
ロバートソン（Robertson, W.）　190

▶ワ行

ワークハウス政策　57
ワイルドマン（Wildmon, D.）　167, 200, 309
若者に対する怖れ　（註9-14）
若者参加予算　306
悪いセンス　277, 321

〈訳者紹介〉
大田直子（おおた・なおこ）
首都大学東京都市教養学部人文・社会系心理学・教育学コース教育学教授。著書に『イギリス教育行政制度成立史』（東京大学出版会，1992年），共編著に『教育のために——理論的応答』（世織書房，2007年）などがある。

[第2版]
右派の／正しい教育——市場，水準，神，そして不平等

2008年6月10日　第1刷発行Ⓒ

著　者	マイケル・W・アップル
訳　者	大田直子
発行者	伊藤晶宣
発行所	(株)世織書房
組　版	(有)銀河
印　刷	(株)マチダ印刷
製本所	協栄製本(株)

〒224-0042　神奈川県横浜市西区戸部町7丁目240番地　文教堂ビル
電話045(317)3176　振替00250-2-18694

落丁本・乱丁本はお取替いたします　Printed in Japan
ISBN978-4-902163-37-7

| 田原宏人・大田直子編 | 教育のために ●理論的応答 | 3000円 |

| 野平慎二 | ハーバーマスと教育 | 2400円 |

| 矢野智司 | 意味が躍動する生とは何か ●遊ぶ子どもの人間学 | 1500円 |

| 佐藤学 | 学びの快楽 ●ダイアローグへ | 5000円 |

| 藤田英典 | 家族とジェンダー ●教育と社会の構成原理 | 2600円 |

| 清川郁子 | 近代公教育の成立と社会構造 ●比較社会論的視点からの考察 | 8000円 |

| 小山静子・菅井凰展・山口和宏編 | 戦後公教育の成立 ●京都における中等教育 | 4000円 |

〈価格は税別〉

世織書房